国家出版基金项目
NATIONAL PUBLICATION FOUNDATION

中国社会科学院近代史研究所中华民国史研究室

总编 李 新

中华民国史

第九卷

(1937—1941)

上

吴景平 曹振威 著

中 华 书 局

第二十九军在北平卢沟桥加固防御工事。

第二十九军士兵誓师出击。

1937 年 7 月 17 日，蒋介石发表庐山谈话。

1937 年 7 月，中共提出实现国共合作宣言。

八路军东渡黄河挺进华北。

平型关战斗中的八路军。

中国军队在上海抗击日军。

日军残害南京民众。

日本报纸报道的日军屠杀"竞赛"。

八路军收复晋北娘子关。

抗日军民破坏正太铁路。

活跃在华北敌后的抗日游击队。

新四军江南东进纵队。

新四军向华中敌占区挺进。

中国军队攻入台儿庄。

参加徐州会战的中国军队。

中国军队使用迫击炮御敌。

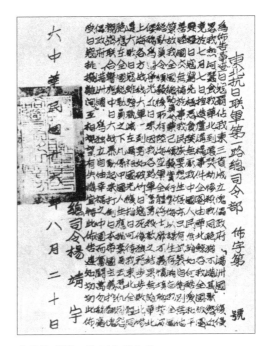

东北抗联第一路司令部布告。

东北抗联骑兵。

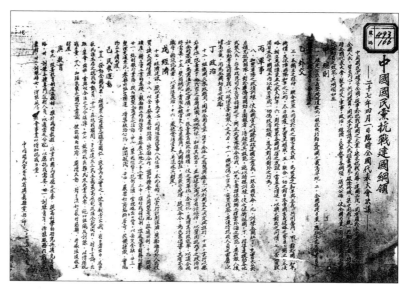

1938年4月1日，国民党临时全国代表大会通过《抗战建国纲领》。

1938年7月，国民参政会一届一次会议在汉口举行。

1939 年 10 月，参加长沙会战的中国军队。

1939 年 12 月，中国军队昆仑关大捷。

1940年5月，中国军队收复宜昌。

1941年1月，新四军重建时将领就职通电。

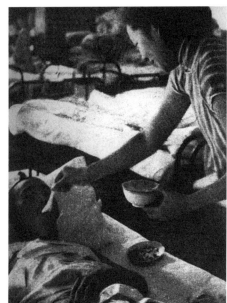

妇女慰问伤员。

民众踊跃捐输。

1940 年 3 月，陈嘉庚率南洋华侨回国慰劳视察团在重庆慰问。

1940 年，青海塔尔寺举行祝祷抗战胜利大法会。

美国华盛顿的华侨集会声援祖国抗战。

修筑中的滇缅路。

1938 年 3 月，南京伪维新政
府成立。

1940 年 3 月 30 日，汪精卫
伪政权在南京成立。

1940 年 11 月 30 日，汪精卫
和日本及伪满代表签订《日
满华共同宣言》。

目　录

前　言

　　本卷记述的是 1937 年抗日战争爆发至 1941 年 12 月太平洋战争爆发前的历史；既包括军事方面的主要战役，也包括政治、财经与外交等主要领域的发展演变情况。

　　1937 年 7 月 7 日的卢沟桥事变，标志着日本全面侵华战争的开始，同时也拉开了中华民族全体奋起抗战的序幕。卢沟桥事变，是日本帝国主义长期谋划和不断部署全面侵华的必然结果，虽然在这次事变爆发初始日本决策层的确提出过"现地解决"和"不扩大"方针，但那是以中国军队单方面的退让与妥协为前提的，是以强占整个华北乃至更大范围的中国领土为直接目标的，与日方提出该方针相应的，是连续不断地向华北、华东增派重兵，企图速战速决，攻略中国若干重要城市，击败中国军队的主力，迫使国民政府屈服，在三个月内就灭亡中国，使中国成为其独占的殖民地。

　　卢沟桥事变的爆发，清楚地表明外敌大规模的全面武装进犯已迫在眉睫。中国国民党最高决策当局的代表蒋介石终于顺应日益高涨的救亡民意，在庐山谈话会上表明了严正立场，即中国虽然希望和平解决事变，但为捍卫领土主权全体国民将不惜抗战和牺牲。面对日军的猖狂进犯，驻守平津地区的第二十九军奋起抗战，痛击来犯之敌，体现了保国卫民的英勇气概。随着 1937 年 7 月下旬平津地区的沦陷，国民党高层认识到中日两国间的全面冲突已经迫近，一场大战不可避免。除了走向抗战之外，已经没有别的选择。随着"八一三"淞沪会战的来临，国民党确立了战时体制，作出了抗战决策并予以实施，国民政府正式发布自卫抗战宣言，决定动员全国的军队和其他各方面的力量，投入这场正义的民族自卫战争。

卢沟桥事变爆发后，全国抗日救亡运动高涨，国共两党共同推动下的第二次合作，取得了重大的进展。1937年7月8日，中共中央发表《中国共产党为日军进攻卢沟桥通电》，表达了实现全国团结、共同抗日的愿望。在国共高层会谈中，中共方面主动提交了《中共中央为公布国共合作宣言》，双方并就军事行动问题进行了具体接洽。在华北大战前夜，中共第二次发表对华北宣言，呼吁"以积极抵抗的方针去对付日寇的进攻，在日军四周发动广泛的游击战争"。在淞沪抗战爆发后不久，中共领导的军队相继改编为八路军和新四军，出师敌后，打击日军，对于中国全面抗战局面的形成，起到了极其重要的作用。

从1937年7月下旬到当年12月中旬，中国军队在华北和华东两大战场，与日军展开了激烈的攻防作战。

平津失陷后，华北日军凭借优势兵力，沿着平绥、平汉和津浦各路，向山西、河南和山东进犯。在平绥路东段，从8月上旬起的半个多月里，中国军队对来犯日军进行了英勇抵抗，但最后南口和张家口相继失守。9月上旬，经过天镇、阳高等地的苦战，中国军队不得不放弃大同。在平汉路北段和津浦路北段，八九月份战事不断。在晋北的平型关、忻口战役和太原等地的战事中，八路军和国民党军队有很好的配合，沉重打击了来犯日军。1937年11月上旬太原失守，标志着华北主要城市和交通线已经为日军占领。

在淞沪会战中，日本组成了"上海派遣军"，先后集中了三十万兵力，企图迅速占领上海，然后一举攻陷中国的首都南京，迫使国民政府屈服。为守卫上海，先后有近百万来自中国各地的军队，在没有任何地形可资有效屏障的情况下，与占有海空陆优势的日军展开浴血苦战，坚持了三个月之久，付出了重大伤亡，但也沉重打击了日军，使日本迅速灭亡中国的图谋破产，为中国方面组织大量人力和重要资源的西撤，赢得了宝贵的时间。中国军队撤守上海后，首都南京顿时直面日军的凶焰，中国抗战事业面临严峻的局面。国民党当局果断决定国民政府西迁四川，中枢机关先迁至武汉，表现出与侵华日军长期抗衡的决心。1937 年 12 月中旬，大批日军攻入南京，连日疯狂屠杀手无寸铁的民众，犯下了中日战争爆发以来最为骇人听闻的战争罪行。

1937 年"七七"事变之后约半年时间里，中日军队从华北的局部冲突，迅速扩大为全面的战争，中国军队在正面战场接连遭受重挫，战线不得不做较大幅度的西移。日军攻占南京后，对华态度更趋嚣张强硬，逼迫国民政府订立城下之盟。国民党高层一度失败主义、悲观主义情绪弥漫，议和甚至乞和的主张若暗若明。与此同时，举国上下抗日救亡民意日趋高涨，中国共产党进一步高举抗日民族统一战线的旗帜，表明了坚持抗战、反对投降的立场。是否维护国家的独立、民族的尊严，成为对当政者的严峻考验。1938 年 1 月中旬，日本政府宣布"不再以国民政府为对手"。这实际上意味着日本帝国主义通过战争迅速灭亡中国的企图破灭，也使得打着"调停"、"议和"旗号的迫降活动趋于失败。日本的侵略与中国的反侵略，都出现了长期化的趋势。

国民政府西迁后，即开始部署全面抵抗，包括确定和开始实施持久消耗战的方针，重新划分战区，补充、调配装备和兵员，按照新的作战计划部署兵力；同时整饬军纪，严惩违抗军令、擅自撤退失地的将领，振奋士气。在政略方面，国民党召开临时全国代表大会，通过了《抗战建国纲领》，包括总则和政治、军事、经济、民众运动、教育、外交等方面，对于实现一切抗日党派的团结、遏制悲观主义和失败主义，对于凝聚民众的抗日共识，进一步动员和组织抗日力量，有着重要的作用。

从 1938 年 1 月到 10 月，中国军队部署和先后实施了徐州和武汉两场大会战。在徐州会战中，日军华中派遣军和华北方面军共约 24 万兵力，从南北夹击徐州，意图打通津浦路，歼灭这一地区的中国军队主力，然后进犯武汉。中国方面则把控制津浦路等铁路干线视作拱卫武汉的需要，向第五战区先后增调数十万兵力，在以徐州为中心的陇海路和津浦路沿线抗击日军，在包括苏北、鲁南、皖北和豫南在内的广大地区里，进行了多次战役、战斗，其中的台儿庄战役更是重创日军两个精锐师团的主力,极大地振奋了全国军民的士气。徐州会战前后四个多月,延缓了日军主力的西进,为武汉会战的部署赢得了时间。攻占徐州之后,1938年6月日本调集华中派遣军主力九个师团共二十五万余人,沿长江西犯,力图尽可能多地歼灭中国兵力,攻占当时中国的抗战中心武汉,彻底打击国民政府,进而解决"中国事变"。国民政府方面极为重视武汉保卫战,军事委员会调动了一百二十余师参加会战,总兵力达100万。根据牵制消耗敌人和持久作战的方针,中国军队在武汉外围依托长江要塞、湖泊、山地、丘陵等地形,对沿长江两岸进犯的日军进行节节抵抗。在五个来月的会战时间里,中国军队英勇杀敌,对日军的大小战斗达数百次,消耗了日军大量兵力,基本上把日军主力阻遏在平汉线－粤汉线以东,掩护了大量人力物资自武汉进一步西撤。武汉会战的结束,以及大体同时广州被日军攻占,标志着中国方面"以空间换取时间"的战略目的基本达到,侵华日军则被分散牵制在漫长的战线上,从全局来看,抗日战争进入了战略相持阶段。

武汉、广州失守后,国民党最高当局调整了新的抗战指导方针,明确要连续发动有限攻势与反击,牵制消耗敌人,策应敌后游击战,打破日本"以华制华"、"以战养战"之企图,准备反攻。根据这一方针和武汉会战后的日军态势,最高军事当局重新划分战区和调整了兵力部署,对部队进行整训补充。从1939年初到1941年底太平洋战争爆发,中国军队在正面战场与敌军展开了多次战斗,其中大的会战有:南昌会战、随枣会战、第一次长沙会战、桂南会战、1939年的冬季作战、枣宜会战、上高会战、中条山会战、第二次长沙会战等。其中不少会战的开始阶段,中国军队都处于防御地位,但嗣后抓住战机反攻,甚至一度收复被占的重要城市,如南昌会战、第一次长沙会战、桂南会战;或者大体恢复战前的战线,如随枣会战。各次会战和战役都十分惨烈,中国军队往往付出重大牺牲,才得以收复重要城池,如昆仑关大战;或历时数月,终遭失败,如中条山会战。各次会战、战役的具体进退得失不尽相等,但都给日军沉重的打击。从整个战局来看,从武汉会战结束到太平洋战争爆发之前,日本军队并没有能够像卢沟桥事变后最初十六个月那样攻占大片的中国领土,中国军队与日军相持的战线也没有大幅度地内撤。

随着正面战场中日军队主战场内移,侵华日军占领的城镇和控制的铁路干线增多,敌后战场在袭扰消耗敌军兵力、破坏敌方供给线、牵制日军主力、振奋被占领区民气方面,所起的作用不仅是战术性的,更具有战略上不可或缺的地位。国民党军队主力后撤时,便留有少量部队进行敌后游击,各地也多有自发的民众抗日武装。中共领导的八路军和新四军,更是在明确的抗日游击战方针指导下,深入华北与华中敌后,创建敌后抗日根据地,发动和组织民众,极大地壮大了敌后抗日武装。在华北,八路军主力先是在山西的吕梁山脉、晋东南和晋西北建立了抗日根据地,然后又在河北、山东、河南等省大力发展,组织起八路军的游击部队,建立抗日民主政权。到 1938 年底,华北地区较大影响的抗日根据地就有十多个,包括晋察冀根据地、晋西北根据地、晋冀豫根据地、晋西南根据地、冀中根据地、冀热辽根据地、冀鲁豫根据地、山东根据地、鲁西北根据地、大青山根据地等。在华北的诸多重大战役中,如忻口战役、太原会战、台儿庄战役期间,八路军都作出过重要贡献。而 1940 年百团大战,更是严重破坏了日军在华北的主要交通线和通讯设施,摧毁了大批日伪军据点,沉重打击了日军在华北的统治,充分体现出敌后战场的巨大威力。在华中,新四军深入江苏、安徽、河南等敌后地区,广泛发动民众,组织和扩大抗日武装,创建了苏南、皖南、皖东、豫东、豫皖苏边、鄂豫边等抗日根据地,沉重打击了日本占领军和伪军。1941 年的皖南事变发生后,新四军军部迅速重建,各部队整编补充后,冲破顽固势力的阻扰,战略挺进大江南北广大地区,多次粉碎了日军"扫荡"和汪伪"清乡",巩固发展了华中各抗日根据地。在东北,为配合全国的抗战,东北抗日联军在极为艰苦卓绝的环境下积极组织抗日力量,主动打击日伪军,建立过多个游击区,取得不少战斗的胜利,即便在敌我对比悬殊的不利局势下,不惧牺牲,奋勇抗敌,谱写了抗战史上壮烈的篇章。敌后游击战充分展示了中国人民抗击外敌入侵的勇气、毅力、决心和智慧,在整个抗日战争的全局中有着重要的战略地位。

抗日战争的爆发,极大地影响了中国的政治领域。为了因应全面民族自卫战争的需要,国民党主导的中央政权进行了体制机制的调整。抗战爆发之初,国民党中央决定成立国防最高会议,作为国防最高决策机关,并直接对国民党中政会负责;组成大本营,由军事委员会委员长执掌最高军事统帅权。1938年,国民党临时全国代表大会决定实行领袖制,蒋介石被推为国民党总裁。1938年底汪精卫出走后,国民党中央当局旋即把国防最高会议改组为国防最高委员会,统一党政军之指挥,并代行中央政治委员会之职权。蒋介石以国民党总裁的身份被定为国防最高委员会的委员长,对于党政军一切事务,得不依平时程序,以命令为便宜之措施。此外,蒋介石还担任了四联总处理事长,可以便宜方式,对政府金融机构下达指令。这方面的体制性安排,有助于国民党中央当局排除悲观主义和妥协主张的干扰,作出抗战决策并守住抗战的基本立场;但是也强化了国民党的一党专制体制,妨碍了战时政治民主的推进,不适当地助长了国民党内顽固派的气焰,对于全面抗战的持续开展和抗日民族统一战线的维系,起了消极的作用。尤其是当抗日战争进入相持阶段之后,国民党顽固派不是全力抵御外敌入侵,而是从狭隘的党派私利私见出发,无视中共等爱国力量的抗日救亡权利,提防乃至限制中共领导的人民抗日武装力量和敌后抗日根据地的壮大,不时制造摩擦,直至1941年初发生了震惊中外的皖南事变,严重损害了抗日民族统一战线。中国共产党则从民族大义出发,在坚持抗战反对投降、坚持团结反对分裂、坚持前进反对倒退的原则下,在处理与友党友军的关系中顾全大局,在回击顽固派的挑衅时做到有理、有利、有节,维护了全民族团结抗战的神圣事业。日本发动的全面侵华战争,是对中国所有政治力量乃至整个民族的严峻考验。国民党内部以汪精卫为代表的悲观主义者,在战争初始就宣扬畏战、乞和的立场,在重大问题的决断上彷徨、避责;待到正面战场接连失利、武汉广州失守,他们终于抛却"低调"的面具"出走",很快投入日本侵略者的怀抱,由失败主义走向投降主义。更有甚者，汪精卫集团打着国民党和国民政府的旗号招摇撞骗，成立侵略者卵翼下的伪政权，标榜"和平反共救国"，与伪满洲国和其他地区的伪政权一样，其实质是赤裸裸的投敌卖国祸民，通过伪政权的司法、财税、军队、警察、特务等体制，帮助日军进攻敌后抗日根据地和抗日武装力量，在沦陷区搜捕迫害抗日人士，掠夺民众，成为日本"以华治华"、"以战养战"战略的帮凶。与汪精卫等伪政权之间展开的政治军事诸领域的斗争，是整个抗日战争的组成部分，这些斗争加强了抗日力量之间的团结，打击了日本侵略者，鼓舞着沦陷区民众抵制和反对日伪统治。国民参政会的召开，是抗战时期国内各种力量团结抗日的重要标志。国民参政会虽然是由 1938 年的国民党临时全国大会决议组织，大部分成员是由国民党当局确定的，其召集和运作的主要环节，也都是由国民党方面主导的，但依然得到包括中共和其他各界人士的响应。从 1938 年 7 月到太平洋战争爆发，国民参政会召开了两届共六次大会，提出和通过了大量的议案，对政府施政报告进行了询问和审议，在坚持抗战建国纲领、坚持持久抗战、推进战时民主法治与宪政、促进战时经济建设、确立战时新闻政策以及打击汉奸卖国贼等方面，都起到了显著的推动作用。通过国民参政会，各方进步力量推动着国民党在坚持抗战的道路上迈出重大的步子。国民党最高当局也确实曾经考虑过推进政治民主、实施宪政，并且让国民参政会在这方面发挥重要作用，但最终却止步于对国民党既有体制和主要人事的维系方面。参政会对政府的监督，整体上还流于形式上，所通过的决议案的实际执行效果，也是非常有限的。即便如此，参政会依然是战时中国政治民主取得明显进步的重要体现。日本全面侵华的战火，极大地破坏了中国的经济。在一年半时间里，中国原先工商业较发达的地区和主要外贸口岸几乎全都遭日军占领，当时居于较先进水准的工矿业和交通设施，或直接毁于战火，或无法正常运作。在日伪统治区，日本侵略者在财经领域进行疯狂的殖民掠夺和推行"以战养战"的政策，主要工商城市的社会经济陷于畸形状态。另一方面，1937 年"七七"事变爆发后，国民政府在确定和实施军事抵抗的过程中,主导和组织了沿海工矿业的内迁,尽可能把重要设施、原材料和有关人才辗转移至距离战区较远的西部地区,极大地促进了大后方近代工矿业体系的形成。国民政府还颁行了鼓励发展工矿业的一系列政策,尤其加大对于采掘、冶炼业和基础工业的投入,也注意对于民生工业的扶持。后方工矿业对于战时中国的军需民用,贡献良多。另外,大后方的主要交通和通讯事业承续了战前的建设规划,较大提高了运输和通讯能力。后方主要地区战时农业生产有了明显发展,主要农产品产量比战前有较大的提高,为支持抗战军事和维持民生作出了极大的贡献。抗战爆发后,由于正常财税收入减少,开支增加,此外仰赖国外输入大量军事物资和工业品,国民政府的财政赤字明显加大,除了加强财政征收和加大举借内外债之外,不得不仰赖发行货币,通货膨胀开始失控。加上生产领域和流通环节都受到战争的影响,市场供需关系失衡,政府当局虽然采取了取缔囤积、限定物价的举措,后方城市的物价涨风难以遏止,社会经济的正常运作和广大民众生计的维系日趋艰难。在金融领域,国民政府通过设立四联总处并强化其统制权限,总体上控制着后方地区银钱业的运作,但在沦陷地区,国民政府要推行其货币政策和汇率政策,还受到了来自日伪方面的蓄意破坏,互相之间的较量构成抗战前期军事领域之外的金融战、货币战。

抗日战争爆发之初,中国所处的国际环境并不尽如人意,欧美大国或持中立观望,或明里暗里对日妥协,中国在外交领域遇到了前所未有的压力,同时也致力于打开新的局面。中国政府曾在国际联盟有关场合以及九国公约签约国会议上揭露日本的侵略行径,试图达到孤立日本进而解决事变的目的。虽然这些国际交涉并没有能够遏制日本对华侵略,但使得中国获得了更多的国际同情。有关的大国之中,德国较早便确定了亲日疏华的方针,从执意承认伪满洲国到召回在华军事顾问和驻华大使,单方面停止履行对华提供军需物资,进而与日本、意大利结成法西斯轴心国同盟,甚至承认汪伪政权,中国致力改善对德关系的努力难以奏效,最终导致绝交和宣战。中国分别向苏联以及法、英、美等国寻求援助,其中苏联在日本全面侵华后不久便与中国签署了互不侵犯协定,对华提供最急需的军事物资,以商业信用贷款和易货的方式解决支付问题,还派出志愿飞行员和军事顾问直接支持中国抗战。中国还寻求过法国援华和双方对日的军事合作,但在对中国抗战有着重大影响的输出入货品过境越南问题上,法国屈服于日本的压力,给中国带来困难;进而公开对日妥协,导致中法政治关系倒退。在对英国关系方面,寻求财经援助和反对对日妥协,始终是中国对英交涉的重点所在。英国虽然向中国提供过一些商业信贷,并在提供平准基金借款方面采取了较积极的步骤,然而基于对中国抗战的消极评估,英国当时把避免与日本正面冲突作为其远东政策的基本点,在诸如中国海关、天津租界和白银、滇缅路的关闭与重开等关乎中国主权和重大利益问题上,不惜牺牲中国、对日妥协,两国关系演进中不无曲折。抗战爆发之初,中国在促请美国出面解决中日冲突方面没有获得进展,美国对华的经济援助,也限于数额不大的商业信贷;汪伪政权出笼以及日本加紧在越南等地的军事扩张后,美国政府开始加大对仍在从事抗战的国民政府提供援助,包括扩大商业信贷的数额、提供平准基金和成立中英美联合平准基金会,乃至把中国正式纳入租借法案受援国,围绕援助中国坚持抗战的重要性,两国之间逐步形成战略意义的共识,为太平洋战争爆发后的正式结盟打下了基础。总体看来,在抗战的前四年里,中国抵御住了日本的军事进攻而没有灭亡和投降,中国战场成功地牵制了数十万日本兵力,这一众所周知的事实赢得了世界人民的尊敬,使得中国的国际地位明显上升。

　　从1937年卢沟桥事变到1941年12月的太平洋战争爆发,中国人民的抗日战争有着十分丰富的内容,无论战略防御还是相持阶段,一切抗日的军队和其他武装力量为守土卫民,不惜牺牲,浴血苦战;全体中国人民,无论是日本占领区、抗日根据地和敌后游击区以及大后方地区,乃至海外的华人华侨,有着共同的觉醒和最大限度的奋争,地不分南北,人不分老幼,有钱出钱,有力出力。本卷主要记述了在军事、政治、经济、外交等领域的重大事件、主要政策的确定实施概况和发展演变基本脉络,由于篇幅、体例和掌握的史料史实等所限,较少个案性的详细介绍,挂一漏万更是难免;对于思想、文化和社会等领域,对于边疆民族地区及海外地区的有关情况,亦未能顾及周全。这些都有待再版修订时予以弥补充实。

本卷的工作开始于1995年,先后有吴景平、曹振威、张济顺、章红参加了章节结构和主要内容、若干史实和参考文献等方面的商讨工作,由于种种原因,张济顺女士与章红女士最后没有参加书稿的执笔,但却对书稿的写作与成稿非常关心,贡献良多。曹嘉涵博士、蒋立场博士、石涛博士曾参与了有关军事、政治领域部分章节的拟稿工作;徐昂、贾钦涵在查找有关文献史料、校对清样方面做了相当多的工作。本卷成稿各章节中,吴景平承担前言,第一章第三节,以及第三、第六、第七、第八、第九、第十一章;曹振威承担第一章的第一、第二、第四节,以及第二、第四、第五、第十章。最后的统稿由吴景平承担。

本卷从立项、分工、确定大纲章节到成稿和校对清样,自始至终得到中国社会科学院近代史研究所汪朝光研究员的关心、帮助和推动,在此表示衷心感谢。在资料文献方面,则得到了上海图书馆、复旦大学图书馆和历史系资料室、中国第二历史档案馆、上海市档案馆、台北"国史馆"和中国国民党党史馆、美国斯坦福大学胡佛研究所档案馆等机构的帮助,在此一并表达谢忱。

第一章 中国抗日战争的爆发

第一节 日本加紧部署全面侵华

日本帝国主义于1937年7月开始对中国发起大规模的侵略战争，这决不是偶然事件所引发的历史悲剧，而是日本军国主义分子梦寐以求的侵华战略之具体实施，也是日本大陆政策发展之必然结果。

以武力侵占中国，把中国变成日本独占的殖民地或附属国，这是日本帝国主义的既定国策。1931年日本发动"九一八"事变，以武力侵占中国东北三省之后，又把侵略目标对准中国内陆。它不断向邻近东北的华北和内蒙古地区扩展其侵略势力，使中国出现空前未有的民族危机，从而导致中日两国关系日趋紧张。20世纪30年代动荡不安的国际局势，在客观上也为日本对华侵略扩展提供了有利条件。为在复杂多变的国际环境中抓住有利时机，拓展日本在东亚地区的势力，1934年12月7日，日本内阁的陆军、海军与外务三省有关官员经多次协商，达成一份意见一致的纪要，名为《关于对华政策》，然后分别通报各自的驻华机构。该纪要提出的对华方针是："使中国成为以日本为中心，日满华三国友好合作，确保东亚和平的帝国方针的追随者"；"基本宗旨为在中国扩张我国的经济权益。"根据中国之现状与日本政府的对华政策，上述方针难于立即实现，故应分阶段"逐步追求"。对所谓扩张经济权益，纪要解释说："实际上是奠定我在中国强固的经济地位。这一政策本身不仅是我国对华政策之根本，另一方面也是一种以我方势力控制中国，使该国只能接近我方的有力手段。"当前对中国政局的对策，是促使其自然转化，在转化过程中避免强加于人，同时诱导这一转化向有利于日本的方向发展。根据中国的实际情况,"积极而顽强地实施我方认为必要的方针政策","使之处于除接近我方以外,别无他路可行之境地"。其中具体的方策纲要,分为一般方策、对南京政权方策、对华北政权方策和对西南派及其他地方政权方策等四项。这四项方策,以对南京政权即中国中央政府的策略最为强硬。比如,"在我方不主动谋求友好,而中国方面又侵害我方权益时,则我方应按自己立场采取必要措施,以严肃公正态度对之";"要注意利用彼等的内部斗争,改变其抗日政策";"如因保障我方权益,而采取必要措施的结果动摇了中国政局,那也是不得已而为之者";"影响中日接近的最大障碍,是中国基于远交近攻心理的诸般行动及外国给予的援助,对此应力加排斥"。如果这些言词的含意尚不十分明了的话,那么,下面一段就讲得再清楚不过了:"南京政权的存亡决定于其有无打开中日关系的诚意,如无诚意,即将其赶进不能存在的最后境地,此即对南京政权的基本方针政策。"①

尽管这是日本政府中三个部门之间达成的方案,因为这三个部门是对华关系中起决定作用的机关,而且又作为官方的意见正式提出,所以具有很高的权威性。当时中国的国民党中央政权正忙于内战,实行"攘外必先安内"的政策,对于日本的步步进逼一再妥协退让,导致日本政府推迟了实施强硬方针的时间。然而,不管时局如何变化,上述方案已经为日本的对华战略定下了基调。

此后,中日两国曾就改善关系问题进行多次谈判,并在某些具体问题上达成了一致意见,但由于日本根本没有谋求两国平等友好的诚意,所以谈判不可能有圆满的结果。对日本来说,"日中亲善"只是对外宣传的一个口号。就在谈判期间,日本军方一面抓紧向中国的华北、内蒙地区扩展势力,妄图建立第二个"满洲国"。为了发动全面侵华战争,日本军部早已开始充分准备。日本陆军在"九一八"事变后,每年都制订

---

①　转引自[日]防卫厅防卫研究所战史室编:《中国事变陆军作战史》(中译本)第一卷第一分册,中华书局1979年版,第22—24页。

一份对华作战计划,以备一旦发生军事行动时使用。在1935年制定的下年度对华作战计划中,准备对华北、华中和华南同时发起攻击,具体部署如下:以第七军(包括三个师团和两个旅团)攻占北平与天津地区;以第八军(包括两个师团)同海军相配合,在山东半岛登陆,夺取青岛、济南等重要城市,与第七军合编为方面军,进行华北会战;以第九军(包括三个师团)配合海军攻占上海地区,然后第七、第八军沿平汉铁路南下,第九军溯长江西进,从两路夹击武汉,进行华中会战;另外再以一个师团从福州、厦门、汕头登陆,进行华南会战①。次年8月,又制定了1937年度对华作战计划。该计划把上年度的作战部署作了修改,决定再增加三个师团的兵力用于华北作战,增加第十军(包括两个师团)在杭州湾登陆,配合第九军进行华中作战②。这样,准备用于对华作战的兵力增加到了14个师团。对此计划,日本海军虽然也采取同一步调,但认为中国正致力于统一,限定局部作战是不现实的,必须做出全面战争的计划。因海军具有较大的机动性,所以一开始即准备去中国所需要的地方,用必要的兵力,迅速达到目的③。

1936年8月7日,在"二二六"政变后上台的日本广田内阁举行五相会议④,决定了所谓《国策基准》,更以国家基本政策的形式,为对外发动侵略战争,称霸亚太地区确定了总体方案。其中明确提出:日本的根本大政,是"使帝国在名义上和实质上都成为东亚的安定势力";当前的根本国策,"在于外交和国防相互配合,一方面确保帝国在东亚大陆的地位,一方面向南方海洋发展"。大陆政策的基本方针,"在于希求满

---

① ［日］防卫研究所战史室编:《大本营陆军部·1》,朝日新闻社1967年版,第369页;《中国事变陆军作战史》(中译本)第一卷第一分册,第91页。

② ［日］防卫研究所战史室编:《大本营陆军部·1》,第413页;《中国事变陆军作战史》(中译本)第一卷第一分册,第92—93页。

③ 《中国事变陆军作战史》(中译本)第一卷第一分册,第93页。

④ 五相会议:指首相、外相、陆相、海相、藏相的联席会议。另外,四相会议是指前面四位大臣参加的会议。

洲国的健全发展,日满国防的巩固,消除北方苏联的威胁,同时防范英美,具体实行日、满、华三国的紧密合作,以促进我国的经济发展"①。方案中虽没有直接使用以武力侵华的文字,但从日本要在"名义上和实质上"充当东亚盟主,以及"实现日、满、华三国的紧密合作"这两段文字中不难看出,日本政府已把中国同"满洲国"一起列为日本的附属国,除非中国主动向日本臣服,否则武装侵华在所难免。

以上述根本国策为轴心,广田内阁计划统一调整内外各项政策,以适应对外发动侵略战争的需要。首要任务是扩充军备。陆军军备之扩充,以能够同苏联远东的兵力相对抗为目标,特别充实在中国东北和朝鲜的兵力;海军军备之充实,应足以对抗美国海军,确保西太平洋的制海权。其次是调整外交政策。在总体上应以不折不扣完成根本国策为基本原则,军部应对外交机关进行内部援助,避免军部直接出面,使外交机关能够进行有利而充分的活动。第三是革新改善政治行政机构,确立财经政策,并充分运用各种措施,以同上述根本国策相适应。其中包括"指导和统一国内舆论","发展执行国策所必需的产业和重要贸易","加速制定国防和产业所需重要资源、原料的自给自足计划",等等②。

广田内阁在确定《国策基准》的同一天,还在四相会议上通过了《帝国外交方针》。其基本精神虽大致与前者相同,但较多地采纳了陆军方面的意见。在审议外交方针时,陆军曾一再强调,充实对苏军备预计至1941年才能完成,因此在今后五年内改善国际关系和其他形势是十分必要的。其中的对华方针是:"诱导其不得不改变对日态度,力求实现以共存共荣为基础的日华合作","同时努力使华北成为日、满、华共同防御苏联扩展赤化的特殊地区"③。依据这一方针,8月11日又决定了

①　[日]外务省编:《日本外交年表和主要文书》(1840－1945)下卷,原书房1969年版,《文书》,第344页。

②　[日]《日本外交年表和主要文书》(1840－1945)下卷,《文书》,第344－345页。

③　《中国事变陆军作战史》(中译本)第一卷第一分册,第77页。

《对中国实施的策略》和《第二次处理华北纲要》，其对华策略分为华北、南京政府、其他地方政权和内蒙方面四个部分。值得注意的是，对南京国民政府的政策，已明确提出了"签订防共军事协定"、"签订日华军事同盟"、"解决日华悬案"等三个方面的要求。其中包括聘用最高政治顾问、军事顾问，建立航空联系，签订互惠关税协定等内容①。这些要求，实际上是第一次世界大战期间日本提出的"二十一条"内容之重现。

　　同年 8 月 25 日，广田内阁又决定了 1937 年以后日本重点实施的七大国策，其主要内容有"充实国防"、"振兴产业和发展贸易"、"确立对满的重要政策"、"整顿改善行政机构"等②。另外从 1936 年开始，日本政府设立专门研究机构，就扩充重要产业进行具体策划，拟订出《重要产业五年计划》。该计划的立足点是"综合运用日满两国资源，其中不足部分靠华北解决"③。计划的实施时间为 1937 年至 1941 年。与此同时，日本陆军根据第二次世界大战将在 1940 年前后爆发的判断，于 1936 年 11 月拟订出《军备充实计划大纲》，准备在战时"大约配备 40 个师团及与之相应的各部队，空军约 140 个中队及与之相适应的各部队"④。从这些动向可以看出，日本政府正在大力进行战争准备，伺机向中国等东亚邻国发动侵略战争。

　　20 世纪 30 年代的东亚地区已是国际关注的热点，日本妄图充当东亚盟主，必然要与西方大国发生冲突。为确立在东亚的霸主地位，日本在外交上采取了一个重大的行动——与欧洲的德国结成同盟。1936 年 11 月 25 日，日本与德国正式签订了《日德防共协定》及《秘密协定》。《协定》虽然打着"防共"的招牌，实际上不仅针对苏联，同时也针对美、英、法等西方列强。这一协定的成立，标志着日本与德国结成了国际法西斯

---

　　① 《中国事变陆军作战史》(中译本)第一卷第一分册，第 77—78 页。

　　② 〔日〕原田熊雄:《西园寺公爵与政局》第 5 卷，岩波书店 1967 年版，第 352 页。

　　③ 〔日〕堀场一雄:《支那事变战争指导史》，原书房 1973 年版，第 76 页。

　　④ 《中国事变陆军作战史》(中译本)第一卷第一分册，第 86—87 页。

阵营。

正当日本积极扩充军备、振兴国内产业，以便在适当时期内发动侵略战争之际，中日两国的形势都发生了重大变化。中国于1936年12月发生了西安事变，事变和平解决之后，停止了长达十年的内战，在中国共产党和爱国力量的推动下，国民政府对日态度开始趋于强硬。日本国内的一些党派因不满军方对政府的操纵，于1937年1月公开在议会上发表攻击军部的演说，引发了政潮，导致广田内阁倒台。其后，宇垣一成的组阁计划因陆军的强烈反对而流产；2月初成立了威信不高的林铣十郎内阁。由于政党的倒阁运动越来越激烈，林内阁执政未满三月，又于5月31日宣告倒台。6月1日成立了由贵族院议长近卫文麿为首的新内阁。

面对中、日两国出现的新情况，日本政府对原来的对华政策重新进行研究，提出了修正方案。1937年4月16日，日本内阁在四相会议上决定了《对华实施的策略》和《指导华北方针》。新的策略和方针除给南京政府一定的面子和"不进行谋求华北分治"之外，其他苛刻要求没有实质性改变①。这一表面的友善态度，当然无法缓解中、日两国间的矛盾。随着南京国民政府对华北地区控制的增强，中、日之间的矛盾与磨擦出现不断加剧的趋势。

对于急于想在中国特别是华北地区扩展其侵略势力的日本陆军来说，这种局面是不能容忍的。6月5日，在中国进行一个半月视察后的陆军教育总监本部部长香月清司向军部提出一份报告，明确指出："华北形势相当紧迫，因此，中国驻屯军增强兵力很有必要。"②6月底，日本参谋本部的井本雄男到华北视察后，在报告中陈述了这样的意见："日本方面军部派出的人员对中国的动向观察大体一致，但在策略方面

①　［日］《对中国实施的策略》，《日本外交年表和主要文书》(1840－1945)下卷，《文书》，第360－361页。

②　《中国事变陆军作战史》(中译本)第一卷第一分册，第122页。

存在分歧。少数人的意见认为,应该日华平等互惠,和平共存;而大多数的意见认为,对中国打击一下就能改变局势。"井本在报告了上述意见之后,又加了一句:"这种状态还不明白是不是意味着中日战争。"①其实这只是"此地无银三百两"。

　　总之,到1937年卢沟桥事变的前夕,要对中国实施"打击"的主张,已经在日本军方高层屡屡被提及。当时在东京政界的消息灵通人士之间,私下已盛传:"七夕的晚上,华北将重演柳条沟一样的事件。"②日本陆军参谋本部作战部长石原莞尔也听到了"不久华北要发生什么事情"的传闻③。不久以后爆发的卢沟桥事变,正是日本军国主义长期谋划全面侵华的必然结果。

第二节　卢沟桥事变与日本的全面侵华

　　1937年7月7日,这是中国近代历史上不容忽视的重要一天。那天深夜在古城北平西南卢沟桥畔响起的枪声,成为日本发动全面侵华战争的一个信号,日本军政当局迅速拉开战争的序幕,把中、日两国人民推进苦难的深渊;这枪声同时也震醒了全中国人民,在中华大地掀起了一场波澜壮阔的民族自卫战争。

　　日军选择的全面侵华的第一个攻击目标是卢沟桥。卢沟桥位于北平西南的永定河上,历来是北平通往内地的交通要道。明代末年在桥东头建造了一座拱卫京城的城垣,后来称为宛平城。在卢沟桥北不远,平汉铁路桥横跨南北。中国军队控制这个咽喉地带后,进可以攻,退可以守,而一旦该处被日军控制,则北平将处于孤立无援的境地。由于卢

---

　　①　《中国事变陆军作战史》(中译本)第一卷第一分册,第123页。
　　②　〔日〕今井武夫:《今井武夫回忆录》(中译本),上海译文出版社1978年版,第16页。
　　③　《中国事变陆军作战史》(中译本)第一卷第一分册,第123页。

沟桥具有如此重要的战略地位，所以华北日军早已把目光盯住卢沟桥。

华北日军亦称"中国驻屯军"，最初是根据 1901 年签订的《辛丑条约》而设置的，称"清国驻屯军"。中华民国建立后，改称"中国驻屯军"，司令部设在天津，其兵力根据中、日两国关系的形势而时有增减，大体在千人上下。1935 年，日军利用换防的机会，将兵力增加到 1771 名。1936 年广田内阁决定增强中国驻屯军，其定员总数达到 5774 名，并实行新编制：军司令官由天皇亲任现役将军担任，兵员由一年交替制改为永驻制。改编后的驻屯军设军司令部、旅团司令部、步兵第一第二联队，以及战车队、骑兵队、炮兵队、工兵队、通信队、宪兵队、医院和仓库。新编制于同年 6 月上旬编组完毕，驻屯军司令部、第二联队及军直属部队驻扎天津及丰台，其他步兵部队分布于塘沽、滦州、山海关、秦皇岛等地①。步兵旅团司令部及第一联队（欠第二大队，该大队驻天津）驻北平。

1936 年 7 月，日军第一联队第三大队强行进驻北平西南部的丰台，与当地中国驻军发生冲突，中国驻军被迫从丰台撤出。丰台是连接北宁线和平汉线的铁路交通枢纽，是平津地区重要的战略据点之一。丰台不是《辛丑条约》规定的各国驻兵地点，日军强占丰台，无疑是对中国主权的严重侵犯，同时也给驻守平津地区的中国第二十九军造成很大威胁。日军占据丰台后，为以后新的侵略行动创造了有利条件，这就进一步加剧了华北的紧张局势。

进入 1937 年后，日军在华北地区的军事活动空前频繁。3 月上旬，日本参谋本部将驻华武官喜多诚一、中国驻屯军参谋、关东军参谋等召回东京商议对华问题。春夏之间，教育总监本部、参谋本部及陆军省的高级官员先后来华北视察。他们有的深入张家口、大同、济南等地，有的甚至还探查北平郊外第二十九军的防地。与此同时，华北日军也不断进行各种军事演习。至五六月间，驻丰台日军的演习从白天延

---

① 《中国事变陆军作战史》（中译本）第一卷第一分册，第 65—66 页。

续到晚上,日本中国驻屯军的高级官员也常来卢沟桥一带视察演习,检阅部队。这些模拟实战的演习,早已超越日本中国驻屯军的正常范围。西方国家根据《辛丑条约》在华北的驻军都是象征性的,不仅人数很少,而且没有什么正规的军事活动。然而驻屯丰台的日本军队不仅活动频繁,而且不断去战略要地卢沟桥一带演习,演习活动一直以中国驻军的阵地为假想敌,演习地点更是十分靠近中国驻军阵地,演习时使用的枪弹也由原先的空包弹换成实弹。所以,日军的每次演习,都有可能演变成一场对中国军队的突然袭击,引发双方之间的军事冲突甚至战争。

　　1937 年 7 月 7 日晚上 7 时半,来自丰台日军兵营的第一联队第三大队第八中队在卢沟桥附近进行演习。事后日方称,当晚 10 点 40 分左右该中队听到从龙王庙附近中国军队的阵地上射来数发子弹,然后在大瓦窑西面集中点名时,发现少了一名士兵。中队长决定"断然膺惩",一面作战斗准备,一面派人骑马去丰台向大队长报告。半夜 12 时左右,接到报告的一木清直大队长通过电话向北平城内的牟田口廉也联队长报告事件经过,并提出丰台驻屯部队立即出动的意见。联队长同意出动,并指示:迅速去现地,作好战斗准备,再去找卢沟桥中国驻军进行交涉。8 日零时 20 分,日军第三大队出动了主力部队,于 3 时 20 分占领一文字山山头,并在山上开设无线电台。凌晨 4 时整,牟田口联队长根据一木大队长听到中方有"第二次"枪声的报告后,即判断为中方的敌对行为,命令开始战斗。5 时整,大队长发出第二号作战命令:大队自龙王庙与铁道线之间向永定河沿线挺进;各部队以已经展开的态势向各自目标前进;步兵炮作好向龙王庙及铁路桥头一带射击的准备。8 日上午 5 时 30 分,一木大队长立即下达攻击前进的命令,步兵炮也向龙王庙及中国驻军阵地集中射击①。

____

　　①　据[日]《关于卢沟桥事件之支那驻屯步兵第一联队第三大队战斗详报》(昭和十三年 11 月),长泽连治于昭和四十五年 7 月印刷,第 13—22 页。另参见蔡德全:《卢沟桥事变日志》,《近代中国》第 125 期,1998 年 6 月 25 日,第 162—163 页。

　　根据日方的记载,7月7日晚第八中队在点名时发现少了一名传令兵,感到事态严重,因而采取了一系列对应措施。然而,该士兵并无其他意外,只是向第二小队传令时,因天黑失足掉进十来米深的沙坑内,头部受到撞击而晕倒在那儿。直至次日黎明时分,才恢复知觉,回到位于大瓦窑的中队内,这时事态已发展到相当严重的地步。另外,7月8日凌晨当丰台日军以战斗队形向中国驻军阵地前进时,处于右翼第一线的第八中队,在挺进到距中方阵地很近的地方时,仍看不到中国军队有什么抵抗迹象①。仅从上述由日军当事者所陈述的经过中,即可以清楚地看出,所谓卢沟桥事变,实际上是由日本丰台驻军一手挑起的。不论射击之事的真相如何,7月7日晚上在卢沟桥一带演习的日本军队没有受到任何损伤。如果日本军队不想蓄意挑起事端的话,中、日两国军队的武装冲突决不会发生。然而,华北日军指挥机关仅根据一个电话报告,未予调查核实,即通过北平特务机关长松井久太郎与华北冀察当局进行交涉,横蛮无理地宣称:顷间在卢沟桥演习,仿佛听见驻宛平城内之军队发枪数响,结果失落士兵一名,"要求进入宛平县城搜索失兵"②,中方如不允许,(日方)即将以武力强行进城③。中国第二十九军副军长兼北平市市长秦德纯接到报告后,为弄清事实真相,立即派河北省第三行政区专员兼宛平县县长王冷斋、冀察外交委员会主席魏宗瀚、委员林耕宇等去北平日本特务机关交涉,并与日方人员连夜去现场调查。此时松井已接到失踪士兵归队的报告,但仍无理要求待查清士兵失踪原因后再进行谈判。而丰台日军正进行发动攻击的准备。在此情况下,所谓调查、谈判云云,不过是为日军即将发动的军事

---

　　①　〔日〕《关于卢沟桥事件之支那驻屯步兵第一联队第三大队战斗详报》(昭和13年11月),长泽连治于昭和四十五年7月印刷,第2页。

　　②　何基沣等:《七七事变纪实》,《文史资料选辑》第1辑,第18页。

　　③　《冀察绥靖主任宋哲元上外交部报告卢沟桥冲突情形及交涉尚无结果电》(1937年7月8日),《卢沟桥事变史料》上册,第122页;载秦孝仪主编:《革命文献》第106辑,中国国民党中央委员会党史委员会编辑印行,1986年。

进攻作掩护而已。

　　7月8日凌晨，日军从东、东南、东北三面包围宛平城。4时20分，华北驻屯军第一联队长牟田口廉也下令开始战斗①。5时左右，日军步兵、炮兵率先向驻龙王庙及卢沟桥一带的第二十九军发起猛攻。对于日军的无理挑衅，在卢沟桥一线的中国驻军没有退让。他们受全国人民抗日救亡运动的影响，决心誓死捍卫国家的主权与民族的尊严。第二十九军顽强奋战，吉星文团所部一排全排壮烈牺牲②，铁路桥东端终被日军占领。与此同时，日军另一部则由龙王庙渡永定河，企图进袭长辛店，第二十九军毅然抵抗。此后，日军仍攻势不断。8日下午3时许，日军开始炮轰宛平城，第二十九军所部予以还击，双方展开炮战。当日晚，日军一部突过永定河，进占铁路桥墩以西地区。面对日军进攻，第二十九军坚守阵地。9日，吉星文率部开始反攻，一举击败日军并击毙日军大队长一木清直，把日军赶至永定河东岸。此后，日军改变策略，他们一面抓紧部署新的进攻，同时又提出和平解决的要求。当日十时半起，中日双方部队向永定河东西岸后撤，等候谈判解决③。

　　华北地方当局与日方的最初会谈还是有结果的，这就是9日秦德纯与松井久太郎达成的口头协议：（一）双方立即停止射击；（二）双方军队各撤回原防地（日方坚持要求中国军队撤至永定河西岸）；（三）宛平城防由冀北保安队担任④。但是，在事变现场的日军于7月10日夜间袭击中方，占领了龙王庙，次日第二十九军反击收回了失地。

　　中、日两军在卢沟桥一带发生冲突的消息，引起了日本军方和日本

---

　　①　《日本〈中国驻屯军步兵第一联队战斗详报〉》，中国史学会、中国社会科学院近代史研究所编，章伯锋、庄建平主编：《中国近代史资料丛刊·抗日战争》第二卷《军事》（上册），四川大学出版社1997年版，第22页。

　　②　《抗日战史》（第一册）总论，台北"国防部"史政编译局1985年版，第86页。

　　③　《俞飞鹏关于平津地区中日双方和谈情形密电》，《中华民国史档案资料汇编》第五辑第二编《军事》（二），江苏古籍出版社1998年版，第3页。

　　④　《中国事变陆军作战史》（中译本）第一卷第一分册，第134—135页。

政府的高度关注。与华北相邻的关东军最先做出反应,于 8 日早晨召开紧急会议,研究应付方案。关东军认为,与苏联在乾岔子岛冲突的事件刚达成协议,估计目前北方是安全的,所以应借此机会,对冀察给予一击。同时主动向参谋本部请战,称二个独立混成旅团的主力和空军之一部已作好立即出动的准备。侵朝日军与关东军一样,也向中央报告,"鉴于华北事件的爆发,已以第二十师团之一部作好随时出动的准备"①。另外,7 月 8 日清晨 4 时 25 分,华北日军向东京陆军中央部发出一份至急电报,报告丰台驻屯军一部在夜间演习中,"因受中国军队不法射击,立即进入敌对状态"的情况。9 时 10 分,又发出第二份电报,宣称:"我军于 5 时 30 分对其进行攻击,并占领永定河堤防线,对卢沟桥城内的中国军队,正予以解除武装中。"②得到上述消息之后,日本陆军中央内部就有人主张乘此机会,"依靠行使武力,把郁结的华北悬案一举解决"③。还有人主张,组织一支由几个师团为基干的部队开赴华北,平定华北地区,进而占领整个中国。而陆军参谋本部作战部长石原莞尔等人则不赞成这一观点,认为对华战争的时机尚未成熟,必须推迟发动。石原曾是策动"九一八"事变的主谋之一,西安事变后又到中国内地考察,看到了中国民族团结的力量,因而竭力主张扩充日本的军事实力,在取得对中、苏两国的优势之后,再实行称霸东亚的国策。在此之前,尽量避免小的冲突,以免影响整个战略目标之实施。在石原的要求下,8 日晚上,以日本陆军总参谋长名义给中国驻屯军司令发出了"为了防止事件扩大,要避免进一步行使武力"的临命第四〇〇号指令④。第二天又发出一项具体指示,以"撤退卢沟桥左岸中国驻军;对将来作出保证;处罚直接负责人;赔罪"等四项条件为解决事变的基础,

---

① 《中国事变陆军作战史》(中译本)第一卷第一分册,第 136 页。

② 《中国事变陆军作战史》(中译本)第一卷第一分册,第 135 页。

③ 〔日〕今冈丰:《石原莞尔之悲剧》,芙蓉书房 1981 年版,第 210 页。

④ 〔日〕秦郁彦:《日中战争史》,原书房 1972 年版,第 193 页。《中国事变陆军作战史》(中译本)第一卷第一分册,第 137 页。

在处理中避免触及政治问题①。

应当指出，日本军方的所谓"不扩大方针"，实质是以中国军队单方面的退让与妥协为前提的，而不是出于真正的"不扩大"事态、避免战争的考虑。但即便如此，在日本参谋本部下达不扩大指令的同时，陆军大臣杉山元也下令京都以西各师团的老兵延期复员，这样可以增加四万现役军人，以供扩大对华战争之需②。陆军省军务局也抓紧与参谋本部作战课磋商，研究向华北增兵问题。对华采取军事上强硬立场的主张迅速高涨。7月9日上午，日本内阁召集临时会议，讨论处理华北问题的对策，决定了"不扩大事件"，"到有危险时再采取适当措施"的敷衍方针③。而7月10日，日本陆军拟就了一份派兵方案，身为作战部长的石原也表示赞同，他对于迅即抛却"不扩大方针"有如下的辩解："如果沿着不扩大主义走下去，岂不应该停止动员吗？这是一般的想法。……其实，所谓不扩大方针是政治上的希望，而在现在因为有战斗行动，所以通常就要考虑到动员的必要。"④

7月11日上午，日本内阁召集五相会议，就派兵问题取得一致意见后，下午马上召集内阁会议，对派兵等问题做出正式决定。首先，将卢沟桥事件正式定名为"华北事变"。同时，对事件做出五项处理决定，主要内容是：派遣五个师团的兵力去华北，先派朝鲜、满洲两个师团，国内三个师团准备动员；派兵之目的是显示威力，达到中国军队赔罪与对将来作出保证；不答应要求时给予打击；坚持不扩大，现地解决的方针⑤。上述决定报请天皇批准后，当晚6时24分，以日本政府的名义公开发表了《派兵华北的声明》，声称"政府在本日内阁会议上下了重大

---

① ［日］堀场一雄：《支那事变战争指导史》，第82页。
② ［日］今冈丰：《石原莞尔之悲剧》，第212页。
③ ［日］今冈丰：《石原莞尔之悲剧》，第224页。
④ 《中国事变陆军作战史》（中译本）第一卷第一分册，第143页。
⑤ ［日］秦郁彦：《日中战争史》，第201页。

决心,决定采取必要措施,立即增兵华北"①,公然对中国政府进行武力威胁。

日本政府正式决定出兵华北,是在全面侵华的道路上走出了关键的一步。7月11日晚上,参谋总长分别下达调兵命令,限令关东军的二个独立混成旅团于12日、13日出发,于17日和19日在北平近郊的顺义、高丽营结集;驻朝鲜的第20师团于13日开始紧急动员,17日乘火车去华北,18日达到天津、唐山、山海关一带集结;关东军的一个航空团于12日集结于天津②。为加强现地指挥力量,又任命对华持强硬态度的原教育总监部部长香月清司中将为中国驻屯军司令官。香月于12日下午飞到天津,连夜拟订出一份入侵华北的方案,13日一早电告东京,请求批准③。

日本内阁的决定和出兵声明,是卢沟桥事变发生后日本政府正式作出的第一个侵华方案,它十分清楚地表明了日本要强占中国华北的意图。值得注意的是,它是以虚伪的言词掩盖了扩大侵略的企图,在文件中多次使用"不扩大"、"现地解决"的词句。此后一段时间,日本军政当局一面抓紧部署对平津地区的军事入侵,一面继续高唱不扩大的调子。

中国政府方面最初得悉卢沟桥事变发生的消息后,并没有采取重大的外交措施。7月8日,仅由外交部亚洲司日苏科长董道宁在会见日本副武官大城户时指出,卢沟桥事件责任不在中方,要求从速向日本参谋本部及陆军省报告,转令华北驻屯军迅即停止军事行动。大城户表示此系一小冲突,决不至将事态扩大,并承诺向东京方面报告④。当时,在军事应对方面,南京当局还是较重视的。蒋介石于7月8日获悉

---

① 《日本外交年表和主要文书》(1840—1945)下卷,《文书》,第366页。
② 《中国事变陆军作战史》(中译本)第一卷第一分册,第148—149页。
③ 〔日〕今冈丰:《石原莞尔之悲剧》,第252页。
④ 《卢沟桥事变前后的中日外交关系》,《中日外交史料丛编》(四),中国国民党党史委员会1995年版,第219—220页。

卢沟桥发生事变后，当即命令冀察当局固守宛平城，全体动员以备战事扩大①；同时又电令正在山东乐陵的宋哲元速返保定指挥。当日，蒋介石令军委会办公厅主任徐永昌转示参谋总长程潜，即刻准备增援华北，同时电令兰封绥靖主任刘峙调派一师开赴黄河以北，庞炳勋部则由正太路方面开赴石家庄策应②。7月9日，蒋介石又令平汉路孙连仲第26路军两师向石家庄或保定集中，并于当日电召正在四川主持整军会议的军政部长何应钦回南京部署应战准备③。10日，蒋介石又两次复电冀察绥靖主任宋哲元，一面命其"从速构筑预定之国防线工事"，一面示意可在不丧失丝毫主权的原则下与日方进行谈判周旋④。12日，卢沟桥事件第二次会报会议决定派参谋次长熊斌北上，向宋哲元传达蒋介石"不挑战、必抗战"的指示，即可以忍耐缓兵，但"仍须作全般之准备"，"卢沟桥、宛平城不可放弃"⑤。可以说，当时中国政府处理卢沟桥事变的立场，是让宋哲元为代表的华北地方当局在备战守土的前提下，在现地与日方周旋。

在发生事变的现地，日本方面不断向第二十九军和冀察当局施加压力。7月10日，日本驻屯军向第二十九军代表张自忠提出：向日军道歉、处分肇事者、中国军队撤出卢沟桥附近、彻底取缔抗日团体等要求⑥。次日晚上，双方签署了《卢沟桥事件现地协定》（即"秦德纯、松井协定"）：一、第二十九军代表声明向日军道歉，并对责任者给以处分，负

---

① 《蒋委员长复示冀察绥靖主任宋哲元宛平城应固守并动员以备事态扩大电》(1937年7月8日)，《卢沟桥事变史料》上册，第209页。

② 秦孝仪主编：《中华民国重要史料初编》第二编《作战经过》(二)，中国国民党中央委员会党史委员会编印，1981年，第32—33页。

③ 《中华民国重要史料初编》第二编《作战经过》(二)，第35—36页。

④ 《蒋介石复密电稿》(1937年7月10日)，《中华民国史档案资料汇编》第五辑第二编《军事》(二)，第3页。

⑤ 《卢沟桥事件第二次会报》，《中华民国史档案资料汇编》第五辑第二编《军事》(二)，第10页。

⑥ 《中国事变陆军作战史》(中译本)第一卷第一分册，第141页。

责防止今后再惹起类似事件；二、中国军队和丰台驻屯的日军过于接近，容易惹起事件，因此卢沟桥城周围及龙王庙驻军，改由保安队维持治安；三、对于蓝衣社、共产党及其他各抗日团体，要采取措施并彻底取缔①。仅从该《现地协定》内容来看，冀察当局为了避免事态的扩大，对日方的无理要求极度忍让，并作出了很大的妥协，且事先并没有把《现地协定》的内容报告南京当局并征得同意。如果联系到签署该《现地协定》的同一时间，日本政府已经决定出兵华北并且下发了调兵令，那么《现地协定》的交涉与签署，只能起到麻痹中方的作用，而绝不可能制止日本扩大侵略。

　　7月12日，宋哲元命令二十九军，为履行11日《现地协定》由中国方面首先撤退，不管在什么情况下都不得抵抗②。7月14日，宋哲元本人以其代表张自忠等人，就处分事变责任者、道歉、北平城内治安维持等问题，分别与日本驻屯军方面进行了交涉。而南京当局则颇为担心宋哲元的一味妥协退让。7月12日，蒋介石致电宋哲元，指示仍应从速进驻保定，不宜驻津；并电令北平市长秦德纯，勿中日军缓兵之计③。7月13日，蒋介石复电示宋哲元："卢案必不能和平解决，无论我方允其任何条件，而其目的，则在以冀察为不驻兵区域，与区内组织用人皆得其同意，造成第二冀东，若不做到此步，则彼必得寸进尺，决无已时，中早已决心，运用全力抗战，宁为玉碎，毋为瓦全，以保持我国家与个人之人格。"要宋与中央共同一致，无论和战，万勿单独进行④。7月14日，蒋介石回复宋哲元关于应否放弃天津的请示电，指出天津绝对

---

　　①　《中国事变陆军作战史》（中译本）第一卷第一分册，第153—154页。
　　②　《秦德纯关于收拾时局方法之提议》，加藤书记官致电广田大臣第四二八号极秘特急电，引自《卢沟桥事变日志》，《近代中国》第125期，1998年6月25日，第169页。
　　③　《中华民国重要史料初编》第二编《作战经过》（二），第42页。
　　④　《中华民国重要史料初编》第二编《作战经过》（二），第43页。

不可放弃,务望从速集结兵力应战①。

就在中、日双方在事变现地不断交涉的时候,在东京的日本军部认为中方在拖延的同时向华北调遣兵力,决定采取强硬措施,对中方施加新的压力,遂于7月16日决定:限定7月19日必须由宋哲元正式道歉,处罚责任者,包括罢免冯治安,撤退八宝山附近的部队,在7月11日提出的解决条件上,改为由宋哲元签字。如在限期内不履行日方要求,即停止现地交涉,讨伐二十九军,并立即将需要之国内部队,派往华北。在期限满了后,即使中国方面对上述要求事项的态度有所软化,也要使二十九军退出永定河右岸地区②。也是在7月16日当天,日本关东军独立混成第一旅团在酒井镐次少将率领下到达密云;独立混成第十一旅团集结于天津;第二十师团从日本国内出发运往华北。日本军国主义的战车已经向全面侵华的目标推进。

第三节　蒋介石发表庐山谈话
国民党决定实现抗战

1936年12月西安事变得以和平解决后,国共两党从对立走向和解与合作,南京国民政府对日本的态度也趋于强硬,对于日本的步步进逼已经不再轻言退让。到了卢沟桥事变前夕,蒋介石认识到:"中国自强之意义与责任,应具必战之决心,而后可以免战,乃得达成不战而收复失地之目的。"③1937年7月卢沟桥事变爆发初始,华北的局势尚不明朗,蒋介石正在庐山牯岭。7月8日接到事变的报告后,蒋介石曾做出如下的判断:倭寇在卢沟桥挑衅矣,彼将乘我准备未完之时使我屈服

---

① 《中华民国重要史料初编》第二编《作战经过》(二),第44页。
② 《中国事变陆军作战史》(中译本)第一卷第一分册,第179－180页。
③ 蒋介石日记1937年7月1日,斯坦福大学胡佛研究所藏蒋介石日记手稿影印件。

乎？与宋哲元为难乎，使华北独立化乎？决心应战，此其时乎？此时倭寇无与我开战之利①。蒋介石当日即电示宋哲元："宛平城应固守勿退，并须全体动员，以备事态扩大。"②另外，蒋介石决定动员中央直属部队六师北上赴援，9 日至 12 日该六师中央军停驻于河南边境，向日方示以"不避战事"之决心，甚至已经"决定在永定河与沧保线持久战"；另一方面通过外交途径与日本进行交涉，试图把华北的军事冲突控制在局部范围内加以解决，"非至万不得已，不宜宣战"③。当时蒋介石决定中央军北调且进入河北省境内，更多的是让各方面认识到南京政府不会在军事上作出让步的决心，尤其是希望能够阻遏日军进一步扩大军事行动。

　　为应付事态扩大，南京政府采取了一系列备战措施。7 月 11 日晚，军政部长何应钦在军政部召集各有关主管部门负责人就卢沟桥事件举行第一次会报，决定使一切军事准备由平时进入战时状态，并详细拟订作战方案④。7 月 12 日晚召开的卢沟桥事件第二次会报进一步讨论了"部队准备案"，其第十条明确规定："必要时令第三者出绥东侵内蒙，以扰敌之侧背。"⑤

　　卢沟桥事变爆发时，适值国民党在庐山举行谈话会，诸多高层官员和上层知识精英对中日间新的军事冲突十分关注。如陈布雷 7 月 11 日的日记记载："十一时到官邸，闻北事消息极恶劣，与辞修等谈极愤

---

　　①　蒋介石日记 1937 年 7 月 8 日，斯坦福大学胡佛研究所藏蒋介石日记手稿影印件。

　　②　《蒋介石致宋哲元电》(1937 年 7 月 8 日)，《中华民国重要史料初编》第二编(二)，第 32 页。

　　③　蒋介石日记 1937 年 7 月 9 日、12 日，斯坦福大学胡佛研究所藏蒋介石日记手稿影印件。

　　④　中国第二历史档案馆编：《抗日战争正面战场》(上)，凤凰出版社 2005 年版，第 208—210 页。

　　⑤　《卢沟桥事件第二次会报》，《中华民国史档案资料汇编》第五辑第二编《军事》(二)，第 10 页。

慨。"次日的日记:"日方企图扩大之消息继续传来,令人忧愤不止。"7月13日的日记:"日军侵略益露骨,季鸾来谈,深以发动全面战为不可免。"①当时刚上庐山参加谈话会的周佛海在日记中也写到:"闻北方当局对日有屈服消息,以后恐对外问题演成对内问题,中央应付更不易,思之怅然。"②可见,当时普遍认为这一次中日战事势将扩大。另一方面,中日在军事行动之外的较量呈现出复杂的态势,并且引起国民政府内部的分歧。7月11日,在南京的日本使馆参赞日高向中国外交部发出威胁意味十足的声明:中国中央当局如动员部队,"日方必下最大决心"。与此相应,7月13日,中国外交部长王宠惠从蒋介石电话中得知中央军已开入河北后,"甚慌张"。不过,当时包括蒋介石在内,都愿意接受西方国家出面调停中日冲突。7月14日,王世杰曾要求中英庚款理事会理事杭立武以私人名义向英国驻华使馆表示,希望英国出面调停。7月15日,英国驻华大使许阁森在南京向王宠惠提出调解的意见,并问中方是否愿意事态扩大。蒋介石得悉之后,即表示:中国绝对的只谋自卫,不愿扩大,并愿接受英方斡旋③。

然而,日方却步步向国民党当局施加压力。7月17日,日本驻华使馆武官持一通告往递军政部长何应钦,意谓中国中央军队若违反1935年夏季的"何梅协定",而遣送军队及空军入河北时,日方将采取断然处置,其责应由中国负之。同日,日本使馆代办日高向中国外交部递交备忘录,要求:"(一)中国停止挑战之言动;(二)不妨碍日方与冀察

①　《陈布雷先生从政日记稿样》第二册,台北"国史馆"藏,全宗号134,专藏史料0161.40/7540.01—03。辞修,即陈诚,时任军政部次长;季鸾,即张季鸾,《大公报》主编,当时出席庐山谈话会。

②　《周佛海日记全编》(上编),1937年7月14日,中国文联出版社2003年版,第51页。

③　《王世杰日记》(手稿本)第一册,1937年7月13、14、15日,台北中研院近代史研究所1990年版,第63—64页。

地方当局商定解决办法之实行。"①当时行政院在南京举行会议，商议如何答复日方之要求，外交部长王宠惠倾向对日迁让，并派高宗武赴牯岭向蒋介石报告②。蒋介石的庐山谈话，就是在此背景下作出的。

7月17日，蒋介石在庐山谈话会上发表演讲时，指出："中央认定卢沟桥事件，为中日交涉的最后问题，要和日本作最后的解决。……我们已经到了最后关头了！"他表示中国"并不是求战，而是应战"；提出了对日交涉的三点"最低限度"：一、"决不能再订第二个塘沽协定"；二、"绝对不能容许""在北平造成第二个伪组织，使华北脱离中央"；三、"日本不能要求撤换"华北地方官吏。此后，为了因应时局发展，7月19日蒋介石向外界公开发表了对待卢沟桥事变的声明，明确提出了解决事变的四项最低限度的条件："（一）任何解决，不得侵害中国主权与领土之完整；（二）冀察行政组织，不容任何不合法之改变；（三）中央政府所派地方官吏，如冀察政务委员会委员长宋哲元等，不能任人要求撤换；（四）第二十九军现在所驻地区，不能受任何的约束。"蒋介石最后明确指出："总之，政府对于卢沟桥事件，已确定始终一贯的方针和立场，且必以全力固守这个立场，我们希望和平，而不求苟安；准备应战，而决不求战。我们知道全国应战以后之局势，就只有牺牲到底，无丝毫侥幸求免之理。如果战端一开，那就是地无分南北，年无分老幼，无论何人，皆有守土抗战之责，皆应抱定牺牲一切之决心。"③这是卢沟桥事变发生以来，国民政府领导人首次公开发表的声明，其立场非常明确，就是希望和平解决事变，但为捍卫领土主权不惜抗战和牺牲。

7月19日，蒋介石在庐山谈话会上"最后关头"的演说公开发表的

---

① 《王世杰日记》（手稿本）第一册，1937年7月17、18日，第67—68页。

② 《王世杰日记》（手稿本）第一册，1937年7月19日，第68—69页。

③ 刘维开：《蒋中正委员长在庐山谈话会讲话的新资料》，《近代中国》第118期，1997年4月；《中华民国史事纪要初稿（1937年7月—12月）》，台湾"国史馆"1987年版，第146—147页。

当天,他在日记中写道:"闻喜多对敬之谈话与高宗武之报告后,决定发表告国民书。但此意既定无论安危成败在此不计。惟此为对倭最后之方剂耳!""应战宣言即发,再不作倭寇回旋之想,一意应战矣!"①这表明,当时蒋介石确实考虑不惜与日本的侵略进行军事抗争。

蒋介石在庐山谈话会上做演讲和随即公开对卢沟桥事变的声明,的确极大振奋了包括国民党政权中有识之士在内的全国的爱国民意,但还不足以统一体制内的思想主张。日方在华北扩大军事冲突,调集重兵强占平津,这对中国方面造成了很大的压力。战乎? 和乎? 当时,部分高官以及与国民党高层关系密切的若干知识精英,对于中、日一旦发生大战后的结局颇为担忧。如军政部长何应钦也曾"再三以战争为虑,倾向退让",提出不妨把二十九军冯治安部南调保定②;实业部长吴鼎昌散布"战必败、不战必大乱"的观点;胡适则与蒋梦麟均倾向于忍痛求和,认为与其战败而求和,不如于大战发生前为之。胡适还向蒋介石面交了关于和议的书面主张③。政治与知识精英的畏战求和观点有着社会的基础。如上海的英国商会与新闻界领袖曾托话给王世杰:如英国政府正式调停,以承认伪满与平津不驻兵为解决条件,中央政府愿商量否? 对此,王世杰认为:如英、法等国不能出任保证及制裁之责任,则中央政府断不能接受此款解决办法。而蒋介石对于胡适所提和议意见,认为军心摇动极可悲,不可由彼(蒋)呼吁和议,亦不可变更应战之原议,但蒋同意王宠惠以外长资格仍与日本外交官周旋④。

————————

　　① 蒋介石日记 1937 年 7 月 19 日,斯坦福大学胡佛研究所藏蒋介石日记手稿影印件。

　　② 《王世杰日记》(手稿本)第一册,1937 年 7 月 19 日,第 68 页。

　　③ 《王世杰日记》(手稿本)第一册,1937 年 8 月 3 日,第 82－83 页。

　　④ 《王世杰日记》(手稿本)第一册,1937 年 8 月 4、5、6 日,第 83－84 页。另胡适在 7 月 30 日与高宗武等人达成"外交路线不能断绝,应由宗武积极负责打通此路线"的共识后,次日当蒋介石明确"宣言决定作战"后,仍向蒋面谏:"外交路线不可断,外交事应寻高宗武一谈,此人能负责任,并有见识。"见于曹伯言整理:《胡适日记全编》第 6 卷,安徽教育出版社 2001 年版,第 700 页。

　　综上所述,可以看到:卢沟桥事变发生之后,国民党当局采取了调中央军北上的措施,目的是想以此来提醒日方,中方已有充分的战备措施,企盼达到不战、免战而维持现状。随着日本在军事与外交双重施加压力,中国政府与知识精英中的畏战悲观情绪、寄望外来调停的幻想一度颇为严重。蒋介石本人虽然也有过类似的免战企盼,不反对外来的调停,但在7月17日的庐山谈话和19日的声明中,蒋介石十分明确地宣示了领土主权不能退让、不求战而准备应战的立场。这是国民党走向抗日的重要步骤,但是还不能表明国民党政府已经从整体上作出应战的决策,必须通过当时中央决策体制的实际运作,才能克复高层与知识精英的惧战希和的主张,真正迈出抗战的步伐。

　　蒋介石在庐山发表对卢沟桥事变的原则立场之后,华北地方当局曾向南京报告与日军达成的协商结果。对此,南京方面在不松懈战备的同时,一度认为局势有缓解的可能,“以后当注重撤兵与交涉问题”①。然而,数日内华北局势急转直下,日本大举调兵向中国军队发起进攻,蒋介石意识到作出抗战决策的时机业已迫近,准备承担起领导抗战的最高责任,并考虑了由政府发布自卫抗战宣言的时机②。7月底平津地区被日军占领后,国民党高层一致认识到中、日两国间的全面冲突已经迫近,一场大战不可避免。除了走向抗战之外,已经没有别的选择。那么,国民党具体是在什么时间以及如何做出军事抵抗即抗战的决策的呢?

　　8月初,国民党中央“为应付非常时期工作起见,经决定由常务委员及各部部长组织联合办公厅,所有对于下级党部之指导与内部工作

---

　　①　蒋介石日记1937年7月24日,斯坦福大学胡佛研究所藏蒋介石日记手稿影印件。

　　②　“万一北平被陷,则战与和及不战不和(应战),与一面交涉一面抗战之国策,须郑重考虑。”(蒋介石日记1937年7月27日);“政府应照既定决心,如北平失陷,则宣言自卫与对倭不能片面尽条约之义务。”(蒋介石日记1937年7月28日)。均为斯坦福大学胡佛研究所藏蒋介石日记手稿影印件。

之规划,随时会商办理"①。这意味着抗战的决策呼之欲出。

根据蒋介石本人的日记,抗战的决策是在 1937 年 8 月 7 日作出的:"晚国防党政联席会议,午夜始散,决定主战。"②

同一天,王世杰日记有较具体的记载:"今日上下午均开国防会议,军事各部会长官及由外省应召来京之将领阎锡山、白崇禧、余汉谋、何键、刘湘等均参加。中央常务委员及行政院各部部长于晚间该会开'大计讨论'会议时亦出席。会议决定积极备战并抗战,惟一面仍令外交部长相机交涉。"③

铁道部长张嘉璈在当天的日记里,则记下了更多的与会者的姓名,以及发言内容:上午八时在国府大礼堂开国防会议,出席者除蒋介石外,有汪精卫、张群、冯玉祥、阎锡山、何应钦、唐生智、吴鼎昌、俞飞鹏、钱昌照、俞大维、周至柔、钱大钧、陈绍宽等,以及白崇禧、何键、何成濬、黄绍竑、熊式辉、余汉谋、秦德纯、朱绍良、王宠惠、邹琳;当天"晚在励志社与中政会开联席会议,除上午到会会员外,加林主席、张继(监察院)、四院院长及叶楚伧、陈立夫、蒋内政部长、王教育部长等"。"先由主席令何部长报告卢沟桥事变之经过及其措置,军委会徐厅长报告军事准备(甲、敌我之态势 乙、战斗系列 丙、集中情形),次讨论大计"。张嘉璈日记中对蒋介石的讲话记述最详:"此次战事关系国家生死存亡,胜则复兴,败则数十年或一百年不能恢复,希望大家去成见,平心发表意见,迨决定后则不问胜负,义无反顾。""敌军力比我强,经济力未必一定比我强,外交孤立,德亦未必为日助。但俄国此时不遑与日作战,英安定欧洲之不遑,无力顾及东方,美则向来取独立行动,故我方亦无实在

① 国民党中常会第四十九次会议纪录(1937 年 8 月 5 日),中央委员会秘书处编印:《中国国民党第五届中央执行委员会常务委员会会议纪录汇编》(上),第163页。

② 蒋介石日记 1937 年 8 月 7 日,斯坦福大学胡佛研究所藏蒋介石日记手稿影印件。

③ 《王世杰日记》(手稿本)第一册,1937 年 8 月 7 日,台北中研院近代史研究所 1990 年版,第 84—85 页。

援助。有一二学者说如能保持数十年和平,即以承认放弃满洲亦所不惜。果如是何尝不可,但恐不可得。且以为今日中日之战,非以国与国战相论,乃以革命政府与某一国之战,自问革命政府无与中国可敌者。"张嘉璈日记中还有汪精卫等数人的发言要点,如汪精卫:"先述九一八后日日所希望之全国一致之会议,今始得实现,亦可稍慰。敌人虽无止境,仍视我之抵抗力为转移,准备虽为敌人所不许,然战争仍可进行准备,且更加强。"张继:"应断绝国交,明白表示态度。"林森:"从前说抵抗,此须进一步说应战,来则应之,应否宣战或断绝国交,视对方情形而定。"阎锡山:"我们须有战之决心为后盾,但备战时须有最大之努力,一面估计本身力量。中央与地方力量须打成一片。至友邦关系亦不能不顾及。"刘湘:"条件至不能承受唯有战,力虽不能相敌,然精神作用亦是要素。须使战事延长以待变化,更须运用战略。"程潜:"对敌须运用,彼速则此缓,彼退则此进。"张嘉璈还记载了会议表决蒋介石提议的情况:"蒋先生结论:战争是最后的决心,我方方针照原定方针进行,进退迟速之间由中央作主,何时战亦由中央决定,各省与中央取一致进行,无异言异心。""全体起立赞成前项决议,十一时半散会。"①根据所记,蒋介石的主战态度很明确,且能够引领其他与会者的表态,较顺利地通过了抗战决策。

随着抗战决策的通过,国民党当局在战时体制的构建上有了较大的进展。

8月11日,国民党中政会开会,决定设陆海空军大本营,由大元帅代表国民政府主席行使统帅海、陆、空军之权;另置国防最高会议,并下设国防参议会,以容纳党外抗日分子②。8月12日,国民党中常会开

---

① 张嘉璈日记 1937 年 8 月 7 日,斯坦福大学胡佛研究所藏张嘉璈档案,第 16 盒。

② 中国国民党中央执行委员会政治委员会第五十一次会议速记录(1937 年 8 月 11 日),台北中国国民党党史馆藏档 00.1/234。另参见《王世杰日记》(手稿本)第一册,1937 年 8 月 11 日,第 86 页。

秘密会议,决定自该日起全国进入战时状态;并通过国民政府主席林森关于推定蒋介石为陆、海、空军大元帅的提议,还正式通过了中政会关于设立国防最高会议的决议,原由五届二中全会决议设立之国防会议和五届三中全会决议设立之国防委员会,均请中央执行委员会撤销①。国民党中政会提出并由中常会通过的《国防最高会议条例》共11条,其中规定:"国防最高会议为全国国防最高决定机关,对于中央执行委员会政治委员会负其责任";"国防最高会议设主席、副主席各一人,以军事委员会委员长为主席,中央政治委员会主席为副主席"。这实际上指定由蒋介石担任主席。其委员由五个方面的官员担任:一、中央执行委员会常务委员,秘书长,组织部、宣传部、民众训练部各部部长,中央监察委员会常务委员,中央政治委员会秘书长;二、立法院院长、副院长;三、行政院秘书长,内政、外交、财政、交通、铁道、实业、教育各部部长;四、军事委员会副委员长,参谋本部总长,军政部、海军部部长,训练总监部总监,军事参议院院长;五、全国经济委员会常务委员。主席得在上述委员中指定九人为常务委员。这些成员,实际上已经包括了党政军各方面的首脑人物。国防最高会议的职权为:"一、国防方针之决定;二、国防经费之决定;三、国家总动员事项之决定;四、其他与国防有关事项之决定。"另外,还授予蒋介石紧急命令权:"作战期间,关于党政军一切事项,国防最高会议主席得不依平时程序,以命令为便宜之措施。"国防最高会议还设置国防参议会,由主席指定或聘任若干人充任②。国防最高会议"主要沿袭国防委员会,是抗战之初结合党政军权的全国国防最高统一指挥机构"③。国防最高会议有权统辖军事、外交、财政、

---

① 国民党中常会第五十次会议纪录(1937年8月12日),中央委员会秘书处编印:《中国国民党第五届中央执行委员会常务委员会会议纪录汇编》(上),第167页。

② 《国防最高会议组织条例》,载《民国档案》1985年第1期,第59页。

③ 王正华:《国防委员会的成立与运作(1933—1937)》,中国社会科学院近代史所民国史研究室:《1930年代的中国》(上册),社科文献出版社2006年版,第110页。

经济、交通、实业各方面的事务，并且明确由蒋介石执掌最高、最终的决策权。这一机关的设立，表明国民党的最高决策体制开始向战时体制转变，国民党已经决定实施抗战。

第四节　"八一三"事变和国民政府发布
自卫抗战宣言

日本政府向华北派遣重兵，强行侵占北平和天津后，一面继续部署兵力，扩大对华北的侵略，同时又在上海点起战火。这是它在侵华战争中的一个重大步骤。当时的上海，具有十分重要的战略地位。从政治上看，沪宁地区是国民政府政治活动中心，上海是首都南京的一道屏障。从对外关系上看，上海租界林立，西方国家各种驻华机构大都集中于此。从经济上看，上海又是中国最大的工商业城市和经济、金融中心，以及远东闻名的贸易港口。日本把上海作为新的入侵目标，是其侵华战争进一步走向扩大的明显标志。

日本侵略上海的"八一三"事变由日本海军一手挑起，这是日本陆海军联合侵华的开始。日本的陆军与海军，虽由于利益不均而时常发生矛盾，但在对外侵略方面却始终目标一致，互相配合。日本前外相重光葵曾指出：在对华侵略方面，"陆军的态势是北进，海军的态势是南进"，因此，进入30年代以后，"在北方由陆军之手挑起事端的话，在上海一定由海军之手挑起什么事来"①。

1931年"九一八"事变日本侵占中国东北之后，陆军把苏联作为假想敌人，大力扩军备战，军费开支急遽膨胀；海军不甘落后，从日本退出裁军条约之后，开始大规模地建造军舰，以同陆军保持均势。陆、海军统帅部各有一套独立的机构，不受内阁管辖，连海外派遣机关也不例外。他们每年制定一套对假想敌国的作战计划，经天皇批准后即着手

---

① ［日］重光葵：《昭和之动乱》（上），中央公论社1952年版，第109、174页。

准备。早在 1936 年订立下年度对华作战计划时，海军即要求将"出兵上海"列入陆军计划之内，理由是，"在日华冲突的情况下，仅仅出兵华北是不充分的，在上海也必须出兵"①。陆军原先不同意这一意见，由于海军的坚持以及考虑到对华侵略必须得到海军的支持，于是答应"在不得已的情况下，陆军必须出兵"，并将两个战时编制的师团派往上海，以保护当地日本侨民②。

卢沟桥事变发生后，日本海军中央部分析了各种形势，认为这次事件波及全中国的可能性很大，于是马上采取对应措施：首先命令在台湾进行陆、海军合作演习的第三舰队终止演习，返回原来的警备地区；接着又向全国海军部队发出备战电报；军令部亦很快决定了"用兵方针"。该方针是为可能发生全面战争而准备的，其中指出："鉴于在中国一旦发生局部事件常会波及到全国之实态，作为海军，主要任务是预备在波及到全中国各地时，保护我们的权益和在华的侨民。"为此，作出三项用兵准备：一、配备承担保护运输的直接协助陆军之兵力；二、配备预防青岛方面事态恶化的兵力；三、配备在华中、华南事态恶化的兵力③。在积极备战的同时，7 月 11 日，海军军令部和陆军参谋本部经过协商，签订了有关华北作战的《陆海军协定》和《陆海军航空协定》。两个协定虽为华北作战而制定，但具体内容包含了华中和华南方面。其中规定："在不得已的情况下，保护在青岛、上海附近的侨民"，"陆海军协调作战"。对于作战任务之分担与兵力配备，协定规定：对于华北作战，由陆军担当，海军在海上护送与配合；对华中与华南方面，主要由海军担任警戒，在情况恶化时为保护侨民，陆军向青岛及上海附近派兵，预定由国内调派二个师团，陆海军协同作战。在航空方面，以陆军为主力，消灭华北地区敌方航空势力，必要时由海军航空力量协助；华中、华南地区敌

①　[日]重光葵：《昭和之动乱》（上），第 111 页。

②　[日]今冈丰：《石原莞尔之悲剧》，第 112 页。

③　[日]今冈丰：《石原莞尔之悲剧》，第 141 页。

方航空势力以海军为主将其消灭,陆军为自卫而进行航空作战①。海军方面主动与陆军签订上述协定,主要是为在中国南方发动战争做准备。

控制上海,是日本海军的既定目标。卢沟桥事变爆发后,它的注意力始终集中在上海。7月16日,驻上海的海军第三舰队司令长谷川清向海军军令部报告:"如果局限战域,则有利于敌方兵力之集中,深恐将使我方作战困难。……为制中国于死命,须以控制上海、南京为要着。"因而提请政府在上海方面也发动战争②。与此同时,他们开始寻找挑起事端的藉口。7月24日,驻屯上海的日本海军陆战队突然宣称,"队员宫崎贞雄在四川路与狄思威路口被中国人带走",要求上海市政府及公共租界工部局调查,同时又派陆战队士兵在闸北一带实施戒严。为防不测,中国驻守上海的保安队也加强了戒备③。双方连续对峙了三天,上海的形势骤然变得紧张起来。正当双方冲突一触即发之际,7月27日,中国船民在距上海300公里之遥的镇江附近的长江里救起一名将要溺毙的外国人,后查明就是那个"被中国人带走"的日本兵。据宫崎自述:"因为违反军纪去娼寮游荡,过后恐怕要受处罚,就潜登日本轮船溯江而上,途中投水自尽,未能死成。"④失去继续挑衅的藉口以后,日军的气焰才有所收敛。

当日本陆军在平津地区部署完毕,准备发动全面攻击时,日本海军也要在上海动手了。7月27日,日本陆军向海军通报,决定向平津两市发起攻击,海军军令部次长嶋田立即表示:"今后陆海两军统帅部应更密切地合作。"次日,在陆军参谋本部兼职的海军军令部高级参谋横井忠雄大佐,向上司提出一项建议,认为这次出兵华北,转变为对华全

　　①　［日］今冈丰:《石原莞尔之悲剧》,第242—243页。

　　②　《中国现代史大事月表》(1937年7—9月本),转引自马振犊:《血染辉煌——抗战正面战场写实》,广西师范大学出版社1993年版,第105页。

　　③　根据1932年5月签订的《淞沪停战协定》,中国军队不能在上海市区及周围地区驻扎与设防,市内仅有上海市警察总队及江苏保安队担任守备。

　　④　转引自《蒋总统秘录》第11卷,第40页。

面战争的可能性很大,为消除日中邦交的癌症,猛烈促使中国政府反省,必须下决心给予一次痛击。"如果让战争缓慢转变,使战局延长的话,会产生各种内外困难,事态变得不容易收拾。因此,最好的办法是尽力在短期内使中国丧失战斗意志,迅速结束战争"。"根据目前情况,单凭武力作战要让中国屈服,尚需要相当时日。最好的办法是在行使武力的同时,造成中国的财政混乱"①。横井的意见,当时代表了海军内部多数人的意见。很清楚,他们是要尽早对中国的经济中心上海发动攻击。

　　8月初,日本政府下令,将长江沿岸城市的日本侨民向上海撤退。8月6日,海军又下令在上海的日侨全部撤退至日本租界。撤退在华侨民是日本有史以来第一次,这直接关系到日本海军的面子。这次海军主动采取这一措施,说明其内部早有安排,这是即将要在上海采取军事行动的一个信号。同一天,军令部向海军省提出:"为保护青岛及上海侨民的生命财产,请内阁尽快批准,立即派遣所需的陆军兵力。"②

　　正当日本海军中央部迫不及待要求向上海增派陆军兵力之际,上海的日本海军陆战队已开始向中国方面挑衅。8月9日,最后一批日侨撤退到上海,日本海军的后顾之忧已告解除。当晚5时许,日本海军陆战队西部派遣队队长大山勇夫与一等水兵斋藤驾驶汽车,强闯上海西郊的虹桥飞机场,并开枪打死一名劝阻的保安队员。中国保安队当即开枪还击,将两人击毙。这就是"虹桥机场事件"。事发后,上海市政府于当晚通知日方,共同派员去现场勘验,并由日方运回尸骸。对此事件,中国方面由上海市长俞鸿钧通知日本驻沪总领事冈本季正,约定通过外交方式予以处理。但日本以"大山事件"为藉口,蓄意扩大事态。第三舰队司令长谷川声称,所以发生事件,"是因为中国方面的战备超出了必要的程度,要求首先立即撤退保安队以及撤除停战协定地区内

①　[日]今冈丰:《石原莞尔之悲剧》,第343-344页。

②　[日]今冈丰:《石原莞尔之悲剧》,第373页。

的军事设施,并暂时保留提出正式的解决条件"①。同时立即进行作战部署,从长江到黄浦江排列战舰 30 余艘,又从日本佐世保等地调来海军陆战队士兵 3000 余人。冈本总领事亦向俞鸿钧市长提出:"撤退保安队"与"所有保安队之防御工事应拆除"二项为解决事件的先决条件。俞鸿钧答复称:中方"已自动令饬保安队步哨之贴近日侨居住区域者一律离开",但冈本继而要求双方派员决定保安队撤退之距离。俞鸿钧驳称,上海系中国土地,"无所谓撤退,更无所谓距离"②。自《淞沪停战协定》签订以来,上海市内已不驻扎中国的正规军队,仅有保安团、警察总队等少数维持社会治安的武装力量。为维持这个国际大都市的稳定,当然不能再撤走治安人员而使上海处于无警察的状态,所以俞鸿钧拒绝了日方的无理要求。

日本海军中央部接到有关报告,一面要求陆军立即出兵上海,一面指示驻沪海军继续向中方提出要求事项。并特别提醒,在外交交涉时要谨慎从事,因为"事态之解决,终究只能依靠武力,然而陆军派兵需要相当时日",在陆军派兵的情况下,必须在动员后的 20 天才能发动攻击,所以目前要回避开战③。这样,日本海军开始演出上海版的卢沟桥事变。

8 月 10 日,日本内阁确认了就地保护上海侨民的方针,并批准了准备派遣陆军部队的提案。海军内部不像陆军那样有明显的不同意见,因而对华强硬论就成为制定各种侵略方案的基础。他们把处理这个事件提到与日本前途相关的高度,耸人听闻地宣称:如稍有迟缓,"失去对策机宜,就会使我国作为东亚安定势力的地位有名无实,帝国的国

---

① 《中国事变陆军作战史》(中译本)第一卷第二分册,中华书局 1981 年版,第 2 页。

② 《俞鸿钧致军委会等密电》(1937 年 8 月 11 日),中国第二历史档案馆编:《抗日战争正面战场》(上),第 330－331 页。

③ 军令部次长给第三舰队长 681 号密电(1937 年 8 月 10 日),转引自秦郁彦:《日中战争史》,第 229 页。

威国权只能白白委之泥土"①。翌日,海军军令部举行首脑会议,确定了事件处理方针,认为"大山事件发生之原因,是由于上海附近保安队军事力量之增强","如果采取中国方面能够容忍的温和解决的话,必留下祸根,贻误将来,维护上海侨民的权益,将越来越困难。限于不从上海全面退却,在近期里再次行使我们的实力,必须促其反省的时机到来了"。"且目下进行的外交交涉,前途遥远,徒费时日,如不采取断然措施,必后悔莫及"②。在这些激进主张的推动下,海军省部首脑经过会商,认为目前已到派遣陆军的时机,决定立即提交内阁讨论。

日本陆军也支持出兵上海的提案。8 月 12 日,陆军参谋本部拟出派兵纲要,决定立即向上海派遣两个师团,组成一个军;8 月 15 日开始动员。陆军省军事课又对上述纲要作了补充,要求立即召开临时内阁会议和军事元老会议,从全局出发,确定处理事变的根本方针。同时要使陆、海两军不仅在战役范围内协作,还必须站在处理事变的全局上互相配合。陆军的支持,进一步助长了海军的气焰。应米内海相的请求,日本内阁于当晚召开四相会议,通过了陆军的派兵方案,决定交第二天上午的内阁会议正式决定③。陆海军统帅部则连夜会商,研究出兵上海的具体问题。陆军方面明确表示:"最初海军是持援助陆军大陆政策的态度,时至今日,陆军也好,海军也好,必须站在同一立场上考虑问题";对中国之膺惩,必须用尽各种手段,包括"彻底轰炸城市,使用化学武器";为能够自由运用上述各种手段,需要正式宣战④。在日本军政最高当局层面,充斥着军国主义的嚣张狂妄。

实际上,日本陆军对侵略上海也早有准备,他们事先派遣间谍刺探上海与南京等地的军事、经济情报,编撰了《上海及南京附近军用地志

---

① ［日］今冈丰:《石原莞尔之悲剧》,第 377 页。
② ［日］今冈丰:《石原莞尔之悲剧》,第 378 页。
③ 《中国事变陆军作战史》(中译本),第一卷第二分册,第 3 页。
④ ［日］今冈丰:《石原莞尔之悲剧》,第 383 页。

概要》、《上海市资源调查》等资料，在此基础上，制订了侵略上海的作战预案。其方针是："以一个精锐的兵团在浏河镇一带登陆，派主力在吴淞方面登陆，击破阻击之敌后，占领上海及该地北方的重要阵线。"具体要点是：主力在浏河、吴淞登陆，歼灭上海周围之敌，并希望得到海军陆战队的掩护；如有需要，攻击黄浦江上游，切断沪杭铁路；击破正面敌人后，占领上海及其北侧重要阵地，掩护租界；以一部兵力在租界内登陆，增援海军陆战队。登陆后，迅速占领上海附近的机场，并加以扩充①。这些方案，在日本陆军决定出兵上海后，被参谋本部列为必读的参考资料。

日本内阁四相会议的派兵决定以及陆军全力支持的消息，以最快的速度传到了上海，正同中国保安队紧张对峙的日本海军陆战队顿时感到有了依靠，于是不待陆军援兵到达，即于13日上午向中国军队挑衅，制造了1932年"一二八"事变以来的第二次上海事变。

与此同时，日本内阁会议正式就派兵问题作出了决定，会后由内阁官房长官以谈话形式发表一项声明，宣称："今日内阁会议就适应一旦有所变化的当前紧急事态采取之措施，进行了种种协商。该方面形势之恶化，责任完全在于中国方面。在此情况下，政府为在该方面使中国方面放弃挑战态度、防止事态进一步恶化，除对中国政府进行严厉交涉外，已对保护侨民问题采取万全措施。"②次日，日本海军陆战队继续在上海市区同中国驻军展开激烈战斗，中日双方都出动飞机协助攻击。中国空军轰炸了侵入黄浦江的日本军舰。日本海军航空部队的飞机则分别从"加贺"号航空母舰以及长崎、台北基地出发，轰炸了南京、南昌、杭州、广德等中国空军的机场。当天下午，日本海军发表声明，称"此前帝国海军曾一忍再忍，今则不得不采取必要而有效的一切手段"。当天

①　《上海派遣军作战要领案》(1937年)，[日]《现代史资料(9)·日中战争(二)》，みすず书房1964年版，第208页。

②　《中国事变陆军作战史》(中译本)，第一卷第二分册，第3页。

傍晚,又向在上海的第三舰队下令:"除原任务外,要与派遣军协同,确保必要地区,消灭该方面的敌陆军及在华中的敌航空兵力;同时要控制必要的海面,必要时应击灭敌舰艇。"①

　8月14日晚上,日本政府再次召开临时内阁会议,审议由陆军提出的表示政府决心的声明草案。阁员们因不了解军队的意图,提出了各种意见。陆军大臣杉山元代表军方作了回答。对于已决定向上海派兵,最后如不需要时该怎么办的提问,杉山回答:"在目前危急的情况下,不作那样的考虑。如果不需要援兵,希望转用到华北,华北是决不会安定的。"对于战争继续扩大,是否算全面战争,战争的目的何在,是否要推翻南京政府,是否要改变事变名称等重大问题,杉山虽表示继续坚持不扩大方针,但已作了明确的暗示:"把战争目的定为改变南京政府(原注:打倒南京政府之意)是个重大问题。没有考虑事变向全面战争转化。尤其是把作战目标定在什么地方,这是统帅上的问题";"对于更改事变的称呼,必须意见一致"②。其意思十分明显,军方对于推翻中国政府之事,正在考虑之中,只要内阁的意见一致,马上可以成为政府的决策。

　第二天,日本政府为表明出兵上海的态度,发表了《帝国政府声明》。值得注意的是,这份《声明》除开颠倒近几年中日关系的事实,重弹卢沟桥事变以来各项声明中的老调之外,明确宣称,这次采取断然措施,"膺惩中国军之暴戾,促使南京政府反省"之目的,是"根绝在中国的抗日排外活动,铲除如发生今次事变那样不祥事件之根源,并举日、满、华三国融和提携之实"③。卢沟桥事变刚发生时,日本政府在7月11日的声明宣称:"希望由于中国方面的迅速反省,而使事态圆满解

①　《中国事变陆军作战史》(中译本),第一卷第二分册,第4页。
②　[日]今冈丰:《石原莞尔之悲剧》,第386页。
③　[日]外务省情报部:《支那事变关系公表集》(第一号),1937年10月出版,第66—67页。

决"①。至 7 月 27 日,仍在声明中宣称:"切望今天依然由于中国的反省,把局面限定在最小的范围内,看到迅速地、圆满地解决"②。那两次声明都没有放弃"不扩大","现地解决"之口号。而这次《声明》只字不提"不扩大",并把全面地从根本上调整两国关系作为出兵上海的基本目标。这表明,日本政府把战火延烧到上海之后,实际上已放弃不扩大方针,走上了全面侵华的道路。

正当南京国民政府抓紧部署全面抗战之际,上海日军于 8 月 13 日向中国驻军发起了攻击。蒋介石于当天深夜向淞沪警备司令官张治中下达发动总攻击的命令,要求"对倭寇兵营与其司令部之攻击,及其建筑物之破坏与进攻路线,障碍之扫除,巷战之准备,皆须详加研讨"③。次日即 8 月 14 日上午,国防最高会议在南京霞谷寺抗敌及革命阵亡将士墓堂前举行了首次全体会议,军政部长何应钦、海军部长陈绍宽报告了战事情形,会议作出如下决定:"外侮虽告急迫,政府仍应在首都不必迁移";"此次对日抗战,不采宣战绝交等方式,并由外交部斟酌情形,向国联提请予侵略者以经济制裁"④。同日,国民政府发表了《自卫抗战声明书》。《声明书》一开头即表明:"中国为日本无止境之侵略所逼迫,兹已不得不实行自卫,抵抗暴力。"接着,历数日本的侵略事实,中国政府为和平所作之种种努力。在揭露日本言行不一、横生衅端,一再扩大战域,妄图"实施其传统侵略政策整个之计划"的阴谋之后,向全世界宣告:"中国今日郑重声明,中国之领土主权,已横受日本之侵略;国联盟约,九国公约,非战公约,已为日本所破坏无余。此等条约,其最大目的,在维持正义与和平。中国以责任所在,自应尽其能力,以维护其领土主权及维护上述各种条约之尊严。中国决不放弃领土之任何部分,

① 《日本帝国主义对外侵略史料选编》,上海人民出版社 1983 年版,第 240 页。

② 〔日〕今冈丰:《石原莞尔之悲剧》,第 387 页。

③ 《蒋介石致张治中电》(1937 年 8 月 13 日),《中华民国重要史料初编》第二编《作战过程》(二),第 169 页。

④ 《王世杰日记》(手稿本)第一册,1937 年 8 月 14 日,第 88 页。

遇有侵略,惟有实行天赋之自卫权以应之。日本苟非对于中国怀有野心,实行领土之侵略,则当对于两国国交谋合理之解决,同时制止其在华一切武力侵略之行动;如是则中国仍当本其和平素志,以挽救东亚与世界之危局。要之,吾人此次非仅为中国,实为世界而奋斗;非仅为领土与主权,实为公法与正义而奋斗。"①这份声明虽然没有明言"宣战",但却是7月中旬蒋介石在庐山谈话会上发表对卢沟桥事变的基本立场以来,国民政府对于实施抗战最清楚的昭示,有着重大的历史意义。此后,中国出现了全面抗战的局面。

为了承担起领导抗战的重任,谋求战略与战术之密切配合,国民政府于8月20日设立大本营,以作为对日作战之最高统帅部。蒋介石以大元帅的身份于当天连续发出多项训令,颁布战争指导、作战指导计划等方案,开始指导全国的抗战。其中的《国军战争指导方案》是一个总体指导纲要,该方案第一条首先明确了大元帅的职权:"大元帅受全体国民与全党同志之付托,统率海陆空军,及指导全民,为求我中华民族之永久生存,及国家主权之领土完整,对于侵犯我主权领土,与企图毁灭我民族生存之敌国倭寇,决以武力解决之。"②同时拟定了大本营组织系统表:大本营设参谋总长、副参谋长各一员。参谋总长指挥大本营各部,辅助大元帅策划全局;副参谋总长襄助参谋总长指挥幕僚,达成全任务。大本营内设立总机要室及第一至第六部,分别执掌军令、政略、财政金融、经济、宣传、训练等六方面事务,另外还有后方勤务部、管理部及训练总监部等机构③。

8月27日,国民党中常会决议公布大本营组织条例,由军事委员会委员长行使海、陆、空军最高统帅权,并授权委员长对于党政统一指

---

① 《国民政府自卫抗战声明书》(1937年8月14日),《中国近代对外关系史资料选辑(1840—1949)》下卷第二分册,上海人民出版社1977年版,第11—19页。

② 《战争指导方案》(1937年8月20日),《抗日战争正面战场》(上),第34页。

③ 《大本营组织系统表》,《抗日战争正面战场》(上),第38页。

挥;决议当常务委员会不能按期举行会议时,应提会之案件,由常务委员三人先行批行,报告常会追认。中央政治委员会应提会各案,先由政治委员会主席批行,再报告政治委员会追认①。起初,还曾考虑在大本营之下设六个部(分司作战、政略、财政金融、经济、宣传、国民指导)②。据蒋介石日记,在 8 月下旬已经进一步讨论了大本营组织要领及其发布和地点,"如迁都则应在重庆,大本营则在洛阳,行政院则在衡阳"③。

大本营为在作战指挥上的方便,根据战略需要设置战区司令长官部。司令长官部直属大本营,司令长官承大元帅之命,统辖战区内一切军事、政治、党务事宜。战区司令长官部的组织系统由大本营统一确定:在司令长官和副司令长官之下,设参谋长、政治部、军法执行部及军政部军需处④。因每个战区所辖部队较多,所以在司令长官部之下,又设数量不等的集团军总司令部,总司令承司令长官之命,仅负作战指挥之职。集团军总司令部设正副总司令及参谋长,下辖军二至五个,独立师一至三个⑤。

根据中日两国的军事态势,大本营随即颁布《国军作战指导计划》,根据作战地域设立五个战区:第一战区辖河北及山东北部地区,由大元

---

① 《国民党中常会第五十一次会议纪录》(1937 年 8 月 27 日),中央委员会秘书处编印:《中国国民党第五届中央执行委员会常务委员会会议纪录汇编》(上),第 169 页。

② 据熊式辉记载:"(八月)十六日,蒋公受命为海陆空军大元帅,旋即组织海陆空军大本营,组织分为六个部,余时原为江西省政府主席,受命兼任大本营第五部部长,主管全国总动员业务,卢作孚任副部长,留京服务。"见于洪朝辉编校:《海桑集·熊式辉回忆录 1907—1949》,明镜出版社 2008 年版,第 206 页。

③ 蒋介石日记 1937 年 8 月 26、28 日,斯坦福大学胡佛研究所藏蒋介石日记手稿影印件。

④ 《战区司令长官部组织系统表》,《抗日战史》(第二册)《全面抗战经过》,台北"国防部"史政编译局编印,1992 年,第 19 页。

⑤ 《集团军组织系统表》,《抗日战史》(第二册)《全面抗战经过》,第 20 页。

帅蒋介石兼任司令长官;第二战区辖晋察绥地区,司令长官为阎锡山;第三战区辖苏南(长江以南)及浙江,司令长官为冯玉祥,顾祝同任副司令长官;第四战区辖闽、粤两省,司令长官为何应钦,余汉谋任副司令长官;第五战区辖苏北(长江以北)及山东,司令长官由大元帅蒋介石兼任,韩复榘任副司令长官。在五个战区之外的地区,再设立四个预备军。第一预备军由李宗仁、白崇禧任正副司令长官;第二预备军由刘湘、邓锡侯任正副司令长官;第三预备军由龙云、薛岳任正副司令长官;第四预备军由何成濬、徐源泉任正副司令长官。至于海军和空军各部队,则分别归海空军总司令部管辖,以协助陆军作战。海空军总司令亦直属大元帅指挥。当天任命陈绍宽为海军司令;空军司令由大元帅蒋介石兼任,另任命周至柔为前敌总指挥①。

　　大本营在划分作战地域、设置组织系统的时候,同时也给各部队下达了作战任务。直接与华北日军对峙的第一战区,"应即派有力之一部(约两军),近迫当面之敌,实行柔性之攻击,同时抽调在平汉路北端部队(机动性大而富于游击战之经验者)约三师,归第二战区长官指挥,向怀来、万全之线以北转进"。第二战区"为华北惟一之屏障,务须永久固守,以为国军尔后进出之轴心"。第三战区"对于侵入淞沪之敌,应迅速将其扫荡,以确保京沪政治经济重心"。第四战区,"对敌海陆军之骚乱,完全战备"。第五战区,主要为应付日军强行登陆作战,根本打破日军登陆之企图。各预备军"除命令所示者外,各依指定之地区,迅速集中完毕后,根据各战区前方会战之经验,各自实施(必要时可与中央各军事学校连络)适当战时之教育,并保有随时应命之机动性"。海军在参与淞沪会战的同时,"以闭塞吴淞口,击灭在吴淞口以内之敌舰,并绝对防止其通过江阴以西为主"。空军"应集中主力,协同陆军先歼灭淞

---

　　①　《战争指导方案(1937年8月20日)》,《中华民国史档案资料汇编》第五辑第二编《军事》(一),第618、620—621页。另见《抗日战史》(第二册)《全面抗战经过》,第42—45页。

沪之敌(以敌舰及炮兵为主要目标),尔后任务另规定"。其他直属各部队,任务与预备军相同①。从以上安排来看,国民政府已决定动员全国的军队和其他各方面的力量,以投入这场正义的民族自卫战争。

　　但是很快国民党最高决策者意识到,在军事委员会之外另设实体性的战时军事最高指挥机构并无其必要,最可行的便是"以军委会代大本营"②。于是,在9月1日的国防最高会议上,蒋介石在报告中提出,此前对大本营的组织过重形式,且现时仍以在表面上避免战争之名为宜,因之决定暂时搁置把大本营实体化,而是把军事委员会适当改组,将拟设置各部置于军事委员会之内③。旋即明确军事委员会设八部及负责人:黄绍竑(作战)、朱绍良(管理)、俞飞鹏(后方勤务)、熊式辉(政略)、吴鼎昌(经济)、陈公博(宣传)、陈立夫(国民指导)、翁文灏(国防工业),以及张群(秘书长)④。此后一直到抗战结束,军事委员会发挥了国民党战时最高军事统帅机构的作用。

---

　　①　《国军作战指导计划》(1937年8月20日),《抗日战争正面战场》(上),第41—42页。
　　②　蒋介石日记1937年8月30日,斯坦福大学胡佛研究所藏蒋介石日记手稿影印件。
　　③　《王世杰日记》(手稿本)第一册,1937年9月1日,第97页。
　　④　《王世杰日记》(手稿本)第一册,1937年9月7日,第100—101页。

第二章 抗战爆发初期的对日作战

第一节 平津抗战

卢沟桥事变是中日两国外交交涉从破裂走向冲突的一个重要标志。当日军在华北点燃全面侵华的战火时，南京国民政府终于认识到，国家与民族的"最后关头"已经来到了，于是决心走上自卫抗战的道路。卢沟桥畔的枪声，拉开了长达八年的抗战序幕。

早在1935年华北局势日趋紧张之际，南京国民政府一面与日本进行外交交涉，同时也开始全面规划国防建设，以准备对日抗战。西安事变以后，参谋本部在《民国二十六年度国防作战计划》中，把准备对日作战作为国防军事的基本方向。该计划对中日军事形势作出评估之后，认为日本发动大规模侵华战争已为时不远，如日军在华北和东部沿海要地再进犯一步，便为"以局部的战斗以揭开其序幕"。并指出，日军"对我之作战方针，将采取积极之攻势，而期速战速决"①。基于上述判断，该计划对未来对日作战之战略方针和作战计划作了基本的规定。其中虽有不少不切实际之处，但已正确提出了战略上的"持久战"和"消耗战"的方针。因此，这仍是一份准备实行全国抗战的重要军事战略方案。

在确立对日抗战战略的同时，国民政府的国防建设也有明显进展。自"九一八"事变以来，南京政府虽多次制订过国防建设计划，但因受

---

① 《民国二十六年度作战计划（甲案）》(1937年1月)，《抗日战争正面战场》（上），第3页。

"攘外必先安内"政策的制约，大多为纸上谈兵，并无实际效果。1936年以后，这种情况有了较大改变。在武装力量、国防工程和军事后勤方面的建设，都取得了较为显著的成效。因而在一定程度上为以后对日抗战，作了军事上与物质上的准备。国防准备的中心是军队建设。经过数年整编，至抗战爆发，陆军已整理和未整理的部队共计步兵182个师及42个独立旅，骑兵10个师及6个独立旅，炮兵4个旅及20个独立团，共约170万人①。国防工程建设，也建立了以保护南京为中心的长江三角洲防卫体系，并在华北和东南沿海等地设置了若干防御工事。尽管国民政府对日抗战的准备很不充分，很不完备，而且为时过迟，但应当肯定，这些准备是具有积极意义的。

就1937年初华北的形势看，仍呈现十分复杂的态势。自日本在华北策动"自治"后，当地的中央军和东北军都被迫撤走，平津两市及冀、察两省等广阔地域，只剩第二十九军担任守备任务。该军共辖步兵四个师，骑兵一个师，另有一个特务旅与两个保安旅，总兵力约十万，但武器装备比较落后。该部第三十七师驻北平和保定地区；第三十八师驻天津及廊坊等地区。由于军长宋哲元"一贯抱着与日本人相安无事，维持现状的幻想"，第二十九军在军事上始终处于毫无戒备的状态②。而常驻华北的日本中国派遣军自1936年进行扩充之后，实力增强数倍，司令部直辖的第四混成旅团，拥有精良的装备，还配备重炮、装甲车等重型武器。而且经过较长时间的实战演习，备战已很充分。

应当指出，对于冀察地区严重的形势，第二十九军广大官兵抵御日军武装进犯的决心是坚定的。该军官兵曾在长城抗战中痛击日军，而被人民誉为抗战之民族英雄，调防平津地区之后，看到日军的嚣张气

---

① 何应钦：《五届三中全会军事报告》，《中华民国重要史料初编》绪编（三），第351页。

② 何基沣等：《七七事变纪实》，《七七事变》，中国文史出版社1987年，第44页。

焰,早已怒火满腔,抗日卫国的士气颇为高涨。自1937年卢沟桥事变爆发后,主持第二十九军日常事务的副军长兼北平市市长秦德纯命令前线官兵坚决抵抗,不能放弃一寸国土,"卢沟桥即为尔等之坟墓,应与桥共存亡"[①]。中共地下组织领导北平各界组织抗敌后援会,发动民众支援第二十九军将士的抗战,这就更坚定了卢沟桥驻军至死不退的抗战决心。战斗开始不久,平汉线的铁路桥及附近的龙王庙等处一度被日军攻占,但当天下午,驻守该地的一一〇旅立即组织力量反攻,并与敌人展开白刃战,复将铁路桥等处夺回。此后,双方在卢沟桥附近反复展开争夺战。

中国军队顽强的抵抗,出乎日军的意料,使其一举占领宛平城的计划落空,于是他们又改变策略,称失踪的士兵已经找到,向中方提出和平解决的要求。8日深夜,双方商定停战办法三项:一、双方立即停止射击;二、日军撤退至丰台,中国驻军撤到卢沟桥以西;三、宛平城内防务除原有保安队外,由冀北保安队担任,人数限三百以内[②]。中国驻军开始按照上述办法撤退军队,但日军却反于9日清晨乘机向城内连续发炮轰击。其后,在双方交涉中,日军又多次挑衅,使事态不能平静下来。在与中方交涉的同时,日本不断调动军队前往中国增援,其国内之第五、第十、第十二等师团先后开往华北,驻朝之第二十工兵联队、第二十六炮兵联队及第二十七骑兵联队分批向天津出动。日本朝鲜军、关东军也不断向华北一带输送集结[③]。

南京国民政府密切注视着华北局势的变化。蒋介石接到卢沟桥事变的报告后,立即电令何应钦返回南京,主持筹划抗战的各项事宜,并电告冀察当局固守宛平城。另外,还通过外交途径,表明中国政府

---

① 何基沣等:《七七事变纪实》,《七七事变》,第48页。

② 王冷斋:《卢沟桥事变始末》,《七七事变》,第23页。

③ 《卢沟桥事件发生以来日军行动节略》(1937年7月16日),《中华民国史档案资料汇编》第五辑第二编《军事》(二),第83—85页。

的严正立场。7月8日下午，外交部向日本驻华大使馆口头提出严重抗议；翌日，外交部次长陈介向日使馆日高参事重申抗议；7月10日，又提出书面抗议，要求日本军队撤回原防，中国保留一切合法要求。军政部长何应钦从7月11日开始，每日晚上召集军政部、参谋本部、海军部、军事参议院、军事训练总监部、航空委员会、交通部等军政机关首长参加的高层会议，全面部署与指挥抗战事宜。国民政府对日本进攻的基本态度，是蒋介石提出的"不挑战，必抗战"。"不挑战"，即维持卢沟桥事变前的状态，不做主动攻击；"必抗战"，即在日本破坏这个界限而进攻的情况下，决然起而抗战。对于冀察方面，认为可以通过谈判以求缓兵，但仍须作全盘之准备，卢沟桥与宛平城不可放弃。由此可见，南京国民政府对卢沟桥事变处理的方针是明确的。

　　然而，直接与华北日军交涉的宋哲元与冀察当局对事变处理的态度比较软弱。他们虽对日军的进攻感到愤慨，但又怕战争扩大会损失兵力与失去地盘，因而力图缩小事态，希望能够维持现状。宋哲元的部下也"恐中央军北上，渐次夺其地盘"[①]，因而感到十分不安。7月10日，秦德纯向南京发出密电：称"此间形势已趋和缓，倘中央大战准备尚未完成，或恐影响，反致扩大，可否转请暂令准备北上各部，在原防集结待命。"[②]为稳定第二十九军的情绪，蒋介石指示侍从室发出如下复电："如情况和缓，可饬令停止也。"[③]此时日军正调兵遣将，而大部队尚未到达。第三十七师师长冯治安、旅长何基沣等主张乘此有利时机，向丰

---

　　①　《杨宣诚关于宋哲元与日蒋关系错综复杂情形报告》(1937年7月22日)，《中华民国史档案资料汇编》第五辑第二编《军事》(二)，第93页。

　　②　《秦德纯致钱大钧电》(1937年7月10日)，《抗日战争正面战场》(上)，第193页。

　　③　《钱大钧复秦德纯电》(1937年7月11日)，《抗日战争正面战场》(上)，第193页。

台之敌发起反击，但受到军部"只准抵抗，不准出击"命令的阻止①。失去这一战机之后，第二十九军遂逐步陷于被动的地位。

宋哲元于 7 月 11 日由山东返抵天津，他同意中、日双方达成的新方案——《卢沟桥事件现地协定》。次日，他又发表谈话称："此次卢沟桥发生事件，实属东亚之不幸，局部之冲突能随时解决，尚属不幸中之大幸。"显示了其认为事件已告解决的乐观情绪②。同日，何应钦密电宋哲元，以天津万分危险为由劝其移驻保定坐镇主持，被宋婉拒③。正当宋哲元幻想以某些让步换取和平之时，日本内阁已正式决定向华北派兵。蒋介石接获情报，深知华北事态严重，"非至万不得已，不宜宣战。（战事）势必扩大，不能避战矣"④。7 月 13 日，他亲自致电宋哲元，指出卢沟桥事变必不能和平解决⑤。

事态的发展果然不出蒋介石所料，日本新任中国驻屯军司令官香月清司于 7 月 12 日到达天津后⑥，立即对"必要时一举歼灭二十九军"这一目标做出战略部署。同时，把对中国方面的要求增加到七项之多，其中包括"撤销排日性的中央驻冀察之各机关"；"取缔学校的排日教育"；"北平的警备将来由公安队负责，城内不得驻扎军队"⑦。宋哲元对此要求，表示原则上没有异议，指派张自忠等人与日方商谈。7 月 16 日，张自忠等与日本驻屯军参谋和知鹰二达成以下谅解：一、谢罪办法

①　何基沣等：《七七事变纪实》，《七七事变》，第 49 页。

②　万仁元、方庆秋主编：《中华民国史史料长编》第 41 册，南京大学出版社 1993 年版，第 344 页。

③　《何应钦密电》(1937 年 7 月 12 日)、《宋哲元复密电》(1937 年 7 月 14 日)，《中华民国史档案资料汇编》第五辑第二编《军事》(二)，第 60 页。

④　蒋介石日记 1937 年 7 月 12 日，斯坦福大学胡佛研究所藏蒋介石日记手稿影印件。

⑤　《中华民国重要史料初编》第二编《作战经过》(二)，第 43 页。

⑥　日本原中国驻屯军司令田代皖一郎因心脏病恶化，卧床不起，于 7 月 15 日死亡。日本军部于 7 月 11 日紧急任命香月清司为中国驻屯军司令。

⑦　[日]堀场一雄：《支那事变战争指导史》，第 88—89 页。

由副军长往访日军司令部，宋哲元往日军司令部邸向香月致意；二、处罚责任者中方要求改为免职或减俸，日方对此保留答复；三、中方同意撤退北平市内的第三十七师，但需时一个月，并且仅仅是保安队不行，要求以三十八师接替；四、取缔排日，特别是排日要人，要求给予更多的时间①。可见，在11日的《现地协定》已经无法遏止日方扩大事态、增加压力的情况下，冀察当局还是企图通过新的让步来避免整个局势的恶化。日本从朝鲜和伪满地区调派的援军预定于20日到达平津地区，所以日方于17日向宋哲元发出通知，限19日以前做出承诺。

南京方面知悉冀察当局与日方的谈判情形，对于华北事态的发展，越来越感到担心。鉴于第二十九军已处于危险境地，军事当局紧急筹商对"日军奇袭时之应付计划"②。蒋介石、何应钦等通过各种渠道，一再向其表明中央的态度，并以此前"一二八"事变为鉴，提请宋哲元等提防日军的缓兵之计，并要求冀察当局一面不放弃和平，同时也应做好军事上的准备③。7月16日，蒋介石致电宋哲元、秦德纯，提醒注意日本方面的"真意"所在，即"签订协定为第一步，俟大军调集后，再提政治条件，其严酷恐将甚于去年之所谓四原则、八要项"④。7月17日，军政部长何应钦也致电宋哲元、张自忠、秦德纯等，指出日人所谓谈判和平，不过希图缓兵之诡计，应"一面不放弃和平；一面应暗作军事准备，尤其防止敌军奇袭北平及南苑，更须妥定计划"。电文提醒宋哲元等人严重注意日本正从国内及朝鲜动员与出动大批军队来华，日军兵力调集后，必将攻占北平，先消灭第二十九军。电文还尖锐指出，宋、张等"近日似均陷于政治谈判之圈套，而对军事准备颇现疏懈"，"弟恐谈判未成，大

---

① 《堀内总领致森岛参事官电》，引自《卢沟桥事变日志》，《近代中国》第125期，第175页。

② 《卢沟桥事件第六次会报》，《抗日战争正面战场》（上），第243页。

③ 《蒋委员长致北平市市长秦德纯指示勿中日军缓兵之计令》（1937年7月12日），《中华民国重要史料初编》第二编《作战经过》（二），第42页。

④ 《中华民国重要史料初编》第二编《作战经过》（二），第53页。

兵入关,逾时在强力压迫之下,和战皆陷于困境"。因此要求第二十九军"以北平城、南苑及宛平为三个据点,将兵力集结,构筑工事,作持久抵抗之准备"①。

　　但宋哲元仍对和谈存有幻想,7月18日下午,宋哲元竟然借参加田代皖一郎丧礼之机,与香月清司会面,双方"彼此希望早日恢复本月八日以前状态"②。7月19日夜,第二十九军代表张自忠、张允荣又就落实7月11日《协定》中关于取缔蓝衣社、共产党及其他抗日团体的条款,向日方作出了更具体的书面承诺,并且答应自北平城内主动撤出第三十七师③。次日晨,宋哲元发出了要求第三十七师自北平西撤的命令。下午,宋哲元还与日方商议了第三十七师西撤和接替部队问题。21日,第二十九军所部依约自北平市开始撤出,卢沟桥附近的部队也开始撤退。然而,得寸进尺的日军并未以宋哲元的退让为满足,20日下午和晚上,卢沟桥地区日军开始采取"自由行动",以大炮猛轰中国军队阵地,并给宛平县城造成相当的损害④。尽管中方多次提出交涉,至23日,占据卢沟桥、宛平城东以及附近的日军依然拒绝按照最初的协定撤退。而从当时整个日军的部署来看,自围绕卢沟桥事变进行现地交涉以来,在华北地区除了原有的驻屯军之外,又集中了关东军、朝鲜军;为了出兵中国,日本国内已经动员和出动的部队,有第五、第六、第十、第十四、第十六等五个师团,以及朝鲜之第二十师团。这些部队连同大量械弹辎重,分从海路、陆路向平津地区集结⑤。

---

　　①　《何应钦致宋哲元等密电》(1937年7月17日),《历史档案》,1985年第1期,第60页。

　　②　《宋哲元致何应钦密电》,《中华民国史档案资料汇编》第五辑第二编《军事》(二),第90页。

　　③　《中国事变陆军作战史》(中译本)第一卷第一分册,第184页。

　　④　《卢沟桥事变日志》,《近代中国》第125期,第180页。

　　⑤　《抗日战史》第三册《华北地区作战》,台北"国防部"史政编译局,1994年,第9页。

　　至此,宋哲元对日本的欺诈手段有所觉悟。通过蒋介石、何应钦及专程北上的军政部次长熊斌等人一再解释与劝告,他对南京中央政府的戒心也逐渐消除。平津地区及全国民众强大的抗日呼声,以及第二十九军官兵高涨的抗日情绪,有力地把宋哲元推向抗战的前沿。此后他不再与日军进行谋求妥协的谈判,而把注意力转向抵抗日军侵略的军事部署。

　　在第二十九军仓促备战时,增援的日军已在平津地区部署完毕,遂进一步向冀察当局增加压力。7月24日,根据日本驻屯军司令的命令,驻屯军参谋长桥本群向天津市长张自忠提出如下四项要求:一、北平市内的第三十七师必须在10日内全部向南方转移。二、门头沟的第二十九军亦必须迅速向南方转移。三、驻西苑的第三十七师必须在最近转移。四、代替第三十七师而进入北平市内的赵登禹师限两团。驻屯军司令部的意向是,如宋哲元不答应上述要求,或虽答应但不积极实施时,将迫使其实行①。至7月25日,日军第五、第十、第二十师团及海军陆战队之一部,及航空兵团,均已次第到达华北战场②。日本援军与华北驻屯军会合,使北平近郊及天津等地之兵力,达到十万人以上③。日军迅速完成了对平、津的包围,准备发起全面进攻平、津的作战。而当时中国方面驻北平及冀北、察哈尔之部队,仅有宋哲元所部第二十九军,下辖四个步兵师(每师四旅),一个骑兵师,及两个独立步兵旅,一个骑兵旅,兵力总计约十万人④。

　　廊坊是平、津两市之间的一个市镇,由第二十九军三十八师一部驻守。7月25日下午,日军第二十师团七十七联队十一中队及部分通信兵,藉口修理军用电话线,从天津乘装甲列车开抵廊坊,占领火车站。

　　① 《三十七师撤退交涉》,堀内总领事致森岛参事官第401号电,引自《卢沟桥事变日志》,《近代中国》第125期,1998年6月25日,第182页。

　　② 《抗日战史》(第二册)《全面抗战经过》,第108页。

　　③ 《抗日战史》(第二册)《全面抗战经过》,第117页。

　　④ 《抗日战史》(第二册)《全面抗战经过》,第110页。

中国军队通知对方退出，遭日方拒绝。双方僵持至深夜 12 时，日军突然向中国军队开火，引发起一场激战。26 日拂晓，日方派出战机 14 架，对中方阵地实施首次轰炸①。26 日晨，日本从天津调集第七十七联队主力，并装甲车数辆协同作战，中国军队被迫向黄村后撤。当天中午，廊坊陷落。日军还占领了天津至廊坊间杨村、北仓等车站，平津间交通被日军切断。

　　对于日益恶化的华北局势，南京国民政府一直在密切关注中。廊坊事件发生后，宋哲元才认识到，"似此情形，敌有预定计划，大战势不可免"。他于 26 日向南京发出求救急电："天津方面兵力单薄，危险万分。拟请速饬庞军集结沧县，以作总援。查日方此次发动，纯对冀察，乃职部防务辽远，战端一启，处处堪虑。即祈速示机宜，以备遵循为祷。"②这也是宋哲元与冀察当局自卢沟桥事变以来真正抛却幻想，开始进行抗战准备的转折点。

　　蒋介石在收到宋哲元这份报告的当天日记中写到："遭必不能免之战祸，当一意作战，勿再作避战想矣。"③正是从这一判断出发，国民政府军事指导当局于 7 月 26 日当晚拟订出如下作战指导方针："将沧保线部队推进至永定河岸，以便增援北平，而将主力之集中推进于沧保线。"④据此，蒋介石向宋哲元发出如下电令："此刻兄应下决心如下：1. 巩固北平城防，立即备战，切勿疏失；2. 宛平城防，立即恢复戒备，此地点重要，应死守勿失；3. 兄本人立即到保定指挥，切勿再在北平片刻停留；4. 决心大战，照中昨电对沧（县）保（定）、沧（县）石（家庄）各线从

---

① 《抗日战史》（第三册）《华北地区作战》，第 26 页。

② 《宋哲元致何应钦密电》（1937 年 7 月 26 日），《抗日战争正面战场》（上），第 222 页。

③ 蒋介石日记 1937 年 7 月 26 日，斯坦福大学胡佛研究所藏蒋介石日记手稿影印件。

④ 《卢沟桥事件第十六次会报》（1937 年 7 月 26 日），《抗日战争正面战场》（上），第 263 页。

速部署"①。同时又令第二十六路军总指挥孙连仲，率所部第二十七、三十一两个师，向永定河地区前进，并归宋哲元指挥；在保定等地的原防地由第五十三军接替。令第四十军军长庞炳勋，率部在沧县、献县一带星夜构筑工事，先求该防线之巩固，待后续部队集中后，再考虑向静海一带推进。次日，又向宋哲元发出指示："此时应敌，先要巩固现有阵地，然后方易出奇制胜，所谓先求稳定，次求变化，望兄记之"②。

另外，日军为增强北平市内驻军，以强迫第三十七师撤退，7月26日下午，驻丰台日军约500名，分乘30余辆卡车，冒充野外演习归来的日本使馆卫队，强冲广安门入城，与中国守军发生激烈冲突③。27日清晨，日军又先后向通县、团城的中国驻军发起攻击。于是，平津地区战火四起，这预示着日军即将发起大规模的攻击。

为寻找攻击的借口，在广安门事件发生的当晚，香月清司向宋哲元发出最后通牒，限第二十九军在28日正午以前，将三十七师撤退至永定河以西，并陆续退到保定以南，在卢沟桥及八宝山附近之该师部队，在27日正午以前撤退至长辛店，"如不实行，则认为贵军不具诚意，而不得不采取独自之行动"④。宋哲元拒绝了这一无理要求，并于27日向全国发出通电，指出日方"似此日日增兵，处处挑衅，我军为自卫守土计，除尽力防卫听候中央解决外，谨将经过事实掬诚奉闻。国家存亡，千钧一发"⑤。这表明，在日本侵略者的步步紧逼之下，以宋哲元为代

---

① 《蒋介石致宋哲元电》(1937年7月26日)，《中国近代史资料丛刊·抗日战争》第二卷《军事》(上册)，第68页。

② 《抗日战史》(第三册)《华北地区作战》，第25页。

③ 《宋哲元致何应钦密电》(1937年7月26日)，《中华民国史档案资料汇编》第五辑第二编《军事》(二)，第96页。

④ ［日］防卫厅战史室：《大本营陆军部》(摘译本)上册，第330—331页。

⑤ 《日本华北驻屯军对我二十九军之最后通牒》(1937年7月26日)，《卢沟桥事变史料》上册，第189页；《宋哲元致蒋介石等密电》(1937年7月28日)，《宋哲元通电》(1937年7月27日)，《中华民国史档案资料汇编》第五辑第二编《军事》(二)，第96—99页。

表的华北军政当局终于意识到退无可退，走上了守土抗战的道路。

而 26 日东京日本军部接到关于廊坊冲突的报告后，即授权在华北的驻屯军"在必要时得以行使武力"①。于是，27 日临晨日本驻屯军下令对北平城内的二十九军不分所属，一律剿灭②。在日本国内，则迅速作出了对华增兵和动员的决定。27 日，日本陆军参谋总长和陆军大臣会商决定动员国内三个师团，并对第二十师团和其他部队进行第二次动员。随即日本内阁召开紧急会议，批准陆军实行动员，并且很快得到日本贵族院与众议院的支持。日本陆军参谋本部向中国驻屯军下达正式作战任务：除现在任务外，应负责讨伐平津地区的中国军队，安定平津地区各重要地方；下令第五、第六、第十师团派赴中国华北作战③。这样，经过短短的 20 余天，日本方面已经把卢沟桥事变从一个局部的军事冲突，蓄意扩大到全面的侵略战争。

由于卢沟桥事变以来一直对和平谈判抱有幻想，第二十九军未采取有效防卫措施，使自己在军事上陷于被动地位，以至战争一爆发即遭受严重损失。7 月 27 日凌晨 3 时，日军开始围攻通县以西之宝珠寺，并将中方第二十九军傅鸿恩营包围。双方激战至 23 时许，傅鸿恩率部突围退守南苑，转移途中，遭敌机跟踪炸射，伤亡重大。8 时，北平以北高丽营、昌平一带日军亦向南进犯汤山、沙河中方冀北保安队阵地，但未得逞。下午 3 时，日军在飞机轰炸的配合下，向北平以南 15 公里之团河发起攻击④。鉴于北平周围地区情势危机，宋哲元电请中央速派大军及飞机北进增援⑤。

28 日，日本中国驻屯军各部从南、北、西三个方向对二十九军发动

---

① 《中国事变陆军作战史》(中译本)第一卷第一分册，第 194 页。

② 《卢沟桥事变日志》，《近代中国》第 125 期，1998 年 6 月 25 日，第 185 页。

③ 《中国事变陆军作战史》(中译本)第一卷第一分册，第 197—200 页。

④ 《冀察绥靖主任宋哲元呈蒋委员长何应钦部长告日军围攻通县团河激战平郊遭轰炸等战况电》(1937 年 7 月 27 日)，《卢沟桥事变史料》上册，第 187 页。

⑤ 《中华民国重要史料初编》第二编《作战经过》(二)，第 70 页。

大规模进攻。拂晓,日军突袭中方驻宛平城、衙门口、八宝山之第三十七师阵地。日军第二十师团进攻南苑,遭到第三十八师和第一三二师的抵抗,激战中,第二十九军副军长佟麟阁、第一三二师师长赵登禹及官兵数千人战死①。当日,日军攻占了南苑和北平以北20公里处的沙河镇②。

在各路日军疯狂进攻面前,中国军队奋勇抵抗,甚至数度出击,狠狠打击了日军的气焰。第三十八师刘振三旅,在第五十三军之一旅的协同下,于当日克复丰台车站。第三十八师第一一三旅主力,经过与日军奋战,规复廊坊。在日军猛攻南苑之时,三十七师何基沣旅在宛平一带发起反击,将卢沟桥附近的日军赶出了阵地,三十八师之一部还包围了丰台日军。这些局部胜利虽不能挽回全局的失败,但也给第二十九军主力的安全撤退,造成有利的条件。

宋哲元本"决心固守北平",蒋介石也曾致电宋,请其与孙连仲"切商办法",以便随时获得增援③。7月27日,宋哲元以北平方面情况日趋严重,电令孙连仲第二十六路军向长辛店、良乡一带挺进。孙连仲遂命所部第二十七师于28日夜由铁路输送至长辛店,第三十一师及炮兵第七团,则于29日夜随后跟进④。由于28日战局陡变,守卫南苑、北苑的中国驻军伤亡惨重,宋哲元认为"殊难有胜算把握"⑤。当天下午,宋哲元在北平城内召集北平市长秦德纯、三十八师师长张自忠等军政首脑举行紧急会议,决定让张自忠代理冀察政务委员会委员长及北平市长,留守北平维持局面,第二十九军主力则在宋哲元、秦德纯率领下向保定

---

① 《抗日战史》(第三册)《华北地区作战》,第28页。

② 《卢沟桥事变日志》,《近代中国》第125期,1998年6月25日,第187页。

③ 《宋哲元致蒋介石密电》、《蒋介石致宋哲元密电稿》(1937年7月27日),《中华民国史档案资料汇编》第五辑第二编《军事》(二),第98页。

④ 《抗日战史》(第三册)《华北地区作战》,第28页。

⑤ 《宋哲元致蒋介石等密电》(1937年7月28日、7月29日),《中华民国史档案资料汇编》第五辑第二编《军事》(二),第99—100页。

撤退。当天深夜,第二十九军官兵怀着沉痛的心情,默默离开古城北平。第二十九军主力转移后,永定河以北仅存北平孤城。7月30日,控制北平的日本侵略军拉拢一小撮汉奸,开始组织北平治安维持会。

天津是华北日军攻击的另一个主要目标。这里是日本中国驻屯军司令部所在地,驻有一定数量的陆军及华北空军的主力。早自7月20日起,日军就开始在塘沽构筑军用码头,并占用各大建筑物为其兵站仓库。日军登岸不久的海军陆战队,与中方塘沽驻军形成对峙之势。此外,大沽口外泊有日舰3艘,天津南郊之海光寺驻有日军千余人,东郊的东局子机场也经常停机百架左右①。中国驻守天津的是张自忠率领的三十八师。卢沟桥事变爆发后,在全国抗日浪潮的影响下,该部官兵抗战热情高涨,但高层领导态度暧昧,以致没有进行有效的抗战部署。7月29日拂晓,停泊在大沽口外的日本军舰向中方阵地发起攻击,中方守军沉着应战。至午后,日本海军陆战队数百人在战机和大炮的掩护下,在大沽口强行登陆。凌晨2时起,日军强占天津四区警察局,并向中方保安队驻地进袭。是时张自忠已离津赴平,由副师长李文田代理职务。李文田率部协同天津市保安队与日军激战,击退所有天津东西两车站、特别四区之日军。黄维纲旅则据守大沽口,奋勇杀敌,并于15时袭占东局子日军机场,烧毁敌机60余架②。16时,第三十八师师长张自忠电令中国军队停战,并向马厂、杨柳青撤退。30日午后,日军占领天津市区,此后三日,日军到处焚掠,并继续攻击,天津市区一片火海,景象惨不忍睹。8月1日,天津也出现了日军拼凑的治安维持会。

平津抗战过程中,第二十九军将士壮烈殉国者,自副军长佟麟阁、第一三二师师长赵登禹以下,约达5000余人③。平、津两市被日军侵

---

① 《抗日战史》(第三册)《华北地区作战》,第32页。
② 《宋哲元致何应钦密电》(1937年7月29日),《中华民国史档案资料汇编》第五辑第二编《军事》(二),第100页。
③ 《抗日战史》(第三册)《华北地区作战》,第33页。

占后，留守北平的张自忠及部分军队，已无法行使维持治安的基本职权，被迫于 8 月 4 日乘隙突围，转赴察哈尔省。于是，中国政府对平、津两市的行政权遂完全丧失。

第二节　淞沪会战

上海是中国第一通商大埠，由于具有特殊的地理位置，在南京国民政府对日战备中具有重要的战略地位。日军在上海挑起"八一三"事变后，国民政府立即调集精锐部队奋起反击，在淞沪地区展开了一场悲壮的大血战。

1932 年"一二八"事变发生后，因受《淞沪停战协定》的限制，中国政府不能在上海市区及周围地区驻兵设防。为防止日军再次对上海发动侵略，威胁首都南京，国民政府开始在邻近上海周围的长江三角洲地带，划定防御区域，构筑国防工事。"构筑实施之程序，系以首都为中心，逐次向国境线推进"；沿海沿江的防御工事，"先求巩固长江下游之江防，其次渐及闽、粤、苏、鲁诸海岸"①。在具体部署时，曾作过这样判断：日海军可能由长江和杭州湾进犯，陆军可能由上海附近及杭州湾北侧登陆后，分路西进，进攻南京。为此，把宁、沪、杭地区划分为宁沪、沪杭和南京三个防御区，并以宁沪防御区为重点，先行构筑工事，配备兵力防守。根据沪宁地区的自然条件，选定苏州至福山的吴福线和无锡至江阴的锡澄线为该防区的主要阵地，并在这两线阵地的前后，分别设置后方阵地与前进阵地。后方阵地选在常州至石庄一线，主要是左有长江右有滆湖，两翼具有较为可靠的屏障，交通运输也较方便。在昆山附近选择险要之地构筑前进阵地；在昆山以东及上海附近，则临时设置警戒阵地。沪杭防御区主要在乍浦、澉浦等海岸要点，构筑永久工事形成要塞。另外还根据地形，选定乍浦经嘉善至苏州的乍嘉线和海盐经

---

① 《中华民国重要史料初编》第一编《绪编》(三)，第 354、363—364 页。

嘉兴之吴江的海嘉线为主要阵地①。经数年努力,至卢沟桥事变爆发时,上述防区的防御工事已基本完成。如沪宁地区预定构筑 500 座工事,已完成 471 座;沪杭地区预定构筑 1102 座工事,已完成 1062 座②。

为增强沪宁地区的防御力量,国民政府于 1936 年任命张治中为京沪警备司令,具体实施该地区对日战备事宜。为了保密,张治中把设在苏州的司令部称为"中央军校野营办事处",参谋们以军校教员身份,到预定各战线实地考察,绘制地图,初步拟订作战方案。当时整个防区只有三个师正规部队,二个师被安排在吴福线上一面警戒,一面构筑工事;一个师接防锡澄线阵地;沿江防务及上海周围城镇的警戒,则由地方保安团队及警察担任③。

卢沟桥事变爆发后,国民政府对沪、宁、杭地区加强了警备,各地区官兵也密切注视着当地日军的一举一动。1937 年 7 月中旬,驻淞沪日军"即迭以汽车载运武装官兵,向江湾一带侦察示威,并于沪西越界筑路区实施夜间演习,诡称水兵宫崎乙名失踪"④。与此同时,日军编成第一联合航空队(含木更津航空队、鹿屋航空队,装备中型攻击机 38 架,舰上战斗机 12 架)与第二联合航空队(含 12 航空队、13 航空队、21 航空队、22 航空队、装备舰上战斗机 24 架,舰上轰炸机 30 架,舰上攻击机 12 架,水上侦察机 12 架)。第一联合航空队的木更津航空队与鹿屋航空队分别进驻济州岛和台北,准备对华作战⑤。8 月 1 日,苏浙边区公署张发奎向南京报告,日舰、日机在杭州湾活动频繁,杭州城内仅

---

①　黄德清:《京沪杭国防工事的设想、构筑和作用》,《八一三淞沪抗战》,中国文史出版社 1987 年版,第 55—56 页。

②　《抗日战史》(第一册)总论,第 358 页。

③　张治中:《揭开八一三淞沪抗战的战幕》,《八一三淞沪抗战》,第 13—16 页。

④　《抗日战史》(第四册)《华东地区作战》,台北"国防部"史政编译局编印,1994 年,第 3 页。

⑤　[日]海空会:《海军航空年表》,原书房 1983 年版,第 46—48 页。转引自张宪文主编:《南京大屠杀史料集》第 1 册,凤凰出版社 2005 年版,第 150 页。

存的两名日侨也已离去。据此作出如下判断："敌侨离杭,敌舰、敌机活动情形似于杭州湾有所企图,揆其寻隙挑衅事变或所难免。"①

至8月9日,日军驻沪兵力"计陆战队官兵约五千人,业经组织健全之在乡军人约三千人,壮丁义勇队三千五百人"。此外尚有"各种轻重口径炮约三十余门,高射炮八门,战车及装甲汽车各约二十余辆",抵沪之日本军舰也达到12艘,"各舰可随时登陆之水兵,共计约三千人"②。"大山事件"(即虹桥事件)发生后,上海的形势突然告急。就在中日双方交涉的同时,日军舰20余艘护送其运输舰5艘,向淞沪急驶而来。上海日租界同时实施动员,编组其侨民在乡军人、义勇团,连同驻沪海军陆战队共计万余人,进入备战状态。日军第一、第三舰队军舰30余艘开始不断向吴淞口一带集结,一部且已驶入黄浦江,进入战斗位置③。

当时中国方面驻上海市区的仅有保安总队两个团,兵力甚为薄弱。南京当局深知上海的战事终不可免,为在战略上争取主动,军事委员会于8月11日晚上下令张治中指挥之第八十七、第八十八两个主力师迅速向上海近郊推进;京沪警备军及原驻蚌埠之第五十六师、驻汉口之第十八师、驻嘉兴之第五十七师紧急向淞沪、吴县等地区输送,统归张治中指挥。张治中连夜进军上海,将主力部署在宝山县的江湾、彭浦一带,以随时准备对日军发动有力攻击。为统一指挥淞沪地区的军队,军事委员会于8月13日下令将淞沪警备司令部所属各部队也划归张治中指挥,并将该部统编为第九集团军,由张治中任总司令。同日,苏浙边区公署也被改编为第八集团军,以张发奎为司令,下辖第六十一、第五十五、第五十七、第六十二师及独立第四十五旅、炮二旅(缺第三团)。

---

① 《张发奎致蒋介石、何应钦密电》(1937年8月1日),《抗日战争正面战场》(上),第325页。

② 《张治中报告日军战前动态密电》(1937年8月9日),《中华民国史档案资料汇编》第五辑第二编《军事》(二),第186页。

③ 《抗日战史》(第四册)《华东地区作战》,第8页。

此后,军事委员会又划定第八、第九两集团军之作战地境,"为苏州河至上海南站之线"①。

正当国民政府调兵布阵之际,8月13日上午9时许,虹口方面的日本海军陆战队借故向中国保安队开枪射击,下午又在上海市区的多处地方向中国军队发起攻击,侵入黄浦江内的日本军舰也向市内开炮轰击。中国军队尽管尚未完成战略展开,但因守土有责,当即予以还击。"八一三"抗战遂告爆发。

战斗刚打响时,第九集团军只有少数部队到达预定作战位置,张治中下令其余各部紧急部署。当晚各部队的具体位置大致如下:八十七师主力在江湾两江女子体校,沿虬江至虬江桥一带集结,一部在吴淞;八十八师前锋与日军隔横滨对峙,主力在上海北站及鸿兴路东钱江塘之线;炮兵三个团在大场、彭浦一带进入阵地;五十七师一个旅由龙华推进至徐家汇虹桥路一线,另一个旅向北新泾、虹桥飞机场集结;五十六师主力到达太仓,经浏河向宝山推进,直接警戒沿长江各口岸;上海市警察总队部署在虬江码头、张华浜之间警戒;保安总团则在暨南新村附近集结②。这一部署,摆出了一副决战的态势。

对于淞沪方面的抗战,南京当局早已做出如下战略部署:"国军以保卫政经要地,及诱致、消耗敌人之目的,初期以优势兵力,迅速围歼上海市之敌,使其尔后增援、登陆困难。如敌援军登陆成功,则集中重兵予以打击,迫其追随我军行动,使其主力向淞沪地区转用后,即改取守势,并利用既设国防工事,实施逐次抵抗,破灭其速战之企图。"③为争取战略上的主动,军事委员会于当天晚上做出如下指示:令第九集团军于次日开始攻击虹口附近之敌;令空军于次日出动,协调陆军作战;令

①　《抗日战史》(第四册)《华东地区作战》,第15—16页。

②　《张治中致蒋介石、何应钦密电》(1937年8月13日),《抗日战争正面战场》(上),第361—362页。

③　《抗日战史》(第四册)《华东地区作战》,第23页。

海军封锁江阴江面。8月14日,国民政府发表抗暴自卫声明,宣布"不得不实行自卫,抵抗暴力",京沪、京杭两铁路沿线各地戒严,封锁镇江下游长江江面,航行一律暂行停止①。中国空军于当天上午向上海的日军发起攻击,先后轰炸汇山码头、日本海军司令部及侵入黄浦江的日本军舰,主要目标均命中起火,日军旗舰"出云"号被炸伤。当天下午,大批日本飞机从长崎、台北机场及"加贺"号航空母舰起飞,越过东海,向南京、杭州等城市进行轰炸。中国空军奋勇拦截,击落日机3架,中方则无一损失,在中日战争史上首次写下击落日机的记录。同时,中国海军为使日舰失去航行目标,除以漂雷封锁长江口及黄浦江水道外,还毁灭通州及通州下游航路标志,同时专门征用军舰商轮沉江,以填塞江阴以下航道,确保南京的安全②。中方长江舰队主力亦向江阴附近集中。

　　陆上攻击也同时展开。第九集团军以第八十七师在左、八十八师在右,向日军发起地面进攻,各部奋勇突进,先后夺取预定围攻线上之宝山桥、八字桥、五洲公墓、持志大学及沪江大学等各要点。当晚,第八十八师向天通庵车站、京沪铁路沿线、持志大学之线推进,初战告捷,为下一步行动打下了基础。但在激烈交战时,该师第二六四旅旅长黄梅兴少将不幸中炮弹阵亡③。16日拂晓,第八十八师在八字桥、爱国女校,第八十七师在日本海军操场一带与日军展开激战,双方损失均极惨重。当日,中国空军在南京、上海上空与日机交火,击落日机2架,中方亦有2架飞机受创。第一〇五号鱼雷艇则冒死驶至黄浦江内,向停泊在江面上的日本"出云"号旗舰连射鱼雷7枚,予以重创。日军第一〇五号鱼雷艇亦中弹沉没④。14、15、16三日,日军损失战机共计30架

---

①　《中华民国史事纪要初稿》(1937年7—12月),第300页。

②　《海军部长陈绍宽关于征船填塞长江下游航道等致行政院长蒋介石呈》(1937年8月13日),《抗日战争正面战场》(下),第1721—1722页。

③　《抗日战史》(第四册)《华东地区作战》,第33页。

④　《抗日战史》(第四册)《华东地区作战》,第36页。

以上,中方战机受伤数架,空军人员死二人,伤五六人①。8 月 17 日,中方再度发起攻击,日军则凭借坚固的工事和优良武器,负隅顽抗。中方"最初目的原求遇隙突入,不在攻坚,但因每一通路,皆为敌军坚固障碍物阻塞,并以战车为活动堡垒,终至不得不对各点目标施行强攻"②。第八十八师官兵于日本坟山、八字桥、粤东中学一带与日军展开激烈争夺战,中方部队牺牲达一个营③,日军被击伤击毙者约 350 人。第八十七师也曾一举突入日本海军俱乐部,在日军的全力反扑下,第八十七师被迫退回原防。战局一时陷于僵持状态。

中国军队在淞沪战役之初作战之顽强,超出了日本军方的预料。为改变被动挨打的局面,日本内阁决定扩大侵华战争的规模。8 月 15 日,日本政府发表的声明中已经没有"不扩大"的字眼,而是强调"为了惩罚中国军队之暴戾,促使南京政府觉醒,于今不得不采取断然措施"④。同一天,下达总动员令,编组上海派遣军,任命松井石根大将为司令,下辖第三师团与第十一师团,限期开赴上海,增援海军作战。8 月 18 日,第三师团之半数及第十一师团全部迅速向上海东南约 120 公里的马鞍群岛集结。日本政府的增兵行动,使淞沪战争的规模急遽扩大。

中国政府见此情形,深知不实行全面抗战,无法维持民族之生存,因而亦于 8 月 15 日下达全国总动员令,在全国划定五个战区,将苏南、上海和浙江列为第三战区,由冯玉祥任司令长官,顾祝同副之,陈诚为前敌总指挥。8 月 20 日,第三战区根据军委会之战争指导方案,拟订出围歼上海日军和阻击增援日军的作战计划。22 日凌晨,第九集团军

---

① 《何应钦在国防最高会议上关于上海战事的报告》(1937 年 8 月 17 日),《中华民国史档案资料汇编》第五辑第二编《军事》(二),第 199 页。

② 《张治中致蒋介石、何应钦密电》(1937 年 8 月 17 日),《抗日战争正面战场》(上),第 416 页。

③ 《抗日战史》(第四册)《华东地区作战》,第 38 页。

④ 《中国事变陆军作战史》(中译本)第一卷第二分册,第 5 页。

总司令张治中抽调第九十八师受总部直辖,并限其于8月23日23时前开至大场镇附近地区以备吴淞、宝山方面的反登陆作战。同时,张治中又与陈诚商议,决定调南京之第六十七师紧急向嘉定集结,并以第六十七、第九十八师及炮兵第十六团,归第十八军军长罗卓英统一指挥,准备迎击登陆之敌。第六战区司令长官部鉴于日军数量不断增加,也将长江南岸各守备部队改编成第十五集团军,由陈诚任总司令,配合第九集团军在嘉定、宝山一带防御从长江口登陆之敌。

8月23日拂晓,日军舰艇十余艘驶达蕴藻浜口附近,集中火力向吴淞镇以东之轮渡码头猛烈攻击,蕴藻浜口之中方江防阵地大半被毁,守军亦出现重大伤亡。随后,日军第三师团步兵2000余人在舰炮火力的掩护下,于吴淞镇、张华浜附近强行登陆,上海市保安总团由于兵力薄弱,且缺乏武器支援,处境十分困难,张治中遂命第六十一师第三六一团增援保安团。此后,战局渐趋稳定。同日,日军第十一师团先头部队在烟幕与战机的掩护下,分乘汽艇六七十艘在川沙镇北侧地区强行登陆。中国守军第五十六师之一个连与日军激战一小时,连长负伤,官兵大部壮烈牺牲,生还者仅十余人。于川沙口登陆的十一师团约一个旅团,也分向宝山、罗店、浏河镇三个方向突进,宝山城很快被日军占领。24日,日军第三师团凭借优势火力于张华浜强渡蕴藻浜,遭到中方将士的英勇痛击。第十一师团则企图一举夺取浏河镇,刘尚志第五十六师率部与日军激战竟日,毙敌500余人,中方伤亡营长以下300余人。随着战线之延长,第九集团军已感兵力不足,第三战区司令部紧急调六十二师、九十八师部分主力去吴淞增援。24日晚,夏楚中率领第九十八师主动出击,向宝山之敌军发动进攻,并乘势克复宝山城。

此后,淞沪抗战的重心逐步从上海市区的杨树浦、虹口方面转移到宝山及吴淞、张华浜一带。从吴淞口附近登陆的日本援军站稳脚跟之后,与上海市区的日军互相配合,对中国军队形成南北夹击之势。中国军队原先的优势与主动性逐渐丧失,开始陷于被动应付的地位。尽管在战术上作过多次调整,但仍无起色,罗店与吴淞两个重要阵地,经过多日激战,先后于 8 月 28 日和 9 月 1 日失陷。

　　战略要害罗店镇是中日双方争夺的焦点所在。德国军事总顾问法肯豪森当时便呈文蒋介石,认为中方应绝对在罗店阻止日军,使不能犯刘行,更不能趋嘉定①。25 日凌晨,中方第六十七师第四〇二团开始由罗店镇东北侧向尤家楼攻击前进,当即与陆家村、沈宅之日军发生激战。战至拂晓,该团已是伤亡逾半,团长李维藩、营长张培甫以下连、排长多人均壮烈牺牲。此后,日军更向罗店以西包围攻击,中方第一九九旅旅长蔡炳炎亲率预备队一个营与敌军反复搏斗,战斗中蔡炳炎阵亡②。此后,中日双方军队在罗店镇以北之线展开对峙。当日,彭善第十一师奉令将罗店守备交第六十七师接替后,逐次向月浦至周宅之线推进,并积极准备向狮子林炮台、石洞口发起攻击。7 时,彭善师预备队第六十二团遭遇日军 600 余人,双方展开激战。至 10 时,双方几近格斗,相互进退达七八次之多,战况陷于胶着。26 日凌晨,日军一股部队抢登狮子林炮台北侧,中方第九十八师奉令以主力攻击狮子林并占领之,其一部则据守宝山、月浦,构成三据点阵地。28 日拂晓后,日军第十一师团千余人猛犯罗店,中国守军第六十七师第三九八团奋力迎战,至午时,罗店陷落。

　　罗店失守使浏河方面的中国守军渐感孤立,30 日,浏河守军调整部署,以第十四师主力占领沿新泾河至浏河河川之线,并派出游击队占领施相公庙、曹王庙之线。31 日,日军陆战队千余人屡次进犯中方浏河阵地,均被击退。第十一师团虽攻占罗店镇,但其与在吴淞登陆的第三师团仍处于分离态势。为此,第十一师团于 31 日派出浅间支队从川沙镇沿海岸线向狮子林炮台附近移动。同日,第三师团步兵第六十八联队在战机 30 余架、舰炮百余门的掩护之下,于轮渡码头至炮台湾车

---

①　《德籍总顾问法肯豪森呈蒋委员长报告》(1937 年 8 月 29 日),《中华民国重要史料初编》第二编《作战经过》(二),第 181 页。

②　《抗日战史》(第四册)《华东地区作战》,第 67 页。

站之线登陆,并与中方第六十一师第三六一团发生激战。三六一团伤亡甚重,渐呈不支,于午后退守吴淞镇西端。次日,吴淞镇陷入敌手。

9月1日,日军在军舰20余艘、战机10余架的掩护之下,向宝山狮子林炮台、月浦一带的第九十八师阵地发起进攻。此后,中、日双方展开了长达五昼夜的激战,中方营以下官兵大半阵亡或负伤,第十八旅旅长翁国华、第三十三团团长朱福星亦身负重伤①。至5日,宝山守军第五八三团姚子青第三营被日军完全包围。当晚,第三战区下令由刚抵达战场的第一师接替伤亡重大的第六师驻防,第六师撤至广福整补待命。6日,日军继续使用优势火力猛攻宝山城,城内建筑物无一幸免,中方部队伤亡惨重。当天,第三战区司令长官部根据军事委员会的指示,在吴县颁布第二期作战计划,并重新划定第八、第九、第十五集团军之作战地境。其中,张发奎集团与张治中集团以诸翟镇、苏州河之线为界,线上属张发奎集团军。张治中集团与陈诚集团以南翔镇、蕴藻浜之线为界,线上属张治中集团军②。7日晨,日军重新占领宝山城,中方守军第三营营长姚子青于东门附近阵亡,全营官兵亦同时殉国③。11日拂晓,日军猛击中方之月浦阵地,守军伤亡惨重,阵地终被突破。此后,中方守军退守街市,与日军展开逐屋巷战,并将月浦重新夺回。

正当中、日双方在宝山城展开激烈争夺的同时,上海市区的战斗仍在继续。9月6日拂晓,日军饭田支队在10余辆战车的支援下,由虬江码头向虬江左岸中国守军阵地反复猛攻达两个小时。午后,日军再增派步兵1600余人、战车20余辆、飞机9架,在海军舰炮数十门的掩护下,续向虬江左岸中方阵地进犯,战况十分惨烈,中方工事悉数被毁,

---

① 《抗日战史》(第四册)《华东地区作战》,第61页。

② 《第三战区司令长官部作战计划》(1937年9月6日),《抗日战史》(第四册)《华东地区作战》,第77页。

③ 《抗日战史》(第四册)《华东地区作战》,第72页。

人员伤亡巨大。中国守军顽强抵抗,集中炮兵火力阻击敌军,歼敌百余人,击毁战车数辆,击毙日军支队长饭田七郎①。日军每前进一步,都必须付出沉重的代价。9日晨,日军出动战机20余架竟日轰炸,停泊在虬江码头一带的日舰20余艘也猛烈射击,中方军工路以东之线悉数被毁。8时,日军3000余人在烟幕的掩护下,向驻陆家宅的中方第五十七师第三四二团阵地发起猛攻,双方激战至中午,阵地易手数次。第三四〇团第三营奋力迎敌,将敌击退。下午,日军卷土重来,中国守军以刺刀、手榴弹应战,官兵伤亡殆尽,此后战斗逐渐呈现出胶着状态。当晚22时,中方部队撤至沈家行镇至徐家宅第二线阵地。9月9日之战斗,第五十七师第三四二团军官阵亡计李子峰连长等12员,伤连排长曾凤歧等24员,伤亡士兵580员。第三四〇团伤亡军官7员,士兵百余员②。在此期间,中国空军派出战机对吴淞口沿江一带之日军舰进行了俯冲攻击,至少击沉敌舰3艘以上,重创敌舰亦在10艘左右。中国海军也使用自制水雷于9月7日炸毁日军供登陆之三井码头及趸船,并炸沉日军汽艇2艘。

对于当时淞沪战场严峻的形势,蒋介石已经认识到:“此战不能避免,惟能持久而已。……近日战局渐转劣势,人心动摇。”③据此,中国军队逐步停止主动攻击,转向以防御为主的持久作战态势。9月11日黄昏开始,张治中第九集团军奉第三战区命令,撤至北站、江湾、庙行至蕴藻浜南岸之线④。此后,中方各集团军又陆续退守北站、江湾、罗店西南、浏河之线。

此前,中国大本营于9月6日制定出《第三战区第二期作战指导计

---

① 《抗日战史》(第四册)《华东地区作战》,第51页。

② 《抗日战史》(第四册)《华东地区作战》,第53页。

③ 蒋介石日记1937年8月28日,斯坦福大学胡佛研究所藏蒋介石日记手稿影印件。

④ 《张治中致黄绍竑等密电》(1937年9月11日),《抗日战争正面战场》(上),第383页。

划》,以调整淞沪抗战的战略。其中对日军行动的判断是:从长江口登陆的增援部队将从罗店向南突进,从左侧背对中国军队形成大包围;从张华浜登陆之敌将向江湾镇方面攻击,吸引中国军队进入包围圈内;同时对围攻市区日租界的中国军队形成小包围。对此,该方面军的战略要领是:首先,"运用优势兵力断绝其联系,限制其发展","打破其包围企图,而收各个击破之效";其次,"如各个围攻之目的不能达到,则依状况逐次于后方占领阵地,采取攻势防御";第三,"于万不得已时,则退守后方既设阵地,作韧强之抵抗,以待后方部队之到达,再行决战"①。接着,对各部队的部署及任务做出明确的指示。为加强对淞沪抗战的领导,蒋介石亲自兼任第三战区司令长官,同时加强了后方锡澄线等处的防御力量,以保卫南京的安全。

中国军队的顽强抵抗,打破了日军速战速决的企图。9月6日,日本海军军令部总长向天皇上奏:"上海陆上的战斗迟迟无进展,必须增强陆军兵力。"②陆军内部经过紧急磋商,于9月7日决定先增派重藤支队,10日再派第九、第十三、第一〇一三个师团来上海增援。上述军队都归上海派遣军司令官指挥。另外,还派遣野战重炮部队、工兵及飞行团随同去上海。9月12日,从华北调拨的10个大队援兵首先到达上海,重藤支队也于14日到达上海。至9月中旬,日本上海派遣军已拥有5个师团,共约20余万人,另有炮200余门,战车200余辆,飞机200余架③。日军得到增援后,立即调整部署,从吴淞一带向中国守军的阵地发起猛烈攻击。

中国军事统帅部也调整了淞沪前线的作战部署。由于增援部队陆续抵达,为便于指挥,军事委员会于9月21日将淞沪地区12个师改编

---

① 《军委会大本营训令及淞沪抗战第二期作战指导计划》(1937年9月6日),《抗日战争正面战场》(上),第374—375页。

② 《中国事变陆军作战史》(中译本)第一卷第二分册,第28页。

③ 《抗日战史》(第二册)《全面抗战经过》,第140页。

成第十九集团军,由薛岳任总司令,朱绍良则接替张治中任第九集团军总司令。第三战区之部署也进一步调整如下:黄浦江以西、蕰藻浜以南地区划为中央军,由朱绍良任总司令,以第十八师及第九集团军编成之;右翼军由张发奎任总司令,以第八、第十集团军编成之;左翼军由陈诚任总司令,以第十五、第十九集团军编成之①。左、中、右三个作战军沿"北站—浏河"一线与日军对峙,并展开阵地争夺战。各部队接奉军令,立即开始调整。右翼军因尚未投入战斗,全军处于警戒状态;中央军因仅增加一个师,部署并无改变。左翼军的阵地则有较大的调动:第十九集团军第六十九军的三个师,接替蕰藻浜以北、杨家沼一线原第一军的阵地;第十九集团军第六十六军则以三个半师的兵力,驻守杨家沼至樊家桥一线之阵地,充当左翼军的中坚;樊家桥至龚家宅的阵地,原为第十五集团军第十八军之防区,因战斗激烈,伤亡惨重,兵力不足,临时改换第四军之五十九师接替,第十八军在其左侧罗店一带驻防。这一调整,已摆出决战的态势。

　　从9月22日起,日军集中三个师团近11万兵力,在飞机及重炮的掩护下,向马路河至蕰藻浜间的中国驻军阵地发起猛烈攻击,激战在左翼军阵地展开。守军的工事几乎被日军炮火摧毁殆尽,第一线阵地上的官兵大半壮烈殉国。有些阵地被日军突破后,中国驻军又发起反击,与敌人肉搏,经过多次反复后,才被迫撤至后方阵地继续抗击。激战至9月30日,日军除夺取有限的几块阵地外,并无其他战绩。

　　由于中方作战部队逐渐转取守势,日本海军得以长驱直入。中国海军奉命防守江阴长江水道,并相机增援长江南岸守备部队的作战。对于停泊长江及吴淞口外之日本军舰,中国海军一再突击,但未能有所收获。9月22日,日军大编队战机群向江阴地区中国军舰发起攻击,中方沉着应战,击落敌机3架。23日,日机增加至73架之多,继续攻

---

　　① 《蒋介石颁发淞沪会战战斗序列密电稿》(1937年9月21日),《中华民国史档案资料汇编》第五辑第二编《军事》(二),第244页。

击江阴舰队,并向中方平海、宁海两舰投掷重磅炸弹多枚,两舰相继沉没,"平海"舰舰长高宪申、"宁海"舰舰长陈宏泰均身负重伤。25 日,中方"逸仙"、"建康"二舰又被炸沉,江阴海军舰队遭日军重创①。鉴于情势紧张,蒋介石手令海军部:"海圻、海琛、海容等凡年在四十以上之大舰,须将其炮卸下,准备沉没,堵塞长江各段之用。如三日内卸拆不及,则连炮沉塞亦可,务如期办到,以示我海军牺牲之精神。"②

　　日本政府因侵沪战争没有进展而感到焦急,10 月 1 日,四相会议决定了《处理中国事变纲要》,明确规定:"军事行动之目标,在于使中国迅速丧失战斗意志。应采取适当的手段,使用兵力占据要地。"③于是,日军调整其进攻方案,将原有的主力从左侧回旋到南面,新增援的几个师团放到右侧第一线,企图从吴淞一带突破中国守军阵地,攻占大场镇,然后向苏州河一线推进④。

　　10 月 5 日,日军以第九、第十三两个师团的兵力向蕴藻浜方面猛攻,7 日强渡蕴藻浜,以图突破河防,夺取大场镇,切断防守闸北、江湾的中国军队的后路。日军在炮火的支援下向守军阵地猛扑,双方展开激烈的争夺战,经四昼夜的激战,中方阵地仍然屹立不动。至 17 日止,日军进展仅数百公尺至千公尺而已⑤。与此同时,日军第十一师团主力及第三师团之一部也于罗店镇以南向中方部队猛攻,双方激战四昼夜,伤亡均极惨重,日军虽有所进展,但中方仍固守杨泾河西岸阵地。10 月上旬,日军增援兵力陆续在吴淞一带登陆完毕。日方除原有海军

　　① 《抗日战史》(第四册)《华东地区作战》,第 95－96 页。《海军抗战纪事》(1939 年),《抗日战争正面战场》(下),第 1743－1744 页。

　　② 《海军部交通部为堵塞航道征用军舰商轮情况与行政院来往密呈指令》(1937 年 9 月 25 日),《抗日战争正面战场》(下),第 1727 页。

　　③ ［日]外务省编:《日本外交年表和主要文书(1840－1945)》下卷,《文书》1969年版,第 370 页。

　　④ 《中国事变陆军作战史》(中译本)第一卷第二分册,第 79 页。

　　⑤ 《第三战区淞沪会战经过概要》(1937 年 8－12 月),《抗日战争正面战场》(上),第 452 页。

特种陆战队及后备军人外,已拥有正规陆军5个师团、1个旅团、2个支队以及伪军于芒山部(约4000人),并有飞机300余架,战车百余辆,重炮一个旅团,各型舰艇100余艘,在淞沪战场上形成了绝对的兵力优势①,中国军队面临的局势十分严峻。

10月18日夜,中方部队对蕴藻浜南岸之日军发起一连串反击,战至21日夜,进展不大。21日上午,日军重点进攻大场,并利用优越空军对大场附近投弹约百枚,继而以坦克21辆集中向中方阵地冲击。中国守军第十八师官兵英勇奋战,与日军周旋于血肉横飞之中,大场阵地失而复得者凡三次②。为挽救大场方面危急的局势,战区司令部急令刚到达的第二十一集团军实施反击,并将其划归中央军指挥,以达协调作战之效果。反击部队分三路出击,除中路略有进展外,其余两路虽付出巨大代价仍无收获。由于双方实力悬殊,大场最终于24日沦陷。大场失守后,京沪铁路被截,中方闸北、江湾阵地线侧背完全暴露。中国军队于是放弃北站至江湾一线阵地,向苏州河右岸转移。10月27日,中央作战军在苏州河南岸与尾随而至的日军展开对峙。由于日军已占领上海各要点且后方无主力部队增援,中方将领建议将淞沪战场主力部队撤至苏南国防线抵抗,蒋介石表示同意。为掩护主力部队撤退,孙元良第八十八师奉命留守闸北,该师所部第五二四团团副谢晋元率一个营的兵力进据四行仓库阻敌前进,并孤军奋战至10月30日方才退入公共租界,移往胶州路孤军营③。至此,中方苏州河前进阵地尽失。31日,日军开始横渡苏州河,并向南岸中国守军发起猛攻。中、日双方反复争夺近十日,死伤均极惨重。

为尽快攻占上海,日本政府于10月20日决定向上海增派以柳

---

① 《抗日战史》(第四册)《华东地区作战》,第105—106页。

② 《罗广文报告第十八师淞沪会战战斗概要》(1943年5月10日),《中华民国史档案资料汇编》第五辑第二编《军事》(二),第289页。

③ 《抗日战史》(第四册)《华东地区作战》,第117、119页。另见《顾祝同致蒋介石电》(1937年10月30日),《抗日战争正面战场》(上),第447页。

川平助为司令官的第十军。该军主要由第六、第十八和第一一四共三个师团组成。30日,又下令将第十六师团加入上海派遣军序列。这样,侵入华中地区的日军到达2个军9个师团,其总兵力已超过华北战场。

11月5日,日本上海派遣军向中方苏州河南岸阵地发起猛攻。同时,第十军也利用海上浓雾之掩护,并在炮舰火力的配合下,于杭州湾北岸之全公亭、金丝娘桥、金山街、金山嘴、漕泾等处强行登陆成功。金山卫中国守军2个步兵连无力反抗,日军得以快速迂回中方淞沪阵地之侧背,迅速向黄浦江挺进,淞沪战场形势也随之大变。右翼作战军总司令张发奎与副总司令黄琪翔下令调部队阻击,但未能奏效。日军乘势急进,于6日抵达松江以南附近,8日又渡过黄浦江。此前一天(7日),日军改编成立"华中方面军",以松井石根为司令官,统一指挥上海派遣军及第十军作战。

11月8日,日本第十军占领松江,而北面的上海派遣军也已突破苏州河,此时淞沪地区的中国军队已陷于即将被切断退路的危险境地,第三战区司令部当即下令全线后撤,向吴(县)福(山镇)国防阵地转进。9日凌晨,中央作战军率先向青浦、白鹤港一线转移,因退却命令下达太迟,途中又遭到日机炸射,各部均拥挤于公路,秩序至为混乱①。左翼作战军各部因奉命现地掩护,遂至12日夜方由新泾河之线向西转移。其时,右翼作战军已撤至苏嘉线附近及以西地区。至此,历时整整3个月的淞沪会战令人遗憾地落下了帷幕。

淞沪会战虽然以失利而告终,但已打破了日本"速战速决"的战略,同时也给日军造成重创。担当日军进攻主力的第九师团,在中国守军交叉炮火及手榴弹的打击下,损失惨重。该师团第七联队在夺取陈家行的交战中,即死伤千余人,其中一个中队,在与中国军队近

---

① 《徐志勖编淞沪抗战经过概要》(1937年9月),《中华民国史档案资料汇编》第五辑第二编《军事》(二),第205页。

身搏斗中，损失过半。因军官死伤过多，由下士伍长代理中队长的即有20余人。在从吴淞至苏州河一线40余日的战斗中，该师团共死伤官兵8527名①。这一数字，足以说明中国将士在淞沪会战中的功绩。

第三节　第二次国共合作的推进与 华北敌后战场的开辟

卢沟桥事变爆发后，全国抗日救亡运动高涨，国共两党共同推动下的第二次合作，取得了重大的进展。

1937年7月8日，中共中央发表《中国共产党为日军进攻卢沟桥通电》，表达了全国团结、共同抗日的愿望。随后，周恩来、博古、林伯渠代表中共中央赶赴庐山，与蒋介石等国民党政要会谈，讨论红军改编抗日事宜。会谈中，周恩来向蒋介石提交了《中共中央为公布国共合作宣言》。双方谈判期间，叶剑英代表中共与国民党方面就军事行动问题进行了具体接洽，表示"红军主力，准备随时调动抗日"，且"已下令各军十天内准备完毕，待命出动"；红军"同意担任平绥线作战任务，并愿以一部深入敌后方，打击敌后"。对此，国民党方面的回应是"俟正式战争发动时，可以照办"②。7月23日，中共中央第二次发表对华北宣言，呼吁"动员全中国的海陆空军实行抗战"，"以积极抵抗的方针去对付日寇的进攻，在日军四周发动广泛的游击战争"③。

7月12日晚召开的卢沟桥事件第二次会报会进一步讨论了"部队准备案"，其第十条明确规定："必要时令第三者出绥东侵内蒙，以扰敌

---

①　［日］《第九师团战史》，转引自《日中十五年战争》（中），第50－51页。

②　《何应钦关于中共表示愿共同抗日意旨密电》（1937年7月16日），《中华民国史档案资料汇编》第五辑第二编《军事》（二），第86页。

③　《中共中央为日本帝国主义进攻华北第二次宣言》（1937年7月23日），中国人民解放军政治学院党史教研室编：《中共党史参考资料》第8册，第2页。

之侧背。"①7月底，何应钦又提出《第三者使用方面及经路之建议》，建议红军部队使用 115D、120D、129D 番号，"一切旗帜、符号、服装，均改换"，并"以察东龙关为根据，经赤城向丰宁、承德方面活动"，以对日军侧方形成威胁②。8月3日晚召开的卢沟桥事件第二十四次会报会宣布了经蒋介石核定的军事部署计划，其中第三条为："即令陕北朱、毛所部开绥东出察北，向热河挺进（红军现编为三师，其番号 115D、120D、129D）"③，这标志着国共合作抗日的正式开始。

8月中旬，周恩来、朱德和叶剑英代表中共中央赴南京出席国防会议，期间国共双方就在南京、兰州、武汉等地区设立中共代表团和八路军办事处、创办《新华日报》、南方八省十三个地区的红军游击队改编等问题与国民党当局进行了谈判④。由于当时战事紧迫，国民政府急于调军队开赴抗日前线，西安行营主任蒋鼎文于8月7日致电蒋介石，请求先行拨给八路军开拔费、善后费共计40万元⑤。

在国共两党进行谈判的同时，中共即着手红军改编的各种准备工作。红军部队在朱德总司令率领下，集中于西安附近的三原县，整装待命。8月14日，蒋介石在南京亲自与朱德商谈了红军改编参加抗日作战的问题⑥，并最终同意不向红军中派遣国民党人员。8月22日，国

---

①　《卢沟桥事件第二次会报》，《中华民国史档案资料汇编》第五辑第二编《军事》（二），第 10 页。

②　《何应钦关于红军抗日部队使用及经路建议书》（1937 年 7 月），《中华民国史档案资料汇编》第五辑第二编《军事》（二），第 130 页。

③　《卢沟桥事件第二十四次会报》，《中华民国史档案资料汇编》第五辑第二编《军事》（二），第 50 页。

④　刘武生、杜宏奇：《周恩来军事活动纪事（1918－1975）》上卷，中央文献出版社 2000 年版，第 418 页。

⑤　《西安行营主任蒋鼎文呈蒋委员长电》（1937 年 8 月 7 日），秦孝仪主编：《中华民国重要史料初编》第五编《中共活动真相》（一），中国国民党中央委员会党史委员会编印，1985 年，第 278 页。

⑥　《中华民国史事纪要初稿（1937 年 7 月－12 月）》，第 353 页。

民政府军事委员会正式宣布将中国工农红军主力改编为国民革命军第八路军(简称"八路军"),任命朱德、彭德怀为正、副总指挥。9月11日,根据抗战军事序列的编排,国民革命军第八路军改称第十八集团军,但直至抗战结束,该军一直被简称为"八路军"。红军主力改编为国民革命军,成为国共合作正式建立的一个重要标志。

　　根据国共两党在和谈中达成的协议,中共中央革命军事委员会于8月25日发出命令,将红军前敌总指挥部改为八路军总指挥部,由朱德、彭德怀任指挥部正、副总指挥,叶剑英任参谋长,左权任副参谋长;红军总政治部改为八路军政治部,任弼时任主任,邓小平任副主任。八路军下辖三个师,即:(一)第一一五师,由红军第一军团、十五军团及七十四师合编而成,师长林彪、副师长聂荣臻、参谋长周昆、政训处主任罗荣桓;(二)第一二〇师,由红军第二方面军第二军团、六军团、三十二军和陕北红军第二十七军、二十八军,独立第一、第二师等部队合编而成,师长贺龙、副师长萧克、参谋长周士第、政训处主任关向应;(三)第一二九师,由红军第四方面军第四军、三十军和陕北红军第二十九、三十军,独立第一、二、三、四团等改编而成,师长刘伯承、副师长徐向前、参谋长倪志亮、政训处主任张浩,以及总部直属部队①。为保卫后方根据地的安全,中共中央在编组第八路军各作战师的同时,还从各部队抽调部分兵力组成八路军后方留守处,由萧劲光任主任。8月25日当天,第八路军总司令朱德、副总司令彭德怀发表就职通电,向全国人民保证:"部队现已改编完毕,东进杀敌。德等愿竭至诚,拥护蒋委员长,追随全国友军之后,效命疆场,誓驱日寇,收复失地,为中国之独立自由幸福而奋斗到底。"②这对于中国全面抗战局面的形成,起到了极其重要的作用。

---

　　①　《中央革命军事委员会关于红军改编为国民革命军第八路军的命令》,《中共中央文件选集》第11册,第331—334页。这是最初的任命,其后政治部和各师政训处干部有所调整。

　　②　《第八路军总副指挥就职通电》(1937年8月25日),《中共党史参考资料》第8册,第60页。

根据抗战形势的发展,国民政府将全国划分为五个战区,八路军隶属第二战区序列。朱德和彭德怀在誓师之后,立即率部从陕西韩城及潼关东渡黄河,开赴抗日前线。根据当时华北战场的形势,中共中央军委预定八路军主力全部进至恒山山脉,并以此为战略依托,再向周围地区发展,建立根据地,然后伺机进入平津日军侧后,牵制日军的正面进攻,配合国民党政府军保卫华北①。

自9月上旬起,华北日军分三路沿平绥线向山西、沿平汉线向石家庄、沿津浦线向德州进犯,企图采用正面进攻与右翼迂回的战术,击破中国军队的防御,从而占领整个华北。晋北方向之日军又分为左、右两翼:右翼兵团在占领大同后,准备出山阴进犯雁门关;左翼兵团占领蔚县、广灵后,继续向浑源、灵丘方向进犯,企图突破平型关防线,与大同之日军在雁门关会合,尔后攻占太原。在此情况下,八路军如按照原定计划行动,将全部陷于日军的迂回之中,处于被动地位。毛泽东迅即指示八路军改变方针,在战略上寻找主动地位,展开于敌之侧翼,钳制日军进军太原或继续南下②。中共中央军委于9月17日决定采用新的战略部署:一二〇师集结于太原以北之忻县待命,准备转至晋西北管涔山地区作战;一一五师进入恒山山脉南段作战,尔后视情况南移,在晋东南之太行、太岳两山脉中展开;一二九师在适当时机进至吕梁山脉作战;八路军总部进至太原附近适当位置③。

此时晋北的国民党政府军已后撤至内长城一线,正组织力量防御晋北之敌继续进犯,以固守太原地区。八路军为配合这一战略行动,支援友军坚守平型关、雁门关等长城各隘口,令一二〇师进至雁门关地

---

①　《八路军主力配合正面战场对日作战》,《中国近代史资料丛刊·抗日战争》第二卷《军事》(上),第718页。

②　中共中央文献研究室编:《毛泽东年谱》(中),中央文献出版社2002年版,第21—22页。

③　《毛泽东关于敌情判断及我之战略部署的意见》,《中国近代史资料丛刊·抗日战争》第二卷《军事》(上),第725页。

区,令一一五师主力向平型关急进。平型关地区地形险要,一一五师根据上级指示,决定伏击日军。9月24日夜晚,一一五师主力冒雨在平型关东北公路边设下埋伏,25日拂晓,日军第五师团(板垣师团)第二十一旅团第二十一联队的一个大队,由灵丘向平型关进犯。该日上午,日军进入八路军一一五师的伏击圈,八路军立即向日军发起猛烈攻击,双方展开白刃格斗,至当天下午终于将伏击圈内的日军全歼,同时在友军配合下击退前来救援的日军。平型关一役,八路军第一一五师歼敌1000余人,并缴获日军汽车50余辆,"均满载军用品"①。同日,八路军占领蔡家峪、东西跑池等地,并将日军主力包围于鹞子涧、六郎村山②。阎锡山将此役胜利消息电告南京后,蒋介石曾在复电中称:"捷报传来,至为欣慰。"③八路军一一五师伏击战的胜利,有力打击了日本侵略军的嚣张气焰,鼓舞了全国人民的抗日斗志,提高了共产党和八路军的声威。

中共中央军委对太原和华北危急的局势有十分清醒的认识:在国民党政府军节节后退的不利形势下,八路军尚不能担当正面拒敌的重任,因此于9月21日发出指示:"今日红军在决战问题上不起任何决定作用,而有一种自己的拿手好戏,在这种拿手好戏中一定能起决定作用,这就是真正独立自主的山地游击战(不是运动战)。要实行这样的方针,就要战略上有有力部队处于敌之翼侧,就要以创造根据地发动群众为主,就要分散兵力,而不是以集中打仗为主。"④正当平型关战役即将发动之际,毛泽东又给军委及八路军负责人做出重要指示:"林师及

---

① 《阎锡山密电》(1937年9月25日),《中华民国史档案资料汇编》第五辑第二编《军事》(二),第411页。

② 《介景和报告蔡家峪等地战况密电》(1937年9月26日),《中华民国史档案资料汇编》第五辑第二编《军事》(二),第414页。

③ 《蒋介石致阎锡山密电》(1937年9月26日),《抗日战争正面战场》(上),第529页。

④ 《毛泽东关于独立自主的山地游击战原则的指示》,《中国近代史资料丛刊·抗日战争》第二卷《军事》(上),第726页。

王震部既均使用于作战,关于五台山脉之游击战争,应着重发展地方党的布置。山西地方党目前应以全力布置恒山、五台、管涔三大山脉之游击战争,而重点于五台山脉。……该处应设置军政委员会一类的领导机关,应选择能独立领导党政军各方面之干部,应立即开始普遍的组织地方支部及群众组织,在半个月内应布置完毕,并表现初步成绩。一切工作应在敌占太原的设想下作布置的出发点。"①根据中共中央军委的决定,1937 年 10 月 23 日,——五师以政治委员(对外为副师长)聂荣臻率领独立团、骑兵营等约 2000 余兵力,留守五台山,着手创建了第一个敌后抗日根据地。

五台山地处山西、察哈尔、河北三省交界地区,大山连绵,地理位置十分重要,是开展游击战争的理想场所。参加开辟五台山根据地的部队,乘日军后方空虚,大刀阔斧地开展工作。杨成武率领独立团,在短时间内连续收复涞源、广灵、灵丘、蔚县、浑源等多座县城,开始向平绥、平汉路北段挺进,在晋察冀边区的北部打开了局面。赵尔陆等率领工作团及少数武装部队,开辟了以五台山为中心的地区,迅速组织起抗日武装。王平等率领工作团同骑兵营配合,在以阜平为中心的地区,组织起若干支抗日义勇军和游击队,使晋察冀边区的腹地趋于稳定。在正太路以北的山地,周建平等率领工作组和小部队,组建了平山团,并在平定、寿阳等五六个县的农村,组织起若干支游击队,使晋察冀边区的南面也出现了新局面②。根据晋察冀边区抗日武装力量迅速发展的新形势,中共中央军委决定成立晋察冀军区,于同年 11 月 7 日任命聂荣臻任军区司令员兼政委,并统辖军区内的各种部队③。为统一边区内

---

　　①　《毛泽东对恒山、五台等地工作布置的指示》,《中国近代史资料丛刊·抗日战争》第二卷《军事》(上),第 730 页。

　　②　聂荣臻:《晋察冀抗日根据地的创立》,《中国近代史资料丛刊·抗日战争》第二卷《军事》(上),第 741 页。

　　③　《朱德等关于成立晋察冀军区的指示》,《中国近代史资料丛刊·抗日战争》第二卷《军事》(上),第 736 页。

的军事指挥,聂荣臻司令员根据八路军总部的命令,于11月13日下令将边区内的军队划分为三个军分区,分别由杨成武、赵尔陆、王平三人任司令员。同时还任命了军区的参谋长、政治部主任、卫生部长,供给部长,使军区的指挥机构逐步完善。1938年,晋察冀军区为发展根据地和配合正面战场友军作战,先后对平汉路、平绥路、正太路等日军主要交通线进行了三次破袭。此外,军区还针对日军围攻根据地的行动,与八路军一二〇师第三五九旅协力开展反围攻作战,先后在郑家庄、阜平、邵家庄、黄台寺等战斗中取得重大胜利。在反围攻作战中,八路军共毙伤敌军5321人,缴获山炮、迫击炮10门及其他武器一批,日军独立混成第四旅团清水喜代美少将也在战斗中被击毙①。

随着晋察冀边区社会秩序的稳定,根据地的建设也被提上议事日程。11月中旬,军区领导机关移至河北阜平县,不久即以一一五师随营学校为基础,成立抗日军政干部学校,在短时期内培训了1500多名干部,满足了开辟根据地和扩充部队的需要。根据地的民众在八路军的影响和宣传下,踊跃报名参军,使根据地的武装力量迅速壮大。1938年1月,在阜平隆重召开边区军政民代表大会,来自共产党、国民党、各抗日军队、抗日阶层的各民族代表齐集一堂,共商抗日大计。会议通过了统一边区军事、行政、财政经济、文化教育、民运工作等各项决议,用民主选举的方式,产生了边区临时行政委员会。晋察冀边区政府的成立,使人民群众有了依靠,也使华北敌后的抗战有了一个坚强的依靠②。

在晋察冀边区政府成立之际,平汉路以东的冀中平原上,抗日游击战争也已经迅速发展起来。"七七"事变后,中共派遣干部到冀中组织

① 国防大学《战史简编》编写组:《中国人民解放军战史简编》,解放军出版社2001年,第280页。

② 聂荣臻:《晋察冀抗日根据地的创立》,《中国近代史资料丛刊·抗日战争》第二卷《军事》(上),第742页。

抗日武装,在高阳、安新、任丘、蠡县一带,培养了一批武装斗争骨干。1937年10月,吕正操率领东北军第五十三军部分官兵回师北上,在晋县改称"人民自卫军",誓死抗日,并与八路军取得联系,接受八路军领导。1938年2月,经过整训的人民自卫军开赴大清河以北,在北平、天津、保定三角地带打游击,并胜利粉碎了日军的春季扫荡,巩固并扩展了冀中根据地。整个冀中平原的广大农村,几乎都为抗日武装所控制。同年4月,根据地召开第一次党代会,成立冀中区党委,区内部队统一整编为八路军第三纵队,同时还成立冀中军区。不久又成立了政权机构—冀中行政主任公署。随着抗日武装力量的迅速发展,至同年8月,冀中军区又先后设立五个军分区①。冀中区作为晋察冀根据地的一个重要组成部分,为在华北平原地区开展游击战争,建立抗日根据地提供了宝贵的经验。

八路军另一支主力一二○师,在师长贺龙率领下挺进晋西北,于1937年10月在保卫太原的战斗中配合友军给来犯日军以有力打击,并伏击其运输队,给敌人的后方运输造成很大困难。与此同时,又根据中共中央军委的指示,着手创建抗日根据地的工作。师政治委员关向应率领教导团及师直属机关等共700余人组成工作团,分赴朔县、岚县等十余县开展群众工作,经一个多月的努力,建立起一支万余人的抗日武装。太原失守后,工作团主力进入汾阳、离石地区和晋中平原,在晋北全境展开斗争。

绥远是我国西北晋、冀、察、陕和蒙古数省区的交通枢纽,地广人稀,汉蒙杂居,而大青山地区为横贯全省的阴山山脉之一部,北有公路与察哈尔相通,南有平绥铁路,由包头经归绥、大同、张家口,可直达北平,地形十分险要。因此中共中央对在该地区创建抗日根据地的工作十分关心。1938年初,毛泽东即致电一二○师领导:"关于平绥线路以

---

① 聂荣臻:《晋察冀抗日根据地的创立》,《中国近代史资料丛刊·抗日战争》第二卷,《军事》(上),第743—744页。

北,包括丰镇、集宁、天镇、高阳之北部及兴和、尚义、商都、康保、新民、陶林、武川诸县直至东北的张北县这一广大地区,能否创造建立游击根据地,请你调查见告并转宋时轮同志调查见告。"①不久他又向朱德等强调:"在平绥路以北沿大青山脉建立游击根据地甚关重要,请你们迅即考虑此事。"②根据中共中央军委的指示,八路军总部及一二○师即根据大青山地区的地形特点,决定建立抗日游击根据地。1938 年 8 月,由李井泉率领的绥蒙游击支队开赴绥远的大青山地区,开展创建游击根据地的艰苦工作。该地因长期受日伪统治,又是汉蒙杂居地区,群众基础差,外加土匪活动猖獗,形势又相对孤立,所以工作难度很大。绥蒙支队首先以果断的军事行动打击敌人,争取群众。他们在一夜之间攻克被日伪占领一年多的陶林城(今内蒙古察哈尔右翼中旗境内),不久又收复乌兰花(今内蒙古四子王旗)③。这些胜利,使日伪及土匪闻风丧胆,同时亦取得了群众的信任,为下阶段工作奠定了基础。以后又经过不断努力,逐步创立了绥南、绥中和绥西抗日游击根据地,与晋西北抗日根据地合称晋绥抗日根据地。

　　八路军一二九师在刘伯承师长率领下,于同年 9 月在陕西三原县誓师后,东渡黄河,向晋东南平定地区挺进。此时日军正向忻口进攻,该师奉令开赴太原,配合友军作战。为阻止日军对忻口的进攻,全师各部挺进敌人侧后方,展开游击战。该师七六九团到达代县一带,寻找歼敌机会。经过侦察,得知离代县城南 20 余里的阳明堡镇附近,确有日军的一个飞机场,驻有 20 余架飞机。这些飞机每天轮番轰炸忻口、太原中国军队的阵地,给中国守军造成很大威胁。另

①　《毛泽东致贺龙、关向应、萧克并转宋时轮电》,《中国近代史资料丛刊·抗日战争》第二卷《军事》(上),第 764 页。

②　《毛泽东致朱德、彭德怀、贺龙、萧克、关向应电》,《中国近代史资料丛刊·抗日战争》第二卷《军事》(上),第 764 页

③　《大青山抗日游击根据地资料选编》,《中国近代史资料丛刊·抗日战争》第二卷《军事》(上),第 772—773 页。

外,这个机场又是日军重要的空中运输线。尽管机场附近有日军大部队驻守,七六九团经过精心部署,于10月19日夜袭阳明堡机场,机场上24架飞机全部被摧毁,同时毙伤日军100余人,打乱了日军进攻太原的部署①。此时,攻占石家庄的日军主力又向西进犯娘子关。为打击日军的气焰,八路军总部率领一一五师主力驰援正太路,一二九师也向娘子关东南挺进。10月下旬,先后在长生口、东石门、七亘村等地给日军以沉重打击。娘子关失守后,日军继续沿正太路及其南侧向榆次进犯,11月上旬,一二九师及一一五师主力又多次伏击敌人,给日军以有力打击。

在主力参加保卫太原战役的同时,一二九师教导团之一部在太谷、榆次、昔阳等县开展群众工作。11月中旬,一二九师在和顺县召开干部会议,传达中共中央和八路军总部关于创建以太行、太岳山脉为依托的晋冀豫抗日根据地的指示。毛泽东在指示中强调:“山西各军大溃,……正规战争结束,剩下的只是红军为主的游击战争了。”“红军任务在于发挥进一步的独立自主原则,坚持华北游击战争,同日寇力争山西全省的大多数乡村,使之化为游击根据地。”②从此,一二九师即以晋东南为中心,把游击战争逐步扩展到冀鲁豫大平原。

以吕梁山脉为依托的晋西南地区,是陕甘宁边区的东北屏障和联接晋冀豫根据地的纽带,战略地位重要。早在八路军刚开赴抗日前线之际,毛泽东即指出:“游击战主要应处于敌之侧翼及后方,在山西应分为晋西北、晋东南、晋东北、晋西南四区,向着进入中心城市及要道之敌人,取四面包围袭击之姿势,不宜集中于五台山脉一区,集中一区是难以立足的。”“太行、太岳山脉之晋东南与吕梁山山脉之晋西南,虽目前

---

① 军事科学院军事历史研究部:《中国人民解放军七十年大事记(1927－1997)》,军事科学出版社2000年版,第92页。

② 毛泽东:《向全面抗战过渡期中八路军在山西的任务》,《毛泽东文集》第2卷,人民出版社1993年版,第67页。

距敌尚远,然亦不可不于此时作适当之部署,如若干必要资材之准备迁移等。"①太原失陷后,中共中央军委在调整八路军部署的时候,强调"林师应即移至吕梁山脉"②。于是八路军总部即令一一五师主力由正太路南进,适时转入吕梁山脉,创建晋南抗日根据地。1938 年 2 月中旬,日军攻占孝义等地,中国军队一再后退,吕梁山部分地区成为敌后。一一五师主力立即挺进灵石、孝义以西地区,发动群众,开展敌后游击战争。在此期间,侵占临汾的日军西犯大宁,企图强占黄河渡口,进犯陕甘宁边区。一一五师主力在大宁附近与日军激战,打退敌人了进攻。此后,一一五师主力在晋西南地区展开,与晋西北、晋冀豫两块抗日根据地互相策应,在战略上形成了对敌夹击的有利形势。

八路军三大主力在山西省的四周实行战略展开后,控制了山西大部战略要地,使进入山西之日军陷入八路军的包围之中。日军自己也承认,"尤其共军的游击战术巧妙,其势力与日俱增,广泛地扩大了地盘"。"日军所占领的地区与兵力相比过于广阔,不能守备全部地区。因此,只能守备政治及战略上的要点、后方主要交通线、铁路沿线"③。1938 年 4 月,侵华日军为部署徐州会战,从华北各地抽调兵力后,对占领区的控制更为捉襟见肘。侵占山西南部的第二十师团日子尤为难过,辖区内的同浦线频遭破坏,各守备队不断受到中国军队的攻击,"只得撤出蒲州、运城、平陆的守备"④。由此可见,八路军的敌后游击战,已经给侵华日军构成巨大威胁,迫使他们转入被动

---

①　毛泽东:《关于在山西开展游击战争的意见》(1937 年 9 月 23 日),《毛泽东文集》第 2 卷,第 21 页。

②　毛泽东:《关于华北形势和八路军调整部署的意见》(1937 年 11 月 9 日),《毛泽东文集》第 2 卷,第 65 页。

③　[日]防卫厅战史室编,天津市政协编译组译:《华北治安战》(中译本)(上),天津人民出版社 1982 年,第 65 页。

④　《华北治安战》(中译本)(上),第 75 页。

防御的态势。

根据中共中央关于在华北各地开展敌后游击战的指示，八路军各部在山西境内创建抗日根据地的同时，向华北更广阔的敌占区挺进。他们北上绥察、南下豫北，东进山东，在整个华北敌后寻找战机，适时创建抗日根据地。各抗日根据地还建立民主政权，组织救亡团体，动员人民参军参战，使华北的八路军迅速壮大起来。

第四节　晋北作战

1937 年 7 月底平、津两市失陷后，国民政府已经清楚地看到中、日两国之间的一场大战不可避免，蒋介石于 7 月 31 日发表《告抗战全体将士书》，宣称："现在既然和平绝望，只有抗战到底，那就必须举国一致，不惜牺牲来和倭寇死拼。……将士们，现在时机到了！我们要大家齐心努力杀贼，有进无退，来驱除万恶的倭寇，复兴我们的民族。"①与此同时，迅速调集军队，加紧对华北各战略要地之防卫。而侵华日军则以平、津两市为据点，又开始部署新的攻击。于是，中、日两国在华北大地展开了更大规模的战斗。

早在日军准备对平津两市发起全面攻击时，日本陆军参谋本部为控制整个华北，夺取更大的战果，于 7 月 27 日决定再从国内派遣三个师团去华北，编入中国驻屯军序列，同时规定该军的作战区域"大概定于保定、独流镇一线以北"②。平津战役刚结束，日本陆军当局于 8 月 5 日又做出一份《形势判断》，认为作战地区要扩大，"使中国驻屯军在新派遣兵团到达后，断然进行华北会战，将河北省内的中国军队击退至石

---

①　蒋介石：《告抗战全体将士书》(1937 年 7 月 31 日)，《中华民国重要史料初编》第二编《作战经过》(二)，第 88—89 页。

②　［日］陆军参谋本部：《对华作战大纲》，《中国事变陆军作战史》(中译本)第一卷第一分册，第 201 页。

家庄、沧州一线以南并对中国军队主力给予致命打击。使海军航空兵对上述会战予以协助";"会战结束以前,对华不进行任何外交交涉,并排除第三国干涉";"会战结束后,应占据河北省北部及察哈尔省要地,并伺机通过与南京的交涉解决事变"①。为进行华北会战,增援的日军先在平津地区集结,并逐步向周围地区推进,准备于集结完毕后开始新的作战行动。

与此同时,日本关东军也向察哈尔省发起攻击。长城一线是华北重要屏障,因而也是日军主要的攻击目标。为与关东军配合作战,日本中国驻屯军于8月7日修订第二期作战计划,除继续准备向保定、沧州方向推进,与中国军队决战外,决定以第五师团为主力沿平绥线推进,"席卷察哈尔省,进入山西北部与绥远地区"②。上述计划很快得到日本陆军总部的批准,8月9日,东京发出"临参命第七十二号",令中国驻屯军及关东军进行对察哈尔省作战③。12日,华北日军命令第五师团应"击败进入察哈尔省之敌,首先占领张家口附近",其他各部队准备对南方作战。关东军派遣第二、第十五两个混成旅团组成察哈尔兵团,以关东军参谋长东条英机为前方指挥官,在多伦设立了前方指挥所,从张北方面发动攻势。中国派遣军则从8月中旬起以第十一旅团为主力,沿平绥线向南口、居庸关方向攻击,以同关东军相呼应。

对于日军沿平绥线的攻击,国民政府早有察觉。山西、察哈尔、绥远三省,由于其特殊的地理位置,成为华北地区的重要屏障。那里也是中、苏陆路交通的重要通道。横贯其间的平绥铁路,以及沿线的张家口、大同和集宁等中心城市,成为敌我必争之地。卢沟桥事变爆发之

---

①　[日]陆军参谋本部:《形势判断》,《中国事变陆军作战史》(中译本)第一卷第一分册,第211页。

②　《第二期作战计划》(1937年8月7日),《中国事变陆军作战史》(中译本)第一卷第一分册,第216页。

③　《临参命第72号》,《中国事变陆军作战史》(中译本)第一卷第一分册,第222页。

初,蒋介石即令山西、察哈尔等省从速部署,预为经营。军事委员会亦调集傅作义第三十五军、汤恩伯第十三军、高桂滋第十七军及刘汝明第六十八军等部,组成第七集团军,由傅作义任总司令,刘汝明任副总司令,汤恩伯为前敌总指挥,至察哈尔增强平绥路的东段防守。7月31日,蒋介石致电刘汝明,命其速将平绥路青龙桥、八达岭等处各要点铁路炸毁,阻止日军向察哈尔运兵①。8月6日,蒋介石又向汤恩伯下达手令,命其专对南口当面之敌作战②。

8月8日拂晓,日军独立混成第十一旅团开始向南口附近中方阵地发动进攻,未能得逞。10日拂晓,日军再次猛攻中方南口阵地,并于下午占领南口车站。次日,日军进攻南口镇,被中方部队击退,日军伤亡甚重。12日拂晓,日军调集主力约5000余众,火炮五六十门、战车20余辆,飞机30余架,向得胜口、虎峪村、南口、苏林口一带中方阵地发起总攻③。中方部队连夜反攻,阵地失而复得,官兵伤亡颇重。14日拂晓,日军再向中方南口两侧高地猛冲,中方部队与敌反复搏斗,极其惨烈,第五二九团官兵牺牲达三分之二④。为增强南口方面战斗力,军事委员会令驻石家庄附近的第十四集团军卫立煌部三个师北进增援,第二战区亦先后以第九十四、第二十一、第七十二师及独立第七旅前往增援反攻⑤。中日双方在南口争夺超过一周,日军进攻南口正面一再受挫。于是转移主力攻袭黄老院、镇边城等地。

8月20日,国民政府军事委员会颁布《战争指导方案》,将晋、察、绥三省划为第二战区,以阎锡山为司令长官。在《国军作战指导计划》中,称该战区为华北惟一之屏障,"务须永久固守,以为国军尔后进出之

---

①　中国国民党中央委员会党史委员会:《蒋委员长中正抗战方策手稿汇辑》(一),近代中国出版社1992年版,第18页。

②　《中华民国重要史料初编》第二编《作战经过》(二),第100页。

③　《抗日战史》(第三册)《华北地区作战》,第59页。

④　《抗日战史》(第三册)《华北地区作战》,第60页。

⑤　《抗日战史》(第三册)《华北地区作战》,第52页。

轴心"。具体作战方案应分步实施,首先固守南口、万全,俟第一战区转移兵力到达,然后依战况之推移,"对于山西东北方面,厚积兵力,以期永久固守"①。根据最高统帅部的指示,第二战区迅速调集部队,驻守战略要地,抵御来犯的日军。首先紧急把辖有两个师的第十三军东调南口、居庸关一带,防堵从东边来犯之敌;其次调第十七军之第八十四师进驻独石口、赤城等要隘,以巩固侧背外;另外以第二十九军一三四师控制张家口、宣化一带,并使三军互为犄角。北面则坚守张家口以北长城各要隘,以骑兵和步兵相配合,对李守信的伪蒙军形成包围态势。然而,这样的防线无法阻止日军的攻击。

为打破僵局,日军于8月21日派第五师团绕过南口西南,向镇边城发起攻击。23日,镇边城失陷。此后,日军向怀来突进。中方第十四集团军先头部队于当日到达青白口,但因未及时渡过永定河,未能全力开展发起攻击。此时,日本关东军正大力进犯张家口,中方南口阵地后方业已暴露。26日,汤恩伯率部向蔚县、广灵、涞源一带转移,第十四集团军亦奉命撤回青白口至房山间集结,并与平汉路方面孙连仲部取得联系。南口及附近地区之战斗,从8月8日开始,持续到8月26日,前后鏖战逾二周。中方伤亡29736人,伤毙日军万余人,生俘日军官佐8员,士兵559名,缴获步骑枪414枝,机枪4挺,无线电机1架,击毁敌机1架②。

南口战事正酣之时,察北中国军队主动发起攻势,并自8月13日起,接连出击攻克察南之南壕堑、商都、尚义、新明、崇禧等地。15日,日本关东军察哈尔兵团步骑三个旅团,加上战车兵团及伪蒙军等部,由张北向张家口进攻。至19日,日军已突破长城要隘,并向南推进。傅作义急令下花园、土木堡附近的第一〇一师及第七集团军第二〇〇、第

① 《国军作战指导计划》(1937年8月20日),《抗日战争正面战场》(上),第41页。

② 《抗日战史》(第三册)《华北地区作战》,第70页。

二一一两旅,开回张家口出击作战。在日军的强大攻势下,中方反击没有奏效。24日,日军攻占张家口以西之孔家庄车站,平绥铁路交通中断。26日,张家口失陷,中方部队退至柴沟堡①。

攻占南口的日军则继续西进,在宣化附近与占领张家口的关东军会合,然后集中主力向大同发起攻击,同时还以部分兵力在伪蒙军骑兵的配合下,直取集宁。第二战区急调第六十一军在天镇、阳高等地构筑阵地,阻止日军继续西进,掩护第七集团军在大同建立防御阵地。9月6日起,奉命占据天镇、阳高一带阵地的中方第六十一军与沿平绥路西进之日军遭遇,并与之展开激战,日军发射大量毒气弹,中方伤亡重大,但仍沉着应战。至10日,阳高为日军占领。11日,天镇也落入日军之手,大同情势危急。傅作义本来主张与日军在大同附近地区决战,但第二战区司令长官阎锡山以增援第十五军尚未到达,且大同附近地形不利为由,决定放弃大同。12日,第七集团军总司令部撤离大同,日军随即侵入,大同失陷。

在华北日军沿平绥线向中国内陆猛烈进攻之时,日本陆军当局决定继续向华北、华东战场增兵,以迫使中国政府屈服。为统一指挥不断增加的华北日军,日本陆军参谋本部于8月24日决定将中国驻屯军扩充为华北方面军,以大将寺内寿一为司令,下辖第一、第二两个军,每个军指挥三至四个师团②。9月4日,华北方面军正式行使统帅权,其作战部署是:"方面军的目的在于以主力消灭保定、沧县的敌人,迅速进入易县、定兴、霸县、马厂附近准备攻击,同时以第五师团迅速进入蔚县附近,准备对保定平原的作战。"③很明显,日军的战略是企图消灭河北境内中央军的主力,沿平绥线西进之日军则是策应性攻击。然而,河北省

---

　　①　《抗日战史》(第二册)《全面抗战经过》,第121页。

　　②　《华北方面军的编成与派遣》,《中国事变陆军作战史》(中译本)第一卷第二分册,第22页。

　　③　《察哈尔省及内长城线以北的攻占战》,《中国事变陆军作战史》(中译本)第一卷第二分册,第37页。

境内中央军的主力已经纷纷后撤,日军没有找到决战的机会,而对晋北的攻击却遭到中国军队的有力抵抗。

中国军队弃守大同后,退到雁门关内长城一线,凭借天险阻止日军沿同蒲路南下。南京军委会见华北形势危急,在《第二期作战指导计划》中再次强调,要"确保山东、山西两战略要地","固守晋北,以待增援部队之到来"。第二战区的主要任务是:"〈于〉集宁、绥远线节节抵抗,阻敌西进","以主力固守雁门关、平型关现阵地,另以机动部队在平型关外及阜平一带山地为根据,见机袭击晋北方面及沿平汉线南下敌之侧背。"[①]为增强晋北抗战力量,特令陈栖霞率空军4个中队支援晋省作战,以朱德为司令的第十八集团军也划归第二战区指挥。根据军委会的指示,第二战区也确定了自己的作战方针:"本军以利用山地歼灭敌人之目的,以主力配置于天镇、阳高、广灵、灵丘、平型关各地区,以一部控制于大同、浑源、应县附近,以策应各方之战斗,相机移转攻势。"[②]

此时,中、日双方在晋北的态势大致如下:第二战区集结的军队有6个集团军,约20万兵力[③],日军则以关东军察哈尔兵团及华北方面军第五师团为主力,另外还有部分伪满靖国军和伪蒙军。山西省地处黄土高原,山岳环绕,形势险峻。东以太行山与鲁省丘陵地带遥遥相对;南以黄河天险及中条山邻接河南,可扼控整个黄淮平原;北以外长城及阴山山脉与绥察两省接壤;西临吕梁山及黄河与陕西毗连。省会太原,扼正太、同蒲两铁路之交点,依山带水,历来是战略重镇。第二战

---

① 《第六、一、二战区第二期作战指导计划》(1937年9月27日),《抗日战争正面战场》(上),第520页。

② 《第二战区平型关战役作战计划》(1937年),《抗日战争正面战场》(上),第521页。

③ 六个集团军主要是:孙连仲为司令的第二集团军;杨爱源的第六集团军;傅作义的第七集团军;卫立煌的第十四集团军;朱德的第十八集团军;邓锡侯的第二十二集团军。共辖16个军,37个师及15个独立旅。

区如能控制该地,不仅便利兵力调动,且可威胁沿平汉路南下日军之右侧背,或北扞由察哈尔西进日军之左侧背。一旦太原为日军所占,则晋省南北交通联络即告中断,而日军还可保障沿平汉路南侵之侧背安全。所以,太原成为敌我双方必争之地。

9月中旬,关东军察哈尔兵团占领大同后,以独立混成第一旅团进占威远堡,北上攻略绥远;以独立混成第十五旅团沿同蒲路南下,直指太原。华北方面军第五师团由宣化南下,占领蔚县,并向晋北广灵攻击。中国驻军凭险抵抗,晋北会战的序幕由此揭开。

9月11日,日军第五师团由蔚县、阳原进犯广灵。此前,阎锡山已增派兵力,加强广灵方面的防御,其左右翼军的兵力达6个军,另外还有两个师的预备队①。中国守军与日军激战数日,伤亡惨重,汤恩伯部第四二三师师长吕超然壮烈殉国②。14日,广灵失守,奉令前往冀南整训。9月19日、20两日,日军继续凭借强大火力,先后攻陷中方之白旷村、将军山一带阵地,并于21日攻占灵丘。此后,中国军队开始向平型关一带转移。广灵、灵丘作战期间,中国空军也积极配合陆军参战。21日,日军飞机至太原上空进行侦察,遭中方两架战机拦截后退回。当天下午,日军轰炸机14架,在8架驱逐机的掩护下空袭太原。中国空军第二十八大队派出战机7架升空迎敌,击落敌机1架,中方飞机损毁2架,大队长陈其光受伤,队员梁定苑阵亡③。

由于战场形势变化,阎锡山对第二战区主力部队重做部署,在沿内长城雁门关至平型关一线构筑起有组织之防线,准备并用火力与攻势转移,以求各个击破来犯之敌④。平型关是恒山山脉中一个要隘。恒

---

① 据蒋纬国主编的《国民革命战史第三部·抗日御侮》第4卷第150页统计,广灵方面参战部队为第三十三、十七、六十一、三十四、三十五、十九军,预备队为第七十一、七十二师,右翼司令杨爱源,左翼司令傅作义。

② 《抗日战史》(第三册)《华北地区作战》,第246页。

③ 《抗日战史》(第三册)《华北地区作战》,第249-250页。

④ 《抗日战史》(第二册)《全面抗战经过》,第133页。

山山脉的正面是雁门关，纵深达 30 公里，山势险峻，是著名的古战场；而其右侧却是宽阔的滹沱河谷，宽达 10 公里以上。在军事地理上，这条川道是恒山的战役走廊，是恒山山脉的军事生命线。这条川道北端的平型关，则是一扇安全门，门被打开，日军就可长驱直入，防御之师只能后撤百余公里，至忻口方可立足。为守住平型关，第二战区安排重兵防守，还令中共领导的第十八集团军在侧翼助攻。尽管作了有力部署，但对能否获胜，阎锡山并无多大把握。因为自日军侵入山西以来，战局一再失利，阎已处于不打一仗无法向国人交代的尴尬境地，然而对这次能否有效阻止日军前进，胸中实无把握。

9 月 22 日拂晓，日军第五师团先头部队四五千人，在战车数十辆的前导下，开始向平型关正面发起猛攻，中国守军第七十三师第一九七旅奋起阻击，重创敌军①。23 日拂晓，日军再向中方平型关、团城口、师福沟一带阵地全面进攻，至下午，平型关、团城口进犯之敌被中方部队击退，中方伤团长 1 人，伤亡营长 3 人、士兵 2000 余人②。东西跑池一带战况尤为激烈，战斗中方两个连全部牺牲，双方激战至晚，遂成僵持之局。至 24 日夜晚，防守团城口的中国军队经多次肉搏，终因伤亡过重，被迫后撤。日军突破防线后，立即准备扩大战果，向纵深攻击，然而 25 日上午，日军第五师团第二十一旅团第二十一联队之一个大队，却在平型关遭到八路军的伏击，损失惨重。

日军因平型关形势危急，立即命令向石家庄转移的第五师团主力返回救援，同时又令察哈尔兵团两个旅团的主力从大同南下，突破内长城防线，直趋繁峙，予以策应。26 日，第五师团全部三个联队开始向平型关发动总攻，主攻矛头直指平型关西北之迷回村，企图打开一个缺口，中方第六集团军及联合预备军奋力阻击。同日，阎锡山派出中国空

---

① 《抗日战史》(第二册)《全面抗战经过》，第 134 页。

② 《阎锡山密电》(1937 年 9 月 23 日)，《中华民国史档案资料汇编》第五辑第二编《军事》(二)，第 409 页。

军北面支队 3 架战机,对平型关、蔡家峪一带的日军部队及辎重实施空中打击①。27 日,日军在优势炮、空及战车的支援下,再次发起猛攻,被中方部队击退。28 日拂晓,第七集团军总司令傅作义为防日军突破平型关,又派三个步兵团与日军展开肉搏格斗,中方伤亡惨重。此时日本关东军两个混成旅团又经应县南下,向中方守军第二〇三旅及第一〇一师之茹越口、小石口等阵地发起进攻,中方部队坚决抵抗,一度肉搏,损失奇重,旅长梁鉴堂督战时英勇阵亡,"所部向团伤亡三分之二,赵温先团亦伤亡半数以上"②。茹越口阵地多次失而复得,但最终失守,中国军队退至繁峙以北三四十里之铁角岭布防③。当日,日军攻占朔县。朔县守城部队与日军激战,仅 10 余人突围,其余官兵 700 多人全部殉国。日军占领朔县后,即开始屠城,城内官绅、民众被屠杀者在 3000 以上④。另一方面,八路军一部于 28 日迂回日军之侧背,在灵丘附近截获满载辎重汽车 50 余辆,并俘获日军 200 余人⑤。

此后,日军进逼繁峙,使平型关中方守军处于不利态势。29 日拂晓,日军再次来犯,双方激战,中方阵地悉数被毁,但守军仍英勇阻击。然而此时,中方铁角岭阵地已落入敌手,中方部队被迫缩短防线。当日黄昏繁峙失守,中方平型关方面之补给线被切断,各军队被迫向五台山转进。至 30 日,中方军队大部被迫南移至忻口东西之线,再建抵抗阵地。

正当平型关战役激烈进行之际,日本华北方面军另以 4 个师团的

---

①　《抗日战史》(第三册)《华北地区作战》,第 258 页。

②　《阎锡山致大本营密电》(1937 年 9 月 28 日),《抗日战争正面战场》(上),第 539 页。

③　《阎锡山致蒋介石密电》(1937 年 9 月 29 日),《抗日战争正面战场》(上),第 540—541 页。

④　《何柱国致何应钦密电》(1937 年 9 月 30 日),《抗日战争正面战场》(上),第 543 页。

⑤　《徐永昌报告八路军在灵丘涞源抗敌情形密电》(1937 年 9 月 28 日),《中华民国史档案资料汇编》第五辑第二编《军事》(二),第 420 页。

兵力沿平汉路推进，至关东军察哈尔兵团攻陷繁峙之时，其前锋部队已越过保定，进抵正定以北约40公里之新乐一带，正太与平汉两铁路交会之石家庄已岌岌可危。日军攻势之急迫，不仅晋东震撼，太原亦堪忧虑。

鉴于晋北战略地位之重要，10月1日代县弃守后，第十四集团军总司令卫立煌即奉令率所部第十四军、第九军、第八十五师、第五十四师、独立第五旅、炮五团等由石家庄星夜赶往太原增援①，第十九军则坚守崞县、原平，以掩护第十四集团军在忻口附近集结布防。10月3日，阎锡山对第二战区主力部队重作部署，分左、中、右三路发起进攻，以第六十八、第七十一、第一二〇师、独立第七旅，配属炮兵第二十三、第二十四、第二十八各团之第三营为左集团军，由第六集团军总司令杨爱源指挥；以第十四集团军、第十五军、第十七军、第十九军、第三十四军之一九六旅、炮兵第二十七团等为中央集团军，由第十四集团军总司令卫立煌指挥；以第十八集团军、第一〇一师、新编第二师为右集团军，由第十八集团军总司令朱德指挥。同时，由第三十四、第三十五、第六十一军，第六十六师及独一、独三旅团作为预备集团军，由第七集团军总司令傅作义指挥②。

日本军部对攻占太原十分重视，10月1日向华北方面军发出命令："以一部进行山西省北部作战，攻占太原。"③当天深夜，华北方面军即令第五师团的主力在代县集结，准备对太原发起攻击。为增强第五师团的攻击力量，还将关东军察哈尔兵团在晋北的部队划归该师团统一指挥，另外又增派一个支队给该师团。与此同时，华北方面军还令第一军不失时机地进行石家庄会战，并以一部进入井陉以西要地策应第

①　《卫立煌致蒋介石等密电》(1937年10月3日)，《抗日战争正面战场》(上)，第549页。

②　《抗日战史》(第三册)《华北地区作战》，第264—266页。

③　《太原作战》，《中国事变陆军作战史》(中译本)，第一卷第二分册，第71页。

五师团。

　　10 月 6 日，晋北日军开始集中炮火向中国军队的阵地轰击，发起忻口之战。第二战区在忻口的防御计划是：两翼依托五台山和宁武山区，而以主力扼守忻口正面，并准备相机采取攻势，将日军歼灭于平原以北地区。但因时间仓促，工事尚未完备。战役刚发动，崞县即于 8 日弃守，导致平原被围攻。虽紧急调主力援助解围，但遭日军阻击，平原亦于 11 日失陷。13 日 8 时许，日军第五师团及关东军主力在板垣征四郎的统一指挥下，联合陆军、空军之战力，向中方中央兵团南怀化阵地、左翼兵团阎庄阵地发起全线进攻。中日双方当即开展激战，中国守军奋勇迎敌。至 10 时，南怀化沿河工事全部被摧毁，守军也伤亡殆尽。在日军的强大攻势下，南怀化、大白水等中方阵地先后被突破。

　　此后，第二战区派出傅作义预备军由忻口转移攻势。14 日，忻口中国守军开始向日军发起进攻，中日双方遂在南怀化附近展开激战。战斗初始，战场形势对中方有利。至中午时分，日军逐渐获得增援。战斗中，中方第二十一师师长李仙洲、新编第四旅旅长于振河先后负伤，日军在飞机、战车与火炮的支援下再次攻陷南怀化，中方部队退至新练庄以东之线①。15 日，阎锡山得悉忻口正面之日军已增至六七万之多，中方双方兵力悬殊，于是电令第十八集团军总司令朱德，指挥五台山区之部队截断敌后交通，阻止敌军继续增援②。当日，第十八集团军一部，在灵丘、广灵间击溃日军步骑兵 200 余人，汽车 30 余辆，并进占广灵。同时另一支队在克复涞源后进占紫荆关③。15、16 两日，李仙洲、郝梦龄、陈长捷等率部与日军主力在南怀化附近及大白水等阵地激烈交锋，第九军军长郝梦龄、第五十四师师长刘家骐、独立第五旅旅长

　　①　《抗日战史》（第三册）《华北地区作战》，第 281 页。
　　②　《抗日战史》（第三册）《华北地区作战》，第 283 页。
　　③　《阎锡山编拟忻口会战纪要》（1937 年），《中华民国史档案资料汇编》第五辑第二编《军事》（二），第 456 页。

郑廷珍相继殉国,中方部队指挥也一度中断①。此后,卫立煌派第六十一军军长陈长捷统一指挥中央兵团各部继续作战,同时电请军事委员会予以增援。20日起,日军将进攻重点转向南怀化东南之平顶山,先以飞机、火炮连续轰击,又施放大量催泪性毒气,继之以步兵突进。中方部队堵击不及,平顶山被日军攻占。22日拂晓,中方第八十五师由新编第四旅右翼出击,日军负隅顽抗,并频放催泪弹及燃烧弹。中方部队奋勇突击,与日军肉搏十余次,终于于当日下午克复平顶山。是时,右集团军第十八集团军第一一五师、第一二〇师也在敌后开展游击,配合忻口正面中方军队的作战②。24日,日军再次发起总攻,被中方守军击退。至27日,忻口战事仍呈胶着状态。

正当晋北战役激烈进行之际,沿平汉路南下的日军第二十师团之一部企图入晋增援第五师团,遭第一战区部队在娘子关一线阻拦后,第二战区右翼才暂获安定。此时,日本华北方面军第一军主力继续沿平汉线南下,而以第二十师团主力控制石家庄后,又沿正太路西犯。其先头部队突破多道防线,侵入山西境内。

10月10日午后,第二十师团分途渡越滹沱河南岸,直逼井陉。当晚,阎锡山特派黄绍竑为第二战区副司令长官,并赴娘子关指挥作战③。12日,日军在战机的支援下向中方守军阵地猛攻,下午突破中方刘家沟附近阵地,至黄昏又相继攻陷长生口、大小龙窝与井陉。此后,阎锡山急令晋北之孙连仲部回援娘子关,并参加防守正太路的作战。13日,日军攻占旧关。次日拂晓,中方第十二师、第二十七师等部开始向旧关发起第一次反击,中、日双方展开激烈争夺战。15日凌晨,阎锡山下令将娘子关附近作战的指挥权交给孙连仲。拂晓,中方部队

---

① 《抗日战史》(第三册)《华北地区作战》,第284页。另见《阎锡山编拟忻口会战纪要》(1937年),《中华民国史档案资料汇编》第五辑第二编《军事》(二),第455页。

② 《抗日战史》(第三册)《华北地区作战》,第289页。

③ 《抗日战史》(第三册)《华北地区作战》,第298页。

再次发动进攻，并占领核桃园、甘桃驿等地。经过两日作战，中方于旧关附近计毙敌鲤登行一大佐、中岛利男少佐以下 500 余名①。16 日拂晓，中方再度出击旧关，此时日军亦在炮火掩护下发起攻击，双方展开肉搏近战，最终中方攻占之核桃园等地落入敌手，中方则退回原阵地，第二次反击旧关没有奏效。17 日至 18 日，中方各部队再次出击，攻击黄石嘴以西旧关、大小龙窝一带之日军。中方一度实行夜袭，虽有所进展，但伤亡惨重，第三十八军教导团计伤亡营长 3 员，连长 14 员，官兵共 2000 余人，几乎全团殉国②。19 日，乏驴岭方面之日军，向中方第十七师阵地全面猛攻，中方部队折损重大，被迫退向北峪、东葛丹一线防守，第三次反击旧关失利。

20 日，日军第二十师团在战机的掩护之下，向娘子关中方第二十七师所守高地及北峪一带阵地猛攻。中国守军奋力迎击，与日军肉搏十余次，阵地大部失陷。22 日，日军再次猛攻第二十七师所守高地，二十七师第七十九旅及新十团伤亡营长以下 600 余人③。鉴于中方伤亡重大，战力锐减，且日方援军将至，黄绍竑遂电令孙连仲第二十六路军缩短防线。由于第二十六路军自房山、琉璃河、涿州、平山抗战以来，激战数十次，实力损失三分之一强，且又在娘子关一带血战八昼夜，实力已不满 6000 人④，阎锡山遂将刚抵达太原的第二十二集团军邓锡侯部急调至阳泉，增援第二十六路军的对日作战。24 日，日军再向中方部队发动全线进攻，第三军阵地一度动摇。此后，日军又切断阳泉与平定间的通道，娘子关正面的中方部队也被击破。正太路中方部队久战疲

---

①　《抗日战史》(第三册)《华北地区作战》，第 305 页。

②　《抗日战史》(第三册)《华北地区作战》，第 308 页；《孙连仲报告娘子关石门一带作战情形密电》(1937 年 10—11 月)，《中华民国史档案资料汇编》第五辑第二编《军事》(二)，第 485 页。

③　《抗日战史》(第三册)《华北地区作战》，第 312 页。

④　《第二战区司令长官部后方办事处编娘子关会战概要》(1937 年)，《中华民国史档案资料汇编》第五辑第二编《军事》(二)，第 477 页。

惫,且伤亡重大,不得不于 26 日主动撤离,日军因此轻易进占娘子关。尽管如此,蒋介石仍于 28 日电令阎锡山,要求娘子关方面作战部队利用寿阳以东地区山地坚强抵抗,"如无命令,即将全部牺牲,亦不许退至寿阳以西"①,此举无疑是想通过抵抗延迟日军对太原的进攻。随着第二十六军的撤退和晋东防线的失守,晋北守军立即处于危险境地。阎锡山被迫于 11 月 1 日电令忻口各部队退出阵地,向太原以北地区转移,进入预定阵地,继续拒敌南下。至此,忻口战役也以失利而告结束。

随着晋北守军的后撤,日军第五师团于 11 月 3 日开始,由忻口向南追击;晋东的第二十师团,此时也已占领寿阳,向太原逼近。为尽快攻占太原,日本华北方面军令其第一军统一指挥太原攻略战。第一军军长香月清司于 4 日发出命令:第五师团以主力继续向太原攻击,以一部向汾阳附近追击;第二十师团以一部攻占榆次西北地区,对太原东南中国军阵地保持监视,其主力继续沿铁路线向晋中的平遥、介休方向追击;昔阳支队先进击榆次,并与随后跟进之第一〇九师团主力会合②。这是一个对太原实行三面围攻的计划。

对于太原保卫战,第二战区曾订有作战计划。其指导方针是"利用太原四周既设阵地,实行依城野战,以阻敌前进,消灭其兵力,待我后援兵团到达,再施行反攻夹击而聚歼之"③。根据上述计划,阎锡山在太原四周构筑了一批防御工事,对部队配备也有专门部署。对城内防卫,则有更周详的安排,以使各种武器互相配合,"能集中所有火力,以达歼灭敌人之目的"④。为使该计划能够贯彻实施,阎锡山曾任命卫立煌为

---

① 《蒋介石命令阎锡山坚守寿阳以东地区密电》(1937 年 10 月 28 日),《中华民国史档案资料汇编》第五辑第二编《军事》(二),第 491 页。

② 《抗日战史》(第三册)《华北地区作战》,第 233－234 页。

③ 《第二战区太原保卫战作战计划》(1937 年),《抗日战争正面战场》(上),第 609 页。

④ 《太原城防工事计划》(1937 年 10 月),《抗日战争正面战场》(上),第 612 页。

第二战区前敌总司令,统帅全战区各部队,傅作义兼太原守备司令,负责城内防务①。然而战场形势之变化,已超出阎锡山等人的估计,因此上述计划根本无法实施。

11月4日,从忻口后撤的中国军队正准备在太原外围阵地部署之际,日军也已尾追而至;从晋东后撤之各部,在途中即遭日军袭击,无法进入后方阵地,被迫向榆次西南转移。卫立煌只得临时抽调其他部队去该阵地防御,但这些阵地根本无法阻止日军的攻击。日军第五师团,在百余辆战车、装甲车及飞机的配合下,于5日即推进到太原北面的城下;而于晋东来的第二十师团,亦于同一天到达太原南郊。第二天,日军即从南北两面向太原发起攻击。傅作义率部与日军奋战,在日军炮火与飞机的夹击下,伤亡惨重,至11月8日已无力坚守。当天晚上,残部从南城门突围,向晋南退却,太原城遂告陷落。

从平型关抗战至太原保卫战,蒋介石与阎锡山曾下决心坚决抵抗,在军事上也作出了积极安排,然而第一线部队一再溃退,导致整个战役失利,其原因是多方面的。除了武器武备处于劣势,军队整体素质不如敌人之外,战略上的失误和不少军官贪生怕死也是非常重要的原因。其消极防御的战略,无法发挥在天时地利方面的优势,简单的阵地战更使中方在武器装备方面的弱点暴露无遗。对于参战部队斗志低下,其内部将士也感不满,他们曾向上峰反映:"查我军将士无战力,遇敌即退。平型关之敌不过一旅团,以十六团兵力,傅总司令亲临指挥,几日且并无丝毫进展,而以溃后退。……请中央速筹大计,以免遗[贻]误全局。"②多种因素结合在一起,失败就无法避免。

晋北作战失利,是中国抗日战争的一个转折点。毛泽东明确指出:

---

①　《阎锡山等报告太原保卫战情形》(1937年11月),《中华民国史档案资料汇编》第五辑第二编《军事》(二),第505页。

②　《介景和致黄绍竑密电》(1937年9月29日),《抗日战争正面战场》(上),第542页。

太原失守以后，"在华北，以国民党为主体的正规战争已经结束，以共产党为主体的游击战争进入主要地位"①。

第五节　南京保卫战

南京是国民政府首都，距上海仅 300 余公里。淞沪防线失守之后，南京立即面临日军日益迫近的威胁。按照事先拟订的抗战计划，国民政府一面准备向内地迁都，以免受到日军的挟制；同时又调兵遣将，在南京外围布防，以保卫首都之安全。

突破淞沪防线之日军，乘攻占上海之气焰，分兵数路，继续向纵深追击。日本参谋本部为扩大战果，给中国方面造成更大的压力，开始研究"在此之际可否抓住战机，一齐冲出制令线给以强有力的压迫？"这一新的战略问题②，为此，专门派员去上海实地考察。而在淞沪第一线的日军，则早已把制令线置之脑后。第十军司令于 11 月 15 日召开幕僚会议，研究战场形势，认为在淞沪会战中虽没有歼灭中国军队的主力，但中国军队已处于混乱状态，如抓住战机断然追击，很快即可以占领南京，于是作出了果断向南京追击的决定。19 日它向东京报告："本日正午许占领嘉兴"，"集团 19 日晨命令以全力向南京追击"。参谋本部对该部超越"制令线"问题向华中方面军询问时，方面军的意见是："为了使事变迅速解决，乘现在敌人的劣势，必需占领南京。"其主要理由是："现在敌之抵抗在各阵地均极其微弱，很难断定有彻底保卫南京的意图。在此之际，军如果停留在苏州、嘉兴一线，不仅会失去战机，而且将使敌人恢复斗志，重整战斗力量，其结果要彻底挫伤其战斗意志将很困

---

① 毛泽东：《上海太原失陷以后抗日战争的形势和任务》（1937 年 11 月 12 日），《毛泽东选集》第二卷，第 488 页。

② 《废除制令线》，《中国事变陆军作战史》（中译本）第一卷第二分册，第 105 页。制令线是日本军部在编组华中方面军时，以临命六百号规定了该军作战范围即制令线："华中方面军作战地区大概定为联接苏州、嘉兴一线以东。"

难";"为了要解决事变,攻占首都南京具有最大的价值";"方面军以现有的兵力不惜付出最大牺牲,估计最迟在二个月内可以达到目的。"①根据现地的实际状况,日本参谋本部于 11 月 24 日发出"大陆指第五号",宣布"废除以临命第六百号指示的华中方面军作战地域",实际上是已经同意向南京攻击。12 月 1 日,参谋本部根据"大陆命第七号",下达华中方面军战斗序列②,以松井石根为方面军司令。同一天又以"大陆命第八号"下达天皇敕令:"华中方面军须与海军协同,攻占敌国首都南京。"③至此,日本攻占南京的战略正式确定。

向南京攻击的日军来势迅猛。蒋介石亲自兼任司令长官的第三战区从 11 月 13 日开始,数次下达战斗命令,以加强吴福线和锡澄线的防御,阻止日军向南京攻击。19 日又下令让右翼军总司令张发奎"亲临前方担任指挥",并令该军"必须死守马牧港、崇德、青镇、南浔镇之线"④。然而,在淞沪会战中遭受重大损失的政府军已溃不成军,再严厉的军令也无法组织起有效的抵抗。苦心经营多年的两条战略防线,很快即被日军攻破。日本上海派遣军的主力师团一路沿沪宁铁路经丹阳、镇江、句容西进,另一路经金坛向南京进犯;第十军之一部沿宜兴、溧阳、溧水公路西进,另一路沿宁国、芜湖公路进攻芜湖,以图切断中国军队向西的退路。

面临南京即将遭受日军围攻的危急局面,蒋介石从 11 月中旬起,连续三次召集高级幕僚会议,讨论南京的防守问题。何应钦、李宗仁、

---

① 《废除制令线》,《中国事变陆军作战史》(中译本)第一卷第二分册,第106 页。

② 11 月 7 日,日本陆军参谋本部根据"临参命第一百三十八号"下达华中方面军编组。编组属临时性建制,其司令官由上海派遣军司令松井石根兼任。战斗序列是正式建制,重新下令组建后,司令官松井石根不再兼任上海派遣军司令,而另外任命朝香宫鸠彦王中将担任。

③ 《大陆命第八号》,《中国事变陆军作战史》(中译本)第一卷第二分册,第 109页。

④ 《抗日战史》(第四册)《华东地区作战》,第 159 页。

白崇禧、徐永昌等高级将领均主张对南京仅作象征性防守。李宗仁等认为，"从战术上说，南京是个绝地，敌人可以三面合围，而背面又阻于长江，无路可退。以新受挫的部队来坐困孤城，实难望久守"①。蒋介石、何应钦等虽明知南京难于固守，但认为："南京是我国首都，为国际观瞻所系，又是孙总理陵墓所在，如果放弃南京，将何以对总理在天之灵？"②唯有唐生智坚决主张死守南京，他在会上大声疾呼："值此大敌当前，在南京不牺牲一二员大将，我们不特对不起总理在天之灵，更对不起我们的最高统帅。本人主张死守南京，和敌人拼到底！"同时欣然接受南京城防司令的职务③。在决定举行南京保卫战的同时，国民政府还决定迁都重庆。蒋介石把迁都的理由归纳了两点："甲、为长期抵抗之计；乙、不受敌军威胁以打破敌人对城下之盟之妄念。"④国民党高层对迁都问题很快达成共识。11 月 15 日，国防最高会议常务会议议定，国民政府及中央党部迁重庆，军事委员会之迁移地点由委员长酌定，其他各机关或迁重庆，或随军委会设办事处，或设于长沙以南地点。16 日，蒋介石在国防最高会议全体会议上提出，主张迁移政府于重庆。同日，国民党中常会讨论通过了国防最高会议常务委员会第三十一次会议的几项决议，包括：1. 通过非常时期中央党政军机构调整及人员疏散办法；2. 规定中央政治委员会暂行停止，其职权由国防最高会议代行；3. 国防最高会议应在军事委员会委员长所在地；4. 预定迁移地

①　李宗仁口述、唐德刚撰写：《李宗仁回忆录》(下卷)，华东师范大学出版社1995 年版，第 510 页。

②　刘斐：《抗战初期的南京保卫战》，载《南京保卫战》，中国文史出版社 1987 年版，第 8 页。

③　李宗仁口述、唐德刚撰写：《李宗仁回忆录》(下卷)，第 511 页。

④　蒋介石日记 1937 年 11 月 14 日，斯坦福大学胡佛研究所藏蒋介石日记手稿影印件。

点为重庆①。19日，蒋介石对迁都重庆的决定做了说明，他说："国府迁渝并非此时才决定的，而是三年以前奠定四川根据地时所早已预定的"，"只要国府存在，必与之抵抗到底。"②这样，11月20日国民政府正式公布迁移政府于重庆，以示持久抗战之意。此后，国民党党部与政府中央机关各部门纷纷迁往重庆、武汉、长沙等地，仅军事委员会尚留守南京③。

　　11月24日，蒋介石任命唐生智为南京卫戍司令长官，并于次日下达第三、第七战区及南京卫戍部队战斗序列之变更及任务。第三战区司令长官仍由蒋介石自兼，副司令长官为顾祝同，下辖第九、第十九两个集团军；第七战区司令长官刘湘，副司令长官陈诚，下辖第八、第十五、第二十三三个集团军。第三、七两战区的作战境地以遂安、淳安、昌化、广德、蜀山镇之线划分，线上属第三战区④。南京卫戍部队则下辖第七十二军孙元良部、第七十八军宋希濂部、首都警备军谷正伦部、桂永清教导总队、宪兵部队及其他特种部队之一部⑤。各防区的具体任务是：第七战区"除固守现地外，其左翼须以有力部队留置于安吉、孝丰山地，相机攻击敌侧背，迟滞其前进"；第三战区"须以有力部队分别留置于龙潭以南、广德以北各山地，迟滞敌之前进，掩护主力之行动，并破

　　① 《国民党中常会第五十九次会议纪录》(1937年11月16日)，中央委员会秘书处编印：《中国国民党第五届中央执行委员会常务委员会会议纪录汇编》，第177页。

　　② 《国府迁渝与抗战前途》，《总统蒋公思想言论总集》第14卷，演讲，第656—657页。

　　③ 《中国近代史资料丛刊·抗日战争》第二卷《军事》(上)，第273—275页。另见《抗日战史》(第二册)《全面抗战经过》，第145页。

　　④ 《蒋介石关于第三、第七战区及南京卫戍部队战斗序列变更及任务电》(1937年11月25日)，《中国近代史资料丛刊·抗日战争》第二卷《军事》(上)，第278—279页。另见《中华民国史档案资料汇编》第五辑第二编《军事》(二)，第287—288页。

　　⑤ 《蒋介石致唐生智电》(1937年11月25日)，《中华民国史档案资料汇编》第五辑第二编《军事》(二)，第298页。

坏重要交通线";"各战区须与首都卫戍军相策应,对敌作战保持动作之自由";首都卫戍军"除固守南京既设阵地外,应与第三战区部队密切协同相互策应,击破敌之攻围军"①。从这一部署看,蒋介石对南京的防卫已经比较消极。第七战区的任务仅是牵制日军对南京的进攻,担任正面拒敌的第三战区之主要任务也是"掩护主力之行动",而负责"击破敌之攻围军"的唐生智部力量十分有限,其结果是可想而知的。实际上,早在 11 月初淞沪会战失利之际,蒋介石已有避免与日军主力正面交战以保持中国军队有生力量的想法:"保持战斗力持久抗战,与消失战斗力维持一时体面相较,当以前者为重也。"②即便在任命唐生智为南京卫戍司令长官之后,蒋介石的内心想法也是"南京城不能守,然不能不守"③。在当时中日双方兵力和态势实际对比情况下,南京城守与不守,确实难以做出断然的选择。

　　唐生智受命之后,立即做守城准备。当时南京城防军仅有第七十二军之八十八师和第七十八军之三十六师,以及教导总队,而这些部队又是刚从上海战场撤退下来,尚未得到必要的补充整顿。因军情紧迫,唐生智将上述部队作了如下部署:以八十八师担任右翼地区雨花台及城南之守备;以教导总队担任中央地区紫金山及城垣东部之守备;以第三十六师担任左翼地区大红山、幕府山及城北之守备;以宪兵队担任清凉山附近之守备;另以部分兵力警戒长江封锁线。同时又令各部队征集民伕,抓紧构筑工事④。南京城防计划从 11 月 26 日正式启动,至 12

----

①　《蒋介石致顾祝同等密电稿》(1937 年 11 月 30 日),《抗日战争正面战场》(上),第 472 页。

②　蒋介石日记 1937 年 11 月 7 日,斯坦福大学胡佛研究所藏蒋介石日记手稿影印件。

③　蒋介石日记 1937 年 11 月 26 日,斯坦福大学胡佛研究所藏蒋介石日记手稿影印件。

④　谭道平:《南京卫戍战》,《中国近代史资料丛刊·抗日战争》第二卷《军事》(上),第 280 页。

月5日日军前锋挺进南京防区,前后仅有十天时间,而各部队的行动也参差不齐,无论军队部署或阵地准备,均与预定要求有很大差距。而第三战区在南京外围的防御,因时间更短,情况则更糟。

参加围攻南京的日军由日本华中方面军司令松井石根指挥,由上海派遣军和第十军两个军组成。第十军接获攻占南京的命令后,随即兵分三路向南京推进,其第十、第十一、第十三三个师团沿京沪线经丹阳、镇江、句容西进;第三、第九师团则由金坛扑向南京,第十军之第一一四师团沿宜兴、溧阳、溧水公路前进,并以第六、第十八师团沿宁国—芜湖公路进攻芜湖,以切断中国军队西撤之退路;上海派遣军从12月3日起,令第九、第十六两个师团沿沪宁铁路和长江一线向南京方向攻击,第十三师团分兵渡江北上,攻占靖江,从江北迂围。至12月5日夜晚,日军以五个师团、两个支队及一个先遣队的强大兵力,对以南京为中心的长江南岸中国军队的阵地形成了一个巨大的包围圈。至此,南京保卫战的序幕已经揭开。

在日军向南京合围之时,南京外围阵地之中国守军步步后撤,有一部分退到南京城内,参加南京保卫战。至12月初,南京守军已增加到15个师。因此,城东南方向主阵地改由第七十四军和第八十三军防守,第七十四军的两个师防守板桥至淳化镇一线,孟堂至龙潭一线的阵地则由第八十三军两个师担任。日军先头部队于12月4日开始与主阵地发生接触,因主阵地有永久工事,而日军兵力不足,至7日中午双方仍相持不下。此时,南京外围句容的阵地在日军第十六师团围攻下损失惨重,第八十三军奉命开赴镇江增援,原有防区由第十军接替。该军以第四十八师为先头部队占领龙潭以北阵地,而龙潭以南至乌鸦山之间,因第四十一师未能如期达到,发生空隙,日军则乘机侵入汤山左侧背之孟塘。当时总部立即组织部队反击,但日军也不断增加,因汤水镇阵地将要被日军围歼,守军被迫后撤。此时龙潭方面之第十军,尚未巩固阵地即见汤水守军已经撤退,也向栖霞山后退,后与日军稍有接触,又退至江北。在淳化镇一带之第七十四军,闻龙潭已失,见镇东北之上庄亦已有日军侵入,也开始向牛首山撤退。由于各阵地之退却均无计划,日军尾随而至,主阵地很快就出现了大缺口①。

在南京外围战激烈进行之际,蒋介石抱着"余能多留京一日,国家、人民、首都与前方军队,皆多得一日无穷之益"的想法,仍留在南京城内②。12月4日晚上,他在南京卫戍司令部召集师以上高级军官讲话,强调南京为国际观瞻所系,同时对国内人心的影响也很大,所以必须固守。次日他又去南京城东20公里的汤山,对守城部队训话。这时日军已经兵临城下,外围阵地也破绽百出,精神上的鼓励已无法挽回军事上的颓势。

12月7日,日本军部给华中方面军下达命令,要该军在攻占南京后,与海军配合,控制包括杭州在内的长江三角洲地区。华中方面军立即制订《攻占南京城要领》,决定"在南京守城司令官或市政府当局尚留在城内的情况下,设法劝告其开城以和平方式入城";"在敌之残兵仍据城进行抵抗的情况下,将到达战场的全部炮兵展开,进行炮击夺取城墙,各师团以步兵一个联队为基干的部队进入城内进行扫荡";上海派遣军负责攻占中山门、太平门、和平门,第十军攻占共和门、中华门、水西门;两军在城内的作战区域以"共和门——公园路——中正街——汉中路"为界③。围攻南京的日军在12月8日夺取城外阵地,分头向城墙推进。南京保卫战遂进入最后阶段的城廓阵地防御战。

12月9日拂晓,日军占领光华门外的大校场与通光营房,并发炮

---

① 《第三战区南京会战经过概要》(1937年),《抗日战争正面战场》(上),第485—486页。

② 蒋介石日记1937年11月27日,斯坦福大学胡佛研究所藏蒋介石日记手稿影印件。

③ 《攻占南京城要领》,《中国事变陆军作战史》(中译本)第一卷第二分册,第111—112页。

轰击城门。松井石根也于当日向南京守军发出劝降书，限次日上午答复。唐生智拒绝了日军的最后通牒，并于当日傍晚向各军下达命令："本军目下占领复廓阵地为固守南京之最后战斗，各部队应以与阵地共存亡之决心，尽力固守，决不许轻弃寸地，摇动全军，若有不遵命令擅自后移，定遵委座命令，按连坐法从严办理。"同时又令第七十八军控制一切船只，严禁私自渡江①。从 10 日开始，日军向雨花台、通济门、光华门、紫金山等处同时发起攻击，战况十分激烈，雨花台阵地前面的据点曾数次丢失，又重新夺回。日本空军第三飞行团自 12 月 4 日起对中华门等南京城周围的中方阵地实施猛烈轰炸，10 日又对紫金山的中国军队进行重点轰炸，此间重轰炸机中队还数次对长江北岸作战的地面部队空投补给卫生材料、粮食等物品②。11 日，日军继续地空联合，向南京周围要地进攻，杨坊山、孔银山等地先后陷落，负责守卫之中方第四十八军第二八八团三营与第二八三团一营均全营壮烈殉国③。当日，日军突破雨花台右翼阵地和中华门，并一度攻入城内。鉴于南京战局危殆，蒋介石于 11 日通电指示唐生智称："如情况不能持久时，可相继撤退，以图整理，而期反攻。"④

　　12 日清晨，各路日军发起总攻，中国军队顽强抗击。激战至中午，雨花台主阵地失守，紫金山阵地亦被日军攻占。重要阵地相继失守，引起全城动摇，日军先后从光华门、中华门侵入城内。卫戍司令部曾令部队紧急增援中华门守军，但因城内秩序混乱，部队无法展开而未达目的。至下午 3 时，从第一线阵地溃退下来的第八十七、第八十八两个师

---

①　《陆军第七十八军南京会战详报》，《抗日战争正面战场》（上），第 492 页。

②　日本防卫厅防卫研修所战史室编：《中国方面陆军航空作战》，朝云新闻社 1974 年 7 月，第 30—54 页。转引自《南京大屠杀史料集》第一册，第 149 页。

③　《抗日战史》（第四册）《华东地区作战》，第 188 页。另见《第二军团徐源泉部增援南京战斗经过详报》（1937 年 11 月—1938 年 1 月）《中华民国史档案资料汇编》第五辑第二编《军事》（二），第 315—316 页。

④　《抗日战史》（第四册）《华东地区作战》，第 190 页。

的部分官兵企图出挹江门，渡江北逃，被第三十六师及本部特务队阻拦，使城内秩序大乱。这时，南京城内的防御战实际上已处于瘫痪状态。12日下午，唐生智召集守城部队召集高级将领会议，传达了蒋介石之电令，决定弃城撤退，撤退的方案是"大部突围，一部渡江"①。唐生智还为各部队的撤退拟订了详细的行动计划，如突围路线，行动时间，集结地点等，司令部直属部队及第三十六师于当晚渡江北撤；撤退之前，"要塞炮及运动困难之各种火炮并弹药，应彻底自行炸毁，不使为敌利用"②。

南京中国守城部队撤退后，冒着日军的炮火堵击，向浙、皖边境突围转进。一部分部队渡过长江进入安徽境内，另一部分则由汤水镇、句容退向皖南宁国地区，第七十八军军长宋希濂奉命率部掩护南京卫戍司令长官部及直属部队由下关渡江。在与日军激战的过程中，南京卫戍宪兵副司令萧中令、第一五六师参谋长姚中英、第一六〇师参谋长司徒非等均壮烈牺牲③，最后仅有第六十六军安全转抵浙皖边区，其余除部分突出重围外，大部均以身殉国。

反观唐生智制订的撤退计划，表面上看颇为周详，但他没有考虑到当时城内已一片混乱，在此情况下是根本不能按照常规方式行事的。后来形势的发展也完全证明了这一点。首先，由于部队已被打散，通信联络阻塞，许多部队没有接到撤退的通知，所以撤退计划根本无法有序实施。其次，原计划多数部队从陆路突围，但多数部队从第一线溃退后已基本丧失战斗力，根本无力再突破日军阵地向后方转移，因此，只有少数在城外的部队突围成功，多数部队退至江边，准备渡江北撤，使撤退计划全盘打乱。第三，没有对维持渡江秩序引起足够的重视，导致挹

---

① 《南京保卫战战斗详报》(1937年12月)，《抗日战争正面战场》(上)，第483页。

② 《唐生智发布首都卫戍部队突围命令稿》(1937年12月12日)，《中华民国史档案资料汇编》第五辑第二编《军事》(二)，第329—330页。

③ 《抗日战史》(第四册)《华东地区作战》，第191页。

江门内人群拥挤,各部队"均争先抢过城门,互不相让",秩序大乱,发展到"任意开枪,甚至自相冲突";下关码头的秩序更糟,人多船少,竞相争渡,任意鸣枪,"船至中流被岸上未渡部队以枪击毁,沉没者有之,装运过重沉没者亦有之"①,造成重大人员伤亡。而作为南京卫戍司令的唐生智在召开撤退会议后已不能返回设于铁道部的驻地,"原定偕宋军长渡江计划,不克实睡【现】……本部员兵五百余人,现已渡江会集者仅约百余人"②。

12月13日,大股日军分由雨花台、中华门、光华门、中山门等处突入南京城区,其中,雨花台、中华门突入敌人300余,中方守军第八十七、八十八两师溃兵退至铁道部③。此后,中日双方进行巷战,战至午夜,留城守军全部牺牲,中华门一带阵亡的中国士兵逾千人④。当日午后,日军海军舰队前卫队、主队分别按顺序从泊地出发,以纵阵列突破封锁线向南京进击,第一水雷队主力随后跟进⑤,日本海军第二联合航空队也乘势进驻南京机场⑥。至13日傍晚,日本陆海军部队在一片混乱中占领了南京城。南京保卫战之失利,客观原因是新败之弱旅无法抵挡强敌的攻击,但失败得如此迅速,损失如此巨大,则主要由于指挥失策所造成。南京保卫战的损失是巨大的,据日本上海派遣军公布的

---

① 《陆军第七十八军南京会战详报》(1938年1月),《抗日战争正面战场》(上),第494—495页。

② 《唐生智等致钱大钧密电》(1937年12月13日),《抗日战争正面战场》(上),第475页。

③ 《唐生智罗卓英等报告南京守军溃退出城密电》(1937年12月13日),《中华民国史档案资料汇编》第五辑第二编《军事》(二),第346—347页。

④ 《路透社记者史密斯先生关于1937年12月9日至15日南京战情的报告摘要》,载《抗日战争研究》1991年第2期,第159页。

⑤ 日本防卫厅防卫研修所战史室编:《中国方面海军作战》(1),朝云新闻社1974年版,转引自《南京大屠杀史料集》第一册,第139页。

⑥ 〔日〕外山三郎著,龚建国、方希和译:《日本海军史》,解放军出版社1998年版,第107—108页。转引自《南京大屠杀史料集》第一册,第151页。

数字,这一战役中国军队战死8.4万人,被俘1.5万人,而日军仅死伤4800人①。

　　南京沦陷后,中国的抗战进入一个极为困难的阶段。这不仅因为全国经济最发达的沪、宁、杭三角地区完全沦丧,而且国民政府的精锐部队自抗战爆发以来损失惨重,元气大伤。更为重要的是,不仅在军事上遭到惨败,连首都也告沦陷后,抗日阵营内的投降势力抬头,国民党的政治危机也日趋严重。南京沦陷当日,蒋介石发表通电称:"国军退出南京,绝不致影响我政府始终一贯抵抗日本侵略原则之国策。"②为进一步鼓舞国民的抗战士气,蒋介石于12月15日在武昌发表《告国民书》,强调对于日军的侵略,"所畏不在鲸吞,而在蚕食",日军大举入侵的形势,"毋宁谓于我为有利"。"中国持久抗战,其最后决胜之中心,不但不在南京,抑且不在各大都市,而实寄于全国之乡村与广大强固之民心"。"故我全国同胞在今日形势之下,不能徒顾虑一时之胜负,而当彻底认识抗战到底之意义,与坚决抱定最后胜利之信心"。"诚使我全国同胞,不屈不挠,前仆后继,随时随地皆能发动坚强之抵抗力。敌之武力终有穷时,最后胜利必属于我"③。蒋介石不屈服的态度,在一定程度上鼓舞了国民的抗日斗志,同时也击破了日本迫使国民政府屈服的阴谋。

　　12月17日,侵华日军在南京举行入城式,由日本华中方面军司令官松井石根与海军第三舰队司令官长谷川清率部游行。此时,南京攻防的军事行动虽早已结束,但日军却对城内的和平居民展开了灭绝人性的大屠杀。

---

　　① 《日军公布的南京攻击战战况统计报告》,《中国近代史资料丛刊·抗日战争》第二卷《军事》(上),第296页。

　　② 《为国军退出南京发表通电》,《总统蒋公思想言论总集》第37卷"别录"第165页。

　　③ 《蒋委员长为我军退出南京告国民书》,《中华民国重要史料初编》第二编《作战经过》(二),第220、222页。

日军在进攻南京的途中,已经开始大肆屠杀中国人民。华中方面军司令官松井石根下达训令,要求"发扬日本的武威,而使中国畏服"①。12月13日,日军第六师团从光华门、雨花门进入南京城后,立即以各种火器对马路上的难民进行疯狂射击,一时间血肉横飞、尸体遍街。此后,日军分别占领浦口和下关,切断中国守军的退路,并向江面上正在乘舰艇撤退的渡船、木排疯狂扫射,中国军队被枪炮击毙及因舰艇撞翻而淹死者达3000余人。一名日军随军记者这样记述:"我随同攻陷南京的日军一同进城,在城内待了四天,目睹了日军无数暴行……12月13日,在中山门附近城墙见到极其恐怖的大屠杀。俘虏们在25公尺宽的城墙上排成一列,许多日本兵端着插上刺刀的步枪,齐声大吼,冲向俘虏的前胸和腹部刺去,一个接着一个刺落城外去了。"②屠杀战俘,仅仅是南京大屠杀的序幕。

12月14日,日军大部进入南京城,迅即开始烧杀淫掠,有组织有计划地制造更大规模的屠杀事件。在中山码头、下关车站等地,日军对聚集江边的难民疯狂扫射,枪杀数万人。15日,日军又将平民及已经解除武装的中国军人9000余人押往鱼雷营屠杀。此外,日军还践踏自身承诺,对难民区内的大批难民进行屠杀。16日傍晚,日军从难民区内搜捕青壮难民5000余人赴中山石码头集体枪杀,随后将尸体推入江中。对于已经投降的中国士兵俘虏,日军也全部将其处死。大批中国士兵投降以后,在最初的72小时内就被日军在城外用机枪扫射处决。日军将南京城内手无寸铁的平民及被俘士兵用绳索捆绑后,每百人或数百人围成一团,用机枪扫射或用汽油焚烧,然后抛尸江河湖塘。据《远东国际军事法庭判决书》确认:"在南京城外,有大批的中国士兵放

<hr>

① 中国第二历史档案馆等:《侵华日军南京大屠杀档案》,江苏古籍出版社1997年版,第18页。

② [日]洞富雄编:《日中战争史料》(9),《南京事件》2,河出书房新社1973年版,第331-332页。

下武器并投降。在他们投降后的 72 小时内,被用机枪屠杀于长江岸边。大约 3 万多名战俘被这样杀戮。"①

12 月 17 日,日本华中方面司令官松井石根进入南京城,大加奖励纵兵作恶最甚的第六师团的师团长谷寿夫。当日,日军从各处搜捕中国士兵俘虏及平民 3000 余人赴煤炭港下游江边集体射杀。此后,日军在南京城内的屠杀暴行愈演愈烈。18 日,日军将城郊大批难民及解除武装之士兵俘虏 5.7 万余人悉数捆绑,押至草鞋峡,用机枪集体射杀,少数未死者,复用刺刀戳毙,后又纵火焚尸,将残骸弃于江中②。日本士兵在大街小巷见人便杀,南京城内到处血流成河。仅 12 月一月,日军在汉中门外、鱼雷营江边、中山码头、下关、煤炭港、草鞋峡、水西门外上新河一带,城南凤台乡、花神庙一带,燕子矶江边,宝塔桥、鱼雷营一带屡次制造集体大屠杀,被害者超过 19 万人。遍布城郊的分散屠杀,更是难以计数。仅 3 个较大的慈善团体掩埋的尸体数,就至少有 7.7 万具③。此外,还有一些屠杀的被害者尚不包括在此之内。1937 年 12 月 12 日至 21 日,南京中华门外花神庙、宝塔桥、石观音、下关草鞋峡等处的被俘军民遭日军机关枪集体射杀并焚尸灭迹,遇难者有单耀亭等19 万余人。此外,零星屠杀,其尸体经慈善机关收埋者有 15 万余具,被害总数达 30 万人以上④。

在南京大屠杀中,日军除使用现代化武器之外,还采用各种原始野蛮、残酷无比的杀人方法,如砍头、活埋、水溺、火烧、挖心等等,无所不

---

① 《远东国际军事法庭判决书》,转引自张宪文主编:《南京大屠杀史料集》第七册,凤凰出版社 2005 年,第 607 页。

② 章伯锋、李宗一主编:《中国近代史资料丛刊·抗日战争》第七卷《侵华日军暴行日志》,四川大学出版社 1997 年版,第 174 页。

③ 孙宅巍:《30 万南京同胞被屠杀的史实岂容否定》,《抗日战争研究》1991 年第 2 期,第 107—111 页。

④ 《国防部审判战犯军事法庭对战犯谷寿夫的判决书及其附件》(1947 年 3 月10 日),《中华民国史档案资料汇编》第五辑第二编《军事》(五),第 783 页。

用其极。日军军官还展开杀人竞赛,东京《日日新闻》和英文版《日本广宣报》曾连续刊登通讯,介绍野田岩与向井敏明两名少尉的"斩杀百人"竞赛,以炫耀日军的武功①。当时留在南京的金陵大学教授贝德斯博士说:"劫掠、酷刑、屠杀、奸淫、放火,凡是可能想象的坏事,日军进城后,都毫无顾忌地实行了……在这个新时代中,我们找不出什么东西可以超越日军的暴行。"②为了掩盖罪行,他们有计划地进行集体屠杀之后,又焚尸灭迹。几名日军记者共同证实:"自12月16日到17日所直接看到的,首先是从下关到草鞋峡,一路上沿江边一带都是焚烧过的尸体,约有两三千具。大概是经机枪扫射后浇上汽油烧死的。"③

日军在南京大肆屠杀的同时,还丧心病狂地强暴妇女。英国曼彻斯特报记者田伯烈曾报导:"依据德国同事统计,强奸案有二万件。我保守的估计,认为不下八千件,只在金大(金陵大学)一处,我知道全案细节者,有一百件,有确实证据者达三百件。小自十一岁女孩,老至五十三岁的妇人,都被强奸;在大校场上,十七个日军在大白天轮奸一个妇人,事实上,我所知道的案件有三分之一是在白天干的。"④金陵大学教授贝德士战后在东京作证:"日军奸淫妇女,不分昼夜,有时竟在街头为之,有一妇人在公墓内被日兵十七人轮奸,年仅九岁的女童及其七十六岁之祖母,竟在南京城内同被奸淫。"⑤《远东国际军事法庭判决书》还指出:"伴随强奸,还有许多变态和虐待狂的事例出现。许多妇女在被强奸后遭杀害,尸体也被毁坏。"⑥

---

①　《日军的"杀人比赛"》,《中国近代史资料丛刊·抗日战争》第二卷《军事》(上),第367页。

②　[英]田伯烈:《外人目睹之日军暴行》,正中书局1938年版,第88—89页。

③　《扬子江边每晚大屠杀》,《中国近代史资料丛刊·抗日战争》第二卷,《军事》(上),第324页。

④　《抗日战史》(第四册)《华东地区作战》,第197页。

⑤　《抗日战史》(第四册)《华东地区作战》,第198页。

⑥　《远东国际军事法庭判决书》,转引自《南京大屠杀史料集》第七册,第607页。

伴随着屠杀和奸淫，日军还进行大规模的抢劫、焚烧和破坏。他们在城内抢劫所想要的东西，"装满一卡车一卡车搬运出去，然后将房屋付之一炬"①。1938年1月22日，香港的一则电讯称："南京被敌军占领，迄今已达39日，但仍有许多地方大火尚在燃烧中，恐怖之时期仍未渡过，所有商业区均成废墟。"②至2月中旬，德国人还有这样的记录："市街的情况，在日本军队的占领下完全变样。每天没有一天不放火，现在轮到了太平路、中山东路、国府路、九江路。如以百分率计，可以说有百分之三十至四十的街道被烧光了。"③史密斯博士曾对此进行调查，其结论是："如果分析一下留在南京的人家损失如此之大的原因，可知百分之二是交战因素，百分之五十二是由于纵火，百分之三十三是由于军队的掠夺抢劫，百分之九是盗窃，还有百分之四原因不明。房屋的损失几乎全部是由于纵火，可是动产的损失只有百分之三十一是由纵火造成的。事实上动产的损失中有一半是由于被士兵们抢去了。"④

在南京大屠杀中究竟有多少中国同胞遇害？抗战胜利后，国民政府曾组织专门机构进行调查统计。1946年7月，日军罪行调查委员会综合各方调查，得出的结论是，被日军惨杀者为295,885人，另又有家属提出救济申请者为96,260人，共计有39万余人⑤。1947年3月，在

---

①　《外国人的记述》，《中国近代史资料丛刊·抗日战争》第二卷《军事》（上），第372页。

②　《历史名城旷古浩劫》，《中国近代史资料丛刊·抗日战争》第二卷《军事》（上），第368页。

③　《外国人的记述》，《中国近代史资料丛刊·抗日战争》第二卷《军事》（上），第372页。

④　《外国人的记述》，《中国近代史资料丛刊·抗日战争》第二卷《军事》（上），第373页。

⑤　《南京大屠杀案敌人罪行调查委员会第二次会议记录》（1946年7月1日），《中国近代史资料丛刊·抗日战争》第二卷《军事》（上），第359—360页。

对战犯谷寿夫的判决书中认定，"被害总数达三十万以上"①。《远东国际军事法庭判决书》中则这样认定："后来的估计显示，在日军占领后的最初六个星期内，南京城内和附近地区被屠杀的平民和俘虏的总数超过20万。"②上述数字上的差异，主要是认定的标准不同。远东军事法庭的数字，"还没有将被日军所烧弃了的尸体，投入到长江，或以其他方法处分的人们"计算在内③。而这些数字也是相当巨大的。

对于这场史无前例的大屠杀，因涉及范围广、延续时间长，屠杀现场又完全被日军所控制，在事隔多年之后，要作精确统计是极为困难的。但从杀人现场留下的大量罪证，众多被害者与中外目击者的证词，已足以证实南京大屠杀这一罪行的客观存在。此后，《拉贝日记》、《东史郎日记》等揭露日军暴行的第一手资料陆续被发现与刊布，更提供了有力的旁证。日军的野蛮暴行铁证如山，不容否认。

---

①　《国防部审判战犯军事法庭对战犯谷寿夫的判决书》(1947年3月10日)，《中国近代史资料丛刊·抗日战争》第二卷《军事》(上)，第383页。

②　《远东国际军事法庭判决书》，转引自《南京大屠杀史料集》第七册，第607—608页。

③　《远东国际军事法庭判决书》，转引自《南京大屠杀史料集》第七册，第608页。

第三章 国民政府战时政治体制的确立和运作

第一节 国民党临时全国代表大会的召开

1937年7月抗战爆发后,针对日军不断扩张的侵略活动,国民政府在未来得及充分准备的条件下,一方面调集军队仓促应战,另一方面仍力图通过外交途径,借助国际社会的力量,和平解决中日之间的冲突。1937年底至1938年初,随着国际局势日趋复杂多变,特别是德国驻华大使陶德曼调停失败,德国一度中断对华援助,使国民政府试图通过外交手段解决中日冲突的努力归于失败。而这时日本又提出了"不以国民政府为对手"的对华方针,大力扶持汉奸伪政权。另外,国内政局也发生了重要变化,特别是自西安事变和平解决之后,国共两党经过多轮的谈判交涉,在国难当头、民族危机急迫的条件下,也再度联手,实现了第二次合作。这些国内外形势的深刻变化,促使国民党和国民政府亟须改变抗战初期的临时性、局部性应战举措,对抗战有关方针、政策进行全面系统的阐释与规制,以便统一认识,积极动员民众力量,并整合国内各种政治势力与派别,确立战时政治体制,应付长期抗战。正是基于上述种种考虑,国民党酝酿召开临时全国代表大会。

1938年2月3日,国民党第五届中央执行委员会常务委员会召开第六十六次会议,"鉴于国难严重,负荷艰巨,认为有举行全国代表大会之必要",遂决议于该年3月29日召集临时全国代表大会。并决定临时全国代表大会组织法推由驻汉各常务委员起草①。2月15日,国民党五届中执会常委会第六十八次会议讨论通过《临时全国代表大会组织法案》。国民党临时全国代表大会召开之时,不仅东北早已是日本统治下的伪满洲国,关内华北已经大部沦陷,上海亦成为日军重兵威逼之下的"孤岛",而国民政府首都南京更已在日军铁蹄蹂躏之下。因此,已经无法在全国范围内正式产生代表,只能采取权宜之计,以原出席1935年国民党第五次全国代表大会的代表,作为出席国民党临时全国代表大会的代表②。2月22日,该委员会第六十九次会议又议决通过《临时全国代表大会经费预算案》和《中国国民党中央执行委员会武汉临时办事处组织条例》。在此基础上,3月10日,经国防最高会议电请,国民党五届中执会常委会第七十二次会议作出决议:"此次大会原为长期抗战而召集,军事最高领袖与其他军政长官,均与前方息息相关,丁此强敌进犯,前方晨夕奋斗,随时请命之际,移地开会,自有必要,今既经国防最高会议决议于前,本会郑重决定于后,当为全国人民全党同志所同谅共喻也。且自首都沦陷,政府西移,政府各机关分驻渝汉,主管长官身当前敌者,皆居武汉,若会场设在武汉,以便政府重要代表就近出席,亦无不合,临时全国代表大会,应改在武汉开会。"并决定由武汉临时办事处先行筹备,中央秘书处人员也应即陆续赴汉。紧接着在3月22日召开的中执会常委会第七十三次会议上,议决通过《临时全国代表大会议事规则》、《临时全国代表大会秘书处组织条例》和《临时全国代表大会资格审查委员会组织条例》③。

经过一番紧锣密鼓的筹备活动,1938年3月29日,中国国民党临

---

① 中央委员会秘书处编印:《中国国民党第五届中央执行委员会常务委员会会议纪录汇编》(上),第184页。

② 中央委员会秘书处编印:《中国国民党第五届中央执行委员会常务委员会会议纪录汇编》(上),第187页。

③ 中央委员会秘书处编印:《中国国民党第五届中央执行委员会常务委员会会议纪录汇编》(上),第189、192—196页。

时全国代表大会定期召开。会议开幕式于 29 日上午 8 时在重庆举行，由林森主持，丁惟汾代蒋介石宣读开幕词。蒋介石在其致词中，指出了国民党现存的党纪不严、精神涣散等诸多弊病，认为大会最重要的任务是整饬党纪，改进党务。

临全大会各次正式会议安排在武汉举行。为了避免日机轰炸的干扰，会议时间均安排在晚上。3 月 29 日晚上 8 时，临全大会在武昌珞珈山国立武汉大学举行预备会议，由汪精卫担任临时主席。会议通过主席团名单，其中包括蒋介石、汪精卫、居正、于右任、李宗仁、吴敬恒、冯玉祥、戴传贤、陈果夫、孔祥熙等 17 人，并指派叶楚伧为大会秘书长①。晚上 9 时举行了第一次大会，除通过主席团决定各案之外，由叶楚伧作党务报告，汪精卫作政治报告，王宠惠作外交报告。3 月 30 日晚 8 时，临全大会开第二次大会，由居正任主席，听取了孔祥熙所作之财政报告与何应钦所作之军事报告。3 月 31 日晚上 8 时，临全大会开第三次大会，由戴传贤、丁惟汾先后任主席，通过了各组审查的与会代表之提案，通过中央所提之《非常时期经济方案》、《战时各级教育实施方案纲要案》。会议在讨论《组织非常时期国民参政会以统一国民意志增加抗战力量案》和《改进党务并调整党政关系案》时，对于设立参政会的必要性、国民党应否设副总裁，均发生了非常激烈的争论，最后才得以通过。会议还决定成立三民主义青年团。该次会议一直开至次日凌晨 3 时。4 月 1 日晚上 8 时召开第四次会议，由冯玉祥、孔祥熙、蒋介石先后主持。议设总裁一职及蒋介石担任国民党总裁，是此次大会的主要议题。在会议上，余俊贤等代表提出一项提案，建议恢复国民党领袖制度并推选蒋介石为领袖。马立山等代表的提案则题为《请推举蒋同志介石为本党领袖以救亡图存案》。同时，国民党中央也以执委会的名义提出内容相似的提案，

① 朱汇森主编：《中华民国史事纪要》（1938 年 1 至 6 月），台北"国史馆"1989 年版，第 303—304 页。

建议确立领袖制度，"中央党部应在制度上明确规定全党之领袖，俾此革命集团有一稳固之重心"①。在会议有关决议案中，更是从国民党的历史来论证建立领袖制度之必要，"本党既为革命集团，自应有重心，有干部，有生动之细胞，而后机构严密，运用灵活。乃自总理逝世以后，集团的重心始终未能有法定的建立，在事实上全国虽早有一致公认之领袖，而领导抗战建国之本党，反至今蹈古袭常，未有名实相符之规定。重心既未具体建立，以致所谓干部亦感散漫"。最后，在第四次会议议决通过之《对于审查改进党务及调整党政关系有关修改总章部分之决议案》中，要求在国民党总章第四章"总理"之后加上一章，即"总裁"章。并相应规定："本党设总裁一人，副总裁一人，由全国代表大会选举之。""总裁代行第四章所规定总理之职权。"② 由于担心汪精卫的副总裁会落选，在总裁、副总裁的产生方式上，临全大会最终没有采取票选，而是以大会主席团的名义，提出以蒋介石为国民党总裁、汪精卫为副总裁，主席团成员分别签字，并由吴稚晖代表提案人向大会提出并予以说明，最后以全体起立的方式得以通过③。蒋介石以当选国民党总裁的名义发表讲话："历述日本谋我以谋实现其大陆政策之传统的手段，及我国欲谋独立于世界所不可避免的困难，故吾人应以最大之决心以征服之，最后之成功，惟有赖全党同志一致奋起，努力不息，领导全国共同奋斗。"蒋在讲话中还"对于党员及党部委员多所摘指，责促同志之省悟也。"④

　　此次国民党临时全国代表大会上，蒋介石当选为国民党总裁，在权

　　① 　徐矛：《中华民国政治制度史》，上海人民出版社1992年版，第306页。

　　② 　《中国国民党历次代表大会及中央全会资料》（下），光明日报出版社1985年版，第499—500、484页。

　　③ 　《王世杰日记》（手稿本）第一册，1938年4月1日，台北中研院近代史研究所1990年，第230页。

　　④ 　《王子壮日记》（手稿本）第四册，1938年4月1日，台北中研院近代史研究所2001年版，第431页。

力构架中居于全党之上,甚至与国民党创始人孙中山先生相提并论,表明蒋介石已经成为国民党之重心①。这其中虽然不排除个人的以及国民党内部派系争斗等因素,但也是当时历史条件使然。自从抗战爆发之后,蒋介石积极调动军队抵御日军进犯,努力整合国民党内外各种势力等,表现出较强的抗战态度与决心,这方面的立场和举措得到了包括中共在内的国内许多政治力量的肯定。蒋介石当选为国民党总裁,在一定意义上,是对其上述基本立场与地位的认同,这对协调、集中国民党各派系势力共赴国难,具有一定的积极作用。正如大会最后宣言所称:"自抗战开始以来,中央执行委员会已以一致之决议,授权蒋中正同志统一党政军之指挥,负抗战建国之大任,举国一致受其领导,以向于必胜必成之光明大道而迈步前进。"②蒋介石本人在当选之日的日记中写道:"对总裁责任应当仁不辞,以救国与对外之道已无他法,此为最后一着,实与抗战增加实力不少,而且确定党国真心,无异予敌精神与其策略上一大打击也。"③以后的事实证明,蒋介石成为国民党总裁,对于遏制国民党内部的失败主义主张和投降主义逆流,阻遏汪精卫集团攫夺最高决策权,是非常重要的制度安排。

4月1日的会议还通过了《中国国民党临时全国代表大会宣言》。《宣言》指出:"中国现正从事于四千余年历史上未曾有的民族抗战。此抗战之目的,在于抵御日本帝国主义之侵略,以救国家民族于垂亡;同时于抗战之中,加紧工作,以完成建国之任务。在中国历史上,民族战争不乏其例,然其关系,从未有如今日之深且巨者。日本帝国主义之侵略,在政治上将使中国失其独立与自由,在经济上将使中国永滞于产业落后之境遇,而为日本工商业之附庸,远非以前历史上一时的暂时军事

---

① 《王子壮日记》(手稿本)第四册,1938年4月2日,第431页。

② 《中国国民党历次代表大会及中央全会资料》(下),第475页。

③ 蒋介石日记1938年4月1日,斯坦福大学胡佛研究所藏蒋介石日记手稿影印件。

失败或政治失败可比。以此之故,吾人当竭其全力,为国家民族争取生存与独立;同时根据三民主义,继续不断完成政治上、经济上之建设,俾中国获得自由平等于世界。"①因此,抗战与建国并重成为中国抗战时期的主要方针与任务。

4月1日大会通过的《抗战建国纲领决议案》,则是这次临时全国代表大会所通过的最重要的议案。此项《纲领决议案》首先就其制定之目的作出说明:"中国国民党领导全国从事于抗战建国之大业,欲求抗战必胜,建国必成,固有赖于本党同志之努力,尤须全国人民戮力同心,共同担负。因此本党有请求全国人民捐弃成见,破除畛域,集中意志,统一行动之必要,特于临时全国代表大会制定外交、军事、政治、经济、民众,教育各纲领,议决公布,使全国力量得以集中团结,而实现总动员之效能。"关于总则,决议案要求"确定三民主义暨总理遗教为一般抗战行动及建国之最高准绳"。"全国抗战力量应在本党及蒋委员长领导之下,集中全力,奋励迈进"。其中外交方面,要求"本独立自主之精神,联合世界上同情于我之国家及民族,为世界之和平与正义共同奋斗"。"联合一切反对日本帝国主义侵略之势力,制止日本侵略,树立并保障东亚之永久和平"。"否认及取消日本在中国领土内以武力造成之一切伪政治组织,及其对内对外之行动"。同时要求尽力维护国际和平机构及保障国际和平的公约,增进中国与世界各国现存的友谊,并扩大其对中国的同情。军事方面,要求"加紧军队之政治训练,使全国官兵明了抗战建国之意义,一致为国效命"。"训练全国壮丁,充实民众武力,补充抗战部队;对于华侨回国效力疆场者,则按照其技能,施以特殊训练,使之保卫祖国"。"指导及援助各地武装人民,在各战区司令长官指挥之下,与正式军队配合作战,以充分发挥保卫乡土捍御外侮之效能;并在敌人后方发动普遍的游击战,以破坏及牵制敌人之兵力"。还要求安抚伤残官兵,

① 《中国国民党历次代表大会及中央全会资料》(下),第461—462页。

优待抗战人员家属等。政治方面，要求"组织国民参政机关，团结全国力量，集中全国之思虑与识见，以利国策之决定与推行"。"实行以县为单位，改善并健全民众之自卫组织，施以训练，加强其能力；并加速完成地方自治条件，以巩固抗战中之政治的、社会的基础，并为宪法实施之准绳"。"改善各级政治机构，使之简单化，合理化，并增高行政效率，以适合战时需要"。并要求整饬纲纪，严守纪律，严惩贪官污吏等。经济方面，要求"经济建设应以军事为中心，同时注意改善人民生活。本此目的，以实行计划经济，奖励海内外人民投资，扩大战时生产"。"以全力发展农村经济，奖励合作，调节粮食；并开垦荒地，疏通水利"。"开发矿产，树立重工业的基础，鼓励轻工业的经营，并发展各地之手工业"。"推行战时税制，彻底改革财务行政"。"统制银行业务，从而调整工商业之活动"。"巩固法币，统制外汇，管理进出口货，以安定金融"。还要求整理交通系统，增筑交通线路，严禁商业投机，实施平价制度。民众方面，要求"发动全国民众，组织农、工、商、学各职业团体，改善而充实之，使有钱者出钱，有力者出力，为争取民族生存之抗战而动员"。并要求在不违反三民主义最高原则及法令范围内，充分保障言论、出版、集会、结社自由；救济、组织和训练战区难民及失业民众；加强民众国家意识，辅助政府肃反活动等。教育方面，则要求"改订教育制度及教材，推行战时教程，注重于国民道德之修养，提高科学的研究与扩其设备"。"训练各种专门技术人员，与以适当之分配，以应抗战需要"。还要求训练青年与妇女，以增加抗战力量等①。

国民党召开临时全国代表大会，讨论制定抗战建国大计，这在当时国内产生强烈的反响。国内其他各派政治力量，尤其是中国共产党，对此次大会的召开予以相当关注。

在 1938 年 3 月 1 日，距离大会召开还有近一个月的时间，中共

---

①　《中国国民党历次代表大会及中央全会资料》(下)，第 484—488 页。

中央就致电蒋介石并转国民党临时全国代表大会全体代表，提出"当目前日寇深入和全国民众的抗战积极进行之际，加紧巩固和扩大我四万万五千万同胞的抗日民族统一战线，首先是巩固和扩大国共两党及一切抗日党派的合作，加强政府与民众间的互助，已成为国共两党同志和全体我国同胞的一致热望。"接着围绕如何推进国民党自身工作，如何加强国内团结，以及如何发扬民意争取抗战胜利等问题，提出中共自己的意见。其中关于巩固、扩大各党派的团结等问题，中共建议"一切问题的解决办法，应遵照中山先生的精神，建立一种包括各党派共同去参加的某种形式的民族革命联盟，即由各党派、各团体拟定一统一战线纲领，作为各方宣传鼓动共同遵守的方针；同时由各方代表组成一由上而下的（即中央与地方）统一战线组织，以规划抗日救国的大计和调解各党派、各团体间的关系。而参加此联盟之各党派，仍保存其政治上和组织上的独立性"。中共还就统一战线纲领的内容拟定、发表方式以及统一战线组织的形成方式提供具体意见。关于健全民意机关问题，中共建议"民意机关的形式，或为更扩大的国防参议会，或为其他形式均无不可，最主要的在于此机关要真能包括各抗日党派、各军队、各有威信的群众团体的代表，即包括真能代表四万万五千万同胞公意的人材；同时此机关要真有不仅建议和对政府咨询的作用，而且能有商量国是和计划内政外交的权力"。关于动员和组织民众问题，中共则提议将工、农、军、商、学各界组织为各种职业联合团体；同时根据地域原则，组织各地方统一的各界群众团体的领导机关，并在全国范围内成立统一的全国性领导机关，"以便真正实行有钱出钱，有力出力的原则，以便真正达到全国人力、物力、财力总动员的目的"①。3 月 25 日，中共中央又致电国民党临时全国代表大会，就如何加强团结，坚持抗战到最后胜利问题提出八条意见：运用

---

①　《中共中央抗日民族统一战线文件选编》（下），档案出版社 1986 年版，第 86—88 页。

一切宣传鼓动方法,增强国人必胜的信心;继续动员全国各种力量,保卫西北,保卫武汉;继续扩大与巩固抗日民族统一战线;继续扩大与巩固国民革命军;继续改革政治机构;继续动员全国人民;优待抗日军属和伤兵等;组织抗战的经济基础,建立、发展国防工业,并改进农业等①。临全大会结束后,《新华日报》以《国民党临时代表大会的成就》为题发表社论,指出:"这次国民党临时全国代表大会是最近十年来国民党最有历史意义的一个会议,因为这次会议表现了国民党更向前的进步,对于抗战时期许多重要的国策,更确定基本的方针。"社论肯定了大会坚持抗战到底的方针,在外交问题和内政政策上的重大进步,表示:"国民党这次临时全国代表大会的成就,正是中国继续抗战和争取胜利的重要步骤,我们深望这些进步的继续发展,这些成就的一一实现。"②

在国民党临全大会上议决通过的《抗战建国纲领决议案》,尽管没有完全吸取中共方面所提的建议,但中共中央在其关于国民党临全大会后的策略问题致长江局的电文中认为,"我党十大纲领(除此纲领外还没有其他整个纲领)同国民党纲领应说基本上是一致的。我们坚决赞助其实现,亦即为此"。还认为中共站在主动积极拥护纲领并促其具体实施的立场上,不仅能够取得全国最大多数人民的同情和拥护,而且能够取得国民党内一切进步分子的赞许,从而有利于开展对一切顽固势力的斗争。因此,电文中着重指出:"今天的中心策略,不是要国民党定出一个更完善的纲领,而是站在主动的积极地位,帮助国民党实施这个纲领,在实施中发展与提高它。"③ 可见,不仅在公开场合,而且在党内文件中,当时中共对

---

① 《中共中央文件选集》第十册,中共中央党校出版社1985年版,第487—489页。

② 《新华日报》1938年4月4日。

③ 《中共中央抗日民族统一战线文件选编》(下),第114—115页。

于国民党临全大会都予以了高度评价，表达了积极支持的态度。事实上，以后中共在向国民党当局争取抗战的合法地位与权益，在反对国民党顽固派的斗争中，一再把《抗战救国纲领》作为有关主张的基础和出发点。

当时的《大公报》针对国民党临时全国代表大会的召开，刊载了题为《全代会之决议及宣言》的社评。其中评论道："此次大会之特值称道者，为充分表现卫国建国的积极精神，而《抗战建国纲领》，就是此种精神之具体化。……其内容与半年来各方论者之志愿，大体相符，且有许多是当然必然的事实需要，无可论辩。"认为《抗战建国纲领决议案》的议决通过，一方面可以统一国民之意志，一方面更可以击碎日寇战败中国的迷梦。出于自身新闻媒介利益的考量，社评还对纲领案中宣布组织国民参政会，抗战期间在不违背三民主义最高原则及法令范围内充分保障言论出版集会结社等，予以高度赞许，视其"为扶植民权之重要规定"。并提出"抗战民权"的口号①。

抗战初期，中国国民党临时全国代表大会的召开，及议决通过一系列决议案，可谓当时国家政治生活中的一件大事。此次大会讨论制订了中国抗日战争的基本方略，决定了以后抗战时期中国的基本政治格局，在相当程度上统一了政府与民众的意志，为保障抗日战争的推进提供了思想理论和制度安排方面的基础，具有符合历史潮流的合理性、进步性。

第二节　战时党、政、军中枢机构的调整

除了确立蒋介石在党内的总裁地位之外，国民党临时全国代表大会还提出了政治机构的调整与改善。大会宣言便指出："对外抗战，虽在宪政时代之国家，亦必授权政府，俾得集中人民之力量，统一人民之

①　《中华民国史事纪要》(1938年1至6月)，第345—346页。

言论与行动，以同赴于国家至上之目的。""至于政治机构，为适应战时之需要计，应就各机关组织，加以调整，使之趋于简单化，有力化。"《抗战建国纲领》也提出："改善各级政治机构，使之简单化、合理化，并增高行政效率，以适合战时需要。"①抗战爆发之时中国尚处于训政时期，政治机构的调整便已经开始了。随着平津失陷、上海撤守、南京被占，国民党中央党部与国民政府各部被迫西撤，加上战局日趋严峻和持久化，遂使党、政、军中枢机构及其运作机制发生了重要变化。

　　1936 年 7 月在南京召开的国民党五届二中全会，曾议决成立国防会议。国防会议议长由军事委员会委员长担任，副议长由行政院长担任，其会员包括中央军事机关各长官、行政院关系各部长，以及中央特别指定的军政长官。国防会议之职权为审议国防方针、国家外交政策、关于国防事业与国家庶政的协进事宜、关于处置国防紧急事变事宜、国家总动员事宜、关于战时的一切组织以及其他与国防相关联的重要事宜②。1937 年 2 月，国民党五届三中全会决定重设国防委员会，作为全国国防最高决定机关，并对中央政治委员会负责。国防委员会正副主席由中央政治委员会正副主席兼任，其组织成员包括中央执行委员会常务委员、中央监察委员会常务委员、中央执委会常务委员会秘书长、中央政治委员会秘书长，五院院长，行政院秘书长、内政部、外交部、财政部、交通部、铁道部、实业部、教育部各部部长，军事委员会委员长、副委员长、办公厅主任、参谋本部总长、军政部、海军部部长、训练总监部总监，全国经济委员会常务委员。国防委员会的职权有国防外交政策的决定、国防作战方针的决定、国防费用的编制与筹备、国家总动员事项的决定、国防紧急事变的审议以及其他与国防有关重要问题的决定。另外，规定"国防委员会之决议及其行动，应绝对秘密。凡参与会议及工作人员，不得将任何决定事项向外发表"。"国防委员

---

① 《中国近代史资料丛刊·抗日战争》第三卷《政治》（上），第 97 页。
② 《中国国民党历次代表大会及中央全会资料》（下），第 414—416 页。

会为便利决议之执行,得直接秘密指导国民政府之军事及行政各高级机关,并督促其完成"①。但是,设立国防委员会的同时,并未取消国防会议。

　　1937年8月12日,国民党第五届中央执委会常务委员会第五十次会议决定设立国防最高会议,同时撤销国防会议以及国防委员会。《国防最高会议组织条例》通过之后,又先后经过1938年3月1日五届中常会第七十次会议和6月9日五届中常会第八十次会议两次修正。根据《修正国防最高会议组织条例》的规定:国防最高会议设主席副主席各一人,由军事委员会委员长任主席,中政会主席任副主席。国防最高会议组成人员有中央执行委员会常务委员、秘书长、各部部长、中央监察委员会常务委员、中央政治委员会秘书长,五院院长、副院长,行政院秘书长、各部部长,军事委员会委员、参谋总长、副参谋总长、军令部、军训部、政治部各部部长、军事参议院院长,以及由主席提名经本会议通过者等。国防最高会议的职权包括国防方针的决定、国防经费的决定、国家总动员事项的决定以及其他与国防有关重要事项的决定,并由主席指定九人为常务委员。《条例》还规定:"作战期间关于党政军一切事项,国防最高会议主席得不依平时程序以命令为便宜之措施。""国防最高会议常务委员每星期开会两次,全体委员会议由主席随时召集之。"②因此,国防最高会议在组成人员和行使职权方面均比此前的国防会议及国防委员会大为增加。更为重要的是,国防最高会议作为全国国防最高决定机关,在中政会存在时期,对中政会负责。事实上,由于中政会组织庞大,战时召集困难,而国防最高会议也包括了中政会的主要委员,于是在1937年11月16日,国民党中常会第五十九次会议

---

①　《中国国民党第五届中央执行委员会常务委员会会议纪录汇编》(上),第129—131页。
②　《中国国民党第五届中央执行委员会常务委员会会议纪录汇编》(上),第167页、第190—191页、第229—232页。

决定中政会"暂行停止,其职权由国防最高会议代行。"①至 1939 年 1 月底,国防最高会议常务委员会共举行会议 115 次②。

就在设立国防最高会议的同时,国民党中常会还决议设立大本营,由军事委员会委员长行使海陆空军最高统帅权,并授权委员长对于党政统一指挥③。旋即国防最高会议于 9 月 1 日决定:"吾国为自卫而抗战,不采宣战方式,故大本营之组织暂不公布,现就军事委员会改组充实内容。"④于是,军事委员会的组织迅速扩充,设置了作战、政略、国防工业、国防经济、国际宣传、民众训练、后方勤务、卫生勤务等部以及国家总动员设计委员会等⑤。1937 年 10 月,军事委员会之下增设了军法执行总监部,农产、工矿、贸易三个调整委员会以及水陆运输办事处。这样,军事委员会的权限已经超出了单纯的军事机构,扩充到政治和经济各方面,实现了军事与政治、经济的结合;战时司法权的行使和物资统制,也移转于军事委员会了。1937 年 11 月,军事委员会又进行了一次改组:中央组织部、训练部、宣传部暂时归军事委员会指挥;第二部(政略)取消职掌,与总动员有关事宜归并国家总动员设计委员会办理;第五部(国际宣传)取消其职掌,归中央宣传部办理;第六部(民众训练)以中央组织、训练两部并入之⑥。这次改组把国民党中央党部的部分工作系统归入了军事委员会,体现了党务与军事的合一。这样,大体实现了党、政、军中枢统一工作,军事委员会俨然成为战时内阁或大本

---

① 《中国国民党第五届中央执行委员会常务委员会会议纪录汇编》(上),第 177 页。

② 《中国国民党第五届中央执行委员会常务委员会会议纪录汇编》(上),第 364 页。

③ 国民党中常会第 51 次会议纪录(1937 年 8 月 27 日),《中国国民党第五届中央执行委员会常务委员会会议纪录汇编》(上),第 169 页。

④ 《国防最高会议第三次会议纪录》(1937 年 9 月 1 日),台北中国国民党党史馆藏档,009－1。

⑤ 《中国近代史资料丛刊·抗日战争》第三卷《政治》(上),第 51－52 页。

⑥ 《中国近代史资料丛刊·抗日战争》第三卷《政治》(上),第 52 页。

营了。

待到南京沦陷，国民党的党政军中枢机构内迁，其中大部分迁至武汉办公，还有一部分直接迁往重庆大后方。正面战场不得不大幅度西移，战线则更长了。由机构庞大臃肿的军事委员会来统领党政军中枢事务，难免指挥失灵困难。当时蒋介石军务繁忙同时兼任行政院长，实际上难以顾及。行政机构内部亦有根据需要进行调整的必要。于是，1938年初同时实施了军事委员会和行政院的调整。军事委员会本身减少了所属机构，具体为：1. 参谋本部及第一部合并为军令部；2. 训练总监部改为军训部；3. 第六部及政训处合并为政治部；4. 卫生勤务部与后方勤务部合并；5. 总办公厅和秘书厅并为办公厅。行政院方面，首先是蒋介石不再兼任行政院院长，由孔祥熙为院长，张群为副院长，有关机构的调整为：1. 海军部暂行撤销，相应事务归并海军总司令部办理；2. 实业部改为经济部，原建设委员会和全国经济委员会之水利部分并入之；3. 铁道部和全国经济委员会的公路部分并入交通部；4. 卫生署改隶于内政部。此外，军事委员会的若干部门划归行政院相应部门：1. 军事委员会第三部、第四部并入经济部；2. 原属于军事委员会的资源委员会、农产与工矿两个调整委员会，均归并于经济部；3. 原属于军事委员会农产、工矿、贸易三个调整委员会之下的水陆运输联合办事处，改隶于交通部；4. 原隶于军事委员会的禁烟委员会总会改隶于内政部，军事委员会委员长不再兼禁烟总监职务；5. 原隶军事委员会的贸易调整委员会改隶财政部①。至此，军事委员会和行政院都裁撤了骈枝部门，减少了机构数，从总体上得到了充实健全，同时党政军系统也合而复分，从战初的以军事指挥机构统驭党政军事务，大体上复归各自建制，并且符合简单化、合理化的原则。另外，这些调整还表明，虽然当时国民党政权在军事、政治、经济、外交诸领域都面临极大的困难，但是这个政权依然存在，并且能够维持着正常运作。

---

① 《中国近代史资料丛刊·抗日战争》第三卷《政治》（上），第52页。

　　1938 年 10 月广州和武汉失陷后，国民党最高当局意识到，中国进入了"持久抗战"的时期，旋即汪精卫集团叛离抗日阵营，冲击着抗日局势，造成了极大的政治混乱，党、政、军中枢机构有必要进行新的调整。蒋介石有过以下几方面的具体思考：1. 军事委员会本身机构，尤其是"整顿军委办公厅与侍从室"①。2. 是否正式确立大本营制，"大本营名称建立对敌利害之作用如何。若大本营成立可带宣战性质，则使敌知所戒惧"②。3."最高国防会议改为执行机关之利弊"③。其中，整顿军事委员会办公厅与侍从室，应当说与曾担任侍从室第二处副主任的周佛海随汪精卫出走，有着直接的关系。至于正式实行抗战初期决定的"大本营"制，蒋介石是有着较多的考虑的。1939 年 1 月中旬，蒋介石曾打算即将行政院各部，甚或其他院、会，划归军事机关直辖，以解决所面临人事与机构的困境④。具体而言，就是要修正国防最高会议组织条例，设置国防最高委员会，直隶于国民政府，统一党政军之指挥，中央执行委员会所属之各部会，及国民政府五院与军事委员会及其所属之各部会，兼受国防最高委员会指挥，使党政工作与军事行动能密切配合；国防最高委员会设委员长一人，由军事委员会委员长兼任；国防最高委员会下设国防会议，为国防最高决议机关，并在抗战期间代行中央政治委员会职权⑤。

　　然而，国民党高层对上述改制方案提出不同意见，认为日方正在攻击国民政府渐成"地方政权"，此时不宜削减机构，不宜为不必要之变

---

①　蒋介石日记 1938 年 12 月 27 日，斯坦福大学胡佛研究所藏蒋介石日记手稿影印件。

②　蒋介石日记 1938 年 12 月 9 日，斯坦福大学胡佛研究所藏蒋介石日记手稿影印件。

③　蒋介石日记 1938 年 12 月 30 日，斯坦福大学胡佛研究所藏蒋介石日记手稿影印件。

④　《王世杰日记》(手稿本)第二册，1939 年 1 月 14 日，第 15 页。

⑤　刘维开：《国防最高委员会的组织与运作》，政治大学《历史学报》第 21 期，2004 年 5 月，第 135－164 页。

更，授敌人以宣传之口实①。该提案在五届五中全会提出讨论时，引起与会者的责难，认为抗战无论败胜，其责任均应由中国国民党党员承担，决不可因为怕负责任，将国防最高委员会隶属国民政府；且这一安排既违反了国民党临全大会关于"中央采取以党驭政的形态"的决议，也违反了训政时期的组织体制②。最后，1939年1月下旬国民党五届五中全会修正通过的《国防最高委员会组织大纲案》，决定在改组国防最高会议的基础上，设置国防最高委员会："中央执行委员会于抗战期间设置国防最高委员会，统一党政军之指挥，并代行中央政治委员会之职权。中央执行委员会所属之各部会及国民政府五院、军事委员会及其所属之各部会，兼受国防最高委员会之指挥。"此外总动员委员会也直接隶属于国防最高委员会。国防最高委员会设委员长一人，由国民党总裁担任，规定："国防最高委员会委员长，对于党政军一切事务，得不依平时程序，以命令为便宜之措施。"③国防最高委员会组成委员包括中央执委会常务委员、监察委员会常务委员，国民政府五院院长、副院长，军事委员会委员，以及由委员长提名经中执会常务委员会通过者，并由委员会指定11人为常务委员。国防最高委员会组成执行委员有中央党部秘书长、各部部长、训练委员会主任委员、中政会秘书长，国民政府文官长，行政院秘书长、各部、会长，军事委员会参谋总长、副总参谋长、各部部长、军事参议院院长、军法执行总监办公厅主任、航空委员会主任、海军总司令，总动员委员会主任委员、副主任委员，战地党政委员会主任委员、副主任委员。相比较于国防最高会议仅作为国防最高决定机关并且仍对中政会负责，国防最高委员会不仅是国防的最高决定机关，而且是抗战期间统一党政军指挥的机关，并且完全代行中政

---

①　《王世杰日记》(手稿本)第二册，1939年1月18日，第18—19页。

②　刘维开：《国防最高委员会的组织与运作》，政治大学《历史学报》第21期，第138页。

③　《中国国民党历次代表大会及中央全会资料》(下)，第563—564页。

会的职权,成为一个决策兼执行的最高中枢机关。

1939 年 2 月 20 日,国防最高委员会正式开始运作办公,国防最高会议也相应结束。从 1937 年 8 月成立以来,国防最高会议的决策机关常委会共举行会议 115 次。同样,国防最高委员会的决策机关也是其常委会,通常每两周举行一次常委会议,有特殊需要时加开一次。从 1939 年 3 月 2 日举行第一次常委会议,到 1941 年 12 月太平洋战争爆发,国防最高委员会常委会共开会 69 次①,主要为听取外交、军事、财经等情势报告,讨论委员长交议案、重要政策的讨论案、国民政府及五院函请核定案、相关人事任免案等,处理五院、军事委员会、国民党中央执行委员会及其所属部会呈请鉴核备案等。

根据《国防最高委员会组织大纲》,国防最高委员会是“统一党政军指挥”的机构,但又隶属于中央执行委员会;另外,国防最高委员会还须把会议决议案函送中常会,列入报告事项。于是,国防最高委员会一方面集党权、政权与治权于一身;另一方面与最高党政机关之间的联系混乱。在国民党中常会并未因国防最高委员会的设立而停止活动的情况下,对于人事任免、法令规章等原来属于党务范围的权限,依然由中常会直接决定。

蒋介石以国民党总裁身份成为国防最高委员会的委员长,无疑有助于提高了该机构的权威性。但是在实际运作中,蒋介石亲自出席主持常务会议的情况并不多,从而使得国防最高委员会应有的功能降低了。此外,国防最高委员会体制上的党政军关系不分,也引发了一些异议和纠纷,如国防最高委员会与立法院之间围绕着立法权问题所产生的矛盾与纷争,等等。后来,在 1940 年 7 月召开的国民党五届七中全会上,针对战时党政军统一指挥后,行政效率比较低下,难以适应战争环境的现象,议决通过由蒋介石提交的《拟设置中央设计局,统一设计

---

① 《中国国民党第五届中央执行委员会常务委员会会议纪录汇编》(下),第 502 页。

工作,并设置党政工作考核委员会,以立行政三联制基础案》,决定进行行政改革,将行政工作的设计、执行、考核三个环节相衔接,实行行政三联制。同时,为了增进党政机关主管长官指挥效能,特别是加强最高领袖个人的权力机制,国民党中央又推行了幕僚长制度①。不过在抗战前半期,尽管这些后续的制度安排在某些层面上有所见效,但是其整体性效果不甚显著。

第三节　三民主义青年团的成立和运作

建立三民主义青年团,是抗战初期蒋介石试图改造国民党、扩大国民党统治基础的重要举措。

南京国民政府成立之后,国民党高层领导人对该党现状时有不满与担忧。早在1932年,孙科就曾表示:“自北伐以来未满民望,党之信用日减,迄至今日,民众对党已大怀疑。”②蒋介石也在国民党内的一些场合坦言对党务的失望之情。尤其是抗日战争爆发之后,全国民众包括广大青年表达出高昂的爱国热情,蒋介石担心国民党吸引青年、让人民诚心服从领导的能力③。蒋介石在不同场合,通过各种方式,积极推进三青团的筹组活动。1937年九十月间,蒋介石在南京数次召集CC、政学系、黄埔系、复兴社等派系重要人物开会,明确表示国民党内原来存在着的CC、复兴社和改组派等秘密小组织,已经完全不能适应抗战的需要,而应当予以解散,成立一个“大组织”,进而实现各党各派和全国的团结。在商议新成立组织的名称的时候,蒋介石反对加上“中国国

① 《中国国民党历次代表大会及中央全会资料》(下),第637页;徐矛:《中华民国政治制度史》,第322—331页。

② 《一周间国内外大事述评》,《国闻周报》,第9卷第3期。

③ 王良卿:《三民主义青年团与中国国民党关系研究(1938—1949)》,台北近代中国出版社1998年版,第34页。

民党"的字样,而主张以三民主义相号召①。

蒋介石非常重视三青团的筹备。1937年11月初,当华北战场和淞沪抗战受挫之时,蒋介石在考虑改组军事委员会和行政院、调整各省主席的同时,也在"研究青年团之组织"②。1938年1月,蒋介石进一步确定了"青年团组织之性质与干部名单",认为"青年团必须有政纲"③。蒋介石还亲自决定了三青团筹备委员会的名单。至此,三青团的成立已经是呼之欲出了。

1938年3月,国民党召开临时全国代表大会。蒋介石在致大会开幕词时指出:国民党目前存在的严重缺点就是组织松懈,纪律废弛,以致党的精神衰颓散漫,党的基础异常空虚。因此他认为大会最重要的任务应该是国民党自身的改进④。该次大会通过的《改进党务并调整党政关系案》中提出了党务改进与调整的原则,其中一条就是:"设立青年团。本党应以执政党之地位,训练全国青年,使人人信仰三民主义。故应设立青年团,将预备党员制取消。"大会通过的另一个议案《对于党务报告之决议案》也指出:"抗战实力,寓于民众,而青年尤为国家民族之瑰宝,本党应取消预备党员制,另设青年团,征求全国优秀青年而训练之,使各成为三民主义之信徒。"⑤会议通过修改后的国民党章程总章第一章第五条写道:"本党为训练青年设青年团,其办法另定之。"⑥这样,三青团的成立便在国民党体制内获得了最高法源依据。同年4月6日,国民党五届四中全会通过了《三民主义青年团组织要旨案》,该

---

① 康泽:《三民主义青年团成立的经过》,全国政协《文史资料选辑》第40辑。

② 蒋介石日记1937年11月4日,斯坦福大学胡佛研究所藏蒋介石日记手稿影印件。

③ 蒋介石日记1938年1月7日、20日,斯坦福大学胡佛研究所藏蒋介石日记手稿影印件。

④ 《中华民国史档案资料汇编》第五辑第二编《政治》(一),第374页。

⑤ 《中国国民党历次代表大会及中央全会资料》第四编《战时建设》(四),第476、501页。

⑥ 《中国近代史资料丛刊·抗日战争》第三卷政治(上),第104页。

案指出："为谋全国青年意志之统一，能力之集中，以充实国民革命之力量起见，依照本党总章第五条之规定，设立三民主义青年团。"并规定青年团设团长一人，由国民党总裁兼任之；设评议长一人，评议若干人，组织评议会；青年团干部由团长指派之；青年团为公开团体①。经蒋介石指定，有陈诚、陈立夫、张道藩、朱家骅、谷正纲、贺衷寒和康泽等人进行了三青团的筹备工作②。1938年6月16日，《三民主义青年团团章》公布，共15章72条。这样，三青团的筹备工作基本完成了。

经过酝酿与筹备，1938年7月9日，三民主义青年团临时中央干事会在武昌成立，蒋介石自兼团长。成立仪式上，蒋介石首先进行宣誓："中正正心诚意，与本团全体同志一心一德，矢忠矢信，继承总理遗志，实行三民主义，捍卫国家，复兴民族，以克尽上对亿万世之祖宗，下对亿万世之后代，中对全国国民与世界人类所负之责任。"三青团临时中央干事会全体干事、中央团部各处正副处长和工作人员，在蒋介石的监督下宣誓："余誓以至诚，力行三民主义，服从团长命令，严守团纪，执行决议，实践新生活信条，为国家尽忠，为人民服务，不辞劳怨，不惜牺牲，如违誓言，愿受最严厉之制裁。"③

三青团中央团部设干事会，干事会的职权有：执行团长命令；决定工作计划；组织下级团部并指挥监督之；办理监察会移付执行的案件；编制预算决算支配全团财务。干事会下设书记长办公处、组织处、训练处、宣传处、经济处、社会服务处、总务处。各处均有专门负责人专司其职。1940年4月，书记长下又增设女青年处。

三青团成立时，中央临时干事会干事31人，以陈诚、朱家骅、陈立夫、贺衷寒、张厉生、段锡朋、陈布雷、谭平山、谷正纲9人为常务干事，其中陈诚被蒋介石指定为书记长。嗣因陈诚承担的前方军务繁重，加

① 《中国国民党历次代表大会及中央全会资料》（下），第516—517页。

② 《中国近代史资料丛刊·抗日战争》第三卷《政治》（上），第119页。

③ 《中华民国史档案资料汇编》第五辑第二编《政治》（三），第723页。

派朱家骅兼代书记长职务。1939 年 9 月 1 日,三青团中央干事会在重庆正式成立,陈诚等 35 人为干事,程思远等 15 人为候补干事,陈诚等 9 人为常务干事,陈诚仍为书记长。1940 年 9 月,陈诚因军政事务繁忙辞去三青团干事会书记长,专任第六战区司令长官兼湖北省政府主席,蒋介石另指派张治中为三青团中央干事会书记长。1941 年 11 月中央干事会干事任期届满后,蒋介石重新选派张治中等 49 人为干事,毛庆祥等 19 人为候补干事,张治中为中央干事会书记长,下设书记长办公室、组织处、训练处、宣传处、社会服务处、女青年处、法规审查委员会、人事甄审委员会、财务委员会①。

三青团中央团部还设立监察会,由团长选派 15 人为监察,9 人为候补监察。团长从监察中选派人组成常务监察会,并由团长从常务监察中选派一人为书记长。监察会的主要职权有:监察团务进行;检举并审议干部及团员违反纪律案件;稽核全团决算及经费收支;指挥下级监察工作②。1939 年 9 月,中央监察会监察为邵力子、陈布雷等 35 人,其中王世杰、朱家骅、陈布雷、邵力子、罗家伦为常务监察,王世杰为书记长,下设书记长办公室,包括总务、审查、稽核 3 个组。1941 年 11 月,第一届监察会期满,其中黄仁霖监察、袁守谦、陶百川二位候补监察调任中央干事,马君武监察病逝,于是以顾孟馀、吴南轩为监察,张洪元、余井塘为候补监察,余均连任③。

三青团团章还规定设指导员若干人,由团长聘任,负责指导团务。1941 年 11 月,蒋介石首聘 9 人为三青团中央团部指导员,他们是吴稚晖、戴季陶、孙科、何应钦、白崇禧、陈果夫、叶楚伧、张伯苓、蒋梦麟④。

三青团组织除了中央团部外,下设支团、区团、分团等组织,根据战

①　王良卿:《三民主义青年团与中国国民党关系研究(1938—1949)》,第 43 页。
②　《中华民国重要史料初编》第四编《战时建设》(四),第 472 页。
③　张宪文等:《中华民国史》第三卷,第 262 页。
④　张宪文等:《中华民国史》第三卷,第 262 页。

地与后方并进、学校与地方并重的发展原则,先在重要地点建立组织,逐渐扩充至各地区及各部门,包括内地各省、敌后战区、边疆海外。到1944年12月底,三青团建立有支团26个,区团35个,分团970个,合计达1031个组织单位,包括设于行政区者878个,战区19个,边疆13个,海外25个,学校72个,训练班团21个,其他区域3个。三青团成立后,非常注重发展团员,扩大团员的总数。据统计,1938年三青团成立的当年总人数仅为9207人,但第二年即1939年的团员总数已经扩大到89,664人,1940年更是发展到了总数达259,147人,1941年总数达421,161人,1944年则发展到了887,865人①。三青团团员的年龄构成中,按照1944年的统计,16岁至30岁占94.28%,30岁以上者为5.72%。以教育程度来看,中等学校毕业者最多,小学毕业者其次,受高等教育者较少②。

　　三青团成立后,中央团部和地方团部即大力举办干部训练班团,从1938年到1944年,受训干部达11,011人,后来扩充为三青团中央干部学校。另外,根据蒋介石1939年5月关于举办青年营的手令,同年三青团中央团部和四川支团部分别在重庆、成都两地试办夏令营,以后成为三青团训练干部的重要方式,得到迅速的发展。1939年的重庆、成都两地夏令营共有学员719人;1940年则举办了重庆、成都和城固三个营,学员数增加至1429人;1941年发展至重庆、成都、陕西、贵州、福建五个营,学员共2496人;1944年则共举办19处夏令营,学员总数6157人③。三青团举办夏令营既有刷新青年道德观和政治观的使命,还有着扩大组织的目标,训练对象以中学以上学生为主,学员不限于具备团籍者,训练内容包括政治训练与文武体育各种课程。

---

　　①　王良卿:《三民主义青年团与中国国民党关系研究(1938—1949)》,第116页。

　　②　康泽:《三民主义青年团成立的经过》,全国政协《文史资料选辑》第40辑。

　　③　王良卿:《三民主义青年团与中国国民党关系研究(1938—1949)》,第96页。

三青团还采用多种方式开展宣传工作，如中央团部创办青年书店和青年印刷所，编印《中国青年》月刊、《三民主义》半月刊、《文化新闻》周报，开展对国内外青年的广播。各级地方团部也都出版有刊物。此外还三青团并把宣传工作与各种服务活动、娱乐活动结合起来，如办理青年馆、服务社，举办演讲会、座谈会、展览会、音乐会、游艺会，组织开展慰劳征属、旅行竞艺等活动。一些地方的团部还设立了农场、林场、工厂、合作社。另外，三青团举办的青年学业和职业辅导，也受到广泛的欢迎。

处于战区的三青团组织和成员，还参加了协助军队作战、疏散难民、安抚流亡等工作，如武汉会战后期的撤退，以及河南与湖南的数次战役中，都有三青团组织进行着运送伤员、担任向导和慰劳军队等工作。而处于敌后的三青团组织和成员，则与日伪进行着各种方式的斗争。

总体来看，抗战初期三青团的建立与开展的基本活动，主要服务于蒋介石整饬不同秘密团体、促使国民党进行除弊更新的目标，同时在国统区青年群体中扩大了蒋介石的影响，扩大了国民党政权的社会基础。另外，也有助于推进当时国民党确立的抗战纲领和基本政策，对抗战事业有着积极的作用。

随着三青团的筹备和成立，原先处于国民党体制内的复兴社、青白团等秘密团体停止了活动。但是，旧有的派系之争不仅没有中止，相反却以新的样式得以存续甚至发展了，其结果对国民党的体制及其运作造成了冲击。

三青团成立后，其与国民党的关系颇为微妙和复杂。如前所述，根据国民党临时全国代表大会通过的党章，三青团是由国民党所设立的。但是，三青团的创建者蒋介石，虽然是以国民党总裁的身份兼任三青团团长和总揽团务，却明确反对在三青团的名称中加入"中国国民党"，明确表示不想使三青团成为国民党组织的下属部门，以避免其沾染国民党的弊端与恶习。正如蒋在《为组织三民主义青年团告青年书》中所称："应使此组织，成为网罗全国优秀热烈青年及革命分子之唯一组织。"①值得注意的是，蒋介石在文中明确提到"求抗战建国之成功"和"求三民主义之具体实现"，仅笼统谈"中正受命党国"，但却不明确提及中国国民党。另外，1939年12月4日，三青团中央干事会书记长陈诚在第五期党政训练班作"关于三民主义青年团之宗旨及今后团务推进方针"的宣讲时，就国民党与三青团之间关系有如下说明：从本党与本团的组织系统上来讲，党部与团部都各有其一贯的系统，本党以政纲政策领导整个的团，但各级平行的党部与团部并不发生隶属关系；他还引用了蒋介石在《党与团的关系》训词中的说法："在整个系统之下，党部指导团部，党员指导团员，为的是要共同为我们主义而奋斗，但要知道'指导'与'指挥'不同，指挥有上下统属的关系，指导完全是引导辅助的意思，故不仅党员指导团员，团员也可以指导党员，并且党员团员都可以尽忠竭智辅助领袖……团员应知道团的基础在于党的健全与充实，党员应知道党的前途有赖于团的向前开展，互相辅助，互相提携，向共同的目标而努力。"②这一说法可以为国民党和三青团各持一端，各为所用。

另外，从三青团征收团员的年龄规定来看，最初上限为28岁，后来调整为16至30岁的青年都可以加入为团员，且"对本团工作有特殊需要者"不受上述年龄限定③。这就使得三青团与国民党间界限变得比较模糊。事实上，三青团成立之后，其征集发展团员的速度远超过国民党。1938年三青团成立，当年团员数为9207人，同年国民党党员数为633,402人，党、团员比例为68.80∶1；待到1941年时，国民党人数为1,745,697人，三青团则发展至421,162人，党、团员人数比例仅为

　　① 蒋介石：《为组织三民主义青年团告青年书》(1938年6月16日)，《中华民国重要史料初编》第四编《战时建设》(四)，第427页。
　　② 《中华民国史档案资料汇编》第五辑第二编，政治(三)，第729—736页。
　　③ 《中华民国史档案资料汇编》第五辑第二编，政治(三)，第783页、第786页。

4.14∶1。而到 1944 年,这一比例进一步缩小到 3.13∶1①。三青团的发展势头,仅从成员数量上来看,大有直追国民党之势。

对于党团之间的关系,国民党也一直试图通过各种途径,采取各种方式进行解决。1939 年,国民党制定《党与团之关系及其实施办法》,其中规定:国民党征收党员,以 25 岁以上为原则;团员满 25 岁时由中央团部介绍入党;在校学生虽满 25 岁,仍应入团,已经入党者,由中央党部令其入团,保留党籍②。1940 年 11 月 25 日,国民党五届中常会第一百六十三次会议通过《确定党与团之关系办法》,规定:"团应服从党的领导,党应扶植团的发展。"党的工作应注重与政治配合,团的工作则注重与教育配合,但二者的工作互相配合,力避重复抵触。同一地区如有党与团的组织,党不征收未满 25 岁者入党,团不征收已满 25 岁者入团,现有团员如年龄已满 25 岁以上者,一律介绍入党;现有党员如年龄未满 25 岁者,一律划入青年团,保留其党籍,但党与团的各级干部及工作人员,不受上述年龄的限制。党的活动范围注重于社会,各种民众团体内的团员在民众运动领导方面参加党团组织,由党部统一领导。团的活动范围注重青年学生,各级学校党部不征收学生为党员,青年运动及童子军少年团并由团领导③。1941 年国民党五届中常会第一百七十八次会议通过《确定党与团之关系办法实施细则》,其中又规定:研究生不以学生论。各级军事学校、各部队、各陆海空军干部训练机关、各交通路线及中央政治学校专设党部。凡是一个地区或学校尚未成立团队者,该地区或学校党部对青年工作照旧进行④。

---

①　王良卿:《三民主义青年团与中国国民党关系研究(1938—1949)》,第 116 页。

②　《中华民国史档案资料汇编》第五辑第二编《政治》(三),第 733 页。

③　《中国国民党第五届中央执行委员会常务委员会会议纪录汇编》(上),第 648 页。

④　《中国国民党第五届中央执行委员会常务委员会会议纪录汇编》(下),第 736 页。

　　然而,国民党与三青团之间客观上的组织关系准二元化、成员来源的相叠,加上三青团强烈的政治参与性,使得两者之间出现了恶性的"双轨竞进"①,争议不断,且有愈演愈烈之势。这种党团之争加剧了国民党体制内本已存在的派系政争,使得战时本已十分稀缺的各种资源无端耗费,并且销蚀了国民党政权的基础,对战时国民党的体制造成了相当的冲击。

第四节　国民参政会的设立

　　1938 年召开的国民参政会,被视为抗战初期政治生活走向民主化的重要标志,是各党派代表和社会贤达可以公开表达政见的讲坛。

　　国民参政会的倡设最早见于 1932 年 12 月召开的国民党四届三中全会,那次全会议决通过了《定期召集国民参政会,并规定组织要点,交常会切实筹备,以期民意得以集中,训政早日完成案》。该案建议应于 1933 年内召集国民参政会,国民参政会代表参用选举和延聘两种方法产生,国民参政会职权应以训政时期约法为基础,参酌中央政治会议及国难会议所举各点规定之,关于国民参政会的一切法规,应交由中央执行委员会常务会议于四个月内依照立法程序制定颁行②。1933 年 2 月 23 日,国民党四届中执会第五十九次常会通过了《国民参政会组织法》。3 月 2 日,四届中执会第六十次常会又制定《国民参政会会员选举法原则》。依据上述两法,国民参政会会员总数定为 160 人,其中由各省市职业团体、蒙古、西藏以及华侨选举 150 人,由国民政府从全国各界富有学识资望者中聘任 10 人。国民参政会的职权有四项:一是审议国民政府交议的预算案、宣战案、媾和案以及其他重要国际事项;二

---

　　① 　参见王良卿:《三民主义青年团与中国国民党关系研究(1938—1949)》,第二章,第 87－194 页。

　　② 　《中国国民党历次代表大会及中央全会资料》(下),第 181 页。

是关于政治设施,得建议于国民政府或者请求国民政府予以说明;三是得提出法律案于国民政府;四是得接受人民的请愿。国民参政会每年开常会两次,国民政府认为有必要时得召开临时会。党政要员皆得列席会议①。

可是,原拟定于1933年内召集的国民参政会,由于国内时局的原因而一再搁置推延。待到1937年7月7日中国抗战全面展开,为了采纳民意,体现战时民主,以适应全面抗战的需要,国民政府曾于1937年8月中下旬召集国防参议会。国防最高会议起初聘任国防参议员14人,即张伯苓、胡适、张嘉森、蒋梦麟、马君武、曾琦、李璜、黄炎培、沈钧儒、张耀曾、毛泽东、晏阳初、傅斯年、梁漱溟。至11月初增加到24人,到当年底国防最高会议常务委员会议通过《国防参议会扩充参议员名额案》,把国防参议会参议员之名额扩大至75人②。尽管国防参议会本身在组织、职权上比较简陋,且其实际发挥的功能也极为有限,但它毕竟是"民主在抗战期间开始发展的小小萌芽",成为后来"国民参政会的胚胎"③。

随着以国共第二次合作为基础的抗日民族统一战线的形成,尽快召集国民参政会,广泛集聚民意共赴国难,便成为众望所归。1938年3月31日,国民党临时全国代表大会第三次会议通过了《组织非常时期国民参政会以统一国民意志增加抗战力量案》。该案首先阐述设置国民参政会的必要性:"唯是民族国家在此危急存亡千钧一发之际,欲求国事万几,算无遗策,尤宜遍集天下贤才、民众领袖,共襄大计,以济事功。且本党五全大会曾有召集国民大会之决议,兹当抗日战争爆发,国

---

① 　徐矛:《中华民国政治制度史》,第290—291页。

② 　《国防最高会议第一次会议纪录》(1937年8月14日),台北中国国民党党史馆藏档00.9—1;《国防最高会议常务委员第三十九次会议纪录》(1937年12月31日),党史馆藏档00.9—5。另参见刘维开:《战时党派合作的开端——国防参议会研究》,《纪念七七抗战六十周年学术研讨会论文集》(上),台北"国史馆"1998年。

③ 　孟广涵主编:《国民参政会纪实》(上),重庆出版社1985年版,第41页。

民大会既难召集，则设置国民参政会，以统一民众意志，增加抗战力量，似不可缓。"关于国民参政会组成会员，该案认为由中央就原当选国民大会各省市各职业团体代表召集三分之一充任之，并由中央聘请专家会员若干人，其数额不得超过前项会员总数的四分之一。关于国民参政会的职掌，该案规定有四项：抗战时期政纲政策之初步决定权；预算决算之初审权；对行政院院长、副院长及各部部长行使同意权；其他有关国家大计之建议权、质询权。关于国民参政会与行政院、中央党部的关系，该案建议：除国民参政会对行政院院长、副院长以及各部部长行使同意权外，如其对行政院长、副院长及各部部长人选不同意时，得请另提人选，如果第二次所提人选仍不得国民参政会同意时，应该移送中央党部解决之；国民参政会之建议及质询事项，如行政院认为无法执行，或者国民参政会认为不满意时，得移请中央党部解决之；国民参政会行使其职掌之前两项时，仍须送请中央党部为最后决定。

国民党临时全国代表大会通过的关于设置国民参政会的议案，同1933年制定的《国民参政会组织法》等比较，具有三个特点：1.国民参政会组成会员人数增加，尤其是专家会员人数。原组织法规定由各省市职业团体、蒙古、西藏以及华侨选举150人充任会员，现该议案规定，由中央就原当选国民大会各省市各职业团体代表480人中召集三分之一，即160人充任会员。原组织法规定由国民政府从全国各界富有学识资望者中聘任10人充任会员，现议案规定由中央聘请专家会员若干人，其数额不得超过前项会员总数160人的四分之一，即40人充任会员。2.国民参政会职权的规定更为准确、严格，也更符合实际。1933年的《组织法》规定，国民参政会对国民政府交议的预算案、宣战案、媾和案，以及其他重要国际事项具有审议权，现议案规定国民参政会对抗战时期政纲政策具有初步决定权，对预算决算具有初审权，而最终决审权与决定权属于国民党中央党部。3.关于国民参政会对行政院主要官员人选行使同意权的规定，在当时历史条件下，可谓具有体制创新的趋向。"这是自孙中山本人建立政权以来，国民党人首次提出把中央政府行政长官的任命交给议事机构认可的主张,已经突破了军政、训政制度的范畴,不能不说是对于当时社会上团结抗日潮流的一种回应"①。针对此项议案,国民党临全大会作出的决议是:"在非常时期,应设一国民参政会,其职权及组织方法,交中央执行委员会详细讨论,妥订法规。"同时,在此次大会通过的《抗战建国纲领决议案》之政治部分中,也建议"组织国民参政机关,团结全国力量,集中全国之思虑与识见,以利国策之决定与推行"。最后,在临全大会宣言中就此宣称:"惟为适应战时之需要计,应就各机关组织加以调整,使之趋于简单化,有力化,并应设立国民参政机关,俾集中全国贤智之士以参与大计。……此固所以充实抗战之力量,而民权之基础,亦于此建立。"②

　　1938年4月7日,国民党第五届四中全会通过了《国民参政会组织条例案》以及各省市应出参政员名额表。经国民党总裁蒋介石核定后,4月12日国民政府正式公布《国民参政会组织条例》,计15条。该条例首先规定:"国民政府在抗战期间,为集思广益,团结全国力量起见,特设国民参政会。"关于参政员总额150名的分配,条例第三条规定:(甲)由曾在各省市(指行政院直辖市)公私机关或者团体服务三年以上,且著有信望之人员中,共选任88名;(乙)由曾在蒙古西藏地方公私机关或团体服务,著有信望,或熟谙各该地方政治社会情形信望久著之人员中,共选任6名;(丙)由曾在海外侨民居留地工作三年以上,著有信望,或熟谙侨民生活情形,信望久著之人员中,共选任6名;(丁)由曾在各重要文化团体或经济团体服务三年以上,著有信望,或努力于国事信望久著之人员中,共选任50名。关于参政员的选任程序,条例规定:1. 候选人的推荐上,前(甲)(乙)(丙)(丁)四项参政员的候选人,或由各省市政府及各省市党部联席会议、或由国防最高会议、或由蒙藏委员会、侨务委员会,按照应出名额加倍提出。2. 候选人资格的审查上,

① 徐矛:《中华民国政治制度史》,第292页。
② 《中国国民党历次代表大会及中央全会资料》(下),第506、486、469页。

前四项参政员候选人经推荐后,由国防最高会议汇送国民党中执会,提付国民参政会参政员资格审议会审议,待审议结束后,其结果报告国民党中执会。而国民参政会参政员资格审议会委员由国民党中执会指定。3. 候选人的选定上,国民党中执会于接受国民参政会参政员资格审议会审议报告后,即按照前(甲)、(乙)、(丙)、(丁)四项各应出参政员名额,提出中执会会议决定之。另外,按照该条例,各省市应出参政员名额为:

江苏、浙江、安徽、江西、湖北、湖南、四川、河北、山东、河南、广东,以上各出 4 人;

山西、陕西、福建、广西、云南、贵州,以上各出 3 人;

甘肃、察哈尔、绥远、辽宁、吉林、新疆、南京市、上海市、北平市,以上各出 2 人;

青海、西康、宁夏、黑龙江、热河、天津市、青岛市、西京市,以上各出 1 人①。

关于参政会的职权,条例虽然规定:"在抗战期间,政府对内对外之重要施政方针,于实施前,应提交国民参政会决议。""前项决议案经国防最高会议通过后,依其性质交主管机关制定法律或颁布命令行之。""国民参政会得提出建议案于政府。""国民参政会有听取政府施政报告暨向政府提出询问案之权。"但同时规定:如遇有紧急特殊情形,国防最高会议主席得依据《国防最高会议组织条例》,以命令为便宜措施,不受前项的限制。条例还规定:国民参政会设置议长、副议长各一人,由国民党中执会选任之②。因此,同上述临全大会有关议案内容比较,此《国民参政会组织条例》的相关规定中,除分配给专家学者范围的参政员名额有所增加外,其在参政员的选任程序上,具有国民党一党包办的

---

① 《中国近代史资料丛刊·抗日战争》第三卷《政治》(上),第 206 页。

② 四川大学马列教研室编:《国民参政会资料》,四川人民出版社 1984 年版,第5—8 页。

明显特征；在国民参政会的职权规定上，也呈现出相当大程度的倒退。最初，国民党最高决策层曾有将立法院并入国民参政会之议，其职权亦即移归该会。由于立法院长孙科的反对，遂仍维持立法院①，是以国民参政会的职权中并不包括立法权。

1938 年 6 月 16 日，国民党第五届中常会第八十一次会议作出决议：对《国民参政会组织条例》第三条进行修正，将国民参政会设置参政员的总额，由 150 名增加到 200 名，即由曾在各重要文化团体或经济团体服务满 3 年以上且著有信望，或者努力于国事且信望久著人员中，原共选任 50 名，现修改为遴选 100 名。同时决议：选任汪精卫为国民参政会议长，张伯苓为副议长②。7 月 1 日，国民政府又公布《国民参政会议事规则》和《国民参政会秘书处组织规则》。

经过一段时间的酝酿与准备，1938 年 7 月 6 日，国民参政会第一届第一次会议在汉口两仪街 20 号上海大戏院开幕。出席开幕式的有国民参政会议长、副议长、秘书长、副秘书长及参政员 130 余人。各院部会长官、中央委员、外宾及中外记者、参政会秘书处职员共 1000 余人。由议长汪精卫致开幕词。其开幕词中就国民参政会的重要使命宣称："在此伟大而艰难的抗战中，非'政府有能'不能应付时局，非'民众有权'不能使政府集中全国的心力物力，以供抗战建国之用。""抗战建国需要民众力量，尤其是需要将这些民众力量集中起来，施以训练，加以领导。""国民参政会的最大努力，便在如何担负起这重要的使命！"因此，"国民参政会开会之际，惟望根据着组织条例所授与之职权，与议事规则所规定之程序，同心戮力，以求《抗战建国纲领》之实施"③。

---

① 《王世杰日记》（手稿本）第一册，1938 年 4 月 8 日，第 238—239 页。

② 《中国国民党第五届中央执行委员会常务委员会会议纪录汇编》（上），第 234 页。

③ 《开会式议长汪兆铭致词》，《中华民国重要史料初编》第四编《战时建设》（一），第 202—206 页

　　国民参政会第一届第一次会议从7月6日始至15日止，除了开会式、休会式及各组审查会议外，前后共举行10次大会，先后听取了行政院长孔祥熙的政治报告、军政部长何应钦的军事报告、内政部长何键的内政报告、外交部长王宠惠的外交报告、教育部长陈立夫的教育报告、财政部长孔祥熙的财政报告、交通部长张嘉璈的交通报告、经济部长翁文灏的经济报告、政治部长陈诚关于民众组织与训练的报告、监察院长于右任的监察工作报告等。行政院、立法院、司法院、考试院和监察院并都提供了详尽的书面报告。参政员对于各项报告多有口头或书面询问案，各部长对此分别作出口头说明或书面答复。此次会议提案共129件，设五个审查委员会，最后通过决议案120件。其中军事方面有改善征兵办法加强抗战力量等18件，外交方面有调整外交机构刷新外交阵容等11件，内政方面有改善各级行政机构设立省、县参议会完成自治等32件，财政经济方面有巩固法币节制资金外流与推行战时税制等36件，教育文化方面有战时各级教育实施方案等10件，另有关于会务的数件议案。提案中最为重要的是7月12日大会上通过的《拥护抗战建国纲领案》，此案是在合并郑震宇等参政员28人所提《精诚团结，拥护抗战建国纲领案》、陈绍禹等参政员67人所提《拥护国民政府，实施抗战建国纲领案》，以及王家模等参政员21人所提《拥护抗战建国纲领案》三案的基础上产生的。该案中宣称："拥护民国二十七年四月中国国民党临时全国代表大会所通过之抗战建国纲领。切望国民政府制定实施办法，督促各级政府，切实施行。同人当随全国国民之后，依据此项纲领，在最高统帅蒋委员长领导之下，努力奋斗，以取得抗战最后之胜利，而达到建国之成功。"据称该案付诸表决时，"全体一致起立通过，掌声雷动，历数分钟不止。此为国民参政会最有意义最有重要性之表示"①。参加会议的参政员普遍认为，通过的各项议案如能切实执

---

　　①　《国民参政会资料》，第90—91页。

行，"是可以逐渐踏上民主政治的道路，增加抗战建国的力量"①。

根据国民参政会条例规定，国民参政会每三个月开会一次，会期十天。为了在休会期间能够听取政府各种报告及决议案之实施经过，须设驻会委员。国民参政会第一届第一次会议通过无记名投票方式，选出了驻会委员，共25人：张君劢、左舜生、曾琦、张炽章、胡石青、董必武、陶希圣、孔庚、胡适、刘百闵、蒋方震、秦邦宪、傅斯年、刘薰静、邓飞黄、范予遂、许孝炎、马亮、梁漱溟、刘叔模、郭英夫、李永新、罗隆基、沈钧儒、陈绍禹。以后各次参政会大会，均要选举驻会委员会。

7月15日，国民参政会第一届第一次会议闭幕，并发表宣言，庄严宣布："中国民族必以坚强不屈之意志，动员其一切物力、人力，为自卫，为人道，与此穷凶极恶之侵略者长期抗战，以达到最后胜利之日为止。"

国民参政会的召开，引起了社会各界的广泛关注。中共及各民主党派、无党派人士和社会团体，尤其是各类报刊媒体等，在国民参政会召开前后，纷纷通过各种方式，提出意见，发表评论，表现出极大的热情。

国民参政会召开前夕，《新华日报》提出参政会作为民意机关应有最低限度的五条原则：所有参政员在会议上有自由发表意见和自由讨论的权利；参政员在会议上的言论，除涉及军事秘密范围者外，有向外公开发表的权利；参政员在会议上所发言论，不论其是非与否，会外人士不得擅自制裁；参政员有向各地实行调查访问的权利；参政会开会期间民众团体代表及新闻记者得列席旁听②。《大公报》则阐述了国民参政会诞生的意义，认为"凡是中国人，不分种族，不分党派，不分阶级，不分老幼男女，都在抗战建国的中心领导之下，一致从事神圣的民族解放战争"。进而提出，国民参政会的运作不但可以巩固战时团结，而且预示战后政治归趋；政府召集国民参政会的目的在于"发挥民权主义，建

---

① 邹韬奋：《参政会第一届大会的总结》，《抗日战争》第三卷《政治》（上），第173页。

② 社论：《论国民参政会的职权和组织》，《新华日报》1938年4月18日。

树民主政治"；国民参政员"须要本自己的理智学识，竭诚行使其职权"①。《申报》也发表社评《国民参政会之意义》，认为国民参政会的召集"在战时既可集中全国之识见与思虑，以谋求取最后之胜利；在战后亦可树立民主政治之基础"②。尤其是国民参政会开幕的前一天即7月5日，毛泽东、陈绍禹、秦邦宪、林祖涵、吴玉章、董必武、邓颖超七位中共当选参政员联名发表《我们对于国民参政会的意见》，认为目前最紧急而有待于迅速提出方案以求解决的问题主要有：如何动员一切力量保卫武汉及有效进行第三期抗战；如何改革流弊百出的征兵制度而代之以广大的政治动员的征募办法；如何采取具体办法真正达到"有钱者出钱"的目的；如何保证最低限度人民生活的改善；如何普遍地发动、组织民众；如何确保人民言论、集会、出版、结社的自由及保证各抗战党派的合法权利；如何真正有效地训练青年；如何改善各级政治机构；如何认真推行地方自治，等等。

　　7月7日，《新华日报》刊登宋庆龄的撰文《抗战的一周年》，文中针对国民参政会即将开幕，建议国民政府"不仅听取彼等意见，贵能迅速执行彼等所提有利于民族国家及保障抗战胜利之提案！进而能改变参政会之职权，不仅为一中枢政府之咨询机关，而为民主政治国会职权之实"③。1938年7月6日国民参政会正式开幕，当日《新华日报》发表社评《祝国民参政会成功》，认为："在抗战异常紧张的今天……全国人民希望着国民参政会能够解决具体的保卫武汉争取第三期抗战胜利的方案，建议政府，协助政府，动员军民财物，为着前线上的胜利而奋斗。"④同日，《大公报》也刊载社评《祝国民参政会开幕》。7月11日，《新华日报》又刊载《中国学生救国联合会上国民参政会建议书》，提出四项请

①　社评：《国民参政会的诞生》，《大公报》1938年6月18日。

②　《国民参政会之意义》，《申报》（汉口版）1938年6月19日。

③　《国民参政会纪实》（上），重庆出版社1985年版，第76—79、106页。

④　《国民参政会纪实》（上），第117—118页。

求：请求国民政府具体施行战时教育；请求政府统筹全局救济失学、失业青年学生；请求政府辅助青年学生组织国际代表团，常驻各国进行国际宣传；请求政府颁布一明确的群众团体登记条例。同日，《新华日报》还译载苏联《真理报》就中国国民参政会开幕所发表的评论。该评论称：中国国民参政会的开幕，"在中国历史上，为一重大之事件，无疑的，对于中国人民反抗日本侵略者之民族解放战争，颇为重要"。"国民参政会乃巩固与扩展统一战线一重要阶段，在进一步团结国内各势力，以武力抵抗日本侵略者上自具有莫大意义"①。7 月 16 日，即国民参政会第一届一次会议闭幕的次日，《新华日报》发表社论《国民参政会第一次大会的成功》。该社论认为，国民参政会第一次大会之成功在于五个方面：代表全国同胞又一次确定了"抗战到底，争取国家民族最后胜利"的国策；代表全国同胞明白宣布了"各党各派各界合作的抗日民族统一战线"的方针；代表全国同胞第一次确定了"实行民主政治"的方针；代表全国同胞正式地宣布了"在抗战时期保障民生"的必要；郑重宣布拥护《抗战建国纲领》，希望"最高统帅领导全体军民为实现《抗战建国纲领》而奋斗"②。

第一届国民参政会自 1938 年 7 月 6 日至 15 日召集第一次会议起，到1940年4月1日至10日最后一次会议止，前后共召集五次会议。

第一届二次会议于 1938 年 10 月 28 日至 11 月 6 日在重庆召集，除开会式及休会式外，共开大会 10 次，到会参政员共 140 人。这次会议正好在广州、武汉失陷之后召开，举国上下期盼政府对于抗战前途有明确表示，蒋介石以军事委员会委员长的身份发表了告全国国民书。在 11 月 1 日第五次会上，胡景伊等 44 名参政员提出"拥护蒋委员长持久抗战宣言案"，王造时等 66 名参政员提出"参政会应发表宣言拥护蒋委员长告全国国民书并号召全国同胞一致奋起继续抗战以争取最后胜

---

① 《国民参政会纪实》(上)，第 147—150、254—255 页。
② 《国民参政会纪实》(上)，第 201—204 页。

利案"。会议结合该两案及其他相关内容的三个提案合并讨论，一致通过决议："拥护蒋委员长所宣示全面抗战持久抗战争取主动之政府既定方针。今后全国国民应在蒋委员长领导之下，坚决抗战决不屈服，共守弗渝，以完成抗战建国之任务。"①大会议案共93件，经讨论后，决议案共88件。其中，关于军事和国防者，有改善兵役实施办法案等17件；关于外交国际者，有培养及充实外交人材方案等4件；关于内政者，有刷新政本以利抗战案等24件；关于财政经济者，有调整贸易案等24件；关于教育及文化者，有抗战建国过程中职业教育实施方案等14件；关于会务者1件②。另外，对于行政院长孔祥熙所作的政治报告、军事委员会委员长行营主任张群所作的军事报告、王宠惠所作外交报告、何键所作内政报告、孔祥熙所作财政报告、张嘉璈所作交通报告、陈立夫所作教育报告、翁文灏所作经济报告，以及立法、司法、考试、监察等院的书面报告，与会参政员均有多起询问，甚至书面询问。对于参政员的询问，政府方面均须作出答复。此外，国防最高会议还向这次会议报告了对国民参政会一届一次大会移送86案之决议暨实施情形③。

国民参政会第一届三次会议于1939年2月12日至21日在重庆召集，除开会式及休会式外，共开大会九次，出席参政员146人。由于原国民参政会议长汪精卫出走叛离抗日阵营，大会一致推举蒋介石为国民参政会议长。大会听取了行政院长孔祥熙的政治报告、军政部长何应钦的军事报告，王宠惠的外交报告、孔祥熙的财政报告、何键的内政报告、翁文灏的经济报告、张嘉璈的交通报告。立法、司法、考试、监察各院提出了关于三个月来工作的书面报告。在听取政府各施政报告后，参政员向政府提出询问共28起，对于这些询问，政府主管机关长官或即席答复，或过一二日作出书面答复。所有施政报告均交由各审查

---

① 《中华民国重要史料初编》第四编《战时建设》(一)，第364—366页。
② 《中华民国重要史料初编》第四编《战时建设》(一)，第364—411页。
③ 《中华民国重要史料初编》第四编《战时建设》(一)，第441—506页。

委员会审查。这次大会通过提案共 96 件,其中较重要的有:政府交议之抗战第二期战时军事、外交、侨务、内政、蒙藏、赈济、财政、经济、交通、教育等行政计划,普遍推行纳金缓役办法,战区财政金融及经济处理办法等案。经蒋介石提议,会议决定由参政员组织川康建设期成会,于会后组成川康视察团,分赴川康各地视察,拟定川康建设计划,提交政府建议实行。尤其是周览等 50 名参政员提请确立民主法治制度以奠定建国基础案,提出了实施民主的三个原则,即政府行动应法律化、政府设施应制度化、政府体制应民主化;提出政治制度改革的三个要点:吏治制度必须建立,公务人员权责必须分明,机关系统必须清楚①。这一提案集中代表了进步人士要求革新政治、实行民主的迫切愿望,以及在发生汪精卫出走事件、日本加紧政治诱降的情况下,国民党最高当局对于这种愿望的相当程度的认同。蒋介石在这次大会的闭会词中便说到:"总理倡导三民主义,其民权主义的最终目的,就是民主政治。一国人民如果不能关切他们自身的幸福,管理他们自己共同的事务,就是说,如果人民不能积极参加政治的话,他们就不能建立强固的国家。"②国民党当局的这一表态,无疑有助于以后国民参政会推进宪政运动方面发挥重要作用。这次会议还通过了国民精神总动员案,提出了精神总动员的三个共同目标:1. 国家至上、民族至上;2. 军事第一、胜利第一;3. 意志集中,力量集中。这次国民参政会休会不久,国民政府于 3 月 12 日公布了国民精神总动员纲领以及国民精神总动员实施办法。

　　根据国民参政会组织条例,参政员任期为一年,第一届参政员的任期应于 1939 年 6 月 30 日届满。为适应抗战需要,国民政府于同年 4 月 28 日颁令,决定本届参政员任期延长一年,并把会期由原来的 3 个月改为每 6 个月召集一次。于是,国民参政会第一届四次会议便于1939

---

① 《中国近代史资料丛刊·抗日战争》第三卷《政治》(上),第 176－178 页。

② 《中国近代史资料丛刊·抗日战争》第三卷《政治》(上),第 179 页。

年9月9日至18日在重庆召集,出席参政员127人,加上中央政府官员及来宾等列席者,共达300多人。除了开会式及休会式外,这次参政会共有大会九次,其中听取的会务报告有《国防最高委员会对于本会第一、二、三次大会移送各案实施情形》、《驻会委员会报告》、《驻会委员会检讨大会决议案实施情形报告》等三项;关于政府施政报告,则有行政院的政治报告,以及有关机关长官所作的财政报告、军事报告、经济报告、交通报告、外交报告、内政报告、教育报告;立法、司法、考试、监察各院均有书面报告。这次会议上的施政报告不仅有过去实施,而且有今后的施政方针,除了参政员有多项询问,均交各审查委员会审查①。

大会通过提案82件,较重要的有关于川康建设方案,包括军事、政治、财政、经济、教育各方面。自国民参政会一届三次会议之后,以李璜为团长、黄炎培为副团长的国民参政会川康建设视察团,在两个月的时间里,15名参政员分成五组,对四川、西康两省的重要县份进行了视察,并把视察结果向一届四次会议提出了报告书②,在此基础上,形成了向一届四次参政会提交的"川康建设方案"。另外,一届四次参政会大会突出反映了民主浪潮逐步高涨情况下,国内进步力量对于实施宪政的迫切愿望,相关内容的提案便有七份,正是在合并讨论这七份提案的基础上,一届参政会第四次大会通过了关于定期召集国民大会实施宪政的决议。该决议分为治本办法和治标办法,各有两项。只是该决议案没有明确规定废止战前的"五五宪法草案"和"国民大会选举法和组织法"、重选国民大会代表,则是美中不足。但即便如此,国民参政会通过该决议之后,依然有后续的相关举措。根据该决议,蒋介石以国民参政会议长的身份,指定19名参政员组成国民参政会宪政期成会,以协助政府,促成宪政,以后又把委员名额扩大到25人。该次会议闭幕后,宪政期成会即开始工作,首先就是国防最高委员会公布国民参政会

① 《中国近代史资料丛刊·抗日战争》第三卷《政治》(上),第179—180页。
② 《中华民国重要史料初编》第四编《战时建设》(一),第710—737页。

关于实施宪政的决议，接着就开始了讨论宪政和修改宪法草案的工作。同年11月召开的国民党五届六中全会通过决议，定于1940年11月12日召开国民大会，颁布宪法。可见，国民参政会对推进宪政的工作还是起了相当大的作用。

国民参政会一届五次会议，于1940年4月1日至10日在重庆召开，除了开会式和休会式，共开会议9次。出席参政员145人，政府各机关长官均出席。国防最高委员会向大会提出了关于参政会第四次大会决议各案实施情形之报告，驻会委员会提出了检讨第四次大会决议案实施情形之报告，川康建设期成会则有常务委员会暨各办事处之报告及华北慰劳视察团之报告。政府各部门所作的施政报告，有何应钦所作军事报告、王宠惠所作外交报告、张嘉璈所作交通报告、孔祥熙所作财政报告、翁文灏所作经济报告、周钟岳所作之内政报告、陈立夫所作教育报告。立法、司法、考试、监察各院均提出书面报告。参政员对施政报告共提出了61起询问案。这次大会设有与以往相同的军事、外交、内政、财政、教育文化五个审查组之外，另设检讨物价特种委员会；因为参政会极为关注当时的物价高涨问题，收到此类提案十多件，希望政府采取紧急措施，严厉取缔囤积居奇及垄断牟利之奸商。检讨物价委员会审查时，要求财政、经济、交通、内政各部长出席说明，作出彻底检讨和提出具体对策。这次大会通过提案共76件，其中关于宪法草案的提案连开两次大会，进行了详尽的讨论，且极为重视。而声讨汪逆兆铭南京伪组织通电修正案，则是对出笼伊始的南京汪精卫傀儡政权的严正声讨①。

1940年10月国民参政会第一届参政员任期届满，国民党中央当局以国民大会筹备未竣，决定延续设立国民参政会，参政员名额由200人增加到240人，议长制改为五人主席制，大会及驻会委员会职权均有所扩充。1941年3月1日至10日，国民参政会二届一次大会在重庆

---

① 《中华民国重要史料初编》第四编《战时建设》(一)，第787—788页。

召集,除了开会式和休会式之外,开预备会议一次,正式会议十次。预备会议上以无记名投票方式选出了蒋介石、张伯苓、左舜生、张君劢、吴贻芳等五人为第二届参政会主席团。政府各部会向大会提出报告,除了立法、司法、考试、监察四院和审计部为书面报告外,由各部长官到会口头报告的有孔祥熙的财政报告、王宠惠的外交报告、翁文灏的经济报告、陈立夫的教育报告、谷正纲的教育报告、张嘉璈的交通报告、陈济棠的农林报告、周钟岳的内政报告、何应钦的军事报告,以及翁文灏关于物价问题的报告。参政员对每一报告均提出询问案,共 61 起,均由有关主管长官即席或书面答复。这次大会收到提案 155 件,除了按规定分军事、外交、内政、财政、教育等五个审查委员会审查之外,另以物价和粮食问题关系人民生活至巨且相应提案甚多,经临时动议,另设物价问题特种审查委员会,专审此类提案。另设宣言起草委员会。这次大会出席参政员 204 人,超过以往各届。由于一月份的皖南事变,中共党籍参政员抵制此次参政会拒绝参加,这也是此前没有的情况。1941 年 2 月 15 日,毛泽东等七名中共参政员曾致"删"电参政会秘书处,要求国民党方面接受中共提出的 12 条,否则中共参政员将不能参加即将举行的参政会二届一次大会。由于国民党当局没有接受,3 月 2 日,董必武、邓颖超再度致函参政会秘书处,提出临时解决办法 12 条①。对此,蒋介石依然决定"置之不理"②。于是,这次会议期间参政会秘书长王世杰向大会作了有关接洽情况的报告,黄炎培参政员也作了补充报告。蒋介石则在第六次会议时对此事声明:军令只有一个,政府只有一个,党派精神一律平等,此次事件只要能达到团结一致抗战到底的目的,一切问题皆愿听从国民参政会根据公众民意解决;对中共各参政员,更希

---

① 国民参政会史料编纂委员会:《国民参政会史料》,台北 1962 年版,第 230 页。

② 蒋介石日记 1941 年 3 月 2 日,斯坦福大学胡佛研究所藏蒋介石日记手稿影印件。

望其毅然接受参政会公众意思，精诚团结，共赴国难。王云五等 54 名参政员还临时动议，盼中共参政员坚守统一之宣言出席参政会，俾一切政治问题得循正当途径，以获完善之解决。

国民参政会第二届二次大会，于 1941 年 11 月 17 日至 26 日在重庆召集，出席参政员 173 人，中央党政军机关长官、来宾和记者 300 余人参加。共开大会 10 次。前五次为听取施政报告，计有何应钦作军事报告，郭泰祺作外交报告，俞鸿钧作财政报告，张嘉璈作交通报告，翁文灏作经济报告，谷正纲作社会报告，周钟岳作内政报告，徐堪作粮食报告，陈立夫作教育报告，林翼中作农林报告。第六次会议起开始讨论提案。经大会决议成立的各参政员所提议案共 115 件，包括关于军事及国防者 8 件，外交及国际事项者 3 件，内政事项者 38 件，经济事项者 37 件，教育及文化事项者 29 件。另有政府交议 1942 年度政府对内对外重要方针案一件。大会主席团所提“促进民治加强抗战力量”一案，其要点为：1. 抗战终了后，即召开国民大会制订宪法；2. 增强战时民意机关组织与职权；3. 延揽各方人才，实践“天下为公”之遗训；4. 人民合法自由予以保障等。此外，还有一项重要的临时动议，即“重申我国抗战目的决心收复东北四省”一案。这两项议案受到与会参政员高度重视，获得一致通过①。鉴于当时物价大幅波动，成为各界关注所作，这次参政会期间还利用 11 月 20 日之暇，召开关于物价及粮食问题座谈会，政府主管部门也有代表参加。

总之，自从 1938 年 7 月到 1941 年太平洋战争爆发，国民参政会召开了两届共六次大会，提出和通过了大量的议案，对政府施政报告进行了询问和审议，从而在坚持抗战建国纲领，坚持持久抗战，推进战时民主法治与宪政，促进战时经济建设，确立战时新闻政策以及打击汉奸卖国贼等方面，具有一定的积极作用。

国民参政会的召开，是“七七”事变以来国内各种力量实现团结抗

---

① 《中国近代史资料丛刊·抗日战争》第三卷《政治》(上)，第 188－189 页。

日的重要标志。当时在国民党和共产党之外的中间力量的代表,对国民参政会有较高的评价,指出:"参政会集合全国各方人士,尤其是集合各党派人士于一堂,确实可以表现全国共赴国难的团结精神。"①通过国民参政会这一战时民主论坛,参政员们可以听取政府有关报告,并进行必要的询问,从而在一定程度上能够发挥监督政府及其官员的作用。因此有论者认为:"国民参政会事实已成了国内各党派政治上合作的一种形式,成了在野党监督批评执政党的一个机构。"这在当时历史环境下,"毕竟是一种进步,是国民党在一定程度上开放民主的表现"②。这种一定程度民主的开放,又曾推动国民党在坚持抗战的道路上迈出重大的步伐。如几次参政会期间,均要求政府澄清"抗战到底"的立场,国民党最高当局在公开场合一直坚持恢复卢沟桥事变前状态。但到了太平洋战争爆发前的二届二次大会上,终于通过了收复东北四省的议案。同时,国民党最高当局曾经考虑过推进政治民主、实施宪政,并且让国民参政会在此过程中发挥重要作用。如1939年9月一届四次参政会通过了定期召集国民大会实施宪政的决议,而在会议期间,蒋介石在日记中目前写到:"宪政应提早实施,本党新老党员落伍,而老党员为尤腐朽,若不还政于民,诚误国而又误党矣"③;"决行宪政"④。国民党最高当局确实也要求政府各主管长官亲自向参政会作施政报告,听取意见和询问。但是,参政会对政府部门及其长官,"没有弹劾权,也没有不信任投票权,只有用建议权和询问权略略表示意思。然犹恐损伤面子,影响团结,所以关于行政院长的个人问题,系用参政员联名函件的形式秘

<hr>

① 陈启天回忆录,哥伦比亚大学珍稀书籍与手稿图书馆藏稿,第84页。

② 徐矛:《中华民国政治制度史》,第298页。

③ 蒋介石日记1939年9月12日,斯坦福大学胡佛研究所藏蒋介石日记手稿影印件。

④ 蒋介石日记1939年9月13日,斯坦福大学胡佛研究所藏蒋介石日记手稿影印件。

交政府，而不在参政会内公开提出讨论"①。如1939年9月参政会一届四次大会期间至于休会期间，参政员对行政院长孔祥熙多有批评，作为大会主席的蒋介石却视之"无理攻击"，"政客官僚之无心肝，国难至此，尚以私利私见为重，可叹"。他甚至公开为孔辩解："余乃以正言评判抗战之功多在财政以指示之，众乃无词。""参政会议如常集会，对行政庸之多所指摘，余再三声辩，痛论攻讦非训政意义。"②这就使参政会对政府施政无法真正起到监督作用。另外，参政会虽然设有驻会委员会，但实际发挥的作用更为有限。当时参政会对政府的监督，整体上还流于形式。国民参政会通过的决议案的实际执行效果，也是非常有限的。此外，国民参政会作为当时条件下的公开合法的民意机关，其自身的制度设计上还存在着不少的局限性。如根据《国民参政会组织条例》有关规定，国民参政员、正副议长的选任，明显为国民党一党独揽。国民参政员的任期，在1938年4月12日公布的《国民参政会组织条例》中第八条规定："国民参政员之任期为一年，国民政府认为有必要时，得延长一年。"但在1940年4月16日公布的《修正国民参政会组织条例第八条条文》中规定："国民参政会参政员之任期为一年，国民政府认为有必要时，得延长之。"这就使得国民参政员任期的长短全由国民政府随意决定。国民参政会的召集，原条例第九条规定为每3个月开会一次，会期10天。但在1939年4月28日公布的《修正国民参政会组织条例第九条条文》中规定为每6个月开会一次，会期10天。如此延长开会间隔，实有削弱国民参政会的功能及影响的意图③。此外，根据组

---

①　陈启天回忆录，哥伦比亚大学珍稀书籍与手稿图书馆藏稿，第85页。这里的行政院长指孔祥熙，1938年1月至1939年12月为行政院长兼财政部长和中央银行总裁，1939年12月蒋介石恢复出任行政院长之后，孔祥熙继续担任行政院副院长，仍兼财政部长和中央银行总裁。

②　蒋介石日记1939年9月13日、9月30日，斯坦福大学胡佛研究所藏蒋介石日记手稿影印件。

③　《国民参政会资料》，第9—10页。

织条例规定:国民参政会只有在出席会议参政员人数达到其总额二分之一以上时,才得开议。但在国民参政员人员构成上,国民党籍参政员实占半数以上,因此,国民参政会的开议权,实为国民党当局所把握。

第五节　加强对地方的控制

全民抗战局面的形成,尤其是统一的战争动员和各种力量的有效组织,有赖于全国各地齐心协力。抗日战争爆发之后,朝野上下、中央与各地,都出现了极为高涨的团结对外气氛。国民党中央当局在协调与地方实力派的关系,加强地方的控制方面,作了不少的努力。

为了团结地方实力派共同抗日,国民政府最高军事当局于1937年8月上旬邀集各地军政负责人在南京共商对日决策,与会者有桂系的白崇禧、四川的刘湘、云南的龙云、山西的阎锡山、河北的秦德纯、江西熊式辉、湖南的何键等,并鼓励与会者就抗敌大计畅所欲言。会议最后通过了准备抗战的决策。随即,国民政府军事委员会得以从各地调集百余万军队投入长江三角洲地区,进行了为期三个月的淞沪会战,给日军速战速决解决中国问题的企图以沉重的打击。此外,在正面战场其他各主要会战和战役中,都有原地方实力派掌控的军队参战。

鉴于抗战初期各地军政情势的变化,国民政府对多个内地省政府进行了改组或调整主要负责人。

1937年11月,国民政府宣布改组湖南、湖北、贵州、安徽省政府。其中,湖南省任命张治中等九人为省政府委员,张治中为省政府主席,另任命了省政府委员中兼任民政、财政、教育、建设各厅厅长以及省政府秘书长的人选。在湖北省,任命何成濬等九人为省政府委员,何成濬为省政府主席,并任命了省政府委员中兼任民政、财政、教育、建设各厅厅长以及省政府秘书长的人选。在贵州,任命原实业部长吴鼎昌为贵州省政府委员兼主席。在安徽,任命蒋作宾、端木恺、刘复为省政府委员,蒋作宾为省政府主席,端木恺、刘复分别兼任了民政厅长和省政府秘书长①。

四川的情况则更为复杂,国民政府的处置颇费周折。抗战爆发伊始,军事委员会即委派川康绥靖主任兼四川省政府主席刘湘为第二路预备军总司令,不久命令刘湘率领川军出征,经调往抗日前线的川军就有六个集团军,合计单独出川附于其他国军的独立师、独立旅等,共约12个军以上。刘湘被任命为第七战区司令长官,1937年11月初设司令部于南京铜银巷川康绥靖公署驻京办事处内。嗣因胃病复发且病情严重,蒋介石即将刘湘转至汉口万国医院治疗,另委任陈诚为第七战区副司令长官,于刘湘养病期间代行职权。1938年1月20日刘湘在汉口病逝之后,蒋介石起初拟取消川康绥靖公署,由张群为四川省主席,遭到川康方面实力派一致反对。为安定局面,蒋介石发布川军高级将领邓锡侯为川康绥靖主任,王缵绪代理四川省政府主席,邓汉祥为秘书长,改任张群为军事委员会委员长重庆行营主任;1939年2月任命张群为新设立的国防最高委员会秘书长。此后,蒋介石利用四川各派地方势力之间的矛盾,于1939年秋免去王缵绪的代理省政府主席,自兼四川省政府主席。待到国民党最高当局较稳固地控制川局之后,1940年10月蒋介石辞去四川省主席的兼职,改派张群兼理四川省主席,一直维持到抗战结束。

在云南,以省政府主席龙云为首的地方实力派既支持国民政府的抗战决策,又对国民党当局有着很强的防范意识。抗战爆发之初,滇军精锐之部便编为第六十军、第五十八军和新三军,先后参加过淞沪会战、台儿庄战役、武汉会战等。1938年底,上述三个军扩充为第一集团军,龙云任总司令,参加过南昌会战和第一次长沙会战。战时国内各大学、文化机关和中央军政一些部门迁入云南,且滇缅路为重要的国际交通线,蒋介石一直试图加强政治控制和军事的渗透。如任命龙云为昆明行营主任,调关麟徵第五十二军入云南,布防滇缅边境,以后又调远

---

① 《中国近代史资料丛刊·抗日战争》第三卷《政治》(上),第68—69页。

征军入滇,在昆明设立防卫司令部。另外,国民党云南省党部的主任委员虽然是龙云,但实权则掌握在CC派手中。龙云则力图维持战前的割据地位,对在滇中央军政势力加以限制和防范。尤其是到了抗战后期,龙云与国民党中央当局的矛盾趋于激化,到抗战胜利初始,龙云被解除在云南的一切军政本兼各职。

抗战时期对地方的关系上,国民党中央当局不仅力图整合各地方实力派,此外为了凝聚民心,调动一切力量,共赴国难,同时也为了巩固国民党统治的根基,在地方各级(即省、市、县)党政关系方面,也进行了相当程度的调整,在不少地区推行了新县制。

抗战前半期,国民党中央在不断加强对地方各级党部控制的条件下,逐步推进地方各级党政关系的调整工作,以期达到"以党渗政"的目标。

1938年3月召开的国民党临时全国代表大会,通过了《改进党务并调整党政关系案》,指出:"回顾数年以来之党务,缺憾殊多,而党政关系,亦往往未臻圆满,若复讳疾忌医,将何以图振奋而尽职责。诚欲增强抗战之力量,必先整饬领导抗战之机构,而改进党务与调整党政关系,乃为急不容缓之图。""调整党政关系之原则,(1)中央采取以党统政的形态;(2)省及特别市采取党政联系的形态;(3)县采取党政融化,即融党与政的形态。"①

关于地方各级党政关系调整的大致方案,《改进党务并调整党政关系案》中规定:省党部层次,省党部委员会采取主任委员和委员分区督察制。省党部主任委员由国民党中执会特派中执委员一人担任,并由全国代表大会选举若干人充任省党部委员。"惟在整理期间,其委员可全由中央指派曾经训练之同志充任之"。"除以主任委员驻省经常办理省党部事务外,其余委员必须按区分派担任督察各该区内所有各县党部之工作,予以指导,并随时报告省党部主任委员"。省党部与省政府每月必须举行一次联席会议。省党部主任委员应该出席省政府会议,

---

① 《中国近代史资料丛刊·抗日战争》第三卷《政治》(上),第98—99页。

以收党政联络之效。县党部层次，县党部委员由全县代表大会选举，并由省党部呈请中央指定其中一人为书记长。"其在整理期间，可只暂设书记长，由中央分配曾经直接受训各同志交由省党部派充之"。"县党部之工作，须绝对受省党部委员常驻该区者之指导与督察"。县政府设地方自治指导员一人，由县党部书记长兼任，负责协助县长指导地方自治的筹备事宜。同时增设社会科，直接受自治指导员指导，专司组织、训练民众及筹备地方自治事宜等。各县必须设地方自治筹备委员会，由县党部及地方民众团体共选若干人组成。各县地方自治筹备委员会成立后，应该进行筹设县参议会，作为设立地方民意机关的准备。同时县党部对外秘密。县政府之预算、决算及其施政方针，须经县参议会通过。在县参议会未成立前则以地方自治筹备委员会代行其职权①。

1938年4月，国民党五届四中全会召开。会议通过的有关议案就地方各级党政关系作出进一步调整。其中在省党部层次，规定省党部采主任委员制，委员由中央于省党部执行委员中指定，而主任委员得由中央委员充任。省党部委员得参加省政府会议。在县党部层次，规定将原来的"筹备"一词改为"推进"②。此后，国民党中常会又先后制订《省党部省政府联席会议要旨》和《县各级党政机关调整办法》。

1940年7月，国民党五届七中全会通过的有关议案，明确地阐释了地方各级党政关系调整的真正目的。其中关于省级党政关系方面，认为"临全大会规定各省党政之关系为'党政联系'之方式，其所以贯彻之方法，一为在党取主任委员制，以求事权之集中；一为实行党政联席会议，以沟通双方之意思。在前者，主任委员在原则上必须专任，然后可以专心致志以规划党务，推进党务；在后者，必须恪遵中央法令，严格履行，开诚布公，以求党的政策之遂行"。关于县以下各级党政关系方

---

① 《中国国民党历次代表大会及中央全会资料》（下），第501、481—482页。

② 《中国国民党历次代表大会及中央全会资料》（下），第521、523页。

面,认为"就组织言,临全大会所谓县以下各级党部取'融党于政'之方式者,其真义乃在使党政合为一体,而非欲消灭党的组织与工作也。故今后之县以下各级党部,对外宜改取秘密方式,以加强其活动力;对内则当力求党员选举、罢免等权之实施,俾能自尊其在党内固有之地位。就训练言,必须使各省训练地方自治人员之工作,实质上即为党的训练工作,即在其他各种训练班中亦均宜加强党的教育,使党与政之在各地确能融洽于一炉,而后训练之目的始达。……就社会工作言,必须选择曾受训练之忠实同志担负县政府主管社会事业之责任,以与党的指示相呼应,而各地方人民团体以及乡镇保甲之工作与活动,尤须由本党发动党员掌握其核心,为积极之推进"①。

这样,经过国民党临全大会以来数年的调整,各地"党政对立之现象虽已逐渐消除,而分工合作之效能迄未充分发挥,地方政府对于同级党部之关系,仍极疏远而不能融洽一体,同时地方党部对于如何领导民众,推动社会,协助政府,亦未克善尽其职责"。这使得国民党最高当局整合中央与地方关系的目标,依然缺乏牢固的基础。于是,在1941年4月1日的国民党五届八中全会上,修正通过了蒋介石交议的《增进各级党部与政府之联系并充实本党基础案》。该议案规定对地方各级党政关系作出了更进一步的调整:省县党部,除了依据总章对同级政府的施政方针及政绩进行稽核外,对其下一级行政机关,应该根据中央颁布或者核定的政令,协助督导并监察其实施。省党部与省政府联席会议,党政双方对于下级干部人员如有不称职,或者违背党政协调原则,以致阻碍党务政令推行者,得互相检举并提出联席会议,予以公同评判并商决处分。省党部主任委员、书记长及委员,应该与担任省政府主席、秘书长、厅长及委员的党员划编为一特别小组,直隶省党部实施党团办法。县级层次亦依照同样办理。省党部对担任下级行政职务的党员,得调查登记并考核其工作。被调查考核的党员有报告工作概况及答复查询的

---

① 《中国国民党历次代表大会及中央全会资料》(下),第629—630页。

义务。还规定:省县各级党部应该随时考核党员的工作与能力,每年选拔优秀党员汇报上级党部,经审核后发交政府任用;应该悉心访询党外人才,向上级党部负责保荐等①。可见,自抗战爆发以来,地方党政之间关系的不协调、未能充分合作,使得在地方层面效率低下,影响了中央政权关于抗战的一系列方针在各地尤其是基层政权的贯彻执行。

南京国民政府建立之后一直到抗战爆发,其地方行政机构主要是"省庞大而县弱小,县以下则尤空虚,致有宝塔倒树之讥"②。随着抗日战争进入持久相持阶段,迫切需要有效动员各地一切资源,贯彻执行抗战建国的既定方针。同时,由中央政府部署乃至掌控县级行政机构的调整,也有助于制衡地方实力派的离心倾向。以推进地方自治之基础为名义的新县制,就是在这种背景下提出并开始实施的。1938 年 4 月8 日,国民党五届四中全会通过了《关于改进党务与调整党政关系案》,提出在保甲制度基础上重新确立县以下党政机关关系之原则。1939年 1 月 26 日,国民党五届五中全会通过《改进县以下党政机构之实施案》,决定在四川、陕西、贵州、湖南、江西等省开展推行新县制的试点工作。1939 年 9 月 19 日,国民政府公布《县各级组织纲要》。10 月,行政院又拟订《县各级组织纲要实施办法原则三条》,下令各省普遍实行。新县制包括县政府组织规定、县参议会设置以及保甲制度等几个方面。

关于县政府组织方面,根据《县各级组织纲要》的规定,县设县政府,置一人为县长。其职权有:受省政府监督,办理全县自治事项;受省政府指挥,执行中央及省委办事项。县政府设置民政、财政、教育、建设、军事、地政、社会各科。县政府配置秘书、科长、指导员、督学、警佐、科员、技士、技佐、事务员、巡官。县政府还设县政会议,每两周开会一次,议决事项有提出于县参议会的案件、其他有关县政的重大事

---

① 《中国国民党历次代表大会及中央全会资料》(下),第 696—698 页。
② 《中国近代史资料丛刊·抗日战争》第三卷《政治》(上),第 444 页。

项①。可见,国民党中央及省政府对县政府实际控制的局面没有多少改观。

　　关于县参议会设置方面,按照《县各级组织纲要》的规定,县设县参议会,参议院由乡(镇)民代表会选举产生,"每乡(镇)选举一人,并得酌加依法成立之职业团体代表为县参议员,但不得超过总额十分之三"。县参议会暂时不选举县长,而县参议会议长则以由县参议会自选为原则②。1941 年 8 月,国民政府公布《县参议员选举条例》和《县参议会组织暂时条例》。按照两个条例的规定,在县参议员产生的办法上,与《县各级组织纲要》中的规定相同,参议员的任期为两年,可以连选连任。县参议会的职权有:议决完成各项地方自治事项;议决县预算,审核县决算事项;议决县单行规章事项;议决县税、县公债及其它增加县库负担的事项;议决县有财产经营与处分事项;议决县长交议事项;建议县政兴革事项;听取县政府施政报告以及向县政府提出询问事项;接受人民请愿事项;其他法律赋予的职权等。条例还规定:县长对县参议会的决议案如果认为不当时,有权退回参议会复议,对于复议结果仍不满意时,得呈请省政府核办。必要时,县长可以亲自担任县参议会主席。后来,许多省份成立了临时参议会,其参议员由省政府遴选决定。如果临时参议会违反三民主义和《抗战建国纲领》,省政府有权随时解散之。

　　当时国民政府核定了在 18 个省实施新县制,其中四川、广西、广东、江西、河南、湖北、福建、浙江、甘肃、陕西、云南、青海、宁夏 13 省在 1940 年开始实施;贵州、西康、安徽、山东、湖南五省于 1941 年开始实施。各省实施新县制的基本情况如下③。

---

　　①　《中国近代史资料丛刊·抗日战争》第三卷《政治》(上),第 422—423 页。
　　②　《中国近代史资料丛刊·抗日战争》第三卷《政治》(上),第 423 页。
　　③　《行政院关于各省实施新县政情形报告》(节录,1941 年 12 月),引自《抗日战争》第三卷《政治》(上),第 436—443 页。

（一）划定县等。各省因情况不同,具体厘定的县等级数不尽相同。如最早实施新县制的四川省,在 134 个县中,共划分六等,其中一等县 25 个,二等县 38 个,三等县 33 个,四等县 28 个,五等县 8 个,六等县 3 个。浙江、甘肃、陕西、宁夏等也是重新划定六等。广东省则厘定县等为五等,其中一、二、三各县暂仍其旧外,将原有的特三等县改为四等县,另有三个县改为五等县。河南也是重新划定县等为五等,计一等县 14 个,二等县 16 个,三等县 29 个,四等县 24 个,五等县 28 个。湖北省重新划分县等为四等,计一等县 7 个,二等县 21 个,三等县 30 个,四等县 12 个。青海省重新划分各县为六等,其中一等县 1 个,二等县 4 个,三等县 7 个,四等县 5 个。福建省各县县等仍定为三等,计一等县 10 个,二等县 25 个,三等县 29 个。云南各县原分三等,也没有变更。

（二）改组县政府。各地县政府所设机构名称基本统一,所设机构数根据县之等次及实际情况而有所不同。如四川各县设民政、财政、军事、教育、建设五科,教育不发达的县合并设置教建科。广东省一、二、三等县均设民、财、教、建、军五科,四等县设民、财、教、军四科,五等县设民、财、教三科,通常社会科事务归并教育科办理,建设科事务归并财政科办理,军事课事务归并民政科办理。江西省各县均设民、财、教、建、军各科外,再视具体情况设社会科或地政科。福建省各省设民、财、教、建、军五科,地政、社会不设科,其事务分散于民政、教育科办理。甘肃省各县设民、财、教、军四科,部分县酌设建设科或社会科。青海省一、二等县设民、财、教三科,三、四等县设民、教两科。宁夏省各县设民、财、教、建四科,

（三）调整区署,裁撤无设置必要的区署,改组乡镇公所及办公处,县警察组织通常随县政府与区署改组。甘肃省废除县之下的区署,改设指导员。云南省也废除了区制,扩大乡镇,乡镇公所除设乡镇长、副乡镇长各一人外,另设干事一至二人,书记一人。

（四）划分省县地方财政,这是此次推行新县制的重点所在。县财

政收入原则上包括土地税之一部,正副溢额田赋,中央划拨印花税三成,土地改良物税或房捐、营业税之一部,县公产及公营业收入等。各省实际的确认情况有所不同,如陕西将中央补助县地方之印花税三成按每年实收数划拨,营业税按照概算的 21％划拨;田赋方面,未办理陈报的县份正赋与附加合计,已经办理者其地税总额的 55％留县,43％解省。云南省将全部耕地税划拨县府统收统支,营业税、印花税三成则不拨县。而青海省以往大部分县收入甚少,均赖省款接济,省县财政实际上暂时难以划分。但从整体看,实施新县制之后,多数县的财政状况较以往有更多的保证。

在推行新县制的过程中,国民政府还强化了保甲制度。1939 年公布的《县各级组织纲要》,对保甲的编制、机构以及职权作出了具体规定。1940 年 1 月和 8 月,又相继颁布《警察保甲及国民兵联系办法》、《各县保甲整编办法》。通过这些法规的实施,保甲制度基本确立起来。该制度主要内容有:设置保办公处,除设保长一名外,还设有副保长一名,下设干事二到四名,分别掌管民政、警卫、经济、文化事务。另通过颁行《防制异党办法》和《国民兵团区乡镇保各级队部组织规程》等,使得保甲组织日趋警察化、特务化;实行保甲组织中保长、保国民学校校长、保壮丁队长由一人兼任的"三位一体"的制度;推行首席甲长制度;对县以下各级组织机构采行所谓管、教、养、卫四者结合的办法①。

此外,推行新县制之后,在设立学校与增加教育经费、建立卫生院、干部培训、整编保甲清查户口等方面,也有了一定的推进。总的来看,加强了国民党中央政权对各地县和县以下行政区域的了解和控制,增强了战时动员和组织的能力,客观上有助于凝聚基础民众的抗日救国意识,对于推进抗战事业起了积极作用。

---

① 林代昭、陈有和、王汉昌:《中国近代政治制度史》,重庆出版社 1988 年版,第 470—478 页。

第四章　正面战场的继续作战

第一节　鲁南会战和台儿庄大捷

1937年8月的淞沪会战爆发之后,中国军事最高当局把连接华北与华东两大主战场的山东省与江苏北部地区,划分为第五战区,由蒋介石亲自兼任战区司令长官,山东省政府主席韩复榘任副司令长官。该战区的主要任务是:"确占先制之利,根本打破敌军登陆之企图,此为作战指导上之第一要义。纵使敌军一部先行登陆,务必迅速围攻而歼灭之,不使后续兵团藉此以为安全登陆之掩护。此为作战指导上之第二要义。必要时,在指定地区之范围内,扼要固守,绝对限制敌军之进展,运用机动部队而歼灭之,以确保我国军南北两战场作战连系之中枢。"①随着淞沪抗战之全面展开,为阻止华北日军沿津浦路南下,第五战区的地位益发显得重要。同年10月中旬,国民政府改任李宗仁为该战区司令长官,专门负责指挥保卫津浦路的防御作战。侵华日军也早已看到该地区的战略地位,在淞沪会战激烈进行之际,即令华北日军沿津浦铁路向南推进;攻占南京后,又令华中日军北上,以图南北夹击打通津浦铁路。这样,中日两军在津浦铁路沿线又展开了一场新的较量。

华北日军侵占平津地区后,随着增援部队陆续到达,开始分兵三路,向中国内陆进击。当时,退出平津两市的第二十九军,集结在天津

---

① 《战争指导方案》(1937年8月20日),《抗日战争正面战场》(上),第35—36页。

南部的静海、马厂一带与日军对峙。为加强津浦路北段之防务,国民政府任命宋哲元为第一集团军总司令,统辖五个军的兵力,在铁路沿线构筑阵地,阻击日军南侵。

1937年8月中旬,日军第二军第十师团及第十六师团之一部约4万余人在天津附近集结完毕。8月21日起,第十师团主力开始沿津浦路南犯。宋哲元第一集团军作为第一战区右地区队,奉命沿津浦路静海、马厂一带,占领纵深阵地,阻敌南下。至30日,中日双方历经9昼夜激战,中方津浦路北段静海等前进阵地及警戒阵地相继不守,日军进至马厂。9月1日,日军在优势炮兵及空军战机的掩护下,向中方部队全线进攻,战况空前激烈,双方混战至4日,日军攻陷子牙镇、唐官屯,此后继续南攻。为延迟日军南进步伐,宋哲元令骑兵第九师于南运河、子牙河,分别选择要点,实施决堤泛滥,日军攻势受阻。11日,日军一部疯狂而下,中国军队第三十七、第三十八师堵击不及,致使马厂失守,中国部队退至姚官屯。

国民政府根据华北的新形势,判断日军将采取更积极的行动,向山东境内推进。如日军的目标达到,则不仅使平汉路方面的防御增加压力,而且更有利于日军在青岛方面之登陆。为打破敌人阴谋,必须坚守沧县以北阵地。为此,一方面令第一集团军抓紧构筑阵地,同时又令增援部队编组为第三军团,以增强防御力量。鉴于当时大同已告不守,且平汉路北段之日军也已集结完毕,为加强对津浦路一线军队的指挥,军事委员会单独划出津浦路北段为第六战区,以冯玉祥为司令长官,指挥第一集团军、新成立之第三军团及第六十七军、第二十三师。该战区的具体任务是:"在沧县附近固守,万不得已时,亦应在南波、泊头镇、献县之线持久抵抗,最后须在德县东西之线竭力拒止敌人,以待第五战区(山东)兵力之转用。"①

沿津浦路南下之日军第十师团,在攻占马厂后继续追击,连陷青

---

① 《对第六战区指导要领》,《抗日战史》(第三册)《华北地区作战》,第116页。

县、兴济。9月21日起，日军第十师团向姚官屯进攻，并于23日向中方主阵地发起总攻，"姚官屯一带阵地，失而复得达六七次之多"，中方"第四十军折损颇重，不得已，以总预备队第一〇九师接替"[①]。24日，姚官屯失陷。为掩护主力后撤，以建立新的阵地，宋哲元曾组织部队逆袭，没能如愿。日军进一步南犯，沧县最终失守。津浦路北段作战连连失利，南京当局深感忧虑，于25日电告冯玉祥，令第六战区各部队务在桑园、德县以北，"择地固守，拒敌南进，并应集结兵力，力图反攻，以开拓新局"[②]。然而，该战区各部队连续战斗之后，疲损交加，已无力阻止日军新的进攻。9月29日至10月1日，日军相继攻下泊头、东光、桑园等地，并进逼德县。10月3日，日军第十师团9000余人进犯德县，中方第八十一师运其昌旅第四八五团负责防守，并等待援军。由于中方增援部队仅有第八十八师一团到达，军队势单力薄，与日军难以抗衡，不得不于5日弃守德县。此后，战场延伸到山东境内。

在德县告急之时，南京当局见形势危急，于10月1日向山东的韩复榘第三集团军及第六战区发出新的指示：为尔后作战便利起见，应以确保战略要地为目的，各抽调有力部队在黄河南岸布防，并构筑工事。第三集团军在长清以东设防，第六战区在长清以西设防。第三集团军还以一部兵力向德县集结，掩护第六战区各部队转移。然而，该军援兵尚未到达，德县已失。10月12日，日军偷渡旧黄河，突破黄河崖阵地，一路追击。次日，日军攻陷平原，韩复榘第三集团军于14日夜退守徒骇河南岸布防，与敌对峙。10月20日，军事委员会调整津浦路沿线之作战，将其划归李宗仁第五战区负责，第一集团军宋哲元部改归第一战区指挥，第六战区撤销。同时，军委会训令第五战区，"应确保山东要地，以现在前方之部队担任东海、青岛及胶东半岛各海岸守备，并阻止敌由津浦路南下，以后方部队集结于徐州、商丘一带地区，以策应前方

①　《抗日战史》(第三册)《华北地区作战》，第117页。

②　《抗日战史》(第三册)《华北地区作战》，第118页。

部队之作战"①,"为顾及尔后状况之变化,应于鲁南一带山地构筑核心工事"②。

是时,第五战区韩复榘第三集团军主力正部署于徒骇河及黄河南岸一线,而沿津浦路南下之日军兵力亦十分有限:第十师团仅以骑兵与装甲车中队为主的先遣部队一路猛攻,其主力尚未到达;第一〇九师团之主力已西进至深县、辛集,靠近石家庄而远离津浦路,仅川本旅团之一部仍留在沧县附近。见此形势,蒋介石于10月16日向第三集团军下令:"敌人冒险深入,显已犯有战术上重大错误,该部应积极活动,袭敌侧背。"两天后,他再次电示:"为确实迟滞敌军前进计,禹城以北之铁路,务必彻底破坏,但敌主力目下已转向晋省,当面之敌,为数不多,希努力加以牵制,并着游击队,积极向其侧背活动为要。"③根据军委会命令,第三集团军出动部分军队及游击队对日军进行袭扰,取得一定成效。10月26日,军事委员会再次对第三集团军下达如下指示:"迭据确报,津浦、平汉两路之敌,大部转用于晋东、晋北后,各仅残余数千人,我为在九国公约开会前,能一新国际视听,并牵制敌人兵力之转用,该集团军应以主力击破当面之敌,进出沧县附近地区,以与我平汉线进出石家庄之第一集团军,相互策应。"然韩复榘奉令后,"以兵力不足为由,对上述任务表现迟疑,一再电呈困难……极尽拖延之能事",致使贻误战机④。

11月5日,日军经庆云迁回南犯。8日,由于山西日军已进迫太原城下,津浦路日军解除了后方的顾忌,同时也已集结足够的兵力,于是又开始向南推进,进犯临邑,此后数日连陷无棣、乐陵、惠民等地。韩复

---

①　《抗日战史》(第三册)《华北地区作战》,第123页。

②　《军事委员会训令》,《中国近代史资料丛刊·抗日战争》第二卷《军事》(上),第198页。

③　《军事委员会训令》(10月16日)、《军事委员会电示》(10月18日),《抗日战史》(第三册)《华北地区作战》,第124页。

④　《抗日战史》(第三册)《华北地区作战》,第127页。

榘见事态严重,才慌忙调动军队增援,但在日军优势兵力压制下,已无法扭转被动局面。至13日,日军攻陷黄河下游北岸重镇济阳,直接威胁中方阵地。军委会根据情报,判断日军有越过黄河继续南犯的企图,乃指示第三集团军,应排除万难,以积极手段转移攻势,解临邑之围,争取战争主动权。韩复榘奉令后虽有行动,但又以侧背受到威胁,请准许在不得已时,撤守黄河南岸。当日,韩复榘为保存实力,未经请示,即下令黄河北岸各部队撤回南岸固守。韩部炸毁黄河铁桥,中日两军隔岸对峙达40天之久。此间韩部并无积极布置,白白浪费宝贵时间。12月初,平汉路日军已进抵安阳,并以一部侵入山东境内的朝城,威胁第五战区左翼的安全,韩复榘急调兵力防堵。对山东方面偏重西部,忽视津浦路正面防御,军委会曾于11月下旬电令纠正,但韩复榘并未执行。至南京沦陷后,韩复榘的抗战立场更为动摇。

华北日军推进至黄河北岸后,原准备立即渡河南下,但日本军部因抽调二个师团至华中后,担心华北兵力不足,不同意扩大战线。参谋次长曾指示:"在现阶段不准备立即使贵军在山东、海州方面进行新的作战,并望避免大概在太原、石家庄、德州一线以南进行大规模的追击或新的作战行动。"10月20日又将部分军队从华北调出后,23日在《临参命第一百三十三号》中更明确规定:"华北方面军司令官应确保大概太原、石家庄、德州一线以北地区,并负责该地区的安定。"同时又命令华北方面军"应尽力集结其兵力,努力整顿军队及恢复战斗力①。至12月中旬,日本军部根据占领南京后的新形势,为向中国进一步施加压力,同意华北日军继续向黄河以南攻击。同时又给第二军增调混成第四旅团之一部及第五师团之一部。于是,津浦路北段的战事沉寂一个多月后,又重新展开。12月23日晚,日军第一○九师团之本川旅团突然强渡黄河南岸,并一举袭占周村,进而切断胶济铁路,连陷淄川、博

---

① 《临参命第一百三十三号》、《临命第五百八十四号》,转引《中国事变陆军作战史》(中译本)第一卷第二分册,第63页。

山、莱芜等地。24 日夜，韩复榘匆忙弃守济南，移驻泰安。至此，山东的局势急转直下。26 日，津浦路正面之日军第十师团，也于济阳一带强渡黄河南岸，逼近济南。在日军的东西夹击下，济南于 27 日失陷。31 日，泰安弃守，韩复榘率第三集团军向鲁西南后撤，司令部退驻济宁。韩复榘部的撤离，致使徐州北部失去屏障，影响所及，青岛被迫于当日弃守。

　　1938 年 1 月 1 日起，日军兵分两路向南进犯，于 3 日攻占新泰、曲阜，4 日攻陷兖州、蒙阴，5 日又攻陷历山。沂蒙山区就此大部分沦陷。由东河进犯之日军，也相继攻占东平、汶上，并与沿铁路南下日军会合，直逼济宁。第五战区司令长官李宗仁见韩复榘一路向鲁西南山区败退，于 1 月 6 日晚向其电示，强调运河是山东省的最后堡垒，而汶上、济宁又是运河前方重要据点，因此必须固守。但韩未派有力部队驻守，于 1 月 11 日弃守济宁。日军占领济宁后，中日双方战事告一段落。津浦路北段作战，历时共 4 个月 20 天，中方军队伤亡约 37,700 人，马 500 余匹①。就在济宁失守当日，蒋介石召集第一、第五战区团以上军官开会。会上，蒋介石对前段抗战作了检讨，要求各将官彻底反省，脚踏实地地重整旗鼓。他还指出某些高级将领对抗战毫无决心，"怀着一种保存实力的卑劣心理"，不但按兵不战，还要拥兵自卫。对此，蒋介石予以严厉谴责②。1 月 24 日，第三集团军总司令韩复榘因违抗军令，回避作战，擅自撤退，贻误戎机，被军事委员会免去本兼各职后枪决③。同

---

　　①　《抗日战史》（第三册）《华北地区作战》，第 132 页。

　　②　《中华民国重要史料初编》第二编《作战经过》（一），第 62—63 页。

　　③　有学者认为，以韩复榘为首的山东地方实力派作为南京政府、日本之外的第三方力量，始终在夹缝中投机求生存。然而全面抗战爆发后，韩却没有摆正国家民族利益与个人利益间的关系，大敌当前之际避敌自保，其最终伏法是罪有应得的。尽管韩曾密谋"倒蒋"，但仍不应过分夸大蒋、韩矛盾，片面认为蒋介石除掉韩是借机复仇。从一定意义上说，惩办韩复榘代表了国家与人民的利益。见马振犊：《血染辉煌——抗战正面战场写实》，第 163—164 页。

时,军委会改派于学忠为第三集团军总司令,孙桐萱副之,曹福林为前敌总司令,并派员携蒋介石亲笔函去前线传达中央抗战的决心。至此,该集团军的士气有所振作。

日军攻占南京后,中国政府没有屈服,日本开始考虑新的侵华战略。它一方面调整侵华日军的编制,同时又给各军下达新的任务。华北方面军的任务是:"确保从胶济沿线及济南经上游黄河左岸现已占据地区的安定外,以航空部队继续攻击敌国内要地,并应极力充实各部队的战斗力。"①华北方面军早在上年底开始,曾多次向东京提出,为使华北、华中连接起来,有必要进行徐州作战,占领黄河右岸郑州、开封等据点,以向武汉施加威压。对此,参谋次长于2月3日明确答复:"在胶济铁路沿线方面,现在已占据线或其他方面,均不得越过黄河线进行作战。"华北方面军再次申述需要超越上述范围作战的理由,但仍遭否决,于是在2月5日向第二军发出了确保现占领区并维持安定的命令②。

为打破日军大本营之不扩大方针,诱敌北上,蒋介石决定采取内线作战的方针,对津浦路北段采取攻势,而对津浦路南段采取守势。2月6日,在蒋介石的指示下,李宗仁下达电令,命第三集团军主力由大运河西岸向济宁及以北作迂回攻击,并以第二十二集团军由津浦路北正面向邹县、曲阜攻击,同时令李品仙统一指挥津浦路南段第十一、第二十一、第二十七集团军及第五十一、第五十九军,沿淮河布防,阻敌北犯。根据部署,中方第三集团军以所部第十二、第五十五军向津浦路北段日军发起攻击,双方争夺甚烈。2月12日夜,第三集团军首先渡过运河,分向济宁、汶上攻击,所部第十二军第二十二师一举占领济宁北

_____

① 《大陆命第七十五号》,《中国事变陆军作战史》(中译本)第二卷第一分册,第9页。

② 《在津浦线方面活跃着的敌军》,《中国事变陆军作战史》(中译本)第二卷第一分册,第25—26页。

关,一部冲入城内,与日军展开逐屋争夺。

是时,与中国第五战区军队对峙的日本华北方面军第二军也不甘采取守势,而希望给予一击,打破中国军队的反击企图。2月14日,第十师团大举南犯,一举攻陷界河。蒋介石急令汤恩伯第二十军团主力分向临城、商丘、蒙城集结待命,后又令孙连仲第二集团军随时准备机动至徐州地区参加作战。16日,第三军团围攻蒙阴、泗水,一度突入城内。次日,日军第二军命令第五师团"以一个支队配合向沂州方向前进的第一师团作战"①,第五师团片野支队②遂由潍县长驱直下,于19日攻陷穆陵关。此后,片野支队与坂本支队合力作战③,并继续南下,接连攻陷莒县、日照、沂水,并准备向临沂攻击。临沂守军名为一个军团,实际不足一个军。为阻击南下的日军,第五战区遂急调庞炳勋的第三军团至临沂设防。日军因临沂久攻不下,又调兵增援,加强攻城火力。第三军团伤亡过大,渐感不支。津浦路南段日军为策应北段日军作战,也以第十三师团北犯,接连攻陷定远、凤阳、临淮关、蚌埠等地,此后又乘势强渡淮河,进占怀远要地。鉴于战情紧急,第五战区即令张自忠的第五十九军急驰增援,战区参谋长徐祖诒也亲临指挥。此时,由江南奉命驰援的第二十一集团军抵达合肥,并迅速协同第十一集团军第三十一军向淮河南岸之定远发起进攻。日军迫于压力退回淮河南岸,中国军队占领淮河北岸阵地并与日军隔河对峙。

3月5日,日军第五师团坂本支队攻占汤头镇,并企图进占临沂。9日,坂本支队再攻临沂。根据李宗仁司令长官的命令,中国军队对临

---

① 《中国事变陆军作战史》(中译本)第二卷第一分册,第27页。

② 片野支队由第五师团第二十一联队长片野定见指挥,主力为步兵一个半大队,山炮兵一个中队。

③ 坂本支队由第五师团第二十一旅团长坂本顺少将指挥,基本部队为步兵第十一联队(缺一个大队)、步兵第二十一联队(缺一部)、步兵第四十二联队之一个大队,野炮第五联队主力,山炮一个中队。

沂正面日军决定反守为攻,具体采用正面坚守,两翼迂回,抄袭敌后的策略,从3月14日拂晓开始攻击①。战斗打响后,双方展开激烈争夺战,日军因遭中国军队反击,进展缓慢②。另一方面,蒋介石急调第五十九军至临沂北郊,协同第三军团对日军展开反攻。日军一再抵抗,不断增援反扑,第一线要点屡得屡失,双方形成拉锯战。16日,双方在崖头、刘家湖、茶叶山一带展开肉搏战,争夺异常激烈。刘家湖失而复得四次,崖头失而复得三次,茶叶山一度被日军占领,旋即夺回③。战至17日夜,第五师团坂本支队被中方部队击溃,其两个联队几全被消灭,残敌向汤头退却④。其后,因第五十九军主力调走,日军又开始反击,双方再次激战,但日军始终未能攻破中国军队的防线。

与此同时,日本第十师团也沿津浦路方面发动攻势。尽管日本军部在1938年初即做出收缩战面的决定,但侵入山东地区的第二军仍希望继续南侵,为此,它向日本大本营请求:"追剿眼前之敌,决不是深入南进作战。为警备后方希望增加兵力。"⑤得到大本营认可后,第二军即令第十师团向南推进,攻占滕县及附近地区。第十师团于3月初以步兵第三十三旅团为核心,另外还配以炮兵、装甲兵若干,编成濑谷支队。濑谷支队于3月14日开始,向滕县发起攻击。滕县是津浦铁路上的一个据点,徐州北面的重要门户。为阻止日军南进,保卫滕县,第五战区把刚从郑州来援的第二十二集团军邓锡侯部调去防堵。该军来自四川,武器粗劣,环境也尚未适应,但官兵们凭着满腔爱国激情,不畏强

---

①　王瘦吾:《第四十军防守临沂之战》,《徐州会战——原国民党将领抗日战争亲历记》,中国文史出版社1985年版,第110—111页。

②　《中国事变陆军作战史》(中译本)第二卷第一分册,第34页。

③　《李宗仁致军令部密电》(1938年3月19日),《抗日战争正面战场》(上),第643页。

④　《抗日战史》(第四册)《华东地区作战》,第261页。

⑤　《第二军的南进命令》,《中国事变陆军作战史》(中译本)第二卷第一分册,第30页。

敌,奋起抗击。城内守军三个营,在第一二二师师长王铭章的率领下,不顾日军大炮和飞机的狂轰滥炸,沉着应战。从 16 日清晨开始,多次击退日军进攻。17 日中午,王铭章以电报给集团军司令呈报城内战况:日军用野炮、飞机从清晨至中午不断猛轰,城墙缺口数处,敌步兵屡登城垣屡被击退。同时又表示决心:决以死力拒守,以报国家,以报知遇。在日军的强大攻势下,滕县于 18 日陷敌,守城各团长、旅长及参谋长均先后阵亡,第一二二师师长王铭章中弹仆地,仍高呼杀敌,最后以身殉国①。

　　日军濑谷支队在围攻滕县时,另遣其第六十三联队绕道南下,直指临城。第二十二集团军已无力堵截,刚到达临城附近的第二十军团之一部,仓促应战,但无法阻止日军的攻势。濑谷支队攻占滕县、临城后,以第六十三联队第一大队为右翼追击队,沿津浦路向韩庄进击;第二大队为左翼追击队,向峄县进击。支队主力则在临城附近集结。3 月 20 日,日军攻占韩庄和峄县,当天,第十师团向濑谷支队发出命令:"须确保韩庄、台儿庄运河一线,并警备临城、峄县,同时应以尽可能多的兵力向沂州方面突进,协助第五师团战斗。"②22 日,濑谷支队发出作战命令:右翼追击队担任韩庄附近之守备;台儿庄派遣队确保台儿庄附近运河一线③,沂州支队于 23 日出发,策应坂本支队作战;支队主力集结在峄县附近。这一安排,完全不把面前的中国军队放在眼里。

　　对于第五战区面临的危急形势,蒋介石十分重视。他一面考虑增调部队,同时又在军事上重新部署。3 月 20 日,第五战区根据副总参谋长白崇禧"诱敌深入,从东西两面夹击"的策略,作出详细安排。两天

---

　　① 　三军大学战史编纂委员会:《国民革命军战役史》第四部《抗日》第二册(下)《初期战役》,台北"国防部"史政编译局 1995 年,第 31 页。

　　② 　《濑谷支队进入台儿庄》,转引《中国事变陆军作战史》(中译本)第二卷第一分册,第 32 页。

　　③ 　台儿庄派遣队,即上述左翼追击队,由第六十三联队第二大队、野炮一个大队组成;沂州支队由步兵第十联队组成。

后,第五战区下达作战命令,宣布这次作战之方略是:"以一部在运河之线取防御态势,以主力由峄县东南及东北山地侧击南下之敌,聚歼于临枣支线亘韩庄运间地区。"①为打好这一仗,蒋介石于 24 日亲抵徐州视察,并令随行的副总参谋长白崇禧、军令部次长林蔚等组成临时参谋团,协助李宗仁指挥作战。

23 日晨,第十师团濑谷支队以台儿庄派遣队(步兵第六十三联队第二大队,野炮一大队)由峄县向台儿庄攻击前进。中方守军第三十一师奋起迎击,因日军炮火过猛,只能且战且退。当晚,日军推进至台儿庄西北约七公里之北洛。此时,第二集团军由孙连仲指挥的三个师已在台儿庄一带严阵以待。蒋介石也致电孙连仲等,命其对津浦北段轻举暴进之敌实施包围,于微山湖畔歼灭之②。次日,日军在重炮掩护下向台儿庄大举进攻,中国守军奋起反击,将敌人击退,同时又及时调整部署,准备日军再次攻击。第五战区其他各军,按照预定计划,也主动向日军出击,使台儿庄以北至枣庄间广阔地区,硝烟蔽空,战况激烈。因各军缺乏重武器及空军支援,这轮攻击进展不大。25、26 两日,中日两军在沂水两岸亦展开激烈对抗。张自忠第五十九军出击受挫,被迫撤至河西,庞炳勋第三军团伤亡亦极惨重。27 日,日军猛攻沂水西岸的张自忠军,张自忠军两日伤亡 2000 余人,连同以前在临沂作战,共伤亡达万余人③。

台儿庄是中日双方争夺的重点,因相持不下,双方各自一再增加援兵。为先解决该处日军,第五战区于 28 日令第二十军团放弃对峄县、枣庄的进攻,主力南进转向台儿庄。由于在台儿庄被困的日军约有一个联队,日军第十师团即令濑谷支队全力投入战斗。30 日,被困台儿

①　《第五号作战命令》,转引《抗日战史》第四册,第 263—265 页。
②　《蒋介石发布汤恩伯及庞炳勋等部作战任务密电》(1938 年 3 月 20 日),《中华民国史档案资料汇编》第五辑第二编《军事》(二),第 513—514 页。
③　《李宗仁致蒋介石何应钦等密电》(1938 年 3 月 29—30 日),《抗日战争正面战场》(上),第 664 页。

庄北门的日军乘势向东门区扩张,与中国守军发生激烈巷战,双方都有重大损失。此后,赶来增援的日军凭借优势炮兵与机械化部队不断发动猛烈进攻,与中方第三十一师剧烈巷战,双方反复肉搏,台儿庄城寨虽大部被日军占领,中国守军仍顽强抵抗,不断反击,第三十一师连日作战,伤团长三、营长八,士兵约 2000①。此时,汤恩伯第二十军团开始反攻,并一度冲入枣庄。随后,第二十军团以主力向台儿庄东北侧之日军背后猛攻。战至 31 日,日军第十师团濑谷支队已完全陷入中方部队的包围圈内。因台儿庄方面情势危急,日军第二军令在沂州方面作战的第五师团救援濑谷支队,第五师团遂命坂本支队暂时中止攻击沂州,前往增援②。坂本支队星夜赶赴向城、爱曲,企图通过威胁中方第二十军团侧背以解第十师团之围。第二十军团乘势向北反转迂回,遂将坂本支队日军大部投入中方台儿庄包围圈内。此时,被中方包围在台儿庄的日军,共有第五、第十师团各一旅团(即坂本、濑谷两支队)及片野先遣队,连同战车、炮兵等特种部队,其总兵力约 4 万人③。

　　鉴于增援部队已全部到达,第五战区司令长官李宗仁根据军事委员会指示,决定从 4 月 3 日起开始总攻击。负责堵击的第三集团军越过津浦铁路向峄县、枣庄挺进;担任左翼攻击的第二集团军击退日军猛攻,极力由南向北压迫,并与右翼兵团遥相呼应;担任右翼攻击的第二十军团,除以第五十二军向北攻击被围于爱曲附近之敌外,另以第八十五、七十五军由岔河镇南北之线向西推进。李宗仁亦亲临台儿庄督战。4 月 3 日,第二十军团向日军展开围攻,奉命增援赶到的第七十五军与第三十二军第一三九师也一并投入战斗。4 日,中国空军出动飞机 27架分两批在台儿庄东北及西北地区投弹支援,歼敌甚众④。同日,蒋介

　　①　《林蔚等关于台儿庄一带战况及作战方针密电》(1938 年 3 月 30 日),《中华民国史档案资料汇编》第五辑第二编《军事》(二),第 562 页。
　　②　《中国事变陆军作战史》(中译本)第二卷第一分册,第 37 页。
　　③　《抗日战史》(第四册)《华东地区作战》,第 271 页。
　　④　《国民革命军战役史》(第四部)《抗日》第二册(下)《初期战役》,第 46 页。

石急电张自忠，命其所部第五十九军一面阻止莒县、沂水方向日军前进，一面以三日期限确实封锁台儿庄、临沂及台儿庄、费县间之交通，以确保台儿庄会战的彻底胜利①。4月5日，被第二十军团3个军及第二集团军围困的日军已经死伤累累。坂本支队见大局难于挽回，即开始准备向北撤退。日军濑谷支队被第二集团军三面围攻，被迫于6日晚向北退却，脱离战场。坂本支队见此情形，亦于第二天夜里向北脱离战场。最终，日军第十师团濑谷支队、第五师团坂本支队被歼达2000余人②。李宗仁见台儿庄日军已被打败，但临沂方面的日军尚未击溃，所以一方面调兵增援临沂守军，同时又组织力量乘胜追击。

日军濑谷、坂本支队在中国军队急攻猛追下，狼狈而退，撤至峄县附近才停脚集结。台儿庄战役是日军发动全面侵华战争以来所遭受到的最惨重的失败。在这次战役中，日军凭借其先进武器及机械化装备，向中国守军一再发动猛攻，但在第五战区各部将士奋勇抗击下，终被打败。台儿庄战役是全面抗战爆发以来正面战场上的一次重大胜利，沉重打击了侵华日军，极大地鼓舞了全中国人民的抗战斗志。

第二节　徐州会战

徐州是连接津浦铁路和陇海铁路的交通枢纽，为苏、鲁、豫、皖四省要冲，历来是兵家必争之地。在抗战进入第二个年头之际，侵华日军为打通华北与华中占领区而从南北两面向徐州发起攻击；中国军队为牵制日军主力，延缓日军对武汉的进攻，也在徐州集结兵力阻击日军的进攻。于是就发生了抗日战争史上著名的徐州会战。

---

① 《蒋介石关于封锁交通阻击莒沂方向之敌确保台峄战斗胜利密电》（1938年4月4日），《中华民国史档案资料汇编》第五辑第二编《军事》（二），第564页。

② 根据1938年6月日本华北方面军参谋部第三课编制的资料，从2月至5月第五师团战死1281人，负伤5478人；3月至5月，第十师团战死1088人，负伤4137人。见《中国事变陆军作战史》（中译本）第二卷第一册，第41页。

　　早在 1937 年 8 月,国民政府部署全面抗战之时,即把苏北和山东作为重点防御地区,将该地作为第五战区,由蒋介石亲自兼任战区司令长官。第五战区的主要任务是"根本打破敌军登陆之企图",一旦有敌军登陆,"务必迅速围攻而歼灭之"①。其后,为加强对该战区之领导,又改任李宗仁为战区司令长官。南京沦陷后,正面战场形势发生重大变化,第五战区防止敌军从海上登陆的战略已经失去意义,军事委员会重新划定第五、第三战区的作战地境,由淮河—洪泽湖南畔—淮安—老黄河一线南移至长江之线,并将江北原属第三战区的三个集团军划归第五战区的战斗序列②。当时估计,日军占据沪宁地区后,其主力之行动有三种可能,而"略取徐州,沟通津浦路窥伺陇海路,威胁武汉"③,是其中之一种方案。为此,徐州的战略地位比抗战初期更为重要。

　　军委会给第五战区制订的作战方针是:"为阻止侵入之敌,粉碎其打通津浦铁路之企图,将区内国军配合地方武力,并用刚性及柔性之战法,展开全面作战……与敌持久抗战,博取最后之胜利。"因该战区所辖地域广阔,为便于指挥,再划四个分区,配备必要的军队:山东全省(除青岛市区)为第一分区,以第三集团军为基干;江苏全省(除江南)为第二分区,以第二十四集团军为基干;安徽全省(除江南)为第三分区,以第十一集团军为基干;河南及湖北各一部为第四分区,暂不派基干部队;另外再以海军陆战队为青岛守备队,第三军团为东海守备队,第二十二集团军为战区预备队④。

　　山东本来是抵御华北日军沿津浦铁路南下的重要战场,然而负责

　　① 《大本营颁布国军战争指导方案训令》(1937 年 8 月 20 日),《抗日战争正面战场》(上),第 12 页。
　　② 《抗日战史》(第二册)《全面抗战经过》,第 152—153 页。
　　③ 《军事委员会哿电及战区修正计划》,《中国近代史资料丛刊·抗日战争》第二卷,《军事》(上),第 405 页。
　　④ 《军事委员会哿电及战区修正计划》,《中国近代史资料丛刊·抗日战争》第二卷,《军事》(上),第 405—406 页。

山东防务的第三集团军总司令韩复榘畏敌如虎,为保存实力,抗令避战,终致日军顺利渡过黄河天险,不战而得济南。不久日军又夺取泰安,将战线推进到鲁南运河防线,这样津浦路北段全陷日军之手,中国东西大动脉陇海铁路和战略要地徐州完全暴露在日军攻击之下。第五战区原来的战略步骤完全被打乱,于是只得临时调兵遣将,在徐州地区部署兵力,准备与日军拼搏。

为粉碎日军打通津浦路计划,蒋介石亲赴前线部署。1938年1月中旬,蒋介石在召集第一、第五两个战区团以上军官训话时指出:"现在我军战略,就是东面要保持津浦铁路,北面要保持道清铁路,来巩固武汉核心基础,津浦、道清两铁路,无论如何,要抵死固守,决不容敌人进占。"接着,他又对第五战区将士训话,再次强调保卫本战区要地之重要性,号召全军要"合力同心,一致杀敌"。军委会交给第五战区的任务是:"须固守徐蚌两要地,非有命令不得撤退。"①同月24日,又将作战不力的韩复榘明正典刑。这些措施,在一定程度上鼓舞了士气,稳定了军心。

日本攻占南京以后,从表面看取得了重大胜利,但实际上日子并不好过。为实行速战速决战略,日本投入中国战场的兵力一增再增,已经到达16个师团,约70万人②,但直到占领南京后,中国政府仍未屈服,战场已开始呈现持久的迹象。日本政府为攻占南京而动员了国内最大的力量,历年储备的战争物资也将告罄;而地域广阔、人口众多的中国,还有巨大的抗战潜力。日本陆军最为关心的满洲地区,此时仅剩5个师团与实力强大的苏联远东红军相对峙。已经侵占的华北、华中地区,形势也不稳定,重点控制的城市和铁路,亦时常受到中国抗日武装的打

① 《蒋介石之部署》,《中国近代史资料丛刊・抗日战争》第二卷《军事》(上),第407—408页。

② 〔日〕国际政治学会太平洋战争原因研究部编:《通向太平洋战争的道路》第3卷,朝日新闻社,1963年1月版,第41页。

击,不得安宁①。

面对这些不利形势,日本陆军参谋本部认为,必须树立适应持久战态势的全盘计划,才能指导下一阶段的战争。为此在1938年1月下旬起草了新的《战争指导计划大纲》,设想从政略和战略两个方面,把对华战争逐步导入持久战态势,以等待国际形势出现新的转机。《计划大纲》的战略指导大致分三个阶段实施,第一阶段实行"对华消极持久战",在1938年至1939年上半年,"尽量减少国力特别是军力的消耗,以加强对苏中两线作战之准备"。具体分三项:一、"迅速完成进攻广东战略,同时平定黄河以北残部,尔后转为彻底收缩的态势";二、"建设守备所需要的新军",换回目前在华之日军;三、"为节约兵力,在当地构筑坚固的城堡"②。这一计划在陆军省部间几经协商,初步取得一致意见,并由1938年2月16日召开的御前会议正式决定。御前会议对在华日军的任务明确作出规定:"确保在中国已占领的地区(包括华北方面的津浦线以西直到黄河一线),并期望其安定,同时完成对苏中两国作战,作为军的实质的整备,对第三国尤其对苏联须严加警戒。在情况允许之前,对上述战区不要扩大,更不要进行新区的作战。"在华北方面,"确保胶济沿线,并向济南上游黄河左岸一线继续作战,尔后大概在确保以上两界限以北地区的安定外,对敌人后方可继续进行航空作战"。华中方面,"在与海军配合确保现已占据地区的安定外,对敌人后方可继续进行航空作战"。其中特别指出:"济南、浦口铁路沿线(津浦线),不扩大现有地区以外的作战面。"③根据御前会议决定,日本军部对华中派遣军和华北方面军的战斗序列与基本任务重新作了调整。

对于暂停攻势,收缩作战面的计划,侵华日军并不赞成。早在攻占

---

① 《华北治安战》(中译本)(上),第66页。

② [日]《支那事变战争指导史》,第144页。

③ 《中国事变帝国陆军作战指导纲要》,《中国事变陆军作战史》(中译本)第二卷第一分册,第5页。

南京之初,华北与华中的日军都希望打通津浦路,把南北两块占领区连接起来。尽管计划没有得到批准,但南、北两军都有部队超出了预定的作战区域。

华中派遣军的第十三师团驻在南京附近的长江北岸,见苏北及安徽地区的中国军队活动积极,要求攻击凤阳、蚌埠附近之敌,以策应华北第二军在山东的作战。得到批准后,该师团即沿津浦路北上,向凤阳、蚌埠发起攻击,其目标当然是徐州。

在山东的日军,不顾军部的阻止,不断向南推进。至 3 月中旬,又以"追缴眼前之敌,决不是深入南进作战"为借口,取得大本营赞同后,即以第五、第十两个师团之部分主力,孤军南下,企图夺取台儿庄,控制大运河,以为攻击徐州作准备。但这两支骄横的日军,在临沂和滕县遭到中国军队的顽强阻击,接着又在台儿庄陷入中国军队的重围,伤亡惨重,被迫败退。日本陆军当局大为恼怒,认为这次战斗败坏了日本军队的传统,第十师团的濑谷支队长被革职,并编入了预备役[①]。

华北日军见濑谷支队在台儿庄被围困后,一方面组织营救,同时又再次请求大本营,希望立即发动徐州作战。其理由是:"第二军的作战,始终是基于屡次报告的方针进行指导的,但与优势之敌已近于接触,形成对敌之所谓决战攻势,不能不予以迎击的形势";"倘使敌人断然自由运用其兵力,很可能机动地对我进行各个击破"[②]。日本大本营是在战局不扩大方针下批准这次作战的。遭到台儿庄战役失败后,日本军部心犹不甘。接到台儿庄附近有大量中国军队,特别还有中央军主力的报告时,认为这是给蒋介石的主力一大打击,挫伤其抗战意志的好机会,于是决定立即进行徐州作战。

---

① ［日］伊藤正德:《军阀兴亡史》第 3 卷,第 78 页。转引［日］《通向太平洋战争的道路》第 4 卷,第 45 页。

② 《华北方面军第一课长下山给参谋本部作战课长稻田的电报》(1938 年 3 月 24 日),《中国事变陆军作战史》(中译本)第二卷第一分册,第 44 页。

实施徐州作战,即意味着放弃收缩战面的计划。对日本军部来说,进入持久战态势毕竟是被迫的,如能通过速战速决方式即可解决对华战争,那真是求之不得。因此,为扩大这次作战的战果,大本营还决定把原定于明年进行的武汉作战,提前到徐州作战结束后立即进行。日本大本营陆军部于 4 月 3 日内定实行徐州作战后,当天即向现地军队传达,并召回现地军的参谋,研究作战细节。4 月 7 日,正式下达徐州作战命令,令华北方面军司令官"以一部有力部队击败徐州附近之敌,占据兰封以东的陇海线以北地区";令华中派遣军司令官"以一部协助华北方面军司令官,击败上项徐州附近之敌,并占据徐州(包括在内)以南的津浦线及庐州附近"①。

为协调南、北两军作战,日军总参谋长还在《大陆指第一○六号》命令中,下达了《徐州附近作战指导要领案》,对这次作战作出具体部署:担任主攻的华北方面军约以四个师团兵力向陇海沿线发动攻势,从北面击败徐州附近之敌;华中派遣军以两个师团兵力,从南面策应华北方面军作战;华北方面军占领徐州以北津浦线,以及兰封以东陇海线以北地区;华中派遣军占领徐州及以南的津浦线和庐州地区。为协调好南、北两军作战而不至发生矛盾,参战部队由大本营直接指挥。为此,派出以作战部长桥本群为首的"大本营派遣班",于 4 月中旬前往济南②。

在日本方面策划徐州作战的时候,中国军委会及第五战区也在加紧保卫徐州的部署。至 1938 年 2 月,第五战区共有 13 个军 29 个师又一个旅,合计兵力约 28.8 万人,但其中大部是地方部队,装备差,战斗力弱。如邓锡侯第二十二集团军的两个军,来自川西,枪械半为土造。

　　①　《大陆命第八十四号》(1938 年 4 月 7 日),《中国事变陆军作战史》(中译本)第二卷第一分册,第 45 页。

　　②　《徐州附近作战指导要案》(1938 年 4 月 7 日),《中国事变陆军作战史》(中译本)第二卷第一分册,第 46 页。另见《抗日战史》(第四册)《华东地区作战》,第241—242 页。

该军出于大义,东进抗战,因装备太差,第二战区和第一战区都不要,最后被李宗仁收留①。按照当时常规武器的配备,日军一个师团的战力,约等于中国二至三个军。第五战区的部队,可能还要差一些。

在台儿庄战役期间,军委会及时调汤恩伯的第二十军团、孙连仲的第二集团军增援第五战区,使华北日军的两个支队遭受重创后被迫后退。台儿庄战役的胜利,使蒋介石进一步提高了正面迎战日军的信心。他认为:"今敌在台儿庄大败以后,必忿而向我报复,但其实力有限,仍是投机战略;只要我能首先堵住,再予迎头痛击,终必更获大胜。"②于是,军令部立即拟订计划,"调后方已整理之部队及他战区可抽调之精锐部队,迅速集中于第五战区方面以求与敌决战,同时第二战区利用优越态势极力反攻收复晋省,第一、三战区相机反攻以牵制敌人"。按照这一计划,先后从武汉、第一、三战区及广西等处抽调近20万军队至第五战区,在徐州附近集结③。

4月10日,担任主攻的日本华北方面军拟订出作战指导方案,准备"在徐州附近及津浦线以东吸引住敌之大部兵力,从徐州西面及西南面包围,切断退路,攻占徐州,歼灭敌人"。具体部署分三期:第一期,迅速给第二军增加必要的兵力,"在韩庄、峄县、沂州一线将敌扣住,尔后准备攻击";增加的兵力有第十六、第一一四两个师团及战车、野战重炮兵等;华中派遣军"按商定以一部迅速从淮阴方面向西北方前进,占据有利地形,将敌牵制在徐州东南地区"。第二期,第二军准备完毕后,于4月下旬以有力兵团从微山湖西侧急袭南下,切断徐州以西及西南面中国军队之退路,配合华中派遣军将徐州包围,攻占徐州,歼灭中国军队;第一军以一个师团的兵力,从兰封附近渡过黄河,急速切断陇海铁

①　《李宗仁回忆录》(下卷),华东师范大学出版社1995年版,第531—532页。
②　蒋介石:《在车辐山车站对出迎官兵训话》(1938年4月22日),《蒋中正总统档案·事略稿本》第41册,台北"国史馆"2010年版,第408—409页。
③　《军令部作战计划》(1938年4月),《抗日战争正面战场》(上),第624页。

路之交通。第三期,维护徐州及兰封以东地区的安定,确保津浦铁路之交通①。从4月12日开始,华北方面军连续下达命令,准备发起攻击。

　　为协调南、北两军的行动,日本大本营派遣班于4月17日在济南召开关于徐州作战的碰头会。会议就作战目的、行动时间等主要问题进行磋商。对于这次作战是歼灭中国军队为主,还是占领要地为主问题,南、北两军有不同意见,最后以华北方面军关于"作战最终目的是攻击徐州,消灭敌人是为达到此目的的手段"的提法为行动准则。关于作战时间,因各军情况不同,难于统一,大致从4月16日发动,总攻击约在5月15日左右开始。第一军还在会上提出了希望发动对开封、郑州方面作战。

　　日本华中派遣军为准备徐州作战,根据碰头会上商定之事项,于4月24日制定会战计划:决定以第九、第十三师团为主力,同时向蒙城一线推进,然后视战场情况的变化,向左右两面包抄;第一〇一师团向苏北之东台、阜宁,第六师团向安徽之庐州方面进击。各部于4月下旬集结,迅速开赴作战地区②。

　　经过一番周密部署,华北日军于4月中旬首先发起攻击。在台儿庄战败后撤的第十师团,经休整补充,增强兵力后,于4月18日再次向台儿庄攻击,遭到汤恩伯指挥的第二十军团和孙连仲指挥的第二集团军各部的顽强阻击。22日,日军全线大举南犯,中方部队被迫向台儿庄东北一带转进。中方第六十军在台儿庄以东之线,左右联系第五十一军、第二十军团共同阻敌,徐州东北情势方得以稳定。此时,津浦路南段日军又大肆增兵,企图北进,给第五战区造成巨大压力。李宗仁遂令第二十一集团军抽调两个师开赴怀远一带集结,以巩固南侧防线。

　　①　《徐州附近作战指导方策》(1938年4月10日),《中国事变陆军作战史》(中译本)第二卷第一分册,第47—48页。
　　②　《华中派遣军徐州会战计划》(1938年4月24日),《中国事变陆军作战史》(中译本)第二卷第一分册,第51—52页。

日军第五师团以步兵第九旅团为骨干组成的国崎支队于 4 月 19 日占领临沂后,继续向南攻击,但遭到张自忠第五十九军等中国军队的顽强抵抗,从 4 月 28 日起,双方激战三昼夜,日军受到重大创伤。

5 月 1 日,军委会根据新的形势,拟订出徐州会战指导方案。方案首先判断日军这次行动的目标是:"集中兵力打通津浦线,并求击破我军主力,以达速战速决之目的。"日军调动的兵力有四种可能:仅以现有鲁南兵力继续攻击;再抽调其他战场兵力,仍由鲁南攻击;抽调更多兵力,孤注一掷;同时在淮南方面发动助攻。我军作战方针是:"以阻止敌打通津浦路之目的……行攻势防御。"如敌大举增兵,"则应避免决战,逐次抵抗,以消耗敌之战力。同时在武汉及郑州以西集结兵力,准备诱敌深入与之作战"。具体要领是,对第一种可能,以现有兵力"迅速击破之";第二种可能,再增兵力,"行攻势防御";第三种可能,以现有兵力为限度,"避免决战"①。这一指导方案,实际上已改变大量增调军队的初衷,不准备在徐州与日军决战。因为徐州的战略地位虽然重要,但四周是平原地区,有利于日军机械化部队及空军作战。如以劣势装备与日军打大规模的阵地战,极有可能重蹈淞沪战场的覆辙。

进入 5 月之后,南北各路日军都开始行动,对徐州实施战略包围。日本华中派遣军第六师团之一部,于 4 月中旬从芜湖渡江北上,沿巢湖右侧攻击前进,于 5 月 14 日占领庐州(今合肥),为华中派遣军主力北上解除了后顾之忧。与此同时,第一〇一师团之一部从苏北东台出发,连陷盐城、阜宁,使徐州守军的后背受到威胁。华中派遣军主力第九、第十三师团由凤阳、怀远向北进击,于 5 月 9 日攻占蒙城,中方守备蒙城之第一七三师周元副师长以下约七百人全部殉国②。同日,日本华北方面军第十六师团由济宁南进,向中方第三集团军巨野之线阵地进

①　《中国军队作战指导方案》(1938 年 5 月 1 日),《抗日战争正面战场》(上),第 625—626 页。

②　《国民革命军战役史》(第四部)《抗日》第二册(下)《初期战役》,第 53 页。

犯。第十四师团亦开始向濮县移动,试图越渡黄河,南犯鲁西。徐州地区情势日益紧急。10 日,国民政府军事委员会为配合战况发展,特变更第一、第五战区的作战地境,两战区以亳县、黄口、沛县、夏镇各东侧附近之线为界,同时令第三军团、第三集团军改归第一战区指挥,第一战区所辖之第八、第七十四军则向砀山、商丘间集中①。此后,鲁西方面之对日作战统归第一战区指挥。13 日,第九师团、第十三师团占领徐州西南的重要门户永城和百善。14 日下午,日军占领砀山以东的汪阁,炸毁铁路桥,切断了陇海线。5 月 15 日,日军第三师团开始向徐州南方门户宿县攻击。日本第十六师团经过激战,于 5 月 17 日占领丰县,第十四师团连陷郓城、菏泽、曹县,并由内黄进攻兰封,切断了第一、第五战区之间的联络。在徐州正面的第十师团,夜渡微山湖,于 18 日占领沛县。至此,各路日军对徐州的包围态势已经形成。

鉴于华北、华中日军已在陇海铁路沿线会师,第五战区近 60 万大军已陷于重围。5 月 15 日,军委会在汉口最高军事会议上做出决定:避免决战,放弃徐州②。李宗仁根据战场实况,于次日决定撤离徐州战场,各军分头向包围圈外转移。具体安排是:以张自忠指挥的第五十九军等部分军队在郝寨、萧县等地阻击日军,掩护主力行动。其余各军的行动方案为:以第二、第二十二集团军等组成鲁南兵团,由孙连仲为总指挥,守备徐州,掩护大军撤退;以第二十军团等部组成的陇海兵团,由汤恩伯为总指挥,向西南的亳县、淮阳一带转移;以第二十一集团军等部组成的淮北兵团,由廖磊为总指挥,由宿县向颍上、凤台方向转移;由第二十六、第二十七集团军组成的淮南兵团,由李品仙为总指挥,确保官亭、舒城、怀宁之线;以第二十四集团军为苏北兵团,由韩德勤为总指

---

① 《抗日战史》(第二册)《全面抗战经过》,第 186－187 页。

② 1938 年 5 月 1 日,国民政府军事委员会曾颁布《国军战争指导方案》,决定在鲁南集结相当限度兵力,行攻势防御。但敌如由国内大举增援至兵力较我绝对优势时,则应避免决战,逐次抵抗,以消耗敌之战力。见《国军战争指导方案》(1938 年 5 月 1 日),《中华民国史档案资料汇编》第五辑第二编《军事》(二),第 525 页。

挥,确保淮阴、东海一带;由第六十九军等组成的挺进军,在费城附近的鲁南山地,建立根据地,进行游击战①。

在第五战区各军分路撤退之时,日军迅速向徐州合围。5月20日前后,日军第十师团、第十六师团分别从沛县、丰县向徐州合击;第一一四师团从津浦路以东地区向徐州进击;第九、第十三师团攻占萧县后向徐州挺进;第三师团攻占宿县后沿津浦路向徐州合围。5月19日中午,徐州失陷。当日,蒋介石电令第二十二集团军总司令孙震,将徐州一带火车、机关车全部毁灭,以免为敌所用②。此时,中国守军的主力已经全部转移,驻守徐州的鲁南兵团亦已分两路从徐州西南和南部突围。李宗仁的第五战区长官司令部及陇海兵团之第二十军团等,从宿县分头向西和向太和、阜阳等方向突出重围③。在包围圈内数十万大军成功地实行战略撤退,从而使日军统帅部围歼中国军队主力的计划完全落空。

徐州会战是淞沪会战后中日两军又一次大规模的军事较量,由于中国军队广大将士不怕牺牲、浴血奋战,给日军以有力打击。尽管最后没有能够阻止日军打通津浦路的企图,但已经消耗了日军的力量,迟滞了日军西犯的日程,为后来的武汉保卫战赢得了准备时间。

第三节　武汉保卫战和武汉失陷

武汉是中国中部地区的重要城市。武昌、汉口、汉阳三镇隔长江、汉水相望,恰成鼎足之势,又当平汉、粤汉铁路之要冲,其水陆交通十分发达,素有九省通衢之称。从抗战全局看,武汉地区是联接华北、华东、华南战场的枢纽,亦是重要的后方基地,同时也是西南大后方之屏障。

---

① 《抗日战史》(第三册)《华北地区作战》,第306页。
② 《中华民国重要史料初编》第二编《作战经过》(二),第269页。
③ 蒋纬国:《抗日御侮》第五卷,台湾黎明文化事业公司1978年版,第164页。

上海、南京沦陷后,武汉更成为国民政府的战时行都。国民政府与军事有关的部门大部分迁入武汉,内政部、外交部、财政部、卫生署及经济委员会等也都在武汉办公,国民政府的首脑人物蒋介石、汪精卫、孔祥熙、张群、何应钦、陈立夫等均云集武汉。此外,武汉还是国共两党合作联络的所在地,中共中央长江局和八路军办事处设在武汉①。日本当局企图通过攻占武汉,摧毁中国的抗战中枢,迫使国民政府彻底屈服。

武汉虽具有重要的战略地位,但其地理位置却不适宜现代战争的战略防守。主要原因是,近郊无险可守,中间隔有大江,四周杂以湖泊沼泽,无法持久防御。为确保武汉不失,国民政府军事当局认为,"应东守宿松、太湖,北扼双门关、大胜关、武胜关诸险,依大别山脉以拒敌军,并与平汉北段之积极行动相呼应"。提出了"应战于武汉之远方,守武汉而不战于武汉"的战略②。

1937年12月南京失陷之际,军事委员会便确立了以保卫武汉为中心的第三期作战计划,明确提到:"国军以确保武汉为中心,持久抗战,争取最后胜利之目的,应以各战区为外廓,发动广大游击战,同时从新构成强韧阵地于湘东、赣西、皖南、豫南各山地,配置新锐兵力,待敌深入,在新阵地与之决战。"具体计划是,把武汉周围的重要地区划分为南段、北段和中间三条决战地带,并在江南的九江附近和江北的鄂皖豫交界山区设前进阵地。决定增强湖口以西至武汉的各处要塞,由江防总司令统一指挥;调20个团守备武汉,并新设武汉卫戍总司令;交通方面,修筑武昌至长沙以及通往其他各省的公路;通信方面,为防止日机炸断武汉水线,预先架设联接南北的通信网;后勤方面,以粤汉路北段、

---

① 敖文蔚:《兵火奇观——武汉保卫战》,广西师范大学出版社1995年版,第5页。

② 《对武汉附近作战之意见——统帅部指导方案》,《抗日战争正面战场》(上),第713页。

平汉路南段为基本补给线,储备足敷三个月之用的弹药粮秣①。当时蒋介石本人也对守卫武汉充满信心,1938 年 1 月 26 日他对在武汉的中央执监委员发表谈话时特别强调指出:"长江方面作战军力虽经京沪之大损失,至本月底,整理补充约可恢复原来力量十分之七;晋方兵力经过近来两月来之整理补充,已恢复原来力量十分之八,再经过两月,均可完全恢复,武汉当可固守,如日方不能增加生力军至十师团之众,将无法夺取武汉。"②蒋介石还下令成立武汉卫戍总司令部,以陈诚为总司令,并接连发出指令,限期构筑野战工事,随时报告进展情况。

日本军政当局也很清楚武汉的战略地位,因而早已把攻占武汉列入其侵华计划,但中国军民的奋勇抗战,粉碎了日本速战速决的战略。攻占南京后,日本国内可以调动的兵力和战争物资已接近极限,于是被迫考虑暂时休整。1938 年 1 月 20 日,日本战争指导当局起草的战争指导计划大纲中,准备在 1939 年下半年或 1940 年再开始攻击武汉。其作战方案是:沿平汉线及长江两岸,从三面向武汉分进合击,其用兵规模约 20 余个师团,相当于 1937 年的攻势③。然而这一消极持久战计划不久即被现地日军所打破。华北方面军在台儿庄战役被中国军队击败后,日本战争指导当局决定立即实施徐州作战。夺取徐州打通津浦路,这不是一个孤立的军事行动,而是整个侵华战略的重要一环,并与攻击武汉作战密切相关。因此,日本战争指导当局在策划徐州会战的时候,决定把攻击武汉也提上议事日程。

徐州战役发动后,日军于 5 月 19 日占领了徐州,但中国军队的主力已经全部转移,双方未发生正面的冲突。为寻找中国军队主力决战,

①　《军事委员会第三期作战计划》(1937 年 12 月 13 日),《抗日战争正面战场》(上),第 52—55 页。

②　《王世杰日记》(手稿本)第一册,1938 年 1 月 26 日,第 170—171 页。

③　《1938 年以后的战争指导计划大纲》(1938 年 1 月 20 日),《中国事变战争指导史》,第 145 页。

日本华北方面军决定"占据兰封、归德、永城一带,并准备以后的作战",为此解除原设作战地界的限制①。5月28日,又向第二军下达了进入开封东南地区的命令。东京方面看到日军在越过规定的作战区域后,仍没有中止行动的迹象,于29日作出决定:"越过兰封、归德、永城、蒙城、正阳关、六安一线进行作战,须经批准。"同时又划定了南北两军的作战界线。但华北方面军不顾日本大本营的决定,于6月2日将第十四师团拨给第二军,并下达向兰封以西追击的命令:"敌主力有开始向京汉线以西后退的模样","方面军决定首先向中牟、尉氏一线追击敌人","另外,令一部迅速挺进切断京汉线"②。日军一路西进,于6月6日占领开封,次日攻占中牟,10日炸毁郑州南面的京汉铁路线。为阻止日军继续西进侵占郑州,第一战区司令长官部参谋长晏勖甫等人提议炸开黄河堤防抵抗日军,这一提议上报不到一小时就获得蒋介石的批准③。6月11日,花园口、赵口的黄河大堤被完全炸开,洪水形成数千平方公里的黄泛区,中牟地区17个县成为泽国,140万灾民无家可归。受此影响,西进日军被围者甚众,日军海空军对被围部队实施全力救援。6月16日至24日之间,日本空军"给两个师团投下补给粮秣、卫生材料等,合计约六十一吨半"④。此外,已进至河南新郑的日军第十四师团一个支队由于后路被洪水切断,全部被中方部队消灭⑤。黄河的决堤,使日军第二军被迫放弃沿陇海路西进再沿平汉线南下的计划,转而南移至合肥地区,与长江下游地区的华中派遣军第十一军分沿

---

①　《方面军作命甲第三一七号》,《中国事变陆军作战史》(中译本)第二卷第一分册,第77页。

②　《大本营的作战限制和兰封以西的追击》,《中国事变陆军作战史》(中译本)第二卷第一分册,第79页。

③　《掘堤的建议和实行的经过》(节录),见章伯锋、庄建平主编:《抗日战争》第二卷《军事》(上),第530—531页。

④　《中国事变陆军作战史》(中译本)第二卷第一分册,第81页。

⑤　沈家五:《1938年黄河花园口决堤经过》,载《民国档案》1986年第1期,第134—136页。

大别山以北地区和长江两岸地区向西作并行攻击①。

　　1938年6月3日，日军第二军以其第三、第十三两师团由蒙城南进，连陷凤台、寿县、正阳关等地，拉开了武汉会战的序幕。由于寿县、正阳关一带黄泛水位逐日升高，日军于6月下旬转移至蚌埠、庐州，准备掩护其主力到达。长江方面，日军以停泊在大通江面之海军第三舰队，掩护其第十一军波田支队，于6月12日登陆安庆以东六百丈之长江下游附近。同日，日军第六师团由合肥西进。中方守军不敌，舒城、安庆先后失守。13日，日军占领桐城，17日又占领潜山，中方第二十七集团军被迫退守潜山西北猫儿岭至太湖一线，与日军展开对峙。

　　日军波田支队占领安庆后，又在其海军的配合下，于6月24日向中方的马当要塞发起进攻。为阻抑日军攻势，中国海军于6月4日开始，即在马当要塞前后及东流方面加布水雷，增强防御力量②。陆路方面，防守马当要塞的中方部队不畏牺牲，在藏山矶与日军展开白刃搏斗，伤亡甚重，加之弹药用尽，渐形不支③。26日，日军继续发动攻势，然而却屡攻屡败。情急之下，日军施放毒气，中国守军中毒者极多，日军乘机实施包围，马当要塞守军第二总队牺牲四分之三，各中队长、队副大部均壮烈殉国，第三总队第三大队牺牲三分之二，大队长、队副各

----

　　①　1938年的花园口黄河决堤事件，由于给人民生命财产造成巨大损失，大陆史学界对此多持否定看法。然而有学者认为，花园口决堤一方面是国民党当局以己为重、以民为轻的政治路线的产物，但从纯军事战略的角度分析，决堤亦有合理的成分，可视作一项正确但并非唯一的选择。黄泛区将中国的南北战场隔绝开来，使日军不得不改变其战略主攻路线，中国抗战后方的基地——西南地区由此得以保存。见马振犊：《血染辉煌——抗战正面战场写实》，广西师范大学出版社1993年，第190—191页。

　　②　《中国海军对日抗战经过概要》（1947年2月），《抗日战争正面战场》（下），第1833页。

　　③　《陈诚致蒋介石代电》（1938年6月27日），《抗日战争正面战场》（下），第743页。

一员,中队长、队副各二员为国捐躯,士兵伤亡甚重①。当日,马当要塞陷敌,要塞司令王锡焘失踪②。此后,日军波田支队在飞机、海军陆战队和骑兵的支援下继续西进,于 29 日攻占彭泽。7 月 3 日,日军向湖口进攻,并于次日在湖口附近强行登陆,遂与中方第二十六军主力展开激战,湖口炮台多被轰毁,湖口也于 7 月 5 日陷敌。此后,中方第十八军及王东原所部两个师,虽曾向彭泽、湖口反攻,但因缺乏重武器支援,未能奏效。马当、湖口战斗期间,中国空军以汉口与南昌为基地,连日出动轰炸机或战斗机一架至十数架不等,攻击安庆至湖口间之日本军舰,予以重创③。

　　日本内阁在徐州会战期间内部矛盾进一步加剧,5 月 26 日,近卫文麿宣布改组内阁,更换了外务、陆军等四个大臣,同时又设立了五相会议制度。这次改组,主要是集中内阁的权力,协调军政之间的矛盾。6 月 18 日,大本营下达作战命令:决定"以初秋为期,攻占汉口"④。具体部署是:"华中派遣军司令官应于长江及淮河正面逐步向前占据前进阵地,准备以后之作战";"华北方面军司令官应继续执行关于确保占据区域安定之现行任务。……为策应华中派遣军作战,应准备进行部分作战,牵制敌人于北方。"⑤根据大本营陆军部要求,近卫新内阁集中力量研究实施武汉作战后的对华政策,以统一内部思想,力争在年内实现战争目标。7 月份,五相会议连续举行,分别对确立调整日华关系新方针,逐步转向以国民政府为交涉对手的轨道,接受第三国调停等问题进

　　①　《陈诚致蒋介石代电》(1938 年 6 月 30 日),《中华民国史档案资料汇编》第五辑第二编《军事》(三),第 12 页。
　　②　《抗日战史》(第五册)《华中地区作战》(上),台北"国防部"史政编译局编印,1987 年,第 40 页。
　　③　《国民革命军战役史》(第四部)《抗日》第二册(下)《初期战役》,第 136 页。
　　④　《中国事变陆军作战史》(中译本)第二卷第一分册,第 112 页。
　　⑤　《大陆命第 119 号》,《中国近代史资料丛刊·抗日战争》第二卷《军事》(上),第 555 页。

行研究,制定了一批内容详尽的侵华方案。如关于中国政府是否屈服,即制定了两套对策。当中国政府屈服时,将其作为一个政权,"使其合并于新兴中国中央政权之下";如不屈服,"帝国须更集中国力,即以作战、内政、外交、经济、谋略、宣传等国家之全力,使现中国中央政府灭亡或屈服"①。

在日本政府看来,只有重庆国民政府停止抗战,侵华战争才能结束。因此,近卫内阁把汉口作战期间对重庆的谋略放到重要地位。7月26日,五相会议决定设立直属内阁的"对华特别委员会"②,专门负责对华谋略。为统一部署作战指导、对华谋略以及国内的军需动员,以抓住结束战争的时机,日本大本营陆军部于7月31日制定了《以秋季作战为中心的战争指导大纲》。大纲的战略指导原则是:"尽量缩短汉口作战和广东作战的时间间隔";"汉口作战的目的,在于摧毁蒋政权的最后的统一中枢——武汉三镇,和完成徐州作战以来的继续事业——黄河和长江中间的压制圈";"广东作战的目的,在于一面切断蒋政权的主要补给线,一面使第三国,特别是英国的援蒋意图受到挫折"。在政略指导方面,提出在攻击汉口前以及在攻击广州后,会捕捉到诱降停战的机会,"预料国民政府和某第三国会相继提出和议"③。

与此同时,日本大本营陆军部开始调兵遣将,整备进攻武汉的兵力。7月4日,日本大本营变更华中派遣军与华北方面军第二军的战斗序列,将第二军划归华中派遣军指挥,以东久迩宫为司令官,下辖第

---

①　《现中国中央政府屈服之对策》、《现中国中央政府不屈服之对策》,[日]《支那事变战争指导史》,第173—174页。

②　《中国事变陆军作战史》(中译本)第二卷第一分册,第106页。该委员会由陆军中将土肥原贤二为首,还有海军中将津田静枝,外务省代表坂西利八郎,简称土肥原机关。

③　《陆军以秋季作战为中心的战争指导大纲》(1938年7月31日),《中国事变陆军作战史》(中译本)第二卷第一分册,第107—108页。

十、第十三、第十六师团;同时又编成第十一军战斗序列,任命冈村宁次为司令官,下辖第六、第一〇一、第一〇六、第三师团和波田支队。此后,第九、第十八、第二十七、第十五、第十七、第二十二、第一一六师团及航空兵团也陆续编入华中派遣军的战斗序列①。经过调整,日本全国陆军共34个师团,除2个留在日本国内,9个安排在朝鲜、满洲地区对苏备战外,有23个师团部署在华北与华中,其中华中兵力更达14个师团之多②,日军攻击武汉的作战态势逐渐完备。对于汉口作战,日本陆军部早在4月初即派员着手研究。至5月底,方案已趋于成熟,其要点是:先占领安庆,建立机场及后勤补充基地;新编成的第十一军担任长江沿岸作战;第二军担任淮河流域作战。7月14日,编入华中派遣军各部先后进入预定地域,派遣军发出《中支作命甲第一号》,令各部于次日起进入临战状态,并给各军增配了野战炮兵、高射炮兵、工兵等机械化部队③。

汉口作战是日本陆海军的联合作战,7月31日,华中派遣军司令官畑俊六同日本中国方面舰队司令长官及川古志郎签署协同作战备忘录。双方约定:"华中派遣军以第十一军由扬子江方面,以第二军由大别山麓方面进行作战,在攻占武汉地方要地同时,尽可能大量消灭敌人。在此期间,航空兵团进行空中作战";"中国方面舰队以第三舰队进行扬子江的溯江作战,在击败当面之敌的同时,占领水路,协同陆军攻占武汉;在此期间,航空部队进行空中作战"④。根据这一协定,担任主攻的第十一军与海军第三舰队、陆海军航空部队间也互相协商,确定合作的细节。如陆军航空兵团与海军第二联合航空队在"作战协定"中规

---

① 《中国事变陆军作战史》(中译本)第二卷第一分册,第115—116页。

② 《全面配置》,《中国事变陆军作战史》(中译本)第二卷第一分册,第110页。

③ 《华中派遣军命令》(1938年7月14日正午),《中国事变陆军作战史》(中译本)第二卷第一分册,第119—121页。

④ 《关于攻占汉口作战陆海军协定备忘录》(1938年7月31日),《中国事变陆军作战史》(中译本)第二卷第一分册,第122—123页。

定："航空兵团主要协助第十一军,以一部协助第二军作战,同时抓住良机摧毁敌人空军战斗力量,并攻击要地";"第二联合航空队以消灭敌人航空兵力为第一义,经常、毫不松懈地压制敌人,同时积极协助陆海军溯江部队,以最大努力攻击敌要地,直接或间接协助和策应陆军作战"。航空兵团出动3个飞行团,侦察、战斗、轰炸机共223架;第二联合航空队出动各种飞机174架,另外还有36架水上飞机和30架远程轰炸机协助攻击①。

按照日本大本营的统一部署,参与汉口作战的各路日军于7月中旬开始逐步向预定地点集合,分头向武汉方向攻击前进。第二军的第三、第十、第十三、第十六四个师团集结在安徽的庐州附近;第十一军的第六、第一○一、第一○六等师团则溯江西上,向黄梅、九江攻击,并于7月26日攻占九江。此时,日本关东军在张鼓峰与苏联红军发生冲突,引起日本大本营的高度重视,汉口作战一度被推迟。8月中旬日、苏双方各自妥协,事态逐步平息后,日本大本营于8月22日正式发出向武汉进攻的命令:"华中派遣军应协同海军攻陷并占据汉口附近的要地,在此期间务须大量击败敌人";"华北方面军应策应华中派遣军的作战,努力牵制敌人"②。海军方面也令有关舰队协同陆军攻占武汉。至此,日本的汉口作战开始全面发动。

随着战场形势的变化,中国政府为保卫武汉,在军事上也做出了积极部署。据王世杰记载,还在6月初武汉保卫战刚拉开序幕时,蒋介石便在6月3日的国防最高会议第八次全体会议上提出:"军事前途,今后(第三期抗战)之决战地域将在平汉路以西,大别山脉以北(豫南皖北),至于开封、郑州等地,以在大平原中将不固守,免受无

---

① 《关于实施汉口作战协定备忘录》(1938年8月21日),《中国事变陆军作战史》(中译本)第二卷第一分册,第125—126页。

② 《大陆命第一百八十八号》(1938年8月22日),《中国事变陆军作战史》(中译本)第二卷第一分册,第139页。

益之牺牲。蒋先生并谓武汉可固守。"① 当时军事委员会将武汉卫戍总司令部改编为第九战区,以陈诚为司令长官,辖薛岳第一兵团和张发奎第二兵团,共 27 个军,负责长江南岸作战。第五战区负责江北方面作战,以孙连仲的第三兵团、李品仙的第四兵团为基干,辖 23 个军。长江以北的田家镇要塞部分及武汉卫戍司令部,仍归第九战区指挥。徐州弃守后,李宗仁令孙连仲兵团集结在商城侧击向西进攻的日军,令淮南兵团集结在桐城、霍山、六安等地阻击敌人西进,并指出:无论情况如何变化,须固守大别山根据地。军委会对江南战区亦发出训令,令第九战区以主力在广济、平靖关一线占领阵地,置重点于武胜关、麻城、广济,待机转移攻势,并派一部于信阳、宿松等要点,协助第五战区制敌西进。另在江防、湘赣边区等处都一一派兵防守②。

6月8日,军委会颁发武汉保卫战的总体计划,首先确定这次战役的方针是:"以聚歼敌军于武汉附近之目的,应努力保持现在态势,消耗敌军兵力,最后须确保大别山、黄麻间主阵地,及德安、箬溪、辛潭铺、通山、汀泗桥各要线。"具体要领是:第五战区应以现在态势,"确保大别山主阵地,积极击破沿江及豫南进犯之敌";在广济和豫南两个方面调派主力,构筑阵地,阻敌西进,再派遣部队开展游击战,破坏交通,袭扰敌人。第九战区"应极力维持现在态势,并须确保德安、箬溪、辛潭铺、通山、汀泗桥要线,以维持全军后方,使尔后作战容易";在南浔路星子方面、瑞武公路两侧、阳新河以南、通山附近设置重兵,阻敌前进。武汉卫戍部队"改守沿江要点及核心阵地",应以现有兵力之一部用于第五战区及第九战区,与敌决战。第一、二、三战区仍以现在部署,积极向敌袭

---

① 《王世杰日记》(手稿本)第一册,1938 年 6 月 3 日,第 273—274 页。

② 程思远:《保卫武汉的军事部署》,《中国近代史资料丛刊·抗日战争》第二卷《军事》(上),第 545 页。

击,以牵制日军向武汉转用兵力①。

从6月下旬到7月初,日军接连攻占了马当、彭泽、湖口。中国在军事上也进行了应对部署。7月11日,军委会颁布作战指导方针,决定将国军主力集中于武汉外围地区,尤其是将兵力重点置于长江南北之第五、第九战区,希望通过利用鄱阳湖、大别山地障及长江两岸丘陵、湖泊施行战略持久战,"消耗敌人,以换取至少四个月之时间"②。当日,军委会正式颁发了新的国军战斗序列。其中,第五战区的作战地域为豫南、鄂北、皖北及苏北地区,司令长官李宗仁(白崇禧代);第九战区作战地域为湖南、鄂南及南浔路以西地区,司令长官为陈诚③。由于九江失守,军委会于8月1日又将赣北南浔路方面的作战统一交由第一兵团总司令薛岳指挥,同时重新划定第一、第二兵团的作战地境线,为鸡公岭、车轮中间山之线。此后,张发奎第二兵团仅负责九江-瑞昌之线的作战任务④。

从8月开始,日军以第十一军为主力部队沿瑞昌至武宁公路西进,妄图切断粤汉铁路,迂回武昌之南。其长江北岸之第六师团则由太湖趋宿松,直逼广济。与此同时,日军第二军主力则沿淮河以南、大别山北麓,由六安、霍山之线,经潢川、罗山向信阳进军,迂回汉口以北。其一部则经商城、麻城进军汉口,日军舰也携海军陆战队溯江而上。针对日军行动,中方逐次转用50个军,共122个师的兵力,广布以武汉为中心,北自信阳、潢川、固始、六安、霍山、大别山东南麓,南迄德安以北及星子在内,怀抱大别山、庐山的长达500公里的弧形阵地线⑤。同时,中方在田家镇长江两岸构筑江防要塞阻击敌军,并集中空军主力对东

① 《军事委员会军令部保卫武汉作战计划》(1938年6月8日),《中华民国重要史料初编》第二编《作战经过》(二),第308—313页。

② 《抗日战史》(第五册)《华中地区作战》(上),第30页。

③ 《抗日战史》(第二册)《全面抗战经过》,第214—224页。

④ 《抗日战史》(第五册)《华中地区作战》(上),第50页。

⑤ 《抗日战史》(第五册)《华中地区作战》(上),第68页。

流、九江间的日军舰船、沿江机场实施昼夜轰炸,破坏日军的增援与补给。

长江北岸方面,日军第十一军第六师团一部在海军的掩护下,于黄梅以南的小池口登陆,此后又与其沿江北西进的部队对中方实施两路夹击。中方李品仙第四兵团一部奋力拒敌。鉴于广济、黄梅情势危急,李品仙命第二十六集团军徐源泉部向潜(山)太(湖)展开全线攻击。8月1日拂晓,第二十六军第一九九师开始行动,一举占领潜山西侧之黄山头,毙日军大队长奥田新九郎与中队长金子以下百余人。该师另一部亦占领潜山以北之余家铺,双方激战四小时,日军联队长长谷川幸造以下官兵百余人被歼灭①。8月3日,黄梅落入敌手。8月下旬,中方部队发起全线反攻,一举规复太湖、潜山等地,日军被迫将后方连络线移至小池口方面,并向广济以东中方阵地猛攻。中国守军伤亡惨重,阵地被敌突破。为牵制日军的行动,蒋介石于8月28日发出电令:要敌后各部队加紧出击,"各尽最大之努力,督饬所属各游击部队,积极游击,其在北部队,特应向津浦南段不断袭击,策应第五、九战区之作战为要"②。在日军的强大攻势下,广济最终于9月6日陷敌,中方部队退守界岭第二线阵地及田家镇要塞。田家镇要塞位于广济上游十余公里,它与南岸的富池口要塞隔江对峙,扼控长江航道,"为大别山及赣北我主阵地之锁钥,乃五、九战区会战之枢轴,亦武汉最后之屏障"③。日军占领广济后,迅即转而南犯田家镇。同时,沿江北西进之日军亦于17日攻陷武穴后,向田家镇进攻。李品仙第四兵团集中三个军兵力,阻击由广济南进之敌,以策应田家镇要塞之作战。由于日军海空火力过猛,加之毒气危害,中方部队苦战旬日,伤亡过重,被迫于9月28日

---

① 《抗日战史》(第五册)《华中地区作战》(上),第61页。

② 《蒋介石致程潜等密电稿》(1938年8月28日),《抗日战争正面战场》(上),第771页。

③ 《蒋介石致李延年密电稿》(1938年8月6日),《抗日战争正面战场》(上),第759页。

弃守田家镇，重新部署后退至界岭之线继续抗敌。10月初，日军第六师团获得增援，遂兵分二路沿长江向西、向北进犯，并在蕲春、兰溪、黄冈、茅山铺等地登陆，连陷浠水、上巴河、新洲等地，直逼黄陂。黄陂乃汉口东北之门户，为此，蒋介石特于10月24日致电李宗仁，令其指派第五路军最精良部队负责布防，必须尽力固守黄陂①。然而由于日军攻势强大，黄陂于次日失守，汉口告急。

　　长江南岸方面，日军第九师团丸山支队于8月21日抵达九江后，即沿长江南岸西进，并在飞机掩护和毒气配合之下，向中方守军第二十二师马家垅、周家垅、蜈蚣山阵地发起猛攻。蜈蚣山一役中，日军施放深蓝色催泪性毒气，中方伤亡惨重，第八十一师守兵两营中毒，口鼻出血，除三人逃出外，其余均壮烈牺牲②。24日，瑞昌陷敌。此时，第一〇六师团开始沿南浔路长驱南下，第一〇一师团则由星子登陆，直接威胁南浔路中国守军后方。第九战区第一兵团利用庐山据点及两侧有利地形予以日军顽强阻击，双方激战至26日，日军大队长石田道一以下官兵200余人被歼，中方部队亦伤亡重大③，星子最终陷敌。此后，第一〇一师团继续沿星子德安公路西进，途中与中方第一兵团第二十九军及第六十六军第一六〇师遭遇。中方守军在隘口街之线建立抵抗阵地，与南浔路正面之乌石门阵地彼此衔接。日军一再强攻，频频施放毒气，均未奏效。9月27日，日军再次猛攻第一六〇师阵地，中方以预备队协同夹击，最终击毙敌板塚联队长、长川少佐以次千余人，生俘十余人④。

　　9月间，由九江西北登陆之日军第九师团主力及波田支队沿瑞昌阳新公路西进。7日，第九师团向中方守军第二师正面发起强攻，双方

　　①　《中华民国重要史料初编》第二编《作战经过》（二），第348－349页。
　　②　《陈诚致蒋介石密电》（1938年8月22日），《中华民国史档案资料汇编》第五辑第二编《军事》（三），第28－29页。
　　③　《抗日战史》（第五册）《华中地区作战》（上），第76页。
　　④　《抗日战史》（第五册）《华中地区作战》（上），第77页。

激战至下午,日军仍无所进展。于是,日军开始施放毒气,兼用火攻袭击,中方守军被焚毙及中毒者甚多。同时,日舰 40 余艘向长江南岸之码头镇、富池口要塞发起猛攻,中方第二兵团沉着应战,数度将敌击退,日军乃施放大量毒气。14 日,码头镇失陷。24 日,富池口亦告不守。此时,沿瑞昌武宁公路进犯的第十一军主力在白水街一带被中方部队击溃。10 月上旬,日军不断增兵,沿长江南岸及阳新、辛潭铺、龙港等处并进。中方部队则在龙港、木石港、三溪口、大冶、鄂城、金牛等地截击,予以日军重创。中方第一兵团以主力向德安以北出击,将日军第一〇六及一〇一师团两部共约四个联队包围于万家岭附近地区,双方激战两昼夜,日军负隅顽抗,不愿缴械投降,遂尽遭歼灭,仅有数百人向西北突围逃窜①。中方取得万家岭大捷。10 月中旬,日军第十一军第一〇一师团突破中方隘口街之线阵地,并于 24 日与沿南浔路南进之第一〇六师团会合。此后,长江南岸的中方部队逐次向武宁、通城、岳阳附近之线转移。25 日,日军逼近武昌。

大别山北麓方面,日军第二军由于淮河泛滥而行动有所延误。8 月 10 日,第五战区代司令长官白崇禧急调第七十一、第五十一军向大别山北麓增援,以补充六安、霍山方面的兵力。27 日,日军第二军遵照华中派遣军之命,以其第十、第十三师团分由合肥、舒城向六安、霍山攻击前进,中日双方当即展开激战。28 日,六安失守。次日,霍山陷敌。中方守军退至淠河西岸之线。9 月初,日军渡过淠河,进犯中方叶家集、富金山阵地,遭第七十一军阻击,被歼甚众。由六安西进之日军第二军一部于 9 月 7 日占领固始,威胁叶家集第七十一军侧背。11 日,第七十一军被迫放弃叶家集阵地。17 日,日军攻陷商城。此后,日军进逼潢川,遭中方第五十九军迎头痛击,双方激战近一周,日军以密集炮火及毒气猛攻潢川南北两城,致使中方部队伤亡重大,潢川亦于 19

---

① 《陈诚致蒋介石密电》(1938 年 10 月 10 日),《中华民国史档案资料汇编》第五辑第二编《军事》(三),第 71 页。

日失守①。20日，日军继而攻陷罗山。胡宗南第十七军团及时赶到，在信阳以东地区与日军展开激战。不久，日军援军抵达，并猛烈反攻，胡宗南部被迫退守信阳附近。10月12日，信阳弃守。7月至10月间，第五战区左翼、中央、右翼三个兵团共毙伤日军32226名②。其中信阳一役，日军被击毙者达550人，受伤者达1560人③。

　　日军占领信阳后，其以钳形之势围攻武汉之既定目标大体实现。10月24日，长江南岸日军波田支队之先头部队已经越过巴铺，逼近武昌以东约二十公里的临葛店。25日，长江北岸日军第六师团在占领汉口以北之黄陂后，随即联合陆、海、空兵力，并在战车及重炮的配合下，向汉口外围发起猛攻。当日，日军战机在长江汉口以上、城陵矶以下全港道更番搜索，轰炸几无停息，中山、楚谦、楚同、勇胜、湖隼五舰在不同时间、地点与敌机发生遭遇战。战斗过程中，中山舰受伤沉没于金口江滨，该舰舰长萨师俊中弹牺牲④。陆路方面，第六师团一部进至汉口以北约四公里之戴家山对岸。入夜后，其佐野支队一部又突入汉口市区一角⑤。是时，武昌外围之中方部队均已开赴金牛前线。武昌城内之守备部队，仅有第一八五师之第五四五旅及警卫团，高射炮大队之第三

----

　　①　武汉会战期间，日军依靠其野战瓦斯队、迫击大队和步兵临时发烟部队多次实施化学战，使用的武器主要有特种发烟筒和特种发烟弹。据统计，整个会战期间，华中方面军总计使用毒气375次，其中第二军使用222次，第十一军使用80次。此外，配属华中方面军的德川航空兵团多次空投毒气炸弹，日本军舰和小船队也曾使用毒气。配属华中方面军的正规化学部队使用毒气总计92次，而各个师团临时发烟部队和各种炮兵使用毒气210次。日军的化学战直接造成中方部队的重大伤亡，极大地影响到战局的发展。见毕春富：《侵华日军武汉会战期间化学战实施概况》，载《民国档案》1991年第4期，第134—138页。

　　②　《李宗仁汇报会战期间各部毙伤敌军概数密电》(1937年10月9日)，《中华民国史档案资料汇编》第五辑第二编《军事》(三)，第78页。

　　③　《抗日战史》(第五册)《华中抗战经过》(上)，第98页。

　　④　《中国海军对日抗战经过概要》(1947年2月)，《抗日战争正面战场》(下)，第1837—1838页。

　　⑤　《抗日战史》(第五册)《华中抗战经过》(上)，第116页。

连、宪警一部。由于中方兵力单薄，日军波田支队得以轻易突入武昌。

　　9月初，即武汉保卫战进行了三个月的时候，蒋介石还是主张坚守武汉的，强调中国军队坚守武汉具有战局本身之外的重要意义："我军固守武汉之作用，重在第三国之调停与国际之变化也。如能固守核心三月，则我南北野战军整补就绪，又可在武汉与敌持久抗战也。"为此，他甚至考虑到了在武汉地区与日军进行"最后决战兵力与武器之准备"①。还一度认为"转守为攻之时机已到。决心全力加强武汉核心工事，搜集一切材料为要"②。甚至到10月3日，蒋介石还亲自"检阅汉口核心工事"，认为"工事坚强，更觉保卫有把握也"③。但是，到了10月13日即日军登陆广东的第二天，蒋介石即决定应当收缩武汉附近的防线："倭在粤登陆，我军在武汉附近之战线应重新部署。与其南北两岸并守，不如单守南岸，与之持久，一面准备大别山脉之游击部署。"④他认为："广州既失，武汉已无保守价值，而且敌得广州，更陷于被动，不能不更向我求和也，武汉之得失固无足重轻也。"⑤蒋介石还权衡了继续固守与弃守武汉的利弊得失："此时武汉地位，已失重要性，如勉强保持，则最后必失，不如决心自动放弃，保存若干力量，以为持久抗战与最后胜利之基础。"⑥也正是从这一判断出发，从10月中旬起，国民政府

---

　　①　蒋介石日记1938年9月5日，斯坦福大学胡佛研究所藏蒋介石日记手稿影印件。

　　②　蒋介石日记1938年9月6日，斯坦福大学胡佛研究所藏蒋介石日记手稿影印件。

　　③　蒋介石日记1938年10月3日，斯坦福大学胡佛研究所藏蒋介石日记手稿影印件。

　　④　蒋介石日记1938年10月13日，斯坦福大学胡佛研究所藏蒋介石日记手稿影印件。

　　⑤　蒋介石日记1938年10月24日，斯坦福大学胡佛研究所藏蒋介石日记手稿影印件。

　　⑥　蒋介石日记1938年10月22日，斯坦福大学胡佛研究所藏蒋介石日记手稿影印件。

各级机关开始逐步从武汉撤退,至10月25日已全部撤出武汉。同日晚,第九战区司令长官部鉴于局势无法挽回,遂下令各部转移,自动放弃武汉①。26日,日军占领汉口、武昌。27日,汉阳失陷。

此后,第五战区各兵团向平汉路西侧地区转移,第九战区第二兵团张发奎部则沿粤汉路南移。10月31日,蒋介石在湖南南岳发表《为国军退出武汉告全国国民书》,声明政府保卫武汉军事,其主要意义原在于"阻滞敌军西进,消耗敌军实力,准备后方交通,运积必要武器,迁移我东南与中部之工业,以进行西北西南之建设","抗战军事胜负之关键,不在武汉一地之得失,而在保持我继续抗战持久之力量",并号召全国同胞抱定"宁为玉碎,毋为瓦全"之决心,争取国家与民族的彻底解放②。

武汉保卫战虽以中国军队全线撤退而告结束,但在安庆失守以后的四个多月时间里,中国政府以江淮流域的鄂、豫、皖、赣四省的广大地域为战场,采用积极防御的战略战术③,投入120多个师的兵力,步步阻击日军西犯,给日军以有力打击。日军为实施这次会战,共投入12个师团,总兵力达40万,并造成重大伤亡。据日军自己公布的数字,在武汉会战中共死伤21380人,其中军官698人。此后,侵华日军已经没有力量再组织大规模的攻击战,被迫转入持久战的态势。而中国政府

①　据陈诚回忆,武汉撤退时机,最初决定八月底,后改为"九一八",又改为九月底、双十节,直至十月二十日,领袖尚在武汉。故放弃武汉计划其实早已制定,只是久未实施。见《陈诚私人回忆资料(1935—1944)》(下),载《民国档案》1987年第2期,第19页。

②　《为国军退出武汉告全国国民书》(1937年10月31日),《总统蒋公思想言论总集》第30卷,书告,第301—306页。

③　有学者认为,武汉抗战期间蒋介石的战略战术思想是有所变化发展的,他在国共两党军事要人及外籍军事顾问的影响与推动下,改变以往死守式的"单纯阵地防卫战"的打法,而改取主动进攻,在外线牵制日军,体现出较为明显的积极防御特点,成为这一时期正面战场取得较大成功的重要因素。见敖文蔚:《武汉抗战时期蒋介石的战略战术思想》,载《近代史研究》1999年第6期,第128—156页。

在这四个多月时间里,得以把沿江地区的重要工业设施迁往四川和西南各地,为进行长期抗战奠定了物质基础。因此,武汉会战在中国抗战史上具有重要的战略意义。

第四节　华南作战和广州沦陷

以广州为中心的华南沿海地区,是中国对外贸易的重要通道,日本早有觊觎之心。卢沟桥事变发生后,日本需要集中力量夺取华北和华中要地,尚未顾及到对华南的侵略。在发动武汉会战之际,为给中国政府以更大的打击,日本陆海军互相配合,又发动广州作战,把侵略的战火烧到了华南。

中国政府早在淞沪会战之初,即考虑到日本有可能把侵略矛头扩展到华南地区,所以在总体战略上已有所安排。1937 年 8 月 20 日,国民政府大本营颁布的《国军作战指导计划》和《国军战争指导方案训令》中,明确把广东和福建两省划为第四战区,由军政部长何应钦任战区司令长官,余汉谋任副司令长官。该战区的主要任务是:"对敌海陆军之扰乱,完全战备"[①];"除对敌海陆空之扰乱,完成战备态势外,应充分准备参加第二期之作战"[②]。当时,大本营把第一期作战的界限划分到当年 10 月下旬,因此要求第四战区准备参加 11 月以后的对日作战。这一计划的依据主要是对敌情的判断,认为日军主攻方向是在华北和淞沪地区,"闽粤方面,敌军以海空军扰乱,或在所难免,如用陆军实行真面目之作战,则无此能力"[③]。同年 9 月初,军委会电令第四集团军总司令蒋鼎文和第十二集团军总司令余汉谋,要他们完成作战准备。两

---

① 《国军作战指导计划》(1937 年 8 月 20 日),《抗日战争正面战场》(上),第 42 页。

② 《战争指导方案》(1937 年 8 月 20 日),《抗日战争正面战场》(上),第 35 页。

③ 《国军作战指导计划》(1937 年 8 月 20 日),《抗日战争正面战场》(上),第 40 页。

军的分工是：第四集团军负责福建沿海防御，第十二集团军负责广东沿海及海南岛的防御。

对于华南沿海地区在中国对日抗战中的重要作用，日本当局也早已看到。早在1937年10月初，日本陆军参谋本部有关科室经过研究，即提出了"为了切断敌之主要补给线路应进行广州作战"的主张。但因实施这次战役，至少需要三个师团的兵力，因而被暂时搁置。为减少用兵，该部又考虑对华南地区重要目标进行限定作战，11月初拿出了具体方案：以一个独立师团的兵力占领香港东面约80公里的平海半岛，建立航空基地，依靠飞机轰炸，切断珠江沿岸及广九铁路的交通①。当时淞沪地区的日军已突破中国守军的防线，开始向西进击，预计1月中旬攻占南京。日本大本营认为，在占领南京前实施这个计划，可以收到较大效果，于是决定从上海方面抽调一个师团的兵力，派到上述目的地附近，做好攻击准备②。

12月3日，日本大本营决定调第十一师团及重藤支队为登陆部队主力③，同时编组第四飞行团以参加华南作战。不久又下达第五军战斗序列，由台湾军司令官古庄干郎兼任军司令官。该军的任务是："协同海军占领华南沿海及其附近岛屿，依靠航空作战阻止敌在广东方面的补给。"第五军各部迅速从华北、华中和日本国内向台湾集中，预定在当月25日发动登陆作战。12月20日晚上，攻击部队正准备出发时，突然接到日本军令部中止作战的命令。中止的原因是，日本海军军令部于当晚向陆军参谋本部提出："鉴于在芜湖、南京附近发生了击沉美舰和轰炸英舰事件及其以后的经过等，在这当口再去刺激英、美实非上

---

①　《华南登陆作战的停顿》，《中国事变陆军作战史》（中译本）第一卷第二分册，第124页。

②　《11月24日的大本营御前会议》，《中国事变陆军作战史》（中译本）第一卷第二分册，第104—105页。

③　重藤支队，原名日本台湾守备队，司令官为重藤千秋少将，1937年9月调往上海参加淞沪会战时称重藤支队。

策,所以希望目前正在准备中的平海半岛作战暂时延期。"陆海军双方经紧急磋商,决定暂时中止这次进攻行动,攻击计划延期进行,各部队"在台湾登陆待机"①。因该计划没有正式放弃但也没有明确的实施时间,所以第五军的任务和战斗序列没有撤销,该军所属的第十一师团和重藤支队转移到台湾屏东以南的平原宿营待机,进行训练。长江轰炸英、美军舰的事件解决后,日本海军对英、美两国的顾虑并未消除,所以该作战继续延期。

　　1938 年初,日本的对华战争逐步向持久战方向转化,大本营决定中止对华南的作战。2 月 15 日,按照《大陆命第二十七号》,撤销第五军战斗序列和第四飞行团编制,第十一师团调回日本国内。然而,日本军方对华南地区仍十分关注。3 月初,华中派遣军在对中国形势的分析中,特别提到:"以广东为中心的华南一带,拥护国民党,排击共产党的空气浓厚,对蒋的容共政策,正逐渐形成对立势力。"②尤其是以上海为中心的华中沿海地区被日本控制后,华南地区成为中国惟一的海上运输口,从香港等地转运的战略物资,约占全中国进口额的八成。对此日本军方当然不会熟视无睹。同年 5 月,日本海军见中国方面调集大批军队进行徐州会战,无暇他顾之际,于 5 月 10 日拂晓出动军舰多艘,运载陆战队 3000 余名,在飞机掩护下,袭击厦门。中国守军第七十五师仓猝应战,因日军炮火猛烈,伤亡重大,被迫退守嵩屿,厦门遂于当月 12 日被日军占领。

　　厦门失守后,中国军委会估计日军急于要切断我国海上通道,其下一个目标必然是广州,因此电令余汉谋要妥为部署,积极完成作战准备。但广东方面的防守客观上存在不少困难,首先是海岸线漫长,其次是兵

---

　　①　《华南登陆作战的停顿》,《中国事变陆军作战史》(中译本)第一卷第二分册,第 124 页。

　　②　《从华中方面看中国的一般形势》(1938 年 3 月 6 日),《中国事变陆军作战史》(中译本)第二卷第一分册,第 21 页。

力不足。余汉谋指挥的第十二集团军当时只有七个师二个旅以及虎门要塞司令部，具体部署为：以一个师守备宝安至虎门要塞一带；以一个师驻惠阳；以一个师守潮汕地区兼大亚湾附近；三个师分驻增城、从化及广州东郊；一个师分驻海南岛及广州市内；独立旅驻守广九铁路①。这样分散用兵后，每处兵力都很单薄，尤其在沿海防护区域更有许多漏洞。

　　日本在实施徐州会战，打破持久战方略后，华南作战重新被提上了议事日程。日本大本营陆军部认为，广东作战和汉口作战同等重要，问题是究竟先实施那一个作战。当时考虑到一旦发生对苏作战，可能要出现运输船舶和资材不足的困难，为此在5月底决定于本年秋季进行汉口作战，接着就进行广东作战。日本大本营对内外形势经过综合分析，作出这样判断：早日解决中国事变，这是陆军省部的一致希望，"即使从历史上看，只要攻占汉口、广东，就能支配中国"；"攻占汉口、广东，只要投入陆军主力，用现有的兵力就可以作战"；"估计苏联在此时不能参战"；"海军对溯江作战直指汉口，有很高的积极性，广东作战当然有攻占海南岛的意志"②。于是在6月15日的御前会议上，决定进行攻击汉口和广东的作战。

　　由于日苏冲突没有扩大，预定进行广东作战所需的船舶等准备就不会有困难，于是日本大本营陆军部在同年7月31日制定的《以秋季作战为中心的战争指导大纲》中明确提出："尽量缩短汉口作战和广东作战的时间间隔"；广东作战之目的，"在于一面切断蒋政权的主要补给线，一面使第三国，特别是英国的援蒋意图受到挫折"。为此，具体的战术是："采取急袭方式，果敢迅速地攻陷广州"；"以后在广州附近，切断粤汉线、珠江、西江，采取紧缩持久的态势"③。这次，日本陆军吸取上

---

　　① 《国民革命军战役史》(第四部)《抗日》第二册(下)《初期战役》，第197页。
　　② 《决定进行汉口作战的原委》，《中国事变陆军作战史》(中译本)第二卷第一分册，第90—91页。
　　③ 《以秋季作战为中心的战争指导大纲》(1938年7月31日)，《中国事变陆军作战史》(中译本)第二卷第一分册，第107—108页。

年底突然中止作战的教训,为慎重起见,不仅事先与海军统帅部联络,还与陆海军省及外务省协商。对海军提出同时攻占海南岛的方案,因兵力分配不适当而未予采纳。

当汉口作战发动之际,日本陆军当局也抓紧进行攻占广州的准备工作。广州紧靠香港,珠江口还有葡属澳门,市内有英、法租界,周围的惠州、博罗等地还有英、美、德、法等国的外交机关、学校、教会、医院、商店等,攻击广州必然要涉及这些国家的权益。为避免与第三国发生纠纷,日本陆军在作战指导上作了周密考虑:不采取沿珠江直抵广州的强攻作战,而改用由大亚湾登陆,迂回到广州的方案。预定参战的兵力有三个师团,分别从华中派遣军和关东军内抽调。参战军队编组为第二十一军,司令官由原第五军司令官古庄干郎担任。9月19日,日本大本营正式下达该军的战斗序列及攻击命令。第二十一军由第五师团、第十八师团、第一〇四师团和第四飞行团为基干兵力,其任务是:"夺取敌在华南的重要根据地、切断其主要对外联络补给线";在攻占汉口的前后,"与海军协同攻占广州附近要地"①。具体要求是:在10月中旬前后,分三个运送团把部队主力运送到大亚湾及珠江沿岸登陆;作战中"要尊重第三国的领域及权益,防止无端招致纠纷"②。同时还颁布了作战要领,详细规定了军队的运送和行动方案:第一次登陆要动员40万吨运力,准备各种登陆船只约1100艘,其后由这些船只往返运送;10月中旬,以第18师团和另两个师团之一部为主力在大亚湾登陆,迅速建立登陆根据地,从惠州方面开始下一步攻势;10月下旬,第五师团主力夺取虎门要塞,沿珠江推进,策应主力作战;军主力在珠江作战开始时,发动攻势,向广州进击,与中国军队主力决战;攻占广州后,尽量紧

---

① 《大陆命第201号》(1938年9月19日),《中国事变陆军作战史》(中译本)第二卷第二分册,第3页。

② 《大陆指第273号》(1938年9月19日),《中国事变陆军作战史》(中译本)第二卷第二分册,第3页。

缩占据地,切断在广州附近中国的主要对外联络补给线①。

根据大本营的指示,日本第二十一军在福冈召集各部队参谋会议,研究行动细节。参谋次长多田骏等大本营幕僚也前来参加,表示了对这次作战的关心。接着,日本陆军又与海军方面及有关舰队协商并签署了作战协定。为对这次行动保密,第二十一军称"波"集团,进攻广州的战役称"波"号作战,海军为"Z"号作战,军司令部移到台湾办公,并派员去香港西南的万山群岛,对大亚湾登陆地域进行战前侦察。据判断:中国方面已料到日军将进攻广州,但未料到时机已如此迫近;广东军已有 4 个师调到武汉方面,目前还有北调的征候。因此确信可以按照原计划作战。

与此同时,日军参战各部队分别从青岛、上海和大连出发,到澎湖群岛的马公集合,海军护卫舰队主力也于 10 月 7 日前集合完毕。10月 4 日,波集团发出第一号作战命令,令第十八师团、及川支队、第一○四师团于 12 日在大亚湾奇袭登陆,如遭遇阻击则强行登陆。10 月 9日,波集团的船队在日本海军第五舰队护卫下从马公出发,于 11 日黄昏到达大亚湾口,接着以日本海军施放的烟雾作掩护,悄悄进入湾内预定地点。同时,又派一支船队去汕头海面佯攻,以牵制中国守军的注意力和兵力。12 日凌晨 3 时前后,日军开始分数路奇袭登陆,在几乎没有受到抵抗的情况下,顺利占据了滩头阵地,当主力部队和重武器上岸后,即按照预定计划攻击前进。第十八师团分成左右两队向淡水、惠州攻击;及川支队向横沥圩,第一○四师团向平海、范和岗大道攻击。途中虽有中国军队阻击,但未能对日军构成威胁。

"波"集团司令见登陆军队未遇到有力阻击,决定改变原来计划,一举进入增江右岸地区,提前攻击广州。10 月 14 日,军司令部下令:及川支队从横沥圩向派潭、从化方向前进;第十八师团攻占惠州后,沿博

①　《广州作战要领》,《中国事变陆军作战史》(中译本)第二卷第二分册,第 4 页。

罗、增城公路,向广州前进;第一〇四师团进入平潭圩后,沿第十八师团的路线向广州前进①。14日傍晚,日军第十八师团之一部冒雨向惠州攻击,中国守军第一五一师之一部凭工事抵抗,但黎明前城门已被攻破,守城部队慌忙撤退。博罗守军见日军来攻,未作抵抗即弃城逃跑。

中国政府见广州危急,于10月13日发表《告广东全省军民书》,号召团结一致,抗击日军,保卫广东。军委会为确保广东,掩护海上通路,不顾当时武汉军事形势之危急,抽调第九战区之第六十四、第六十六两个军共5个师,紧急南下驰援广东。但远水难救近火,广东守军在援军到达以前已全线崩溃。

为保卫广州,余汉谋委任第六十五军军长李振球为前敌总指挥,率部防守东江。17日,第一五三师与日军先头部队接触,迫使其后退;独立二十旅在正果圩击退日军一支侦察部队。由于前方虚报战果,余汉谋作出错误判断,准备在增、博公路间包抄聚歼敌人,而对日军的合围之势竟不以为然。19日,日军攻占增城,接着日军第十八师团主力迅速向增城集结,于20日上午向守军阵地发动猛攻。在日军飞机、大炮的猛烈轰击下,守军的阵地很快被突破,并在撤退中发生混乱,日军乘机追击。21日上午,日军追击队的先头部队从镇龙圩出发,沿公路向广州东面地区挺进,连续冲破守军的阻击后,于下午进入广州市区,控制了通向珠江沿岸的各主要公路。其余日军,也先后占领了广州周围的重要城镇。

日军在珠江方面的进攻,原定在10月27日发动,由于从侧面迂回的主力部队进展顺利,提早到22实施。由于广州已被日军占领,珠江各要塞守军的军心已经动摇。在日军炮火猛烈轰击下,23日虎门告失。26日佛山被占。至28日,珠江水路全面被日军打通。

广州失守后,第十二集团军所部乃退守清远、横石至新丰一线,与

---

① 《军的作战指导》,《中国事变陆军作战史》(中译本)第二卷第二分册,第17页。

日军对峙,整顿部队,准备尔后作战。从武汉回援的主力到达后,第十二集团军开始向日军发起反击,于 11 月 24 日克复从化,12 月上旬又克复惠阳、博罗和宝安。日军因控制地区太广,兵力不敷分配,处处受到中国军队的威胁,于是被迫放弃大亚湾的补给联络线,集中保护珠江水运通道。至此,日本第二十一军以广州为中心,修筑工事,改取守势,与中国军队相对峙。

广州战役在武汉战役激烈进行之际爆发,前后只有 10 天时间,广州即先于武汉陷落,其原因是多方面的。其中战略部署欠妥,情报工作不灵,一线指挥不力,这是重要的主观原因。广州失守之后,中国海上运输线完全被切断,这使中国抗战更增添了新的困难。

第五章　日本的以华治华策略与
汪精卫集团降日

第一节　日本扶植傀儡政权

一　日本推行以华治华的方针

日本政府通过卢沟桥事变,悍然对中国发动全面武装侵略之后,即对如何经营中国占领区进行精心策划。为达到长期霸占中国领土之目的,而又要掩盖其侵略野心,它根据侵占中国东北三省的经验,以及曾在华北地区策划所谓"自治"的实践,迫不及待地在新占领区内扶植傀儡政权,以造成该地区仍由中国人统治的假象。

日本侵占中国东北三省之后,华北是其重点考虑的侵略目标。早在卢沟桥事变爆发以前,日本当局即软硬兼施,对华北地区进行蚕食渗透。1935 年,又开始策划华北五省自治,并唆使殷汝耕等汉奸脱离南京国民政府,于当年 11 月组织冀东防共自治委员会,"反对党治,实行独立"①。这些阴谋活动,虽然遭到中国人民的强烈反对,但日本军部仍一意孤行,继续在华北采取强硬的立场,声称:"总之,帝国的态度,始终俨然不动,不为局部的形势所迷惑。"②1936 年以后,日本政府连续

---

① 《秦德纯致蒋介石电》,中国国民党中央委员会党史委员会编印:《中华民国重要史料初编》第六编《傀儡组织》(二),第 187 页。

② ［日］参谋本部:《华北自治运动的演变》,载《现代史资料 8・中日战争(一)》,みすず书房 1965 年版,第 143 页。

三次制定《处理华北纲要》，以确定进一步控制华北地区的基本策略。其目标是："援助完成以华北民众为中心的自治"，现阶段的区域，"以华北五省为目标，不能为扩大区域而操之过急"。对该自治政权指导的原则是："重点放在财政经济（特别是金融）、军事和对一般民众的指导方面，并抓住大局"，"并且始终以内部指导为主旨"①。随着中国抗日救亡运动的日益高涨，日本对侵略华北的具体方针也不断加以修正，但其基本目标始终没有改变，即要"将该地区造成巩固的防共、亲日满地带，同时有利于获得国防资源和扩充交通设备，以防备苏联的入侵，一切为了建立日、满、华三国实现合作互助的基础"。其具体方针的修正，主要是为了应付列国"以为帝国对于华北具有侵略的野心"，所以强调"在今后的措施中，最重要的是力戒这种引起无谓误解的行动"②。这些纲要中所强调的基本原则，实际上就是推行"以华治华"的策略，即让日本侵略者选中的亲日分子在前台活动，日本人则在幕后操纵，这样既可达到全面控制该地区之目的，又可回避世界舆论的谴责。这些原则，在日本发动全面侵华战争之后，不仅继续延用，而且还根据战争形势的变化，不断加以扩充和发展。

卢沟桥事变爆发后，日本陆军一面策划扩大对中国的侵略，同时又开始考虑如何维持对新占领地区的统治。日本陆军军部在7月8日的声明中称将等待华北"当地居民自发地建立起政权机关来"③。日本驻北平使馆陆军助理武官今井武夫以"外交官"的身份，与华北地区中方军政要员和各界名流密切接触，物色可以充当傀儡的人选。北平失

---

① ［日］《处理华北纲要》，日本外务省编：《日本外交年表和主要文书》（1840－1945）下卷，《文书》第322页，原书房1969年再版本。

② ［日］《第三次处理华北纲要》，《日本外交年表和主要文书》（1840－1945）下卷，《文书》第356－357页。

③ ［日］今井武夫：《近代的战争：与中国的斗争》，第116页；转引［美］约翰·亨特·博伊尔著《中日战争时期的通敌内幕》（中译本）上册，商务印书馆1978年版，第117页。

陷之后,今井武夫同日军驻北平特务机关长松井共同策划,列出了一批汉奸名单,包括总商会冷家骥、银行公会邹泉荪、自治会吕均、市政府周履安、公安局长潘毓桂等,并推出年逾七旬的北洋遗老江朝宗为首,于8月1日宣告"北平地方治安维持会"正式成立。天津陷落之后,当地日军采用与北平相同的办法,于8月1日成立了"天津治安维持会",拉出北洋遗老高凌霨为会长。9月22日,平、津两地的治安维持会又合并成为"平津地方治安维持会联合会",并与冀东伪政权互相"联络提携"①。

在平、津两市之外的占领地区,侵华日军也同样采用了成立傀儡组织的方法。9月4日在察南十县成立了以汉奸于品卿为首的察南自治政府。10月15日,在山西北部十三县成立了以夏恭为首的晋北自治政府,宣布脱离南京政府。11月5日,在河南安阳成立了肖瑞臣为头领的河南省自治政府②。1937年年底以前,由侵华日军成立的较大的伪组织还有蒙古联盟自治政府、山西省自治政府、南京自治委员会、济南治安维持会等。在有些占领地区,侵华日军还曾在更小范围内物色汉奸,成立所谓的"自治政权"。自1937年9月23日侵华日军首先在吴淞口的宝山县城内成立宝山县自治委员会开始,至1938年3月伪维新政府成立前夕止,沪宁地区共成立了五十余个大小不等的汉奸组织。这些组织名目各异,各自为政。控制范围有的仅一个乡镇或几条街道,如宝山县的月浦镇与杨行镇自治委员会,只管辖一个乡村小镇的几百户居民③。

日本陆军当局一直在考虑如何控制中国占领区的问题。日本陆军参谋本部在1937年8月10日即拟订了一份《处理华北事变纲要》,主

---

① 《平津地方治安维持会联合会成立宣言》,中国第二历史档案馆编:《中华民国史档案资料汇编》第五辑第二编《附录》(上),江苏古籍出版社1997年版,第18页。

② 邢汉三:《日伪统治河南见闻录》,河南大学出版社1986年版,第19页。

③ 《维新政府之况》,维新政府宣传局1939年3月编印,第10页。

张"大约在河北省北部并包括察哈尔省在内的范围内,出现一个明朗地区",即建立一个完全亲日的政权。对该政权的控制,应注意"不要抱有占领敌国的观念",具体原则有三项:一、"不行使占领地式的行政,但应根据军的指导,巩固治安,以扫除祸根";二、"政权机构等待当地居民自动产生,给予指导,使其按帝国的希望进行治理";三、"交通线的整备及经济的开发,由日、满、华民间进行,在必要的统制下积极促其发展"①。根据上述纲要,陆军省于 8 月 12 日拟出一份《华北政务指导纲要》,提出了对建立华北伪政权的具体指导原则,主要是:"从事各项政务指导时,应去掉占领敌国的观念,从长远考虑,对本地固有的社会组织及风俗,尽可能允许其存在并善于指导,特别要调整好军队和居民的关系";"作战的后方地区的政治机关,要由居民自主产生;其机构的运用,也要得到居民的积极参加和赞助";"对冀东政权、特别对其内部要进行改革,使之面貌一新"②。这一《纲要》,不仅是指导华北汉奸政权的原则,也是日军在其他地区扶植伪政权应当遵循的基本标准。

　　在陆军中央部拟订有关方案时,关东军也在抓紧拟订对华"政治工作计划"。8 月 14 日,关东军提出《对时局处理纲要》,对建立伪政权问题提出了详细的意见。《纲要》提出:"关于华北政权,最终目标是实行五省联省自治。"在实现这一目标的过程中,"其政权的建立,力促由当地居民自主产生;各地政权的建立,应等待其主观条件成熟;但要从内部给予指导及援助,为之创造条件";为巩固新政权,"应在一定时期内在该地区的重要地点,驻扎必要的日本军队。撤兵时间要根据政权的基础是否巩固,自行决定"。新政权虽在表面上是由当地居民自发组织的自治政府,但要严格按照日军的要求办事,必须"以亲日满、防共、道

---

　　① 《处理华北事变纲要》(1937 年 8 月 10 日),《中国事变陆军作战史》(中译本)第一卷第一分册,第 233—234 页。

　　② 《华北政务指导纲要》(1937 年 8 月 12 日),《中国事变陆军作战史》(中译本)第一卷第一分册,第 236 页。

义立国为根本政策"①。对在华北地区建立伪政权的具体步骤,这个纲要主张首先让河北及山东二省实行联省自治,合并成一个政权,其领导机关设于北京。将来可考虑将山西也并入该政权。冀东的现状不变,应作为一个独立的省份而单独存在。对华北新政权的指导,应遵循以下原则:"1. 在新政权的领导机关及必要的省政府,应配备有能力的日本人作顾问;2. 为担任对以上领导机关的内部指导,在北京设立隶属于天津军司令部管辖的大特务机关;3. 为维持治安将中国军队改编为保安队,其装备要与现地情况相适应;4. 确定币制,接收关税、盐税。"对于察哈尔方面,先在察北、察南二地建立联合政权,其领导机关设于张家口,将来考虑把绥远也并入该政权。察省政权的情况与北京方面不同,对其指导应依照以下准则:"1. 新政权要做到日、汉、蒙亲善和睦首先要为对内、外蒙的工作,创造有利条件;2. 在新政权领导机关及省政府,配备有能力的日本人作顾问;3. 为担任对以上领导机关的内部指导,在张家口设立隶属于关东军的大特务机关,对内蒙自治政府德化机关的指导仍维持现状,但受以上大特务机关的指导;4. 除在察北保有内蒙军之外,原则上以保安队担任维持治安,解除一切中国军队的武装;5. 看情况确定币制,特别要很好地对察北、察南的财政进行调整。"②这些政权名义上是由中国人领导,一切实际权力全部由日本人控制,控制方式是由当地的大特务机关通过日本顾问对该政权进行幕后指挥。

1937 年 8 月下旬,日本军部为迅速侵占整个华北以及与华北相邻的"蒙疆"地区,决定把原中国驻屯军司令部改组成华北方面军司令部,下辖二个军司令部和若干直属部队。华北方面军司令部除设置参谋部以外,还专门设置了特务部,原天津特务机关长喜多诚一少将为军特务部长。喜多诚一得到的训令是:"一、贵官为军特务部长,指挥所属部员

---

　　① 《对时局处理纲要》(1937 年 8 月 14 日),《中国事变陆军作战史》(中译本)第一卷第一分册,第 237 页。

　　② 《中国事变陆军作战史》(中译本)第一卷第一分册,第 237—238 页。

对军方作战的后方地区(包括冀东),执行各有关政务事项,统辖指导中国方面的机关,为使该地区成为实现日、满、华合作共荣的基础而进行各项工作";"二、关于将来在华北建立政权问题,应体察华北人心的趋向,逐步进行准备";"三、为了削弱中国方面的斗志,以迅速结束战局为目的,对敌军后方应采取相应的谋略";"有关细节,由参谋长指示"①。从这一训令中可以看出,建立华北政权,是华北方面军特务部成立后的第一项重要工作。

二　伪华北临时政府

日本华北方面军指令喜多诚一在华北建立新政权,但没有明确指示建立一个什么性质的政权。当时日军在华北地区的军事攻势正全面展开,而在察哈尔方面,关东军操纵的蒙疆伪政权的筹建工作却进展迅速。为不落在关东军之后,喜多诚一在调兵遣将筹组特务部的同时,立即着手研究建立华北伪政权的方案。9月25日,华北方面军特务部制订了一个《关于建立华北政权的方案》,其要点为:"适应时局的发展,及时地在华北建立以防共亲日满为其政纲的政权";"当达到占领河北省大半时,即建立察哈尔省政府、河北省政府、天津市政府及统一的华北政权(加强北平市政府)";"各省、市政府的组织,大致援用原来的组织标准";"使各政府聘请少数有能力的日本人为顾问";"当能包括山西及山东时,即扩大为统一政权";"新政权虽然实质上是与南京政权分开的,但开始即勿使其采取声明独立或进行易帜的态度"。同时,还研究了将来在华北政权中可以利用的人物②。

---

① 〔日〕防卫厅战史室编:《华北治安战》(上)(中译本),天津人民出版社1982年版,第50页。

② 《关于建立华北政权的方案》,转引《中国事变陆军作战史》(中译本)第一卷第二分册,第126页。

　　华北方面军根据侵华战场形势的变化,认为如果大规模军事进攻还不能使中国政府放弃抗战的话,"即在华北建立独立的政权,加强此独立政权,实行政治上的变革"。为此,他们于 9 月 29 日拟出一份《一般形势判断》,设想"若南京政府仍敢于试图进行长期抵抗,即确实领有占领区,指导其进行政治改革";"在华北建立的政权,将来应使之成为打倒蒋介石政权的苛政、以使新政统治全中国的政权。因此,应当阐明当南京政府有所觉悟并采取新体制时,华北政权可以和该政权合并"①。

　　日本政府对于在华北地区建立伪政权问题也十分重视,在 10 月 1 日由四相会议决定的《处理中国事变纲要》中,对建立华北政权问题做出了专门规定:"在事变中,对华北作战的后方地区的措施,应排除占领敌国领土的观念。"具体的原则为:"不实行占领区式的行政。但必须在日军指导下确保治安";"政治机关由当地居民自主组成。但必须加以指导,使其施行明朗的政治";"在必要的统制下,进行军事上必要的交通建设和资源开发"②。这些原则的制订,既肯定了华北日军筹建伪政权的工作,又为未来政权的性质作出了规定。

　　日本关东军于 10 月 11 日制订的《处理中国事变的具体方针纲要》,也提出了建立华北政权的意见。《纲要》认为:"解决事变的前提,首先是依靠我军事行动,目标是使中国迅速抛弃战斗意志。"随着军事行动之进展,应当采取的策略措施是,"目前要在大概黄河以北的华北、内蒙等地力图确保安定,并造成建立自治政权的形势。自治政权一经建立,当即与之合作……在我的合作和援助下,脱离赤化祸患,普遍趋向救国的理想。还有,对反蒋政权的抬头,可在无碍于将来施策的限度内给以支援"。"随着形势的发展,可宣布与南京政权断绝邦交,在新建

　　①　《中国事变陆军作战史》(中译本)第一卷第二分册,第 58－60 页。

　　②　《处理中国事变纲要》(1937 年 10 月 1 日),转引《日本帝国主义对外侵略史料选编》,上海人民出版社 1983 年版,第 245 页。

政权中选其基础巩固者承认之"①。

　　上述意见，成为喜多诚一等人筹建华北伪政权最初的指导原则。10月中旬，喜多诚一回东京向军部长官报告工作时，明确宣称："我们希望在华北地区建立一个既对日本和满洲国有利又可用以防共的地区。我们并没有领土野心，不过如果这种局势再拖延下去，那很难说我们会错过机会去建立一个类似满洲国或比满洲国更满洲国的东西。"他还解释说："我们并不打算建立一个如同冀察政务委员会那种委员会式的政权机构。"他所考虑的，是在政治实权和地理范围上都要大得多的政权。先成立各省的省政府，然后"我们打算建立一个'中华民国联合省政府'——我们认为，我们一开始就应当使用这个名称"②。与此同时，华北方面军还抓紧网罗著名汉奸出任新政权的首脑。

　　至10月下旬，组建华北伪政权的计划又向前推进了一步。喜多诚一等人经过研究，确定了这样的构想：这次事变演变成长期战争时，为了从根本上解决事变，"在北方建立的新政权，不应作为华北的地方政权，而应成为取代南京政府的中央政权，其政令应普及到日本军势力范围的整个地区"③。新政权的政体定为民主制，最初以委员制开始工作，但应尽速转为总统制，并以吸收王道和道教的新民精神为指导思想。此后又对具体方案进行研究，于11月14日拟出《华北政务指导计划案》。

　　随着侵华战局的变化，10月底以后，日本陆军中央也提出了在华北建立替代南京政府的新中央政府的意见。陆军省军务课完全赞成使华北政权中央化的提案，他们主张："扩大与强化华北政权，指导其成为更生中国的新中央政府，谋求在整个地区内开发产业，促进贸易，恢复

---

① 《处理中国事变的具体方针纲要》（1937年10月11日），转引《中国事变陆军作战史》（中译本）第一卷第二分册，第60—61页。

② ［日］防卫厅防卫研究所编：《大本营陆军部》第一卷，第514页。转引《通敌内幕》（上），第120页。

③ ［日］《通向太平洋战争的道路》第四卷，第131页。

与安定治安，进一步采取措施使中国之更生从华北扩大到全中国。"其设想是首先在河北、山东、山西和察哈尔等省成立"自主的"省级政权，组成联省政府，然后与华中、华南相呼应，并将其归并到联省政府内，逐步使其成为取代现中央政府的新政府。在对华政策方面有很大发言权的参谋本部中国课在"建立华北新政权研究案"的结论中也提出："目前，援助以防共亲日为方针，具有自然发生趋势的华北新中央政府之组织是适当的。"①关东军对建立新中央政权的态度更为积极，11 月29 日，关东军参谋长东条英机致电陆军中央部，申述自己的意见："迅速断绝与蒋政权之交涉，培养各地建立之政权，分别与其提携，促进成立新中央政权之趋势，条件一成熟，看准机会，日、满首先予以承认。"②

　　建立华北新政权的主张，虽然在日本陆军内部有很大市场，但也有人持不同意见，尤其是华中地区的日军，明确表示不赞成在华北设立新的中央政府。为使建立华北政权工作纳入日本侵华总战略的轨道，陆军内部又抓紧进行协商，并由参谋本部第二课拟订《从对华方略论华北政权问题》的文件，提出折衷方案，其主要论点是："作为解决事变的前提，帝国希望出现新中央政府"；"以建立华北新政权作为过渡到中国中央政权的策略，要慎重考虑到对南京政府采取措施这一因素"；"建立华北新政权，须考虑到将来置于新中央政权管辖下的情况，以此为原则考虑其组织、政纲和对之进行内部指导等"；将来"成立新中央政府时，华北政权将处于微妙的地位，此时应注意不要形成对立和威胁"。基于上述理由，"在目前以华北政权作为中央政权，以它为中心进行各种工作为时尚早"③。于是，日本军方对华北新政权的性质有了一个大致统一

---

　　①　［日］《通向太平洋战争的道路》第四卷，第 131 页。

　　②　《关参满电》第 349 号，转引［日］《通向太平洋战争的道路》第四卷，第131 页。

　　③　《从对华方略论华北政权问题》，转引《中国事变陆军作战史》第一卷第二分册，第 126 页。

的意见。

在日本军政当局对华北伪政权的性质争论不休之时，处于侵华战争一线的华北方面军正抓紧进行伪政权的筹组工作。继9月下旬平津两地治安维持会合并后，华北方面军又以北平维持会的名义，于10月12日宣布将北平改为北京，作为将来新政权的办事之处。新政权需要有影响的头面人物领衔才具有号召力。为此，喜多诚一等人四处奔走，以各种名利相引诱，企图拉拢一些曾活跃于民国初年政治舞台上的老政客，无奈均未成功。于是，他又派特务部总务课长根本博大佐去香港，策动因卢沟桥事变而离开北平，暂时蛰居香港的北洋遗老王克敏出马。12月7日，王克敏随日使到达北平，经与汤尔和、王揖唐、齐燮元等一班汉奸会面后决定出山。喜多诚一等人立即以王克敏为中心，谋划新政权的人事安排及政府组织纲领。此时，华中日军正向南京发动猛攻，而通过德国牵线的诱降活动尚未终止，所以日本政府打算华北伪政权过一段时间再正式挂牌。

12月13日华中日军攻破南京。次日即12月14日，华北日军便于北平宣布成立"中华民国临时政府"，成立仪式在中南海居仁堂举行。临时政府采用三权分立制，内设议政、行政、司法三个委员会，分别由汤尔和、王克敏和董康任委员长。在该伪政权的主体——行政委员会之下，设行政、治安、文教、司法、赈济五个部①。政府主席位置因无合适人选而暂时空缺。

伪华北临时政府的要人，几乎全是与日本关系密切的北洋时代老政客。临时政府以汤尔和、董康、王克敏、王揖唐、朱深、江朝宗、高凌霨、齐燮元等人为委员，董康、王克敏、王揖唐、齐燮元、朱深为常务委员，各部部长则分由上述委员兼任。王克敏曾于清末在驻日公使馆任职，北洋时期混迹于金融界，并数度出任北京政府财政总长。汤尔和早

---

①　张炳如："华北敌伪政权的建立与解体"（节录），《中国近代史资料丛刊·抗日战争》第六卷《日伪政权与沦陷区》，第228—230页。

年留学日本,20年代曾任北京政府教育总长、内务总长及财政总长等职。王揖唐早年赴日本学习军事,历任北洋政府内务总长、安福国会众议院议长、北方议和总代表等职。齐燮元毕业于日本陆军士官学校,北洋时期曾任江苏督军及苏、皖、赣巡阅使等职,军阀混战中失败后逃亡日本。上述四人都于1935年出任冀察政务委员会委员。董康于1912年留学日本,曾三度出任北洋政府大理院院长,先后任司法总长、代理财政总长等职。朱深毕业于日本东京大学法科,长期在北洋政府的司法界任职,曾任皖系政府的司法总长。高凌霨曾任北洋政府财政、农商、内务等部总长,此时任天津治安维持会和京津联合维持会会长。

"临时政府"宣布以民国初年的五色旗帜为"国旗",继承中华民国年号,定北京为首都。在宣布新政府成立当天,还对外发表宣言和施政方针。宣言对国民党的容共抗日政策进行一番指责后宣称:"树立临时政府,旨在恢复民主国家,煎涤污秽党治,同时绝对排除共产主义,发扬东亚道德,辑睦世界友邦,开发产业,使民生向上,厘定权责,使中外相安。"最后还假惺惺地表示:"事变略定,我中华民国政治稍有轨道可循,自当联袂引去,以纾罪庚。"①企图以此来欺骗辖区民众,掩盖其傀儡面目。

"临时政府"的施政方针共有五项:内政方针是:"消除国民党一党专制的积弊,真正体现中国民众的共同心意,施行为中华民族谋幸福的政治";经济方针是:"确立以农为本的农村政策,同时开发资源,发展生产";东亚政策是:"以体现东亚道义的民族协和精神为基准,与邻邦友好相处,谋求真正的亲善合作";对外政策是:"前政府所负的对外义务,凡属已向国民发表的债务及其他义务,代其承担一切责任";防共方针

---

① 《伪中华民国临时政府成立宣言》,《中华民国史档案资料汇编》第五辑第二编《附录》(上),第21页。

是:"绝对排除容共政策,进一步与防共各国相协力,确保东亚的固有和平。"①

从"临时政府"的框架结构及其宣言、方针可以清楚地看出,华北日军和王克敏等人妄图将该政权发展成控制全国的中央政府,以取代蒋介石为主的国民政府。临时政府出台后,在侵华日军的策划下,华北各地的大小治安维持会渐次归并到它的名义之下。

日军攻占南京后,12月24日,日本内阁会议对华北日军建立"中华民国临时政府"的做法予以肯定,并在《处理中国事变纲要》中对该政权今后的发展作出明确规定。《纲要》强调,在对其进行指导时,要谋求"逐步扩大和加强这个政权,使它成为重建新中国的中心势力";"不仅要使它取得在华北的信誉,并且要使它取得在华中、华南方面的信誉"。为此,纲要提出了四点具体指导方针:1."要网罗在全中国有信誉的人才";2."要具备适应时代新的组织";3."要有足以号召全中国的主义和纲领";4.对于上述政权的领导,"只在制订政策大纲方面由日本顾问进行内部领导"。另外,纲要还对华北新政权的统治范围、指导方式等一一作了规定②。1938年1月11日,日本政府召开御前会议,决定《处理中国事变的根本方针》,更进一步肯定了华北伪政权的地位和作用。《方针》强调:"如现中国中央政府不来求和,则今后帝国不以此政府为解决事变的对手,将扶助建立新的中国政权,与此政权签订调整两国邦交关系的协定,协助新生的中国的建设。对于中国现中央政府,帝国采取的政策是设法使其崩溃,或使它归并于新的中央政权。"③御前会议的决定具有极大的权威性,这一方针成为以后日本统治中国占领区的基本方针。

---

① 转引《华北治安战》上册,第54—55页。

② 《处理中国事变纲要》(1937年12月24日),转引《日本帝国主义对外侵略史料选编》,第253页。

③ 《处理中国事变的根本方针》(1938年1月11日),转引《日本帝国主义对外侵略史料选编》,第260页。

　　"华北临时政府"于1938年1月正式出笼后,其组织机构陆续作了若干调整。4月1日,将行政委员会各部部长改称总长,并将实业局升格为实业部,任命前北洋政府外交、司法总长王荫泰为该部总长。以后又将财政、内政两局升格为部,撤销赈济部。随着日军占领区域的扩大,临时政府的统治地域也相应扩大,逐步由北平、天津两市扩大到河北、山西、河南、山东数省的部分地区及青岛市。

　　1938年3月,"临时政府"将河北省伪政权改组为省政府,以吴赞周为省长,并将省政府驻地由天津迁至保定,全省划分为津海、冀东、冀南、保定四道,各道设置道尹。河南的情况大致与此相似。1937年11月,日军侵占河南安阳后,即在安阳设立伪河南省自治政府,以萧瑞臣为省长。萧为河南人,曾任吴佩孚部师长,当时已同日军相勾结。1938年4月,伪河南省自治政府划归临时政府管辖,改称"河南省政府"。山西占领区划归"临时政府"的时间要稍微晚一些。1937年12月日军攻占太原后,随即成立伪山西省"临时政府"筹备委员会,以原绥远省政府委员兼财政厅长苏体仁为临时省长。1938年6月,"临时政府"开始管辖山西省,将省"临时政府"筹备委员会撤销,改设省公署,正式任命苏体仁为省长。山东的情况与上述不同。1937年12月日军攻占济南后,成立了以马良为会长的济南治安维持会。当时因没有省级伪政权,所以"临时政府"于1938年3月5日发布成立山东省公署令,任命马良为省长。3月10日,伪山东省公署成立,划全省为鲁东、鲁南、鲁西、鲁北四个道。此外,又将原隶属山东省的青岛市划为"临时政府"直辖的特别市,任命赵琪为特别市市长。

　　"华北临时政府"虽号称"中华民国临时政府",实际上它不仅由华北日军一手扶植起来,而且所有活动都必须根据日本的要求来进行。根据日本内阁关于"在制订政策大纲方面由日本顾问进行内部领导"的规定,在临时政府成立之初,华北日军特务部长喜多诚一、总务课长根本博等人即以非正式顾问身份对政府各个方面进行控制。1938年4月17日,日本华北方面军司令官寺内寿一与王克敏签订了关于顾问的

《约定》之后,喜多诚一等大批日本军人随即正式以顾问身份对"临时政府"进行"指导"了。

日本扶植"华北临时政府"的主要目的之一,除在政治上稳定占领区的统治之外,就是要在经济上掠夺华北地区的各种资源,以支持日益扩大的侵略战争。"临时政府"成立后提出的第一件大事,就是改订海关税率,停止征收日本商品进口附加税,减免棉花、棉籽、胡麻子、矿砂、生铁、废钢材等产品的出口税。1938 年 5 月底,日方又令临时政府再次改订关税税率,宣布从 6 月 1 日起,降低所有日本商品的进口税。这样,日本商品开始在"临时政府"统治区域内大量倾销。如何"开发"与统制华北地区的经济,是日本政府早就考虑的一个重要问题。1938 年 3 月,日本华北方面军与"临时政府"间签订了关于成立中日经济协议会的《觉书》。所谓经济协议会,实际上是使日本掠夺华北经济合法化。协议会虽以王克敏为会长,日本人平生釟三郎为副会长,但平生釟三郎作为"临时政府"最高经济顾问,是经济政策的最高决策者,所以实权仍全部操在日本人手中。不仅如此,对于交通、港湾、通讯等重要设施,得由日军直接控制,协议会不得加以讨论[①]。这些规定,在汪伪国民政府成立、"临时政府"并入汪伪政权并改称"华北政务委员会"之后,仍继续生效。

为了更直接地掠夺华北的经济资源,日本于 1938 年 4 月在北平设立"华北开发公司"。由该公司出面,对华北的交通、通讯、矿业、盐业、电力等重要产业,实施全面统制,垄断开发权与经营权。金融业亦是日本特别重视的行业。华北日军筹建"临时政府"时,即拟订了《华北联合银行设立纲要》,企图通过设立新的金融机关,发行伪币,控制华北地区的金融,解决日本军费支出,达到以战养战之目的。1938 年 2 月 11 日,"临时政府"宣布成立"中国联合准备银行",由"财政部总长"汪时璟任总裁,日人阪谷希一任顾问。"临时政府"公布的《中国联合准备银行

---

① 北平《新民报》1938 年 3 月 27 日。

条例》规定:临时政府赋予该银行制造和发行纸币的特权;发行的纸币不限金额,适用于公私各种交易,为华北"惟一之法币";其名称为"联银券",与日元等值,属于日本元系通货。3月10日,该行正式营业,并在华北各地设立分行。当日,"临时政府"又发表声明称:向来通用之各种纸币,今暂于一定时期中准许其流通,联银券与国币同价使用①。然而一待联银券广为流通,即开始对法币进行排挤、打击。6月10日,宣布于即日起将法币贬值10%,翌年2月,再将法币贬值40%,接着又宣布禁止法币流通使用。至1938年10月,联银券的发行额已超过2.5亿元,"其势力直伸到内地各处"②。

"华北临时政府"的成立及其实际运作清楚地表明,它是一个没有半点独立性、完全由侵华日军所控制的傀儡政权。

三　伪蒙疆政权

内蒙古东部地区,与伪满洲国接壤。日本关东军利用内蒙王公德穆楚克栋鲁普(简称德王)等人要求内蒙自治的意向,暗中策动他们搞内蒙独立,企图把内蒙地区变成第二个"满洲国"。尽管这些阴谋活动屡遭失败,但关东军始终没有放弃向内蒙扩张的野心。

卢沟桥事变发生后,关东军向东京方面提出,依靠行使武力,从根本上解决华北问题。其目标是:为准备对苏作战,要在华北、蒙疆建立地方政权,并确立日、满、华北经济同盟的基础③。1937年8月9日,关东军接到日本陆军总部关于配合华北日军向察哈尔发动进攻的命令后,立即进行政治动员,于8月中旬先后制订《察哈尔方面政治工作紧

---

①　北平《新民报》1938年3月10日。

②　《一年来之临时政府》,《中国近代史资料丛刊·抗日战争》第六卷《日伪政权与沦陷区》,第246页。

③　《中国事变陆军作战史》(中译本)第一卷第二分册,第127页。

急处理纲要》和《察哈尔方面政治工作紧急处理纲要具体措施案》，主要内容如下：（一）在张家口建立管辖察南、察北的统一政权（暂称察哈尔政权）；（二）在张家口设置直属关东军司令官指挥的大特务机关，以监督察哈尔政权的军事、外交、经济方面的主要事务；（三）派遣具有独创性和统制能力的日本人担任察哈尔政权的顾问；（四）接管察哈尔银行，无论如何要建立独立的币制①。关东军一面召回时任伪满洲国间岛省省长的金井章次，作为未来新政权的首席顾问；一面以情况紧急为由，让张家口特务机关要员与作战部队同行，以便实施既定方策。

8月27日日军占领张家口后，当地特务机关随即组织治安维持会。9月4日又设立察南自治政府，以原察哈尔省政府委员杜运宇和商务会长于品卿为最高委员，下设总务处及民生、财政、保安、民政四厅，管辖万全、宣化等察南十余县。稍后，日本陆军中央在《察蒙处理纲要》中决定：由"关东军政务指导的范围以察北、察南为范围，必要的情况下负责张家口以西平绥沿线的工作"②。

此后，关东军的攻势迅速向内蒙古中西部推进，于9月13日攻陷大同，10月14日占领归绥（今呼和浩特），10月17日攻占包头。蒙古自治军政府总裁德王也跟随日军西犯，在日军占领区内召集各旗保安队组织联合军，以备东山再起。关东军希望通过德王，在新占领区内建立统一的伪政权。10月1日，关东军在《蒙疆方面政治工作指导大纲》中决定：改组内蒙政府为自治政府；确定晋北自治政府的组织要领；由察南、晋北、蒙疆三自治政府派出委员，在张家口成立"蒙疆联合委员会"③。根据这一方案，建立包括绥远、晋北在内的蒙疆政权已成为关东军新的目标。

10月4日，关东军司令官植田谦吉又训令蒙疆各特务机关遵照执

---

①　［日］《通向太平洋战争的道路》第四卷，第139页。

②　《中国事变陆军作战史》（中译本）第一卷第二分册，第128页。

③　《华北治安战》（中译本）（上），第59页。

行该《指导大纲》。如在向张家口特务机关长松井发出的训令称:"一、贵官对蒙疆方面政治工作,应遵照附件指导大纲统辖有关机关,担任领导工作。二、关于蒙疆方面的领导,应统辖有关特务机关长处理工作。"具体的"指导大纲"由关东军参谋长拟订,主要内容包括:"晋北自治政府,在当地居民自发趋势形成时,即应迅速成立政府";"蒙古自治政府,应尽力促其早日成立";"三政权联合委员会应与各有关特务机关长紧密联系,以期使之尽快设立";平绥铁路,"目前应由满铁华北支局在张家口设立铁道局管理其业务";"在确定鸦片、盐务政策时,应特别注意筹划蒙疆方面的财源";"其他矿山资源的开发,目前龙烟铁矿应以兴中公司为中心"①。

根据训令,蒙疆各日本特务机关迅速着手拼凑伪政权。10月15日"晋北自治政府"在大同成立,由夏恭任主席,日本人前岛升为顾问,下设民生、教育、财政三厅,辖晋北13县。与此同时,德王由百灵庙赶赴被日军占领下的绥远省城归绥,以"蒙古各盟旗联军"总司令名义任命各县县长,并开始与日军共商成立"蒙古联盟自治政府"事宜。

经反复商讨,德王以"蒙古军政府"名义通知各地于10月27日在归绥市召开"第二次蒙古大会"②,讨论建立新政府问题。应邀与会的除"蒙古军政府"、"蒙古军总司令部"等部门负责人和内蒙西部地区各盟、旗王公外,还有原绥远省所属各市、县指派的人员。此外,还邀请了晋北、察南两个伪政权代表,以及日本顾问、特务机关长等。由于日伪双方在政权名称、人员安排等方面意见不一,关东军参谋长东条英机亲自与会进行协调,并作出最后裁定。

10月28日,"蒙古联盟自治政府"宣告成立,政府所在地归绥改名为"厚和"。云端旺楚克(云王)被推为主席,德王为副主席兼政务院院

---

①　《华北治安战》(中译本)(上),第59—60页。

②　同年春天,德王等在乌珠穆沁右旗召开过一次大会,他们称之为"第一次蒙古大会"。

长,李守信为总军司令①。政府下设政务、财政、保安三部,另有参议会及政务委员会;管辖范围为锡林郭勒、乌兰察布、察哈尔等五盟及厚和、包头两个特别市②。

此时,日军在察哈尔、绥远、山西北部的军事行动取得很大进展,当地伪政权先后建立。关东军对内蒙地区的统治策略因此也发生显著变化。10月1日,关东军司令部制定《满蒙方面政治工作指导要纲》,规定:内蒙军政府改组为自治政府后,由蒙古、察南、晋北三政权各派遣委员,在张家口设置蒙疆联合委员会,以协调处理有关三政权的重大事项;联合委员会以金井章次为最高顾问,并代理总务委员长;三政权范围内的煤矿、铁矿等地下资源和电力等重要产业均由联合委员会统制③。关东军控制下的蒙疆政权统治范围,因此扩大到包括察哈尔、绥远、晋北等地的广大区域。

金井章次曾这样解释关东军的这个计划:"对晋北的经济与物资流通等进行调查,发现通过北京、包头间的京包铁路经营的占八成多,通过晋北的大同与山西省会太原之间而进行的交易,只占全部的二成弱。因此,晋北的经济实体与晋南(太原)分离,同张家口、绥远、包头合为一体的做法是很自然的。"④大同地处交通要冲,是山西省财政收入的重镇。当时绥远以西的鸦片从张家口运往北平,须经过大同,其过境税相当可观,阎锡山历来重视晋北,关东军亦不例外。另外关东军对察南、晋北等地丰富的煤铁资源觊觎已久,他们急于将察南、晋北两地都划入蒙疆伪政权的范围。

在关东军的安排下,三个伪政权的代表卓特巴扎普、于品卿、夏恭

---

① 《蒋鼎文致蒋介石电》,《中华民国重要史料初编》第六编《傀儡组织》(二),第221页。

② 卢明辉:《蒙古"自治运动"始末》,中华书局1980年版,第176页。

③ 卢明辉:《蒙古"自治运动"始末》,第176页。

④ 金井章次:《蒙古自治政府成立之前》,转引《通向太平洋战争的道路》第四卷,第141页。

等七人于1937年11月22日齐聚张家口,商议蒙疆联合委员会的筹备事宜。筹备会议由金井章次主持,并在"为促进蒙疆三政权的相互善邻关系,加强相互关联的产业、金融、交通等重要事项的联络"等名义下,达成了三政权之间紧密联合、共同防共的协议,最后缔结了《蒙疆联合委员会成立协定》,其主要内容有:"本联合委员会称'蒙疆联合委员会',处理有关产业、金融、交通及其他重大事项,各政权将原有权力的一部分,委交本会行使之";"联合委员会设总务委员会及产业、金融、交通各专门委员会,其委员由各政权的特派员及其他必要职员组成之";"总务委员会为联合委员会之代表,并总理本委员会之会务";"联合委员会设日本最高顾问一名,顾问、参议若干名";"联合委员会的决议,须得关系委员、最高顾问及关系顾问之同意,始为有效";"联合委员会发布有关指导、统制,均以命令行之,各政权为援助执行,得分担义务";"非经各政权之同意,不得脱离本委员会"①。

关东军强使这三个伪政权合流,除为掠夺该地区的资源提供便利之外,也意欲增强对平绥铁路沿线的军事控制。为调和各政权之间的矛盾,增强日本顾问的地位,联合委员会不设委员长或其他最高长官,仅以委员会名义组合各政权,而由日本最高顾问金井章次掌控着"蒙疆联合委员会"的实权。

"联合委员会"成立当天,出席会议的伪政权代表向关东军司令官呈送函件称:"一、蒙疆地方的本委员会应处理的一切命令及执行的政务、须适应贵军占领地的军事要求,因此,请求贵军给以大力协助,特请贵司令官在幕后指导方面给予深切的关怀。二、本委员会的最高顾问、参议、顾问及委员会职员中的主要成员,请由贵司令官推荐日满两国人员充任。三、本委员会所管理及统辖的重要交通和重要产业,根据需要,可委托贵司令官指定日满机关分别经营,或合并经营,对此请给以

---

① 卢明辉:《蒙古"自治运动"始末》,第200页。

方便。"①接到上述"请求"后,关东军司令官于 11 月 25 日复函表示:"拟在我方可能范围内,尽力给以协助。"与蒙疆联合委员会完成秘密换文手续后,关东军和驻蒙日军最终确立了对该组织的领导权。

对关东军擅自扩大蒙疆伪政权统治地域的行动,日本陆军中央颇为不满。尽管如此,关东军仍态度强硬,不断活动,造成既成事实,同时又向上呈报,强调蒙疆必须与华北分开进行指导。12 月 24 日,日本内阁在决定的《处理中国事变纲要》中明确规定:华北临时政府管辖的范围,"大致定为河北、山东、山西三省与察哈尔省的一部分";"察南及晋北两自治政府,则待机与新政权合并"②。26 日,关东军司令官植田亲自致电陆军大臣和参谋总长,再次强调:"现在,如把察南、晋北合并到华北,不仅无视既成事实,有失皇军信誉,而且从根本上破坏了以前艰难经营的各项工作。……因此,本军坚决不同意这一决定。"28 日,陆军次长梅津美治郎出面答复称:"蒙疆之现状,虽暂且承认内蒙与察南、晋北之关系,但从它们与华北各政权进而与全中国的关系上看,给对华经营埋下了祸根。所以,在将来适当的时期,换言之,在华北政权发展到能够与蒙疆各政权确立关系的时候,再考虑调整与察南、晋北两政权的关系。"③由此可见,日本陆军中央既不想强令关东军执行内阁方针,但又不完全容忍关东军独断独行。这一立场在此后编组驻蒙兵团的过程中表现得尤为突出。

早在 10 月日军攻占大同时,陆军中央见关东军对华北的行动超越了中央指令,即考虑让其撤退,另派军队担任该方面工作。但因察南、晋北地区连接中、苏两国,为避免关东军和华北方面军发生矛盾,最后决定成立"驻蒙兵团",直属天皇管辖。1938 年 1 月 4 日,"驻蒙兵团"正式编成,其任务是:"担任内蒙及察南、晋北主要地区的治安";与关东

①　《华北治安战》(上),第 62 页。
②　《日本帝国主义对外侵略史料选编》,第 253 页。
③　［日］《通向太平洋战争的道路》第四卷,第 144 页。

军作战地区的分界,"为满洲国与内蒙、察哈尔省的交界线";与华北方面军的分界,"为内长城线及绥远、陕西省境的长城一线,但涞源县属于华北方面军"①。

上述安排表面上平息了关东军与华北方面军的矛盾,但由于驻蒙兵团的要员大都来自关东军,关东军对该军仍有很大影响力。1938年元旦,关东军司令官与参谋长分别邀请新任驻蒙兵团司令官和参谋长进行恳谈,要求他们在政策、作战、谍报谋略等各方面不要改变现状。同时,又致函蒙疆三个自治政府,通知他们将秘密换文中的"关东军司令官"改为"驻蒙兵团司令官",并希望早日"与满洲国缔结有关防共、通商、经济、金融及其他必要的协定,特别希望将贵地重要物资为满洲国优先利用和开发提供方便"。1月14日,关东军司令官又给德王、蒙古军总司令李守信及驻蒙兵团司令官发出公函,宣布"把蒙古军的统帅权委托给在蒙疆日本军最高指挥官"②。

进入1938年之后,日军进一步对其占领地区内的各伪政权加强控制。同年7月,日本政府制订《从内部指导中国政权的大纲》,明确规定:"在联合委员会或新中央政府之下,在华北、华中、蒙疆等各地,各自组织适应其特殊性的地方政权,给予广泛的自治权,进行分治合作";"各个政权首脑以下的官吏,由中国人担任……在关键的位置上配置少数日本顾问,或招聘日本人担任官吏,便于从内部进行指导"③。据此,驻蒙日军决定扩大蒙疆联合委员会的组织,以增强其统治权。8月1日,日本顾问金井章次操纵蒙疆联合委员会以通过决议的方式,将原来的三个专门委员会扩大为总务、产业、财政等六个部,各部设部长、日本顾问和理事官,部长由三政权代表担任,理事官则由中日人士出任。改组后的联合委员会,从原先单纯协商性质的机构,变为高踞各伪政权

① 《中国事变陆军作战史》(中译本)第一卷第二分册,第129页。
② 〔日〕《通向太平洋战争的道路》第四卷,第145页。
③ 《日本帝国主义对外侵略史料选编》,第273页。

之上发号施令的机关,并直接掌管整个地区政治、经济、文化等各项事业。

德王是个政治野心很大的蒙古王公,在成立"蒙古联盟自治政府"时,他将年老多病的云王推为主席,自己只担任副主席兼政务院院长,因云王不来视事,政府实权就稳操手中。1938年4月云王病逝后,德王继任主席兼政务院长。自治政府虽有日本特务机关长和日本顾问的监督,但在内部事务的处理问题上,他仍有裁决权。蒙疆联合委员会改组后,德王越发感到自己的地位受损,开始表现出抵制的态度。对此,日本当局采取恩威并施的策略,一面以强制手段令其服从联合委员会的领导,同时又邀请他去日本访问。同年秋天,德王利用访日机会积极活动,向日本陆军中央提出建立蒙古国的主张,但未获赞同。随同访日的金井章次也只准他称"蒙疆",不准他称"蒙古"。尽管受到天皇召见,德王仍很气愤,表现出强烈的不合作态度。

由于德王在内蒙古各盟旗中拥有较大影响力,日本因此没有把他抛弃,而是软硬并用,迫他就范。同年11月,蒙疆联合委员会举行成立周年大会,邀请华北日军和伪满洲国的一批有名人物出席,德王托故不去参加。金井章次焦急万分,派人连劝带吓,硬把他拉到会场。为诱使德王合作,当地日军和特务机关经反复研究,又于1939年4月将蒙疆联合委员会中权力最大的总务委员长一职让给德王担任。

1938年7月和1939年5月,日本关东军在中苏、中蒙边境与苏联红军发生武装冲突,结果均告失败。此后,日军对苏、蒙两国被迫采取防御战略。蒙疆北部地区,恰与蒙古人民共和国毗连,日本将其划为"防共"特殊地域,急于要将蒙古、察南、晋北三个伪政权合而为一,以便统一发挥"防共前驱"的作用。5月8日,驻蒙日军拟订《蒙疆建设基本计划》,图谋"建设强有力防共特殊地带",并以1941年基本完成为目标①。6月11日,驻蒙日军司令官邀请德王、于品卿、夏恭等三个伪政

---

① 《华北治安战》上册,第190页。

权首脑,正式商谈三政权合并问题。当时,日军已在北平和南京成立了两个伪政权,因而考虑再成立一个类似"满洲国"的蒙古帝国或"蒙疆联合自治国"。

日本内阁兴亚院对此计划进行了专门研究,同意建立"蒙疆联合自治政府",并于7月28日制定《设立蒙疆统一政权纲要》,其主要内容是:统一政权"采取高度的自治制";"以亲日防共、提高民生为施政纲领";"设最高顾问,作为主席的协议机关,以日本人充任之";"设参议府,作为主席的咨询机关"等等,连使用年号、政府机关的名称都有具体规定①。

1939年9月1日,"蒙疆联合自治政府"正式宣告成立。根据日军内定,推选德王担任主席,于品卿、夏恭任副主席,金井章次为最高顾问。蒙疆伪政府成立当天,公布政府"组织大纲"、"施政纲领"和"成立宣言";确定张家口为"首都";采用成吉思汗纪元年号;使用黄、蓝、白、红四色七条旗。经过改组后的政府,增设了蒙古军总司令官、最高法院院长、最高检察院院长等职。政务院下设置总务、民政、治安、司法、财政、产业、交通等七部,以及牧业总局、税务监督署、榷运清查总署等多个局署②。新政府成立后,一批日本人开始以正式官吏的身份出现,分别担任新政府的秘书长、部长、次长、局长等要职。日本政府还专门设立"兴亚院联络部",由酒井隆担任联络部部长,以加强对这个新政府的监督。

"蒙疆联合自治政府"成立后,原察南、晋北自治政府改为政厅,直隶政务院管辖;原"蒙古联盟自治政府"所辖的巴、察、锡、乌、伊五个盟,也直隶政务院。其所辖地域大致如下:察南政厅设张家口,辖张家口市及万全、宣化等10个县;晋北政厅设大同,辖大同市及朔县、应县等12

---

① 《日本帝国主义对外侵略史料选编》,第297—298页。

② 《东北蒙旗联络专员张士英关于伪蒙古联合自治政府成立及其组织状况报告》,《中华民国史档案资料汇编》第五辑第二编《附录》(上),第6—9页。

个县；巴彦塔拉盟公署设归绥，辖归绥（厚和豪特）、包头二市与五旗十县；察哈尔盟公署设张北，辖八旗；锡林郭勒盟公署设贝子庙，辖九旗；乌兰察布盟公署设百灵庙，辖六旗；伊克昭盟公署设伊金霍洛，辖七旗四县①。实际上，当时蒙疆伪政权的势力仅能达到黄河以东的准噶尔、达拉特旗的部分地区。

与其他伪政权相比，"蒙疆联合自治政府"建立在中国西北少数民族地区，因而具有较大的独立性，即使在汪伪政府建立后，仍能保持相对独立的地位。

四　伪华中维新政府

以上海、南京为中心的长江三角洲地区，物产丰富、商业发达，是中国政治经济命脉所在。日军通过"八一三"事变，在华中地区燃起新的侵略战火，同时又投入巨大兵力，耗时三月，向中国守军反复猛攻，终于突破中国军队的淞沪防线。鉴于在华北扶植伪政权的经验，侵入华中地区的日军也各自在占领区扶植名目各异的治安维持会，接着又开始组建与"华北临时政府"类似的伪政权。

由于日军在向华中地区进攻时遇到中国军民的顽强抵抗，不能像华北那样一下子夺取整座城市。因而伪政权的建立，也与华北不同，日军首先在占领的区县建立小规模的伪组织。1937年9月中旬，日军攻占位于吴淞口的上海外围县城宝山之后，即于9月23日设立宝山县自治委员会。此后，随着日军占领区域的扩大，各地伪政权先后登场，最小的政权仅为乡镇一级。如12月13日，侵沪日军在宝山县所属的月浦镇与杨行镇，扶植了两个镇"自治委员会"②。

---

①　李泰棻：《伪蒙古联合自治政府纪要》，《中国近代史资料丛刊·抗日战争》第六卷《日伪政权与沦陷区》，第251页。

②　维新政府宣传局编：《维新政府之现况》（日文版），1939年版，第10页。

这批大量出现的维持会与自治委员会，其主要行动口号是："1. 打倒国民党容共政权；2. 确立绝对的亲日政策；3. 谋求一般民众之幸福；4. 发展亚洲民族之团结。"①这些伪组织的主要工作是协助当地日军维持战后的社会秩序，检举抗日分子，清查户口等，由于这批汉奸大多是没有威望、没有能力的地方人士，因此除上述简单工作外，无法承担更重要的任务。

华中日军在拼凑治安维持会的同时，也注意物色有地位的汉奸来组建较有影响的政权，以实现对新占领区的长期统治。日本上海派遣军特务机关精心策划，找到一个曾在日本留过学的福建商人苏锡文，于同年12月5日在上海浦东组织成立"上海大道市政府"，以太极图旗帜为标识，采用日历纪年，公告文件均采用中、日两种文字。同时，还发表《大道市政府宣言》，对"大道"的涵义进行解释，认为："惟有彼此实行大道，始能得到真正和平。"然后又阐述了成立政府之目的："值斯日本皇军代我国民诛锄军阀及国共两党之际……吾人特组织大道市政府，更易旗帜，期拯斯民于水火，而与举世之人，共登大同之域。"与此同时，"大道市政府"公布的"施政方针"明确宣称："基于日满支一元化之精神，谋市政之独立"；"国共两党思想之清扫与东洋固有美德之发扬普及"；"基于'一家'组织之精神，确立自治制度"②。这个初具政府形态的傀儡政权，虽然力量软弱、机构不全，但与治安维持会相比，已能发挥更多作用。华中日军期望通过这个伪政权控制上海及周围的新占领区。

1937年12月14日，华北日军在北平扶植汉奸成立"临时政府"之后，华中日军也考虑成立规模更大的伪政权。日本内阁在12月24日制订的《处理中国事变纲要》中，对华中地区建立伪政权问题予以明确规定："军事的占领区域内，考虑在时机成熟时，建立与华北新政权有联

---

① 《维新政府之现况》（日文版），第9页。

② 国民政府情报机关编：《伪上海市政府》，《专报》第7号，中国第二历史档案馆藏。

系的新政权。"由于日本政府对上海租界及其周围地区特别关心,《纲要》专门进行详细规定,仅行政方面就有五项,主要是:"除租界周围即租界及越界筑路外,以大上海市管辖区域为特别市";"特别市的行政,由中国人市长加以掌管;但在特别市,设置辅助市长进行一般行政指导的日本人顾问";"为了施行特别市的警察行政,设置特别警察部;警察部长以下的首脑,由中国人担任,但为了与首脑协作,设置相当人数的日本人顾问"。在经济权益方面,"目标以上海为据点,确立帝国向华中方面经济发展的基础"①。

以上海为中心的华中地区,经过中日双方数月激战,人员与物资方面损害很大,再加上各国利害关系错综复杂,导致日本内部意见不一,组建华中伪政权的工作因此不如华北那样顺利。12 月 29 日,华中日军特务机关拉拢上海财政经济界几个头面人物成立"上海市民协会",企图首先协调工商界,恢复工商业。1938 年元旦,在江、浙两省省会同时成立了"南京自治委员会"和"杭州治安维持会"。其他新占领区的自治组织,也陆续成立。至 1 月 20 日,华中占领区的各种自治机构已达26 个②。

1938 年 1 月 16 日,日本政府发表"不以国民政府为对手"的声明后,对华中地区建立伪组织的工作更为重视。日本陆、海、外三省经过磋商,于 1 月 24 日达成备忘录,主要内容是:"在华中方面,对于中国方面的现地指导,须在现地陆、海、外务三个机关联络协商的基础上进行。为此,决定以在上海的陆、海军特务部长及总领事组成现地联络委员会,上述委员会对现地进行必要的筹划,并决定从事指导的负责人和方法等。"③2 月 12 日,陆军省制订《华中政务指导纲要》,任命原田熊吉

---

①　[日]外务省编:《日本外交年表和主要文书(1840—1945)》下卷,《文书》1969年再版本,第 381—384 页。

②　转引[日]《通向太平洋战争的道路》第四卷,第 136 页。

③　转引《中国事变陆军作战史》(中译本)第一卷第二分册,第 160—161 页。

少将为华中方面军特务部长,具体实施有关工作。

根据日本政府指示,华中日军抓紧组建华中伪政权的工作,具体工作由华中方面军特务机关长臼田宽三负责。他首先把目光瞄准了曾在民国初年担任过国务总理,以后又任广东护法军政府总裁的唐绍仪。但唐绍仪犹豫不决,使日军的计划无法实现。于是,臼田又策动温宗尧、梁鸿志、陈群等人率领旧人马,共组新政府。温宗尧早年曾赴美国留学,先后担任过清政府驻藏参赞大臣、湖北军政府外务次长、护国军政府都司令部外交局长、广州军政府总裁等职,20年代后退出政坛,长期在上海寓居。梁鸿志是北洋遗老,曾任安福国会参议院秘书长、段祺瑞执政府秘书长,段祺瑞垮台后离开政坛,此时也在上海寓居。陈群早年留学日本,曾参加护法、北伐等革命活动,担任过国民革命军东路总指挥部政治部主任、国民政府内政部次长、首都警察厅厅长等职,是个有实力的人物。2月中下旬,臼田宽三与这些政坛失意的政客,就组织伪政权问题进行具体商讨。由于双方都有很大野心,所以把新政府定名为"中华民国新政府",同时又确定以民国初年的五色旗为"国旗",民主立宪为"政体","政府"所在地选定南京。另外,还制订了新政府组织大纲,准备于3月16日正式成立①。

华中地区的组府活动,引起华北汉奸的不满。"华北临时政府"成立后,王克敏等即以中央政府自居,不希望再成立与自己地位平等的伪政权。华北方面军和关东军为扩大自身势力,亦支持"临时政府"的主张。他们要求在华中地区设省,让梁鸿志等人去北京"临时政府"任职。华中派遣军司令官松井石根则认为,长江流域的战略地位超过华北,新中央政府应设在华中。华中日军还策动各地自治委员会发表通电,要求在华中地区成立新中央政府。当时主要在华中与华南地区活动的日本海军也支持这一意见。王克敏见反对不成,就向日本当局提出辞呈,以示要挟。

---

① 转引《中国事变陆军作战史》(中译本)第一卷第二分册,第161页。

侵华日军的内部矛盾引起了日本当局重视。3月7日，日本政府召集外务、陆军、海军三省主管官员进行会商，最终在成立华中新政权的有关问题上取得一致意见。次日，陆军次官向华中派遣军参谋长和特务部长通报了日本政府的具体意见："一、赞成建立新政权，可以起到给蒋介石政府以威胁的效果；二、关于国旗、政体、政府所在地没有异议；三、名称定为'华中民国政府'。这是出于这样的考虑：把华中政权作为一个地方政权，以便将来与华北政权合并组织中央政府。"另外，对于新政权成立所需的二百万元经费，陆军省考虑拿出一百万元①。

然而，华中派遣军不赞成把新政权定名为"华中民国政府"，派遣军参谋长在呈报意见时指出："政府的性质决定于将来怎样指导，现地可以使用中国人希望的名称，趁建立政权的热情还没有降低的时候，最好先组成政府。"②日本陆军当局只得继续同华北、华中两方面磋商，原定成立新政府的时间也被迫推后。

3月24日，日本政府制订《调整华北及华中政权关系要领》，对华中政权的性质及与华北政权的关系作出明确规定："华中新政权作为一个地方政权成立，以中华民国临时政府作为中央政权，尽快使其合并统一。"同时，为使两政权的合并统一不发生阻碍，要将成立宣言作必要的修改；新政权的机构和统辖的各种业务（海关、统计局、盐务局等）措施，要有利于将来的合并；两政权应建立联络协商会议。此外，还有一个谅解事项，即以现在的中华民国临时政府作为中央政府的用意，是要它领导各地方政权，至于帝国承认它为中国的中央政府问题，则须根据另外的考虑决定；首都设在何地，一任中国方面选定③。

---

①　外务省记录：《陆海外三省有关官员关于华中新政权组织大纲等协议之结果》，[日]《通向太平洋战争的道路》第四卷，第136页。

②　转引《中国事变陆军作战史》（中译本）第一卷第二分册，第161页。

③　[日]《调整华北及华中政权关系要领》（1938年3月24日），转引《中国事变陆军作战史》（中译本）第一卷第二分册，第161－162页。

梁鸿志等人不甘心充当地方政权首脑，他们认为，政权的性质虽不能更改，但名称可以另外确定，决定把华中伪政权定名为"中华民国维新政府"，并特地把成立大会放到尚处于战乱的南京举行。3 月 28 日，维新政府在南京原国民党中央大礼堂正式宣告成立。当天，维新政府对外发表宣言，声称："恢复秩序、抚辑流亡、安定农村，复兴商业，皆目前最急之务。"①同时还颁布政纲，并在南京和上海召开记者招待会。成立大会过后，梁鸿志等人又跑回上海，躲进位于日租界的新亚饭店办公，故被时人讥为"饭店政府"②。

"维新政府"宣称实行三权分立的宪政制度，但因人事安排的窒碍，实际只设行政、立法两院，行政院之下设外交、内政、绥靖、财政、教育、实业、交通七部③。梁鸿志任行政院院长兼交通部部长，温宗尧由于内部倾轧，最终担任了有名无实的立法院院长。任援道、陈群、陈锦涛分别出任绥靖、内政、财政部部长，得以掌握实权。王子惠因有日军特务头目土肥原撑腰，当上了实业部部长。

同华北"临时政府"一样，"维新政府"亦是完全听命于日本侵略军的傀儡政权。它不仅由华中派遣军一手策划成立，而且政府的一切活动也都听从日军安排。华中日军仿效华北日军的办法，由当地日军最高指挥官同行政院院长梁鸿志达成派遣日军顾问的协定。因华中地区还有日本海军，故没有像华北那样书面换文。"维新政府"成立后，日本顾问即控制了政府各重要部门。不久，华中派遣军撤销了军特务部，特务部长原田熊吉出任维新政府最高顾问，特务部其他成员也改任绥靖、内政、财政等部门顾问，总数达 27 名之多④。

---

①　《伪中华民国维新政府成立宣言》(1938 年 3 月 28 日)，《中华民国史档案资料汇编》第五辑第二编《附录》(上)，第 43 页。

②　［日］黑羽清隆：《日中 15 年战争》(中)，日本教育社 1979 年版，第 106 页。

③　《伪中华民国维新政府组织大纲稿》，《中华民国史档案资料汇编》第五辑第二编《附录》(上)，第 44 页。

④　转引［日］《通向太平洋战争的道路》第四卷，第 137 页。

　　日本扶植"维新政府"，主要是为了控制与恢复华中占领区的经济，以贯彻其"以战养战"的政策，这自然成为"维新政府"的基本经济政策。成立之时，"维新政府"即宣称，新政府的经济政策为恢复秩序、慰抚流民、安定农村、复兴商业四项。为在经济上取得明显效果，首先着手办理警察，恢复交通。同年5月6日，"维新政府"接收上海海关后，立即下令限制各种重要物资的移动，禁止携带500元以上的法币出口。"维新政府"还接收了松江等地盐务局，设立苏浙皖盐务总局，垄断盐政。为发挥上海全国通商大埠的经济枢纽作用，"维新政府"制订了大上海建设计划，同年9月成立直属内政部的上海复兴局，掌管上海复兴事务。接着，又将上海市伪政权改称特别市政府。

　　为麻痹统治区人民的思想，"维新政府"宣传局与日本情报机关合作，控制舆论、文化机关，创设华中通讯社，作为宣传奴化理论的喉舌。同年7月，又将原流氓组织兴亚会扩充成大民会，大力宣传"中日提携，谋东亚的自主兴隆"。此外，还在中日文化提携的口号下，把日语作为各级学校的必修课，每周上课多达十小时。同时颁布"思想善导办法"，令各级学校对学生进行所谓中日亲善教育。为使奴化教育能够贯彻实施，在南京等城市举办"小学教师夏季讲习所"、"教员临时养成所"①。

　　由于日本政府给"维新政府"的定位是地方政府，不管如何自我吹嘘，"维新政府"总不能以中央政府自居。梁鸿志在宣读《政府成立宣言》时强调："维新政府之成立，系根据苏、浙等省之事实，原为暂时性质，与临时政府初无对立之心。向来中央所管事项之不可分析者，仍由临时政府商酌办理。一俟津浦、陇海两路恢复交通，即与临时政府合并。"②随后，政府发言人在答记者问时，一面强调"维新政府"是"纯粹

---

　　①　《维新政府之现况》（日文版），第331—334页。
　　②　《伪中华民国维新政府成立宣言》（1938年3月28日），《中华民国史档案资料汇编》第五辑第二编《附录》（上），第43页。

根据实际需要而成立的事实上的政府"，同时也承认将来要同临时政府合并①。梁鸿志等人虽对合并一事很不情愿，但日方出于侵华战争需要，希望合并问题尽快解决。

"维新政府"成立不久，日本当局即策划南北两个伪政权首脑相互接触。4月4日，梁鸿志、陈群、任援道等实权人物即去北平访问，与王克敏、汤尔和、董康等人会谈，商讨南北两政府合并事宜。4月29日，王克敏回访南京，双方举行第二次会谈。经两次会谈，大致达成如下意见：（一）关于外交问题，由临时政府主管，维新政府发生外交问题时，应即向临时政府报告；对日外交机关之设置，临时政府原已任命驻东京办事处处长，维新政府可另发任命，让其兼任维新政府驻东京办事处处长；（二）关于教育问题，双方一致同意废止排日教育，所有教科书从速另行编印；（三）关于海关问题，如海关之接收，新税率之制订，完全按照日方意见办理；（四）关于财政税收通货问题，依照临时政府的办法，设立盐务公署以辟财源，但征收款额应向临时政府报告；扩展联合准备银行，使之成为中央银行，华北地区以联银券驱逐法币，华中地区逐步限制法币之流通②。

就上述事项而言，"临时政府"名义上占有优势。当时中日两军正在苏北激战，津浦铁路尚未打通，实际联合还无从谈起，"维新政府"方面遂乘机将联合问题搁置起来，以待形势的变化。日本华中派遣军也不希望自己扶植的傀儡政权在南、北合并后处于劣势，因此反对在不平等的条件下合并。此外，两政府合并的人事安排亦是重要问题。由于双方均没有合适的元首人选，所以合并工作难以获得进展。

为消除合并障碍，日本当局派土肥原去做协调工作。在取得南北两支日军赞同后，土肥原于9月初召集"临时政府"的王克敏、齐燮元、汤尔和，以及"维新政府"的梁鸿志、陈群、任援道与蒙疆方面的德王等

---

① 《维新政府之现况》（日文版），第29页。
② 《汪伪档案》（2014－2），中国第二历史档案馆藏。

三个伪政权首脑,加上有关日军代表至大连开会,商讨合并问题。经多次协商,仍无法取得一致意见。首先是关东军要保持蒙疆政权的独立性,反对蒙疆政权参加新组织;其次是华中派遣军对新组织不赞同;第三是新组织的人选,无法确定令各方都满意的名单①。会议行将破裂之时,日本政府一面令土肥原继续积极与各方协商,同时明确表示,联合机关是过渡性机构,并不是统一的中央政权。这样,南、北两政权的对立才告缓和,双方就合流问题初步达成协议。

9月20日,南、北两伪政权首脑根据大连会议的原则,在北平举行联合委员会预备会议,中心议题仍是两政权的合流问题。在日本当局一手策划下,双方同意设立"中华民国政府联合委员会"。9月22日,公开发表"中华民国联合委员会"《成立宣言》、《组织大纲》、《办事细则》及委员名单。根据组织大纲,"联合委员会"的主要职能是:"统制关于政务上共通事项,使新中央政府易于成立";"对于交通、通信、邮务、金融、海关、统税、盐务、文教及思想等,其中需要统制事项协议之"②。

"联合委员会"的人事安排,采取对等原则,即南、北两政权各推荐三人为委员代表各自政府。在委员中选举一人为主席委员,代表联合委员会处理会务。由各政府的委员中各选举一人为常任委员,以主席委员和常任委员组成常任委员会。"联合委员会"的秘书长由"临时政府"派员担任,事务处长由"维新政府"派员担任,"临时政府"推荐一名次席秘书,"维新政府"推荐一名首席秘书③。经双方推荐,由王克敏担任主席委员,朱深、温宗尧为常任委员,梁鸿志、王揖唐、陈群为委员。上述安排显然表明"临时政府"仍占明显优势,梁鸿志虽感不满,但也无可奈何。

---

① 《汪伪档案》(2014—2),中国第二历史档案馆藏。

② 《伪中华民国政府联合委员会组织大纲》,《中华民国史档案资料汇编》第五辑第二编《附录》(上),第57页。

③ 《汪伪档案》(2014—2),中国第二历史档案馆藏。

"维新政府"的冷淡态度及南、北日军的内部矛盾,使联合委员会成为一个貌合神离的松散组织。此后,双方分别在北平和南京就"蒙疆自治政府加入问题"、"反对英国政府援蒋问题"、"物资调剂问题"、"沟通南北汇兑问题"、"统一编制教科书与年度日历问题"等问题举行过多次会议,发表了"反共救国宣言"、"反对英国援蒋借款声明"等文告①。由于双方都想保住原有权势与地盘,故在涉及实际利益时均不肯作丝毫让步。经过近一年活动,联合委员会始终没有取得实质性的进展。

汪精卫集团投敌后,日本政府把组建统一傀儡政权的希望寄托到汪精卫身上,对南、北两政权的联合逐步失去了兴趣。

第二节　汪精卫集团谋求对日妥协

一　低调俱乐部

由于日本帝国主义发动全面侵略战争,中华民族处于生死存亡的关键时刻,绝大多数中国人毅然选择武装自卫的道路,用自己的热血和生命捍卫国家主权和民族生存。然而,也有一些身居要职的民族败类,置国家、民族利益于不顾,竟认贼作父,投敌卖国。汪精卫等人即是最典型的代表。

汪精卫,名兆铭,字季新、季恂,号精卫。早年追随孙中山参加反清斗争,辛亥革命后活跃于中国政治舞台,并在广州、武汉和南京国民政府居于决策高层。卢沟桥事变时,他正任国民党中央政治会议主席,地位仅次于蒋介石。面对日军侵略,他胆战心惊,力图妥协。然而见到全国抗日洪流汹涌澎湃,他又装出一副慷慨激昂的样子,骗取民众的信任,曾在庐山谈话会上发表讲话,声称:"最近卢沟桥事变突

---

① 《汪伪档案》(2014—2),中国第二历史档案馆藏。

发,危急情形,更加严重⋯⋯国难如此严重,救亡图存,人同此心,心同此理。"①

随着抗战形势的变化,汪精卫曾一度四处为抗日唱高调,声称:"中国今日受日本帝国主义的侵略,穷凶极恶,无所不用其极,惟有抗日才能争取国家民族的生存,惟有全国同胞一致的自动牺牲之精神,从事抗战,才能争取最后的胜利。"②"敌人在政治上有一个最毒的策略,就是拿中国的钱,养中国的兵,来杀中国的人;拿中国的钱,养中国的士大夫,来统制中国的人⋯⋯只有不成材料几个最无赖的人,才肯做傀儡。敌人要学从前满洲进兵利用中国士大夫统制中国人的办法,是绝对做不到了。⋯⋯现在全国人民精诚团结,那个士大夫变节,立刻认他作汉奸,不齿于人。"③尽管汪精卫一再于公众场合发表慷慨激昂的抗日言论。然而,由于他对抗日前途悲观失望,于是便利用抗日宣传的缝隙,巧妙散布"亡国论"的论调。

1937 年 7 月 30 日,日军攻占北平。当晚,汪精卫在南京发表题为《最后关头》的广播讲话。在回顾近年来中日关系时,他说:"我们知道日本对于中国是侵略无已的,自九一八以来,对于中国是一步一步的杀进来。"但中国只有"一步一步的后退"。原因何在? 他解释说:"因为中国比较日本进步迟了六七十年,中国的国家力量,不能挡住日本在侵略。"讲话中还专门分析了缔结《淞沪停战协定》、《塘沽协定》的原因,说当时政府在日本侵略者面前"忍辱负重","确是忍无可忍,让无可让,而

---

①　汪精卫:《庐山第二次谈话会之引论》(1937 年 7 月 15 日),《汪精卫先生抗战言论集》,第 3 页。

②　汪精卫:《继续牺牲加紧生产》,转引徐达人:《汪精卫骂汪兆铭》,岭南出版社1939 年版,第 12 页。

③　汪精卫:《抗战建国同时进行》(1938 年 4 月 30 日),《汪副总裁莅湘演讲》,第 77-79 页。

仍然忍下去,让下去,当时所以如此,是想使日本进得慢些,我们退得慢些"①。这些言论,不但是为战前的妥协外交作辩解,而且也宣传了中国不敌日本的亡国论调。

8月3日,汪精卫再次发表广播讲话,强调"大家要说老实话","大家要负责任"。他说:"中国宋末、明末曾两次亡国,其亡国之原因,最大最著的,在于不说老实话,心里所想与口里所说,并不一样。"怎样才算说老实话呢? 他借第一次世界大战中俄国败于德国,几乎亡国,德国败于协约国,也几乎亡国的例子,说明其终究未亡的原因,是"肯说老实话"。他对此大加发挥:"和呢,是会吃亏的,就老实的承认吃亏,并且求于吃亏之后,有所以抵偿。战呢,是会打败仗的,就老实的承认打败仗,败了再打,打了再败,败个不已,打个不已,终于打出一个由亡而存的格局来。这种做法,无他巧妙,只是说老实话而已。"用他自己的话说,所谓说老实话,就是"我们不推诿,我们不作高调,以引起无谓的冲动"②。这些话的意思是:"和"只有暂时吃亏而已,事后可以"有所以抵偿";而坚持"战",就会"败个不已"。

在宣扬"抗战必败"理论的同时,汪精卫还不断通过渲染战争恐怖来吓唬国民。他说中国现在已经到了"最后关头",那就只有"牺牲到底"了。"'牺牲'两个字,是严酷的,我们自己牺牲,我们并且要全国同胞一齐牺牲。因为我们是弱国之民,我们所谓抵抗,无他内容,其内容只有牺牲,我们要使每一个人,每一块地,都成为灰烬",等到"我们牺牲完了,我们抵抗之目的也达到了"③。1938年7月第一届国民参政会第一次大会开幕式上,他进一步鼓吹战争的残酷:"一年来,破碎的山河,没有一处不染满了我们同胞的血痕。今年三月……据军政当局的

---

① 汪精卫:《最后关头》,《汪精卫先生抗战言论集》,独立出版社1938年版,第8—10页。

② 汪精卫:《大家要说老实话大家要负责任》,《汪精卫先生抗战言论集》,第12—17页。

③ 汪精卫:《最后关头》,《汪精卫先生抗战言论集》,第10—12页。

报告,武装同胞死伤之数,已达五十多万。如今又过了三个月了……武装同胞死伤的数目还没有详细的统计,但也可以推想而知。""至于非武装同胞,在沦陷区域内,死于飞机之轰炸,大炮之轰击,机关枪之扫射,步枪之射击,刺刀之刺杀,其数目一时更不易统计。即在后方区域,一样的也日日在飞机轰炸之下不断流血"。"一切武装同胞非武装同胞的血,从前流着,现在流着,未来还要流着。"①这番言论虽没有公开提出对日妥协,但已强调抗战必定要"牺牲",以"牺牲完了"暗示"再战必亡"。在汪精卫眼中,对日抗战,除了"死"和"流血"以外,别无所有。

汪精卫不仅在公开场合支持和散布关于抗战的"低调",在国民党高层之间也一直主张对日议和。

1937年8月4日,汪精卫借口报刊关于日本驻华大使川越将南来的报道致函蒋介石,迫不及待地主张国民政府应当主动对日谋和,他说:"今日仅为应战而非求战,彼既来,既先开口,我无不应之理。故此时努力于谈判公开之外,尚须坚决负起责任,如认谈判所开绝对不可接受,则负起战之责任,要求全国一致效死;如认谈判尚可接受,则负起和之责任,要求全国赞成,即不赞成,亦要求必不反对。总之,此时吾党所能望于国民者,得其谅解而已。至于责任,则非吾党负之不可。至于谈判所开内容,此时虽未探悉,然以意测度,可归为数个方式,恕未能详叙,如承赐见,当继续敷陈也"②。汪精卫还面见蒋介石,转告胡适等人提出的和议意见。在答复汪时,蒋介石"以为军心摇动极可虑,不可由彼呼吁和议,亦不可变更应战之原议"③。对此,汪精卫颇不满意。对于当时中、苏之间洽商签订互不侵犯协定,汪精卫认为将导致中日之间

---

① 《新华日报》,1938年7月9日。
② 台北"国史馆"藏蒋中正档案,档号002—040100—00008—017。
③ 《王世杰日记》(手稿本)第一册,1937年8月5日,第83—84页。

走向全面战争而失去议和机会,因此直接表示"怀疑"①。8月21日中苏互不侵犯协定签署后,汪又于23日致函蒋介石,称:"中国接受俄之援助,且力谋其援助之加强,实为当然。而对于日本,当悉力抗战之时,不惟不宜塞断外交途径,且当力谋外交途径之打开,此绝非心怀两端,实乃孤舟出险所不容不采之手段也。"②周佛海投敌后曾公开承认:"在战必大败,和未必大乱的坚确的认识之下,我和几位朋友,就一面设法约人直接向蒋先生进言,一面设法传布我们的主张。汪先生的主张,是和我们一致的。在南京未陷落以前,汪先生为此事写给蒋先生的信,在十封以上,当面也谈过多次。所以我们当时就无形中以汪先生为中心,酝酿和平运动。"③

应当指出,在关系到中华民族生死存亡的紧急关头,许多中国人的政治立场面临新的抉择。以原改组派为主体的汪精卫集团,其内部也发生了分化,一些人走上了抗战道路。同时,原属蒋介石集团的一些人却被日军吓破了胆,对抗战前途悲观丧气。此时,汪精卫不断鼓吹的抗战失败论引起了他们的共鸣,并促使他们转投汪精卫麾下,时任国民党中央宣传部代部长的周佛海就是其中的代表。

周佛海早年留学日本,一度信仰过共产主义,后投靠国民党,得到蒋介石的信任,在国民党内的地位步步升高,进入蒋介石的智囊团,成为国民党的"理论权威"之一。1931年,他当选为国民党第四届中央委员,后历任江苏省政府委员兼教育厅长、南昌行营政治训练部主任、蒋介石侍从室第二处副主任、中央宣传部代理部长等职。

卢沟桥事变爆发之际,周佛海正参加蒋介石、汪精卫主持的庐山谈话会。他对蒋介石的抗日言论感到迷惑,认为蒋介石是"绝顶聪明的",

---

①　蒋介石日记1937年8月12日,斯坦福大学胡佛研究所藏蒋介石日记手稿影印件。

②　台北"国史馆"藏蒋中正档案,档号002－040100－00008－013。

③　周佛海:《回忆与前瞻》,转引《汪精卫集团投敌》,上海人民出版社1987年版,第7页。

目前朝野上下都在"高唱持久的全面战争",蒋介石不能不附和,而且调子还要唱得比别人更高,只有这样才能压服反对派,争取舆论的支持。周佛海认为,蒋介石的用心虽然良苦,但决不会收到预期效果,反而"作茧自缚","逼迫他走上不愿意走的路"①。周佛海还曾对抗日形势做过如下分析:"共产党、桂系以及一切失意分子,都很明白的知道,抗日是倒蒋惟一手段。他们因为要倒蒋,所以高唱持久的全面战争";"因为蒋先生本想以更高的调子压服反对的人,而这些人就利用蒋先生自己的高调,逼着蒋先生钻牛角。调子越唱越高,牛角就不得不越钻越深";"弄假可以成真,玩火适足烧身,前途是未可乐观的";"如果战事延长下去,日本当然是要愈益困难的,但是日本感觉着痒的时候,中国已感觉着痛了;等到日本感觉着痛的时候,中国已会因痛而死了"②。当时周佛海与一批高层政要和知识精英往来密切,他们一面设法约人直接间接向蒋介石进言,同时也利用机会传播自己的主张,并且自诩为"低调俱乐部"③。

　　全面抗战爆发后,汪精卫与周佛海两人见面时经常谈起时局问题。汪精卫认为"仗不能再打下去",周佛海也认为,"中国本身的力量同日本比较,赶不上他",国际上"对于中国除道德的同情、精神的援助外","没有实际的援助"④。两人很快结成亲日派系。于是,"低调俱乐部"成为汪精卫进行所谓"和平运动"的基干力量,周佛海亦变为汪精卫的心腹,为其叛国投敌出谋划策,担当起"总参谋长"的角色。

---

　　① 周佛海:《回顾与前瞻》,转引蔡德金编注:《周佛海日记》(下),中国社会科学出版社1986年版,第1208页。

　　② 周佛海:《回顾与前瞻》,转引蔡德金编注:《周佛海日记》(下),第1208—1209、1212页。

　　③ 罗君强:《伪廷幽影录》,转引《伪廷幽影录》,中国文史出版社1991年版,第3页。

　　④ 《首都高等法院检察官讯问周佛海笔录》(1946年9月21日),南京市档案馆编:《审讯汪伪汉奸笔录》(上),凤凰出版社2004年版,第108页。

　　1937年12月南京陷落之时，德国驻华大使陶德曼正出面调停中日战事。当时汪精卫主张接受，向蒋表示提出"彼甚想以第三者出而组织掩护"，但蒋明确表示"此不可能之事也"①。陶德曼调停最终以失败告终。此后，汪精卫集团加紧宣传抗战必败的亡国论调。1938年1月，汪精卫、周佛海、陶希圣等人在武汉成立"艺文研究会"。由周佛海任总务总干事，陶希圣任研究总干事。艺文研究会来头很大，根据蒋介石"面命"，受汪精卫"指导"，其宗旨是："第一，要树立独立自主的理论，反对共产党的笼罩；第二，要造成一个舆论，使政府可战可和。"②其活动经费经蒋介石批准，从"军事特别支出"项目内拨付，每月5万元。艺文研究会总部设在汉口，先后在长沙、广州、成都、重庆、西安、香港等地设立了分会。

　　与此同时，汪精卫、周佛海又派自己的亲信、国民政府立法委员林柏生以及梅思平前往香港，开设国际编译社，创办蔚蓝书店。国际编译社实际上是"艺文研究会"的分支机构，由林柏生主持一切总务。他们每周开一次国际问题座谈会，研究一周来的国际时事，主要分析对日情报，会后起草两份内容相同的报告交周佛海，让他转呈蒋介石和汪精卫。由于他们打着研究国际问题的招牌，一时间吸引了不少同类，"许多人猬集于两间小房之中，跻跻跄跄，极为热闹"③。后来汪精卫逃离重庆，在香港的这批人利用他们掌握的舆论工具，不断为汪精卫集团摇旗呐喊。

　　周佛海曾明白供认艺文研究会的宣传宗旨，由于当时身为国民党中央宣传部代部长，"怎好针锋相对的明白反对"全民族抗战？"所以我当时的宣传方针，便是提出科学和理性。我要大家根据理性，运用科

　　① 蒋介石日记1937年12月16日，斯坦福大学胡佛研究所藏蒋介石日记手稿影印件。

　　② 《陶希圣致胡适函》，(1938年12月31日)，见《胡适往来书信选》(中)，中华书局1979年版，第397页。

　　③ 朱朴：《记蔚蓝书店》，《政治月刊》第13期，1942年12月18日。

学,去认清事实,不可为盲目的感情所驱使"①。他打着讲理性、讲科学的幌子,归纳夸大国民党临全大会方针中的消极因素,写成《抗战建国的两个要点》一文,进行宣传。他认为《抗战建国纲领》主要提了两点:一是民族国家的信仰;二是科学的信仰。这种信仰要求"全国国民应当牺牲党派的成见,阶级的利害,来服从民族国家,来支持民族国家,全国国民应当认定民族国家高于一切"。换言之,就是要一切服从国民党,它的矛头完全是指向中国共产党的。所谓科学信仰,文章认为科学的研究,"不是一步可以登天的","没有临时抱佛脚的符咒式的观念存在的余地"②。这实际上是以谈科学研究为名暗示中国的科学不如日本发达,武器不科学,"民族抗战"就不能取得胜利。

成立"艺文研究会",标志着汪精卫集团组织的进一步扩大。此后,他们继续大唱"战必大败",同时又开始明目张胆地反对继续抗战。汪精卫在武昌一个训练班上发表演讲时称:"打败仗要和,打胜仗也要和,到底总是要和。"另一次,他更直截了当地对唐生智等高级将领说:"这个仗不能再打下去了,要另想办法了。"③汪派集团的骨干林柏生、陈春圃等人,也以"优胜劣败是绝对真理,强权就是公理"为口头禅,鼓吹"近百年来的历史证明:贫弱的中国和富强的外国打仗总是要吃亏。结果不是割让土地,就是赔款求和。而自己没有力量,外援又靠不住,空喊抗战,这样抗下去,一定要把整个国土抗光"④。

早在1937年10月,毛泽东同英国记者贝特兰谈话时即明确指出:"投降主义根源于民族失败主义,即民族悲观主义"。"悲观主义只看见抗战中的失败,不看见抗战中的成绩,尤其不看见失败中已经包含了胜

---

① 周佛海:《回忆与前瞻》,转引《汪精卫集团投敌》,第11页。

② 《民力》周刊第四期,1938年4月30日。

③ 唐生智:《一九三一年到一九四九年概括回忆的几件事》,《文史资料选辑》第15辑,中华书局1961年版,第49页。

④ 袁琳:《汪精卫的和平运动》,转引余子道等著《汪伪政权全史》(上卷),上海人民出版社2006年版,第227页。

利的因素,而敌人则在胜利中包含了失败的因素。"①汪精卫、周佛海等人正是这样的民族悲观主义者,他们低估中国人民的抗日力量,高估日本帝国主义的力量,因而对抗战前途丧失了信心。在日本和平烟幕的诱惑下,他们一步步地走上了叛国投敌之路。

二　董道宁、高宗武赴日

陶德曼调停终告失败之后,汪精卫、周佛海等人对此深感失望,但没有死心。由于受日本政府《不以国民政府为对手》声明中,"期望真能与帝国合作的中国新政权的建立与发展"等词句的诱惑,他们急于寻找新的渠道,与日本政府进行"和平谈判"。周佛海曾回忆说:"我们几个同志,虽然力薄势微,没有方法挽回劫运,但是我们不死心,不绝望,我们暗中努力,使和平之门,不要全关,和平之线,不要全断。"②

为进行所谓的"和平工作",汪精卫与周佛海几经密商,于1938年2月在"艺文研究会"香港分会之下设立"日本问题研究会",由高宗武负责。

高宗武自幼留学日本,毕业于九州帝国大学法学院,后转入东京帝大,1931年结束学业回国,并在南京中央大学任教。此间,他担任《中央日报》特约撰稿人,经常就中日问题发表论文,一时名声大噪,被称为"日本通"。蒋介石亦十分欣赏他的文章,并有意延揽其进侍从室工作,最终被其婉拒。1932年底,高宗武进入国民政府军事委员会国防设计委员会任专员,负责研究日本问题。是时,汪精卫正以行政院长身份自兼外交部长,他遂邀请高宗武进外交部任职。1934年初,高宗武入外

---

① 毛泽东:《和英国记者贝特兰的谈话》,《毛泽东选集》(4卷合订本),第353页。

② 周佛海:《回忆与前瞻》,转引《汪伪政权资料选编·汪精卫集团投敌》,上海人民出版社1984年版,第10页。

交部工作，次年即升任亚洲司司长，时年二十九岁。卢沟桥事变之后，蒋介石、汪精卫分别召见高宗武，与他就中日关系问题进行长时间讨论。此后，高宗武在获得蒋介石许可后辞去外交部工作，南下香港，以"日本问题研究会"为掩护刺探日本的和战动向。

赴港之前，高宗武曾前往南京银行公会主席吴震修家中会见正在中国的日本人西义显，商谈中日"和平问题"。西义显是日本满铁南京事务所主任，长期在沪宁地区活动，与不少工商金融界人士及政府官员相交甚笃。听罢高宗武的意见之后，他专程赶赴大连，向满铁总裁松冈洋右报告，请他为之设法。松冈对西义显说："事已至此，实为中日两民族宿命所定。但将来或有机会恢复和平。你能获得中国人如此信任，亦属难得，你可待机行事。你如有意，可任意选择住地，以便与南京（中国）同志再行会面。"①为让他专心从事和平工作，松冈免去了西义显在满铁的一切工作，还给他一笔巨款和一封介绍信，让他去东京面见近卫文麿首相。当时中国军民正在淞沪地区奋勇抗战，举国上下抗日情绪异常高涨，和谈活动无从下手，西义显只得返回上海，等待时机。

1938年1月14日，中国外交部官员董道宁突然前去上海拜访西义显。董道宁早年留学日本，能讲一口流利的日语，曾任中国驻日大使馆参事，同西义显早有交往。两人一见面，西义显即明白其来意。得知他为两国和平曾找过川越茂大使后，就鼓动他直接去东京活动。为打消董道宁的疑虑，西义显坦率地提出自己的意见，即"以交战国外交官之身份，既秘密来上海，会见敌国大使，则百尺竿头更进一步，赴东京直接说服敌国政府，理义虽同，而效果则更大"。"对于你的行动秘密，我负绝对责任，其实较你在上海之保守秘密更为容易。你若有此决意，我当先赴东京，但你是以（中国）亚洲司第一科科长之资格前去，东京自当感激。……今日之悲剧，系由两民族缺少互相信任而

---

①　[日]西义显：《悲剧的证人——日华和平工作秘史》，日本东京文献社1962年版，第80页。

起,你赴东京,即表示中国人信任日本人,为建筑信用之第一步。两民族能互信则生共感,东洋之社会始能走上构成之路"①。

1月17日,西义显将此消息向长驻上海的日本同盟通讯社中南总分局局长松本重治报告②。松本非常重视,亲自会见董道宁,他说:"我认为这次访日旅行对两国都有重大意义,就这样置于不相往来的状态是不适宜的。"③同时他还建议西义显立即返回日本,与参谋本部谋略课长影佐祯昭联系。1月19日,西义显即从上海乘船返回日本。得到影佐首肯之后,他急派助手伊藤芳南前往上海,为董道宁代办赴日手续,自己则留在东京安排接待事宜。

事实上,董道宁此次与日方秘密接触进而秘访日本,是直接受到高宗武指派的。2月25日,董道宁在伊藤芳南陪同下离开上海,次日抵达日本长崎,28日赴横滨,然后去东京,在横滨与东京共待了九天。3月10日董道宁离日,取道大连,于3月15日回到上海。秘密访日期间,董道宁先后与陆军省参谋本部谋略课长影佐祯昭、参谋次长多田骏、第二部长本间等人进行了会谈,大体摸到了日本陆军对解决中日战争的基本立场。如多田骏一开始虽然表示:"此次两国间不幸冲突……应及时妥为解决。"他信誓旦旦地说道:"日本对于贵国领土完整、行政独立,完全尊重,毫无野心……以后对于贵国内政问题,绝对不采取干涉态度,此点可以明言。"但是,旋即多田骏宣称:"惟贵国必须根本放弃抗日政策。换言之,将现在之抗日亲苏政策一变而为亲日抗苏政策是也。"而影佐则赤裸裸地提出:"日方希望中国有大政治家亲自出马,与日方开始交涉。"他提出了中国必须接受的"最基本条件":放弃抗日政策,与日方合作;承认伪满洲国;对日本赔款;日

---

① 〔日〕西义显:《悲剧的证人——日华和平工作秘史》,第91、95—96页。

② 同盟通讯社是日本半官方的通讯机关,1938年1月,它把原上海分社升级为中南分局,除上海外,还管辖南京、广东、香港等地的派出机构。松本重治亦由原上海分社社长升任中南总分局局长。

③ 〔日〕松本重治:《上海时代》下册,东京中央公论社1975年版,第259页。

本在华北驻兵;严加防共①。这与 1937 年占领南京之后日本通过陶德曼向国民政府提出的条件并无二致。

结束访问时,影佐特地至车站送行,并请他将两封亲笔信带给当年陆军士官学校的同学何应钦和张群。信中称:"要解决中日事变,不是用条件做交易所能解决的,无论日本和中国,都必须互相赤诚相见。""如能有这样的态度,把过去的事情付之东流,披沥诚意,赤诚与日本相会,则深信日本作为武士道国家,应有赤诚握手的气概。"②显然,影佐的立场非常明确,即希望中国的亲日派一笔勾销日本侵华的滔天罪行,无条件地与他们"赤诚相见",充当汉奸,其本质与一个月前发表的"近卫声明"毫无二致。

董道宁秘密访日期间,高宗武也在努力寻找同日本方面接触的渠道。为给谋和活动披上合法外衣,周佛海向蒋介石提出,派高宗武去香港等地收集日本情报。得到蒋介石首肯后,高宗武不仅取得了军事委员会的出差证明书,以避免出入境的麻烦,同时又可按月从蒋介石的军事机密费中领取一笔活动经费。到香港不久后,他即秘密前往上海,与松本重治取得联系。3 月 15 日,董道宁与伊藤芳南抵达上海。次日下午,高宗武与松本重治在一家饭店约见他们,询问访日情况。为进一步扩大秘密联系的渠道,几位中日人士决定以兄弟相称,并给每人编一个代号:西义显为"太郎",董道宁为"二郎",伊藤芳南为"三郎",高宗武为"四郎",松本重治为"五郎",影佐祯昭为"六郎"③。

高宗武认为,下一步工作关系重大,于是决定去香港与日方仔细商量后再作决定。3 月 27 日,高宗武、董道宁同松本重治、西义显、伊藤芳南等人,围绕中日"和平"谈判的主题,在香港浅水湾旅馆展开长谈。

---

① 邵铭煌:《直蹈虎穴秘档——解读董道宁战时潜访日本刺探报告》,《近代中国》第 137 期,2000 年 6 月 25 日,第 185—189 页。

② 〔日〕影佐祯昭:《曾走路我记》(1943 年 12 月),〔日〕《现代史资料(13)·日中战争(五)》,东京みすず书房 1966 年版,第 359 页。

③ 〔日〕松本重治:《上海时代》(下),第 271 页。

高宗武首先介绍了武汉国民党中枢对陶德曼调停的态度,他强调说,之所以将这些情况向日方报告,是为了让在座的日本代表"了解中国方面对陶德曼大使所转达的广田外相的和平条件,大体上是可以接受的,是面向和平的。如果日本稍加忍耐,那么两国就是已经走到和平的大门口了"①。松本重治与西义显谈了日本方面的情况,认为董道宁在东京的活动,使陆军内部一些人对"和平"的愿望愈发强烈了。作为陆军统帅部现役军人影佐祯昭,能够直接给中国高级官员写信,证明他已"布下背水之阵的决心"。于是他们得出了相同的看法,即中日两国之间的"和平"意向如果能够互相沟通,再加上两国"和平派"的活动,两国之间开展"和平运动"的可能性是充分具备的②。

会谈过程中,高宗武又向日方透露了汪精卫、周佛海为首的"低调俱乐部"的活动情况,认为国民党内已经形成一个"和平派",而且其势力正逐步扩大。松本等人听后,似乎看到了"和平"的曙光,感到异常兴奋。在具体讨论如何把影佐的信交给何应钦与张群时,决定由周佛海转交蒋介石,让蒋介石了解此事③。会谈结束后,高宗武、董道宁返回汉口,西义显则去东京,相约十天后仍在香港碰头,交换后续活动情况。

高宗武回到汉口后,立即向周佛海详细汇报,并拿出影佐的两封信。周佛海兴奋不已④,他随即向汪精卫请示,汪认为这是日本方面的重要意见,应让蒋介石知道为好。于是,周佛海通过侍从室第二处主任陈布雷,将影佐的两封信交给了蒋介石。蒋命高宗武再去香港,并向他指示:"把这一主要意思传给日本:我们并不是反对和平! 不过先反共

---

①　[日]松本重治:《上海时代》(下),第 279 页。

②　[日]松本重治:《上海时代》(下),第 281 页。

③　[日]松本重治:《董道宁、高宗武东京之行》,载《汪伪政权资料选编·汪精卫集团投敌》,上海人民出版社 1984 年版,第 225 页。

④　《今井武夫回忆录》,第 75 页。

然后和平，这是不可能的。只要停战，我们自然会自己反共的。"①蒋介石日记也有较明确的记载："上午听高司长报告，乃知倭急欲求和，而其急于攻俄之意，亦昭然若揭矣。"②可见，结合战局进展状况和其他资讯，对于来自高宗武的有明确导向性报告，蒋介石主要解读为日本急于与重庆政府休战议和。至于如何应对，蒋介石在稍后的日记中提到"对倭和战方针"之时，既写到要"准备大战"，又指出"此时可战可和，应注重和局与准备"，并且"与汪（精卫）张（群）谈对倭策略"③。可见，当时蒋介石和汪精卫乃都认为，以津浦线为主要区域的徐州会战的有利态势，已经挫败日军自攻占南京以来的新一轮军事战略目的，中方大可乘势在较有利的条件下实现停战乃至达成和局。

4月16日，高宗武重返香港，他在浅水湾旅馆再次与西义显会面时称："蒋委员长读影佐大佐之信非常感动，拟向日本当局口头转达委员长之意向。"蒋介石的主要意向是：对影佐的"诚意与勇气表示敬意"；"除对此事深表铭感外，当绝对不发表"；"我认为日本对中国作战之真正意图，一、对俄关系之安全保障，二、对中国经济发展及依存之确保；这两项趣旨，原则上可予承认"；"若上述趣旨承你们谅解，则先行停战，然后以上述条件为基础，进入和平细目的交涉"④。高宗武一再强调：这是蒋介石亲口对自己说的，希望西义显不要错过这个机会，及时向影佐转告。

4月27日，西义显自香港返回东京，正式向陆军参谋本部要员汇报。然而，此前对"和平工作"很有兴趣的参谋次长多田骏却保持沉默，

①　雷鸣：《初步和平运动的顿挫》，载《汪伪政权资料选编·汪精卫集团投敌》，上海人民出版社1984年版，第279页。

②　蒋介石日记1938年4月5日，斯坦福大学胡佛研究所藏蒋介石日记手稿影印件。

③　蒋介石日记1938年4月9日，斯坦福大学胡佛研究所藏蒋介石日记手稿影印件。

④　［日］西义显：《悲剧的证人——日华和平工作秘史》，第135—136页。

连影佐祯昭也一言不发。原来,侵华日军在台儿庄战役中被歼二万余人,不仅损失惨重,而且面子大失。日本政府恼羞成怒,正调集兵力,准备向徐州发起大规模进攻。在此情况下,"和平运动"自然被抛到了一边。

5月底,高宗武返回汉口,同汪精卫、周佛海等商量对策。这时,日本国内矛盾激化,近卫内阁进行改组,宇垣一成替代广田弘毅出任外相。宇垣是个老资格军人,曾任清浦、加藤、若槻等多届内阁的陆军大臣,被认为是日本军内"中庸派"人物。他对英、美较亲近,对中国人民的民族情绪和反抗力量也有一定认识。卢沟桥事变发生后,曾主张采用"不扩大"方针,企图通过"和平"途径实现日本的侵华目标。因此,宇垣的上台,预示日本对华策略将有所改变。事实固然如此,宇垣在入阁时曾向近卫首相提出四项条件,其中两项是关于对华方针的:"对中国开始和平交涉";"1月16日的近卫声明(不以蒋介石为对手的声明),迫于必要时予以取消"[①]。他一上任,即向新设立的五相会议提出修改对华方针的建议,再次向中国政府伸出招降之手。6月24日,五相会议确定了"以大体在本年内达成战争目的为前提","不妨碍有条件地接受第三国的调解"的新的对华方针[②]。

对于宇垣上台,中国方面表示欢迎。国民政府行政院副院长兼国防最高会议秘书长张群专门发贺电表示,日本如有意重开"和平"谈判之门,可由汪精卫或他本人出面接洽。汪精卫等人则更显得兴奋。周佛海认为,日本改变"不以国民政府为对手"的政策有较大可能性,于是一再对高宗武说:"到东京去一趟怎么样?"高宗武也因此有些跃跃欲试。此时,蒋介石已考虑另派亲信前往香港与日本接洽和谈,而让高宗武继续留在武汉活动。周佛海认为,中日"和平"出现了转机,不能就此

---

① 日本防卫厅防卫研究所战史室:《中国事变陆军作战史》(中译本)第二卷第一分册,中华书局1979年版,第93页。

② [日]堀场一雄:《支那事变战争指导史》,第172页。

撒手，于是又给高宗武打气，称："蒋先生方面由我负责，你应该断然到东京去！"①经周佛海屡次鼓动，高宗武瞒着蒋介石再次秘密前往香港，与西义显等人会面。

经多次接触，双方都已表明立场。为使今后工作不致引起误会，经西义显提议，两人于6月14日签订《备忘录》，主要内容是："鉴于日华两国内部事情，为中介和平，计划第三势力之结合"；"第三势力，对于互相交战之日华两势力须保持公正妥当之立场"；"和平实现之绝对条件，为日本放弃其帝国主义，以两国平等之原则，相互承认其立场"；"第三势力于达成和平中介之目的时，即行消解，不使妨害统一中国之实现"②。显然，所谓"第三势力"，即指以汪精卫为首的"主和派"，他们准备离开抗日阵线，以独立姿态"调处"中日两国的战争。

6月17日，松本重治从东京来到香港，参与策划。他们一致认为，"和平运动的主要之点"是日本从中国撤兵。高宗武满怀信心地说："问题就是这样。日本方面如果声明在一定期间内撤兵，仅仅有这个声明，和平运动必定成功。"③同时，他们也承认，日本撤兵是个难题。如果不以蒋介石下野为条件，日本连撤兵声明也不会发表；而要蒋介石下野，中国方面也绝对不会同意。为寻找妥协方案，高宗武设想：日本先发表撤兵声明，蒋介石自己下野，向全国发出和平通电，这时希望停止战争的各种"杂牌军"会从"各方面响应"，形势应当会出现转机。松本等人对此计划存有疑虑，认为有些地方"相当地混乱"。因没有更好办法，只能对此计划做进一步研究④。在战争进行之际研究撤兵问题，松本重治深知风险很大。他一面提议双方都要"绝对秘密"，同时又邀请高宗武一起去东京。为进一步探知日方的"和平"意图，高宗武决定秘密前

---

① ［日］松本重治：《上海时代》（下），第293页。
② ［日］西义显：《悲剧的证人——日中和平工作秘史》，第188页。
③ ［日］松本重治：《上海时代》（下），第295页。
④ ［日］松本重治：《上海时代》（下），第295页。

往东京。

1938 年 7 月 2 日晚，高宗武乘坐日本"皇后号"客轮抵达横滨。上岸后，高宗武为避免外界探悉，"即乘汽车径赴东京"，当晚"住九段'偕行社'"①。次日，他在松本重治、影佐祯昭等人的协助下，移往麻布区住友银行贵宾别墅居住。当晚，高宗武与前来拜访的日本满铁总裁松冈洋右进行了会谈。7 月 4 日上午，高宗武又与影佐祯昭会谈一小时。日本陆军省改组后，影佐祯昭获任参谋本部谋略课长兼陆军省军务局课长，手中实权大增，"可称为日本对华政策之中心人物"。高宗武事后回忆说："此一小时之会见，余以为意义颇为重大。"当天下午，高宗武还与来访的日本参谋次长多田骏进行了会谈②。此后数日，高宗武先后会见了参谋本部中国班班长今井武夫、陆军大臣板垣征四郎、国会议员犬养健、同盟通讯社社长岩永裕吉等重要人物，并前往首相官邸拜访了日本首相近卫文麿，并与之会谈。

7 月 3 日晚与松冈洋右见面时，高宗武表示："此行既不代表政府，亦不代表个人，既非求和之密使，又非军事之密探，专以个人资格请教贵国朝野之意见，以作余个人今后努力张本。"③此后与其他日本政要会谈时，高宗武又反复强调这一点。在谈话中，这些日本政府的军政要员顽强狡辩，不断推卸战争责任。板垣征四郎强硬地声称："非蒋介石先生负责下野、国府改组，日本只有忍痛牺牲一切，以求事件之根本解决。"④影佐祯昭也说："可否请蒋委员长下野，由汪主席出任负责，则不

① 《高宗武东渡日记(1938 年 7 月 2 日)》，邵铭煌校注：《高宗武战时私访日本探和密档》，《近代中国》第 129 期，第 115 页。

② 《高宗武东渡日记(1938 年 7 月 4 日)》，《高宗武战时私访日本探和密档》，《近代中国》第 129 期，第 115-116 页。

③ 《会晤松冈洋右谈话记录》，《高宗武战时私访日本探和密档》，《近代中国》第 129 期，第 117 页。

④ 《会晤板垣征四郎谈话记录》，《高宗武战时私访日本探和密档》，《近代中国》第 129 期，第 121 页。

但于日本方面容易转旋,即中国方面亦易作到,于中国面子,亦可保持。"①他们对蒋介石既想同日本谋和,又要依靠欧美的两面政策非常不满,因而感到谋和还是以汪精卫出面为宜,于是得出以下结论:"日本现在不承认蒋政权,为了造成中日之间的和平,也许必须找蒋介石以外的人。而且不管怎样,除汪精卫之外,就不容易找到别人。汪早已痛感有迅速解决日中问题的必要,称道和平论,而国民政府内部终究不能容纳他的主张,为此,不如从政府外部掀起国民运动,开展和平运动,由此造成蒋听从和平的时机。这样较为适当。"②对此,高宗武一面呼吁日本深入了解中国人之恐日心理,率先表态息战,同时坚持只有蒋介石方能主持大局。

7月9日上午11时半,高宗武由东京动身,赴横滨乘船返国③。回到上海后,高宗武由于肺病恶化,住进医院治疗。病情稍有好转后,他于8月下旬返回香港。高宗武深知,此次赴日未经蒋介石同意,问题严重,回武汉恐被蒋介石扣留,于是请国民政府外交部情报司科长周隆庠回武汉,将他的报告送交周佛海。周佛海接报后,立即向汪精卫汇报。汪精卫听说日本要自己出面"主持和平",装出有些"吃惊"的样子。此时他尚未下定单独与日本谋和的决心,很想试探一下蒋介石的态度,于是装作不知,让周佛海"将报告原样交给蒋"。同时又表示:"我单独对日言和,是不可能的事。我决不瞒过蒋先生。"④蒋介石看到报告,知道日本仍想要自己下台,心里当然恼火。但他不动声色,将这份报告批转张群和汪精卫阅读。几天后,蒋介石把陈布雷叫去,对他大发雷霆,同

---

①　《会晤影佐谈话摘要》,《高宗武战时私访日本探和密档》,《近代中国》第129期,第125—126页。

②　[日]影佐祯昭:《曾走路我记》,[日]《现代史资料(13)·日中战争(五)》,第359页。

③　《高宗武东渡日记(1938年7月9日)》,《高宗武战时私访日本探和密档》,《近代中国》第129期,第125—126。

④　陶希圣:《潮流与点滴》,台北传记文学出版社1970年版,第166页。

时严厉责问:"高宗武是个混蛋,谁叫他到日本去的?"①他下令立即停发高宗武的活动经费,并要高马上从香港返回汉口。

如前所述,关于高宗武与日方有接触一事,蒋介石是知晓的。据陈布雷日记记载,蒋介石在 1938 年 6 月 5 日曾约见高宗武近一个小时②。第二天,蒋再次约见高③。只是这两次约谈的内容,陈布雷在日记中只字未提。值得注意的是,高宗武是 6 月 23 日自香港启程,经上海,于 7 月 2 日抵达日本横滨的④。但蒋介石在 6 月 24 日的日记中便提到:"高宗武荒谬妄动,擅自赴倭,此人荒唐,然亦可谓大胆矣。"6 月 26 日的日记提到:"高宗武行踪与处置。"7 月 9 日高宗武自日本回到香港,他的赴日情况报告送抵重庆后,由周佛海送呈蒋介石,其内容包括日本希望以汪精卫取代蒋介石来实现中日和平。蒋介石看了之后,在其日记中写到:"接高报告,知其误事不浅也。……倭阀对我变更态度者,其果误认吾内部之动摇而与高之荒谬赴倭安有关系也。"⑤7 月 25日,蒋介石"与汪谈高宗武报告内容,觉汪神情皆不自然,岂果有愧怍之心乎"⑥? 总之,蒋介石对汪精卫在当时中日秘密接洽中的扮演的角色,以及对高宗武擅自赴日的结果十分不满,下令停止向高提供活动经

---

① 《今井武夫回忆录》,第 79 页。

② 陈布雷日记 1938 年 6 月 5 日:"四时卅分偕宗武同谒委员长。五时卅分归胭脂坪,宗武谈至六时后始去。"《陈布雷先生从政日记稿样》第二册,第 283 页。周佛海同日亦云:"晚,武兄来,云奉命明日飞港。"《周佛海日记全编》(上编),第 132 页。

③ 陈布雷日记 1938 年 6 月 6 日,《陈布雷先生从政日记稿样》第二册,第 283页。

④ 邵铭煌:《战端一起,绝不妥协:蒋中正委员长之和战立场》,《近代中国》第163 期(2005 年 12 月 31 日),第 25 页。

⑤ 蒋介石日记 1938 年 7 月 22 日,斯坦福大学胡佛研究所藏蒋介石日记手稿影印件。

⑥ 蒋介石日记 1938 年 7 月 25 日,斯坦福大学胡佛研究所藏蒋介石日记手稿影印件。同日周佛海日记记载:"与周隆庠谈委座阅宗武报告后之态度及处置。"见于《周佛海日记全编》(上编),第 148—149 页。

费。而"低调"集团日后便由梅思平出面与日方秘密接洽,谋划汪精卫出走。

高宗武的东京之行,为汪精卫直接与日本交涉铺设了道路。此后,汪精卫、周佛海等人决心撇开蒋介石,单独与日本接洽"和平"。因高宗武身体不佳,周佛海遂让梅思平负责与日方秘密联络的工作。

为配合诱降工作的实施,日本政府在部署武汉、广东作战的同时,开始修订原有的对华方针。7月,日本内阁连续举行五相会议,确立调整日华关系新方针,总目标是通过武汉、广东作战,压迫国民政府屈服,力争在年内结束战争。若无法实现此目的,则将以此配合对华新策略的贯彻实施,以适应侵华战争长期化的需要。具体策略有《中国现中央政府屈服时的对策》、《中国现中央政府不屈服时的对策》、《适应时局的对华谋略》、《建立中国新中央政府指导方策》、《从内部指导中国政权大纲》等①。

对日本政府而言,只有国民政府停止抗日,战争才会结束。因此,近卫内阁把对付国民政府置于各项对华策略之首。7月8日,五相会议针对国民政府是否屈服的两种情况制定两套对策。如果屈服,即将其作为一个政权来对待。在什么情况下才算屈服?对策中列出了四项标准:"一、合并或参加建立新中央政权;二、与上述情况相配合,旧国民政府改变名称或改组;三、放弃抗日容共政策,采取亲日满与反共政策;四、蒋介石下野。"②值得注意的是,日本开始把"不作为对手"的对象只限于蒋介石个人,而把国民政府也包含在"新兴中国中央政权"的概念之中,这是其对华政策的重要转变。

日本政府设想于攻占武汉之后,立即着手建立中国"新中央政府"。他们对于新政权寄予极大希望,即不仅使它"成为处理这次事变的中国方面的当事者",而且要"使它成为能把日华国交从过去的一切矛盾中

---

① ［日］《支那事变战争指导史》,第173—179页。

② ［日］《支那事变战争指导史》,第173页。

解脱出来,并以大众之观点,成为确立善邻基础的中国政府"。新政权的建立表面上"使中国方面行使",实际上由日本从内部操纵,其政权组织形式,"采用分治合作主义",即仅做到表面上的统一①。

按照日方的设想,新政权的建立大体可分两步走:首先,"尽快先使临时及维新两政府合作,建立联合委员会",再联合蒙疆政权以及吸收各种势力,使其初具规模。在攻占武汉或蒋政权发生改组前,暂不正式建立。其次,在攻占武汉后,蒋政权如不发生分裂改组,就以现政府建立"中央政府";蒋政权分裂改组,出现亲日政权时,"把它作为组成中央政府的一个成员,参加中央政府的建立"。日本政府在该新政权具备中央政府实力时,正式予以承认。在进行上述工作的同时,日本政府还要继续研究确定调整日华关系的基本内容,以便同该新政府签订新条约②。

根据上述方针,日本陆海军和外务省通过各种渠道,在抗日阵营里寻找合适对象。汪精卫集团当时只是诸多对象中的一个,尚未引起日本政府特别的重视。随着武汉战役的发动,日本对国民政府的诱降工作接连遭到失败,而对汪工作却进展顺利。于是,"汪兆铭工作"便日渐受到日本政府的重视。

三　"重光堂"会谈

梅思平是紧随高宗武与日本接洽"和平"的重要人物。他是浙江永嘉人,早年就读于北京大学政治系,先后担任中央大学、中央政治学校教授,战前曾任江苏省江宁实验县县长、江宁区行政督察专员等职,因其才能为蒋介石赏识,故成为蒋介石系统的重要干部。卢沟桥事变爆发后,他对抗战前途丧失信心,也参与"低调俱乐部"的活动,并跟随周

---

① ［日］《支那事变战争指导史》,第176页。
② ［日］《支那事变战争指导史》,第177页。

佛海等密谋策划对日"和谈"。

1938年初,梅思平奉命前往香港主编《国际丛书》,以收集情报为名,鼓吹民族失败主义论调。此后,他与在香港活动的高宗武交往密切。同年8月,高宗武因肺病复发,于是提议让梅思平接替自己与日本方面密谈。8月29日,梅思平与松本重治在香港首次会面,以后又就"和平"、"撤兵"等问题进行详细交谈。梅思平熟知中国抗日阵营内幕,他强调指出:"撤兵是和平运动的关键,但如果日本方面采取要求蒋介石下野的形式,那是最笨拙的做法。""日本要求蒋下野作为日军的撤兵条件是理所当然的。但作为中国方面的情况,如果日本方面要求抗日战争的领导者蒋介石下野,那么,一切谈判就无望了。"[①]松本了解这一情况后,当即表示:"日本方面要求蒋介石下野,不会固执下去,这一点我到日本去也将要进行说服。"[②]

为防止泄密,他们不断改变会谈地点。至9月4日,他们连续进行了五次会谈,对中日和平谈判中可能遇到的难题均事先交换了意见。如关于承认伪满洲国、撤兵所需要的时间及划定例外的驻兵区域、如何消除抗日排日的宣传和教育等问题。这轮会谈为中日双方正式谈判勾画了一个清晰的轮廓,因而把日汪的秘密勾结向前推进了一大步。

由于日军向武汉发动全面攻击,汪精卫、周佛海等人随国民政府撤至重庆。10月22日,梅思平从香港返回重庆,通过周佛海、陶希圣,向汪精卫汇报了同日方商谈的结果,以"促汪奋起"。汪精卫倍感振奋,认为"和平运动"的前景不错,决定亲自出马。他指定高宗武、梅思平为中方谈判代表,正式与日方展开交涉。

自8月下旬开始,日军组织10个师团的兵力,在长江南北两岸约600公里的战线上,分多路向武汉发起猛攻。与此同时,又调派侵占台湾的第二十一军向广州发起攻击。军事上向国民政府施加强大压力的

---

① ［日］松本重治:《上海时代》(下),第307页。
② ［日］松本重治:《上海时代》(下),第309页。

同时,日方也积极开展对蒋介石集团的诱降工作。他们利用各种关系和渠道,同时与国民政府各派人物进行联络。

新上任的外相宇垣一成在诱降活动中一马当先。他上台伊始,即与国民政府行政院副院长兼最高国防会议秘书长张群互通电报。不久,又策划与国民政府行政院院长孔祥熙建立秘密联系。6月中旬,日本驻香港总领事中村丰一同孔祥熙的秘书乔辅三开始在香港秘密接触,进行"日华和平"的第一次试探①。日方提出由原外相广田拟订的六项条件,并以蒋介石下野为前提②。中方对谈判条件未作争论,而在蒋介石下野问题上不肯让步。由于双方意见都由代表转达,不仅耗费时日,且难于取得一致意见。孔曾把其僚属与日方洽晤的情况报告蒋介石,蒋"属孔不可另自接洽",认为"对倭事亟须统一"③。谈判很快陷入僵局,宇垣的希望开始落空。另外,通过萱野长知开辟的民间谈判渠道也中途夭折。武汉战役发动后,日本政府内部矛盾也日益加剧,外相宇垣内外交困,被迫辞职,诱降工作宣告失败。

除宇垣外,日本政府还通过其他多条渠道进行诱降活动。其中,以土肥原为首的特务机关,在诱降国民政府、拼凑全国性伪政权的活动中扮演着重要角色。该机关以陆军中将土肥原贤二为首,全称为"对华特别委员会",简称"土肥原机关",是专门负责"有关重大对华谋略及建立中国新中央政府的执行机关"④。它由陆军、海军、外务三省高级官员组成,直接受内阁的五相会议领导,在业务上统辖除军事统帅部门以外的所有侵华机关,负责除军事作战外的各种政治、经济方面的谋略。

土肥原机关成立后,即根据《以秋季作战为中心的战争指导大纲》

---

① 《今井武夫回忆录》,第183页。

② ［日］《宇垣一成日记》第二卷,第1247页。转引曹振威:《侵略与自卫》,广西师范大学出版社1994年版,第147页。

③ 蒋介石日记1938年6月23日,斯坦福大学胡佛研究所藏蒋介石日记手稿影印件。

④ ［日］《中国事变陆军作战史》第二卷第一分册,第106页。

中的"政略指导"原则,捕捉在攻击广州后至侵占武汉前可能出现的两次诱降机会。10月7日,武汉作战正在激烈进行之际,土肥原机关接到华南特务机关的报告,称与国民党代表萧振瀛取得了联系。他们认为第一次诱降机会已经出现,于是迅速拟订诱降方案,计划先后派出三个不同级别的使者,渐次推进谈判:首先立即派出第一使者去香港,试探蒋介石的态度,初步提出谈判要点。接着再派出级别较高的第二使者,听取蒋介石对第一使者提案的答复。待国民党当局同意日本的提案,马上着手安排中日高级官员的直接会谈。第三使者须由政府特使、首相或陆相担当,直接与国民党首脑谈判解决战争问题①。

虽然日本军政当局对此次诱降满怀信心,但事态并未按照日方确定的方向发展。第一使者初步接触后,中国政府因武汉危在旦夕,急于要求在10月17日前进行第二使者会谈。担任日方第二使者的土肥原不愿前往香港谈判,于是临时选在作战区域以外的福州会面。土肥原坚持要在福州海面的日本军舰上会谈,而国民党代表则坚持在福州城内进行。双方各执己见,僵持不下。另外,蒋介石虽有和谈愿望,但坚持以恢复"七七"事变前的状态为前提。10月14日,他明确指示:"绝对拒绝之事,宁死勿允";"以18日为限期,防其缓兵","破裂则不怪,越范则不可"②。由于日中双方均不肯让步,这次和谈遂无果而终。

在实施对国民党当局诱降计划期间,土肥原机关并未放松在中国占领区拼凑伪政权的工作。它把目标集中到唐绍仪、吴佩孚、靳云鹏这三个"中国第一流人物"的身上,企图让这些曾在北洋政坛上出过风头的遗老重登政坛,充当伪政权的军政头目。9月下旬,土肥原秘密前往上海,拜访隐居的唐绍仪,策动其出山。受名利驱使,唐绍仪产生了重返政坛的欲望,马上与手下党羽商讨组阁事宜,并拟出了未来政权中高级官员

---

① ［日］《支那事变战争指导史》,第200页。

② 《中华民国重要史料初编——对日抗战时期》第二编《作战经过》第一册,第122页。

的初步人选①。可是，唐在 9 月 30 日突遭国民党特工人员袭击死亡。土肥原失去了目标，又跑到华北做吴佩孚、靳云鹏的工作。隐居天津的靳云鹏，虽有出山意愿，但因早已在政坛上失势，故没有什么作为。吴佩孚失势后，在北京什景花园隐居，当时仍有不少旧部属。因此，土肥原开始把策动重点转向吴佩孚。然而，吴佩孚与"临时政府"首脑王克敏有矛盾，又不能与土肥原很好合作。土肥原费尽心机，工作始终没有明显进展。

日本政府诱迫国民政府屈服，起用"中国第一流人物"充当统一政权傀儡这两项主要政略遭遇挫折之后，原先不受重视的"汪兆铭工作"逐步引起他们注意，并被置于重要位置。10 月下旬，参谋本部的今井武夫把在香港同高宗武、梅思平会谈的内容带回东京，建议陆军大臣与参谋总长推进这项工作。由于会谈内容已同日本政府调整日华关系的原则接近，因而引起东京方面的重视。陆军省与参谋本部召开协调会议，对香港会谈中提出的和平方案进行了若干修正，作为下次对华和谈的基础。同时决定派影佐祯昭、今井武夫与民间人士犬养健、西义显等急赴上海，与汪精卫的代表进行正式会谈②。

为争取这次诱降活动获得成功，近卫内阁在日军攻占广州、武汉后立即抓紧时机，于 11 月 3 日公开发表对华声明（即第二次近卫声明），高唱中国政府如"坚持抗日容共政策，则帝国决不收兵，一直打到它崩溃为止"的调子，同时强调："帝国所求者，即建设确保东亚永久和平的新秩序"，"帝国所希望于中国的，就是分担这种建设东亚新秩序的责任。帝国希望中国国民善于理解我国的真意，愿与帝国合作。固然，如果国民政府抛弃以前的一贯政策，更换人事组织，取得新生的成果，参

---

① 《唐绍仪与岑德广等谈话笔录》，摘自《岑德广案卷》，上海市高级人民法院藏。

② ［日］《支那事变战争指导史》，第 205 页。

加新秩序的建设,我方并不予以拒绝"①。与同年 1 月第一次近卫声明相比,日本的对华政策有了明显改变,即由企图武力消灭国民政府转为向国民政府诱降。第二次近卫声明向汪精卫集团伸出了招降之手。

经日方代表精心安排,双方会谈地点选在上海的"重光堂",它地处上海东北虹口公园附近,是一幢深处茂密树丛中的西式二层楼住宅,门牌为东体育会路 7 号,当时中国居民习惯将其称为"梅华堂"。1938 年 11 月初,今井武夫等人从附近旅馆借了可供七八人使用的生活用具,开始对这幢房子进行布置,准备接待中方代表。

11 月 7 日,梅思平从重庆赶到香港,与高宗武会合。为缩小目标,他们分乘法国和意大利的轮船,先后于 12 日和 13 日到达上海。随后由日方人员将他们接到"重光堂",并立即与今井武夫、伊藤芳南举行预备会议。双方会谈从 12 日晚一直延续到 14 日晚,会谈核心内容是商量汪精卫能够接受的"和平"条件和汪精卫逃离重庆的详细办法。

会谈伊始,梅思平转述了在重庆与汪精卫等人协商的意见:汪表示为建立"东亚新秩序",将来保证日本在中国的经济开发权,以及军事、经济、文化、教育等一切部门的日华合作。中方的底牌亮出之后,根据日方提议,双方就具体方案逐一进行讨论。日方拿出的具体方案为:缔结日华防共协定;承认内蒙作为防共特殊区域,允许驻扎日本军队;承认伪满洲国;承认日本人在中国国内有居住、营业之自由;承认日本有开发和利用华北资源的优先权;同意补偿因事变而造成在华日本侨民之损失等。经过一番争论,梅思平等承认了日方的提案,同时也提出几点"希望":要求日军驻兵内蒙有一定的期限,并在期满后撤退;要求内蒙以外之日军在实现"和平"条件后立即开始撤退,并在规定期限内撤退完毕;要求日本同意废除在华治外法权,并考虑归还在华租界②。与

---

①　［日］《支那外交年表和主要文书》下卷,《文书》第 401 页。

②　［日］《渡边工作现状》(1938 年 11 月 21 日),《日本外交档案》缩微胶卷,S493 号。

日方条件相比,汪精卫方面的"撤兵"希望是虚无的。对此,日方尚认为要价太高,只同意作为"暂行解决的条件"记录在案。

基本原则确定后,即考虑如何实施的问题。高宗武、梅思平代表汪精卫提出"中国方面的行动计划"以及建立政府的有关政策。经过讨论,日方表示同意。行动计划包括"发动"、"建立新政府"、"新政府的政策"三部分;其重点是"发动",即关于汪精卫等人如何逃离抗日阵营,与日本携手合作。他们设想了七步环环相扣的行动计划:1."日华代表间如达成协议,日本政府确定解决和平条件,通过中国方面的联络人通知在重庆的汪精卫";2."汪精卫在接到上述通知的一两天后,与陈公博、陶希圣等干部同人寻找借口前往昆明";3."日本政府准备在汪到达昆明之际,公布日华解决和平的条件";4."汪精卫于次日发表对蒋介石断绝关系的声明,当天乘飞机到河内,再赴香港";5."汪精卫到达香港后,立即与建设东亚新秩序相呼应,发表收拾时局的声明",同时,"对中国内地及南洋华侨开始进行和平运动";6."与上述之声明相呼应,云南军首先反蒋独立,其次四川军与之呼应";7."日本军如能援助上述军事行动,以使中央军的讨伐陷于困难,可隔断中央军,向贵州等后方进攻"①。上述计划清楚地表明,汪精卫集团的所谓"和平运动"其实只是叛离抗日阵营的代名词而已。

虽然中日双方代表达成了一致意见,但成功与否仍须由日本当局决定。11月15日,今井武夫带着与高宗武、梅思平两人达成的秘密协定草案,乘飞机赶回东京汇报。今井武夫赶到时,陆军省部首脑恰巧聚集在陆相官邸开会,今井武夫急向板垣征四郎陆相和多田骏参谋次长汇报。对于如此巨大的进展,陆军首脑们感到惊奇,同时也对其真实性表示怀疑。下午6时,省部中层干部专门召集研究座谈会,详细研究协议草案的可信度。与会者反复向今井武夫提出质疑,而今井则将在上

---

①　《渡边工作现况》(一)(1838年11月15日),转引《今井武夫回忆录》第304页。

海的三天三夜中讨论、争执的情况详细介绍。对于是否会上当的疑虑，今井断言："我认为绝对不会有这样的事。万一有的话，也是我甘心上当，从我个人的心境来讲是没有什么可后悔的。"①鉴于今井武夫的态度，军部最后作出了大力推进这项和平运动的决定。

此后，陆军省决定派遣军务课长影佐祯昭、参谋本部派遣今井武夫作为日方代表负责这项工作。11 月 18 日，今井武夫等人乘飞机返回上海。次日开始，双方在"重光堂"举行正式会谈。由于在预备会议中双方已就重大问题达成一致，所以正式会谈反而比较轻松，仅对协议文本词句做了简单修改。20 日晚上 7 点，影佐祯昭、今井武夫代表日方，高宗武、梅思平代表中方正式在《日华协议记录》、《日华协议记录谅解事项》上签字盖章。同时还达成一项《日华秘密协议记录》。最后，日方还把日本内阁将要发表的声明草案亦送给中国方面参考②。

《日华协议记录》的内容分为两部分：一是双方全面合作的条件，二是合作的行动计划概要。合作条件共有六项，主要是：1."日华缔结防共协定"，"承认日本军防共驻兵，以内蒙地方为特殊防共地区"；2."中国承认满洲国"；3."中国承认日本人在中国本土有居住、营业之自由；日本允许废除在华治外法权，并考虑归还在华租界"；4."日华经济提携基于平等互惠之原则"，"承认日本之优先权，特别是关于华北资源之开发、利用，为日本提供特殊方便"；5."中国方面应补偿日本在华侨民的损失"；6."本协定规定以外的日本军队，自日华两国恢复和平后，立即开始撤退"。行动计划大体分四步：首先是日本政府方面发表上述解决时局的条件；其次是汪精卫等中方人士立即响应，声明"与蒋介石断绝关系"；第三步是"共同发表日华提携和反共政策的声明"；最后是"俟机成立新政府"。《谅解事项》是对上述协议内容的补充说明，主要是关于驻兵地区以及期限，优先权之解释，日本协助

---

① 《今井武夫回忆录》，第 92 页。
② 《今井武夫回忆录》，第 93 页。

救济难民等三项①。

"重光堂"会谈达成的《日华秘密协议记录》,其主要内容包括日本对中国新政权的控制,以及要求中国协助其向中国周边地区的扩张。对中国控制方面,规定中国将实施亲日的教育及政策,日华进行经济合作,两国设置必要的合作委员等。协助日本侵略扩张方面的规定则更为宽泛,如对苏设置"共同宣传机关","缔结军事攻守同盟条约","于战时实行联合作战","务必努力使日华两国以外之亚洲各国参加本协定",等等②。因这些内容影响大、涉及面广,一旦泄漏,对双方都很不利,所以没有放入正式协议之中。

上述协议正式签订后,中日双方都加快了行动步伐。11 月 21 日,影佐祯昭与今井武夫再次飞回东京,向陆军省部首脑汇报。22 日,陆军大臣板垣征四郎带着影佐征昭和今井武夫两人前往首相官邸,向首相及其他内阁成员征求意见。内阁同意军方意见,商定将《日华协议记录》的内容作为近卫首相第三次对华声明的内容。得到政府批准后,今井等人立即于 11 月 26 日返回上海,守在旅馆里,焦急地等待中国方面的消息。中方代表梅思平则于会谈结束后马上回香港,11 月 25 日又从香港乘飞机出发前往重庆,向汪精卫、周佛海汇报。

"重光堂"会谈的成功,使日本运作多时的政略攻势取得显著成效。面对这一有利形势,他们自然不肯轻易放弃原有目标。11 月 30 日,日本御前会议通过《调整日华关系的方针》,该方针不仅包含了以前已经确定的条款,而且还把正在考虑中的对华要求也添加了进去。《方针》的指导原则为:"日满华三国应在建设东亚新秩序的理想之下,作为友好邻邦互相结合,并以形成东亚和平的轴心为共同目标。"其基本方针是:"制定以互惠为基础的日满华一般合作原则,特别要制定善邻友好、

---

① ［日］《渡边工作现状》(1938 年 11 月 21 日),《日本外交档案》缩微胶卷,S493 号。

② 转引《今井武夫回忆录》(资料四《汪兆铭工作概况》),第 314 页。

防共、共同防卫和经济合作的原则";"在华北及蒙疆划定国防上、经济上(特别是有关资源的开发利用方面)的日华紧密结合地区,在蒙疆地方,除上述外,特别为了防共,应取得军事上、政治上的特殊地位";"在长江下游地带,划定日华在经济上的紧密结合地区";"在华南沿海的特定岛屿上取得特殊地位"。其中的重要事项,如"善邻友好原则"、"共同防卫原则"、"经济合作事项"等,在《方针》的附件中都有详细的规定①。

与十天前与高宗武、梅思平签订的《日华协议记录》相比,此《方针》中日本对中国的权益要求要广泛苛刻得多。日本代表在"重光堂"谈判中一再强调的"相互本着公正的关系"、"在平等互惠的原则基础上"等美丽词句,不过是吸引汪精卫集团与蒋介石分裂,叛离抗日阵营的诱饵。

第三节　汪精卫集团投敌

一　汪精卫秘密出逃

淞沪战役失利之后,国民政府已难以在正面战场立即组织有效反击。首都南京的失陷,更给国人心理以沉重打击。如何阻止日军的进攻势头,是中国政府面对的严峻问题。台儿庄战役的获胜,不仅没有改变整个战场局势,反而使日本当局恼羞成怒。为挽回面子,侵华日军开始组织规模巨大的秋季攻势,目标直指国民政府所在地武汉。身为国民党副总裁的汪精卫及其同伙,因对抗战前途悲观失望,根本看不到日本外强中干的本质,反而被它的表面凶焰所吓倒。在继续大力散布抗战必败论的同时,汪精卫等人开始走上投敌之路。

---

① ［日］外务省编:《日本外交年表和主要文书(1840—1945)》下卷,《文书》第405—406页。

1938年8月间,就在高宗武秘密访日之后,周佛海向汪精卫进言称:"战争如此扩大而继续下去,中国固不得了,日本也不得了。……为中国为日本,请速定相救之道。"汪精卫也叹息道:"我早就反对战争,赞成和平,惟不知道日本对中国究竟要求什么条件。如系亡国的条件,苛刻的条件,有碍中国生存独立之条件,我们只有抗战下去了。"[①]这段话虽然加上了"为中国"的字眼,但却如实反映了汪精卫等人迫切对日乞和的心情。当时他们只知道日本内部有谋和意向,但不知道日本具体的要价。为此,他们急忙派梅思平前往香港,协助高宗武与日本联络。

同年10月,梅思平与松本重治在香港多次密谈,基本摸清了日方的初步要价。汪精卫等人的对日乞和活动,开始逐步进入新阶段。这时,全国抗战呈现出十分复杂的局面:国民党正面战场形势严峻,日军分多路向武汉猛攻,武汉失守已成早晚之事。而中国共产党领导的八路军和新四军,经过一年多时间的浴血奋战,不仅力量迅速壮大,而且在日本占领区内建立起大小十余块根据地和游击区,对日军构成巨大威胁,并为坚持长期抗战打下了坚实的基础。

在此形势下,汪精卫等人终日坐立不安。他们既震惊于大片国土之迅速沦丧,对抗战前途悲观到了极点,同时其暂时压抑的恐共、反共情绪急剧膨胀。于是,他们一面暗中积极与日本相勾结,一面又利用各种场合,大肆散布亡国言论,公开向日本乞和。

10月11日,武汉危在旦夕,汪精卫向海通社记者发表谈话,吐露"肺腑之言":"中国在抵抗侵略之际,同时并未关闭第三国调停之门,不过此次调停之能否成功,须视日本和平提议之内容为断耳。如条件不妨碍中国之生存与独立,则或可为讨论之基础,否则绝无谈判之余

---

① 周佛海:《和平运动之回顾与前瞻》,载《政治月刊》第二卷第二期,1940年7月6日版。

地。"①十天后，广州失陷。汪精卫当天向路透社记者发表谈话时称："如日本提出议和条件，不妨害中国国家之生存，吾人可接受之，为讨论之基础，否则无调停余地。一切视日方所提出之条件而定。""吾人愿随时和平，不过须有不妨碍中国独立条件耳。""就中国而言，吾人未尝关闭调停之门户，在比京九国公约会议时，吾人未尝拒不接受调停。去年德政府出面斡旋时，吾人亦未尝拒绝之。即在最近，国联讨论适用盟约十七条时，吾人曾有准备结束战争之表示。"②

广州武汉相继失陷，国民党高层人士中失败主义、悲观主义弥漫，汪精卫明确主张对日议和，与蒋介石的主战立场直接对立。10 月 24 日，部分国民党高层人士对于和战问题发生了激烈争执。据王世杰日记所载："今日在汪精卫先生处参加谈话会，汪、孔均倾向于和平，孙哲生力称决不可和，言时声色俱厉。余谓政府欲祛一般人对于抗战前途之疑惧，当向参政会提出一个比较切实的继续抗战计画，空洞的主张不足以镇定人心。"③在 10 月 26 日的国防最高会议上，"会场中各人均有垂头丧气之情形，惟孙科似不在乎"④。在汪精卫集团的核心分子周佛海看来，"除共党外，一般人心理几全部望和……惟日本既不能取消一月十六号声明；而蒋先生又不能、且不可下野，和将从何谈起"⑤？当时蒋介石在湖南前线致电国民党中央常委，征询今后方针，"闻孙哲生电复主战，并主接受共产党所提意见，以加紧团结；汪精卫先生主张设法请英德出任调停，陈果夫亦然"⑥。蒋介石本人则认为，中国到了对日宣战的时候了，他在日记中写道："对敌宣战之利害，此时海口全被封锁，吾国已无顾忌，若我宣战，美国应实施中立法，乃可断敌军向美购油

① 《申报》，1938 年 10 月 13 日。
② 《申报》，1938 年 10 月 22 日。
③ 《王世杰日记》(手稿本)第一册，1938 年 10 月 24 日，第 410 页。
④ 《周佛海日记全编》(上编)，1938 年 10 月 26 日，第 187 页。
⑤ 《周佛海日记全编》(上编)，1938 年 10 月 29 日，第 188 页。
⑥ 《王世杰日记》(手稿本)第一册，1938 年 10 月 31 日，第 416 页。

钢之路,实于我为有利。"①"此后抗战建国必须从新做起,彻底检讨过去之缺点与将来之改革"②。他还致电张群"属参政会讨论宣战案"③、"宣传宣战事"④。10月31日,蒋介石在湖南南岳发表《为国军退出武汉告全国国民书》,表示政府保卫武汉军事,其主要意义原在于"阻滞敌军西进,消耗敌军实力,准备后方交通,运积必要武器,迁移我东南与中部之工业,以进行西北西南之建设","抗战军事胜负之关键,不在武汉一地之得失,而在保持我继续抗战持久之力量",并号召全国同胞抱定"宁为玉碎,毋为瓦全"之决心,争取国家与民族的彻底解放⑤。次日,他还指示陈布雷:"告国民书可即发外电,使敌知我抗战到底之决意也。"⑥蒋介石的上述立场,使得汪精卫集团彻底失望了。

　　汪精卫本人急于求和的态度非常明确,汪集团的其他成员紧跟而上,在自己控制的媒体上连篇累牍地发表所谓讨论"和平"的文章,大力鼓吹天下没有不结束的战争,战争结束便是和平,中国与日本的战争也有结束的时候,所以"和平"不是不可以谈的。他们大力宣传:"中国的国力已不能再战了,非设法和平不可了。""现在我们已无路再退,再退只有退西北,我们结果必为共产党的俘虏。"⑦陶希圣声称:"自武汉、广州陷落以后,中国没有一个完全的师,说打是打不下去了","再打下去,只有更

---

　　①　蒋介石日记1938年10月28日,斯坦福大学胡佛研究所藏蒋介石日记手稿影印件。

　　②　蒋介石日记1938年11月6日,斯坦福大学胡佛研究所藏蒋介石日记手稿影印件。

　　③　蒋介石日记1938年11月2日,斯坦福大学胡佛研究所藏蒋介石日记手稿影印件。

　　④　蒋介石日记1938年11月10日,斯坦福大学胡佛研究所藏蒋介石日记手稿影印件。

　　⑤　《为国军退出武汉告全国国民书》(1937年10月31日),《总统蒋公思想言论总集》第30卷《书告》,第301—306页。

　　⑥　《陈布雷日记》第二册,1938年11月1日,第312页。

　　⑦　陈公博:《八年来的回忆》,汪伪档案未刊稿,中国第二历史档案馆藏。

加沦亡,更加无望","应考虑存亡绝续的办法","及时谋战争的结束"①。

然而,大敌当前,投降主义不得人心。为揭露投降派的真面目,中国共产党在重庆创办的《新华日报》于10月15日发表评论,严正指出:"时至今日,如犹有人欲谋妥协或投降者","实系破坏吾人抵抗外侮之决心,无疑为一汉奸,为虎作伥","势将为国人所弃"②。其后,又连续发表题为《粉碎一切汉奸伪组织》、《对基本国策不容含糊》等社论,对汪精卫集团的"和平"言论痛加驳斥。国统区非汪伪集团控制的报纸,也纷纷发表社评,斥责汪派"和平"言论。同时,海外爱国华侨也发表函电,严辞驳斥这些汉奸言论。函电严正指出:"今日国难愈深,民气愈盛,宁为玉碎,不为瓦全,继续抗战,终必胜利,中途妥协,等于自杀。"同时明确表示:"海外全侨,除汉奸外,不但无人同意中途和平谈判,抑且闻讯痛极而怒。"③10月28日,旅外侨民参政员向国民参政会提出"敌人未退出我国以前,公务员谈和平便是汉奸国贼"的提案,获得多数参政员响应,并被正式表决通过。上述这一切,反映出全国人民坚持抗战、反对投降的鲜明立场。

汪精卫身为国民党副总裁兼国民参政会议长,对全国人民反对投降的强烈呼声根本不予理睬,照样我行我素。然而,他所宣扬的"和平"理论越来越不得人心,在强烈抗日气氛的包围下,自己处境非常孤立。他深知,要实现对日谋和,必须离开重庆,从外部发动"和平运动"。"重光堂"会谈的结果正好为他提供了这样的机会。

11月27日,梅思平将同日方达成的"密约"带到重庆。汪精卫立即召集周佛海、陶希圣、陈璧君、曾仲鸣等人讨论,一连开了七八次会。与会者对"密约"的内容表示可以接受,但对是否离开重庆心存疑虑,意

---

① 陶希圣:《致胡适信》(1938年12月31日),《胡适往来书信选》中册,第396—398页。

② 重庆《新华日报》,1938年10月15日。

③ 《陈嘉庚致汪精卫宥电》(1938年10月26日),见陈嘉庚:《南侨回忆录》,1946年版,第7页。

见不一。汪精卫夫人陈璧君竭力主张离开重庆,寻找"新的"出路。这一意见最后得到汪精卫、周佛海等人的赞同①。

　　事实上,汪精卫等人与蒋介石集团的权力冲突,亦是他们打算逃离重庆的重要原因。长期以来,汪精卫为同蒋介石争夺国民党的最高权力,曾经进行过多次尖锐的斗争。抗战爆发以来,汪虽担任国民党中央政治委员会主席、国防最高会议副主席、国民党副总裁、国民参政会议长等职,但仍位居蒋介石之下,且手中没有实权,对此他深感不满。1938年3月底,国民党召开临时全国代表大会,蒋介石被推选为国民党总裁,汪精卫为副总裁,"汪于接受推举之即席演说中,即有不自然之情态见于词色"②。对于汪精卫所处的地位,陈璧君十分不满,她曾露骨地说:"难道当汉奸也坐第二把交椅吗?"③周佛海也是个权力谜,由于在抗战爆发后失宠,他对蒋介石也心怀不满。

　　多种原因导致蒋、汪之间的分歧日益扩大,在和战问题上的争论尤为尖锐。汪精卫在出逃前,曾与蒋介石有过一次激烈的争吵。汪精卫再次向蒋介石提出:"如不能战,则不如和。"但蒋介石明确回答:"抗战易,和平难。"汪精卫对此予以反驳说:"谋国者不应从难易定进止,更不应作个人毁誉打算。"④由此可见,蒋、汪两人难于继续合作下去了。汪精卫集团的出逃势在必行。

　　然而,真正面临抉择之时,汪精卫又显得心神不宁,难下决心。周佛海等埋怨他"无果断,作事反复,且易冲动"⑤。这其实是将个人利益

----

　　①　《周佛海侦讯笔录》(1946年9月24日),汪伪未刊档案。

　　②　《陈布雷回忆录》,台北传记文学出版社1985年版,第129页。

　　③　《武和轩先生谈话录》(1980年4月15日),转引蔡德金:《汪精卫投敌前前后后》,载《近代史研究》1983年第3期。

　　④　陈璧君:《答"为何在抗战中叛离抗日战线"问》(1951年12月24日),汪伪未刊档案。

　　⑤　《周佛海日记全编》(上编),1938年11月27日,中国文联出版社2003年版,第202页。

置于国家民族利益之上的极端个人主义者的必然表现。11 月 29 日，汪精卫召集周佛海、陈公博等人就响应日本"和平"倡议的具体细节问题做最后磋商，同时也为即将赴沪答复日方的梅思平饯行。当宴会后汪精卫送梅思平至客厅门口时，陈璧君厉声对汪说："梅先生明天要走了，这次你要打定主意，不可反悔！"汪精卫连连点头说："决定了，决定了！"①

12 月 1 日，梅思平乘飞机抵达香港，即向日方答复称：1. 汪承认上海"重光堂"会谈的日华协议记录；2."在近卫声明中，日本有明白表示不进行经济垄断和干涉内政的必要"；3. 汪预定于 12 月 8 日从重庆出发，经成都，于 12 月 10 日到达昆明；此时由于有特别保守秘密的必要，中国方面希望在 12 月 12 日左右发表近卫声明；4."汪在昆明、河内或香港中之任何一地宣布下野"②。收到中方答复后，日方也通知汪精卫等人，日本政府对"重光堂"密约没有异议。

根据"重光堂"会谈中双方达成的协议，汪精卫必须按时逃离重庆，以配合日方行动。为此，他们开始选择出走路线。最便捷的方式是由重庆坐飞机直达香港。然而，以汪精卫的身份，不可能无故乘飞机前往香港。只要汪精卫登上去香港的飞机，就会引起人们注意，所以，这条线路风险极大。另一条线路则是经昆明转赴越南河内，线路虽比较稳妥，但事先须取得龙云许可。

云南省主席龙云是一个地方实力派，历来不满蒋介石消灭异己的政策，对国民党中央保持着半独立状态。抗战爆发后，龙云拥护抗战，并派兵参战，但不满蒋保护嫡系、积极向云南渗透的做法，双方矛盾有所加深。汪精卫等人见此，对龙云尽力拉拢。陈璧君曾亲自去云南找龙云长谈，以笼络其感情。当双方了解达到一定程度后，龙云曾向陈保

---

① 罗君强：《高宗武赴日试探投降条件》，《汪伪政权资料选编·汪精卫集团投敌》，第 273 页。

② 《今井武夫回忆录》，第 99 页。

证:"汪先生如果来昆明,我很欢迎;如果愿意由此出国,我亦负责护送,一切决无问题。"①凭借这一有利条件,汪精卫决定假道昆明出境。

究竟如何走法,他们需要精心安排,所有活动都是在绝密情况下进行的。如果多人结伴而行,必然引起外界注意,从而导致泄密。于是,他们决定分散出逃。周佛海以视察宣传工作为名,于12月5日堂而皇之地前往昆明;陶希圣则以讲学为名,尾随而去。汪精卫预定于12月8日去昆明、成都演讲而离开重庆。在成都任职的陈公博则于同一天飞赴昆明,与汪精卫等人会合。

方案确定之后,先派陈璧君的远房侄子、原国民政府侨务委员会常务委员陈春圃去打前站。陈即以送汪精卫的孩子去香港读书为名,把在重庆南渝中学读书的两名孩子护送到昆明,然后让他们转飞河内再至香港,自己则继续留在昆明与周佛海联络,专候汪精卫何时来昆明的电报,以预定由昆明去河内的火车包厢,把全部出逃人员及时运往河内。

汪精卫在极其秘密的情况下出逃,只能携带少量书籍文件,知道内幕的人也极为有限,即使是陈璧君的胞妹、汪精卫的侄子都没有通知。为此,陈璧君不断问汪精卫:我们走后,"他们留在蒋网罗中,能不牺牲吗"? 汪精卫回答:"蒋是奸雄,我们行后,蒋还要重用他们,柔和他们,以孤立我。他们是被严防,不会被害,我们现在尚无力保护他们,通知他们,才是牺牲他们。"②

陈公博是预定出逃人员中唯一不太知情的人。他虽是原改组派骨干,汪精卫的密友,但自1938年春天起,他就出任国民党四川省党部主任委员,常驻成都。汪精卫与日本间的一系列密谋,他事先并不知晓。

---

① 罗君强:《汪精卫逃往河内》,《伪廷幽影录》,中国文史出版社1991年版,第12页。

② 陈璧君:《与日本谋和我是现在仅存的罪魁祸首》,《汪伪政权资料选编·汪精卫集团投敌》,第446页。

直到 11 月底，汪精卫电令他立即来重庆一趟时，汪精卫才告诉他"对日和平已有头绪"，自己马上要离开重庆，希望能够跟自己一起出走。汪的主要理由是："我在重庆主和，人家必误会以为是政府的主张，这是于政府不利的，我若离开重庆，则是我个人的主张，如交涉有好的条件，然后政府再接受。而且假使敌人再攻重庆，我们便要亡国，我们难道袖手以待亡国吗？"①对此，陈公博感到很突然，由于没有思想准备，他当时表示了反对意见。

这一态度触怒了陈璧君，她挖苦说："我们一定走的，你不走，你一个人留在此地好了。"陈璧君深知，陈公博与汪精卫的关系非同一般，汪精卫走后，陈不可能继续留在抗战阵营里，所以她采用激将法从反面推动他。这一招果然击中陈公博要害，在走与留的问题上，他思想斗争激烈，"自回成都以后，每夜都不能合眼"②。权衡利弊之后，还是决定出走为上，以后根据局势发展再考虑自己的行止。

按照预定计划，周佛海于 12 月 5 日飞抵昆明。接着，陈春圃带着汪精卫的两个孩子飞往昆明。正当汪精卫准备逃离时，情况突变。蒋介石忽于 12 月 8 日从桂林返回重庆，这打乱了汪精卫的安排。他不仅暂时无法脱身，而且还担心行动计划是否暴露，因此惶惶不可终日。为掩人耳目，他接见《新蜀报》记者，发表改革政治、整顿财政等言论。12 日，又出席蒋介石主持的纪念周演讲会。此时已到昆明的周佛海也受到一场惊吓。12 月 9 日，蒋介石令陈布雷电召他立即返回重庆。对此，周紧张万分，事后他对人说："事情是否已经暴露？万事休矣！！惊骇之至。但要紧的是汪未飞到昆明来。汪从重庆出奔的情况究竟怎么样？简直令人坐卧不安，焦虑万分。"③他深知，如果返回重庆就不可能再逃出来了，于是借口视察工作未完而继续留在昆明。为麻痹蒋介石，

---

① 陈公博：《八年来的回忆》。
② 陈公博：《八年来的回忆》。
③ 《今井武夫回忆录》，第 102—103 页。

他于 12 日出席了国民党云南省党部扩大纪念周集会,并发表了题为《抗战前后的形势》的讲演①。同时,又派人携带自己的亲笔信飞赴重庆,打探汪精卫的处境。在昆明为汪精卫开道的陈春圃,同样坐立不安。因得不到汪精卫的行程通知,只得取消已经订好的火车包厢,焦急地盼望重庆方面的消息。

12 月 13 日,他终于收到汪精卫发来的密电,译出的电文是:"兰妹因事不能如期来,秀妹出阁佳期不必等候。"陈春圃不知所云,周佛海向他解释:在重庆时已经约定,"兰妹"是汪精卫的代号,"秀妹"是日本方面的代号,"出阁佳期"是日本发表声明的隐语②。于是原密电立即转发香港高宗武,要他迅速与日方联系。

日方对汪精卫延期出走也疑窦丛生,当时在日本政府和军队内部,有许多人对汪精卫的意图表示不信任。他们认为"汪和蒋是在唱双簧","和平运动不过是缓兵之计"。汪未如期出走,这些人更以为自己的怀疑已经得到证实。对此,就连首相近卫文麿也感到进退两难。根据"重光堂"会谈时的约定,汪精卫一到河内,日方就由首相发表声明。近卫 11 月份刚发表过一个声明,再发声明,未免太多,因此他决定于 12 月 11 日前往大阪发表演说。接到汪延期出走的通知后,近卫只得以患病为由,将讲演时间推迟到 14 日,以后还无确切消息,近卫只得取消讲演,回到东京去了③。他心里怀疑:"此事或者已被骗亦未可知。"④

此刻仍迟留在重庆的汪精卫,急得像热锅上的蚂蚁,他认真研究蒋介石的活动安排,寻觅出走机会。蒋介石预定于 18 日发表训话,汪认为这是一个机会,因为这种活动自己可以不参加。他以去各地作抗战

---

① 《新蜀报》,1938 年 12 月 14 日。

② 陈春圃:《汪精卫投敌内幕》,《汪伪政权资料选编·汪精卫集团投敌》,第 43 页。

③ 《今井武夫回忆录》,第 105 页。

④ [日]原田熊雄:《西园寺公爵与政局》第 7 卷,第 233 页。

讲演为名,派人找原改组派骨干、时任交通部副部长的彭学沛购买机票。18日上午,汪精卫携夫人陈璧君、亲信曾仲鸣等人悄悄登上飞往昆明的航班。

当天下午1时许,飞机抵达昆明机场,龙云携省政府各厅局官员列队迎接,在场还有军乐队演奏欢迎曲。汪精卫见状,十分生气地质问陈春圃为何不按照指示办事?原来,汪做贼心虚,假托"要保密,以防日机的中途拦击",只许龙云一人来迎接①。但龙云为示郑重,特地布置了一个隆重的欢迎场面,使汪精卫哭笑不得。到达下榻处后,他假称身体劳累,谢绝一切活动,只同龙云一人交谈,简略透露了自己的行动计划。得到龙云赞同后,他才松了口气。

12月19日,汪精卫、周佛海、陶希圣、曾仲鸣、陈璧君一行十余人,乘上龙云代包的专机,从昆明飞往越南河内。为蒙骗重庆当局,他在飞机离开昆明前,给蒋介石发了一份电报,称:"因飞行过高,身体不适,且脉搏时有间歇现象,决多留一日,再行返渝。"②当蒋介石读到这份"请假"电报的时候,汪精卫已踏上叛国投敌的不归之路。不过,汪精卫启程前往河内后不久,龙云即致电蒋介石称:汪副总裁"午后二时半已离滇飞航河内。"③因此,蒋介石得以很快掌握汪精卫的异动情况。

二　艳电——汪精卫的降日宣言

汪精卫等人抵达越南河内后,先是分两处居住,后因联系不便,也不易保密,于是合并一处,移居河内西北八十余公里处一个名为"丹岛"

---

① 陈春圃:《汪精卫投敌内幕》,《汪伪政权资料选编·汪精卫集团投敌》,第43页。

② 蔡德金、李惠贤:《汪精卫伪国民政府记事》,中国社会科学出版社1982年版,第15页。

③ 《龙云致蒋介石电》(1938年12月19日),《中华民国重要史料初编》第六编《傀儡组织》三,第46页。

的避暑胜地。时值隆冬,当地游客稀少,这正合汪精卫等人胃口。由于延误了出逃时间,无法继续按"重光堂"会谈约定的计划行事,他们只能暂时等待,以便同日本代表接头。

此时,日方也焦急地等待着汪精卫的消息。留在上海专候汪精卫行动情报的今井武夫,早已坐立不安。由于未能在约定时间内接到汪精卫方面的答复,他于12月7日离开上海,经福冈、台北转赴香港,直接与高宗武取得联系。至12月20日,今井终于得到汪精卫已经到达河内的确切消息,于是立即电告日本参谋本部,并转达汪精卫的要求,希望近卫首相发表早已准备好的对华声明。

东京时间1938年12月22日晚8时20分,近卫文麿在首相办公室举行记者招待会,宣读了一份简短声明。声明首先重弹老调,称"日本政府,本年曾一再声明,决定始终一贯地以武力扫荡抗日的国民政府"。但接着词锋急转,宣称:"同时,和中国同感忧虑、具有卓识的人士合作,为建设东亚新秩序而迈进。现已感到,中国各地,复兴的气势澎湃而起,建设的趋势,日盛一日。当此之时,政府向国内外阐明同新生的中国调整关系的总方针,以求彻底了解帝国的真意。"①显然,这标志着日本对华政策再度施出政治诱降的故伎,此次声明亦被世人称作近卫第三次对华声明。

值得注意的是,日本在这次声明中对"新生的中国"提出三项原则:"日满华三国应以建设东亚新秩序为共同目标而联合起来,共谋实现相互善邻友好、共同防共和经济合作。"接着又进行具体阐述,所谓"善邻友好","中国方面首先必须清除以往的偏狭观念,放弃抗日的愚蠢举动和对满洲国的成见。换言之,日本直率地希望中国进而同满洲国建立完全正常的外交关系"。所谓"共同防共","日本认为,根据日德意防共协定的精神,签订日华防共协定一事,实为调整日华邦交之急务。鉴于

---

① [日]外务省编:《日本外交年表和主要文书(1840—1945)》下卷,《文书》,第407页。

中国现实情况,为充分保证达到防共的目的起见,要求中国承认在防共协定继续有效期间,在特定地点驻扎日军进行防共,并以内蒙地方为特殊防共地区"。所谓"经济合作","即要求在日华平等的原则上,中国承认帝国臣民在中国内地有居住、营业的自由,促进日华两国国民的经济利益,并且鉴于日华之间历史上、经济上的关系,特别在华北和内蒙地区在资源的开发利用上,积极地向日本提供便利"。声明还宣称,上述原则只是日本对中国要求的大纲,同时认为,"日本只要求中国作出必要的最低限度的保证,为履行建设东亚新秩序而分担部分责任"①。

近卫声明的三原则,表面上看重申了重光堂密约中与汪精卫集团的约定,然其实际内容却已大大超出原先约定的范围。这主要是由于日本国内的对华强硬派已不满足于"重光堂"密约的条款,要求增加更多内容。他们对《日华新关系调整方针》进行了多次补充修订,最后经 11 月 30 日御前会议通过,成为日本的一项国策。其中关于"善邻友好"项下的具体内容就有七条之多,如"日满华三国在政治、外交、教育、宣传、贸易等各方面,应废除那些破坏相互之间友谊的措施,消除其原因,并在将来禁绝这种情况";"三国的外交,以相互合作为基本原则";"三国应在文化的融合、创造和发展上互相合作";"新中国的政权形式应根据分治合作原则加以策划";"蒙疆,规定为高度防共自治区域;上海、青岛、厦门,根据既定方针,规定为特别行政区";"日本应在新中央政府派遣少量顾问,协助其建设,特别在紧密结合地区或其他特定地区,应在必要的机关内配备顾问"②。由此可见,日本完全把"新生的中国"当做殖民地或附属国看待,所谓"善

① ［日］外务省编:《日本外交年表和主要文书(1840－1945)》下卷,《文书》,第407 页。

② ［日］外务省编:《日本外交年表和主要文书(1840－1945)》下卷,《文书》,第405 页。

邻友好"，不过是欺骗舆论的宣传而已。其他两项原则中亦有许多具体的苛刻条件。为掩人耳目，近卫在声明中故意使用含混不清的外交辞令，制造日本确有和平真意的假象。对此，日本陆军参谋本部负责"汪兆铭工作"的影佐征昭等人亦感不满，他们预感日汪之间的"和平运动"前途茫茫。

近卫声明发表后，重庆国民政府立即加以驳斥。12月23日，国民政府外交部发言人指出："日首相近卫二十二日晚发表之声明，其内容与以前日方历次声明并无不同，亦即日本破坏中国独立完整，关闭中国门户之基本政策丝毫未变。"①26日，蒋介石在国民党中央党部举行的总理纪念周上，发表题为《揭发敌国阴谋阐明抗战国策》的长篇讲演，驳斥第三次近卫声明。蒋介石指出：近卫的声明，"表面是空泛支离，而骨子里实在是暗藏着机械利刃"；"这是敌人整个的吞灭中国，独霸东亚，进而企图征服世界的一切妄想阴谋的总自白，也是敌人整个亡我国家，灭我民族的一切计划内容的总暴露"。讲演对"日本目前有整个吞噬中国的决心"作了深刻揭露："大家要注意他所谓新生中国，是要消灭独立的中国，另外产生一个奴隶的中国世世受其支配。""目的在什么呢？以防止赤祸的名义，控制中国的军事，以拥护东洋文明的名义，消灭中国的民族文化，以撤除经济壁垒名义，排斥欧美势力独霸太平洋，再以日满支经济单元，或经济集团的工具，扼制中国经济的命脉。大家试想建设东亚新秩序这七个字之下，包藏着怎样的祸心。简单一句话，这是推翻东亚的国际秩序，造成奴隶的中国以遂其独霸太平洋，宰割世界的企图的总名称！"②这段分析，恰好击中近卫声明的要害。

---

① 《中华民国史事纪要（初稿）》（1938年7至12月份），台北"国史馆"1993年版，第796页。

② 《蒋委员长对〈近卫声明〉发表严正声明》（1938年12月26日），《中华民国重要史料初编》第六编《傀儡组织》（三），第34—35页。

在讲演中,蒋介石还特别提醒说:"我深恐世上或者还有一小部分人,不明了他这种烟幕后面所包藏着的祸心,还以为他所提出的并不怎么样苛酷,所以特地将敌国日本的用心整个的揭露一下,让国民知道警戒,也让世界友邦明了日本的野心阴谋,充其极量行将搅乱世界贻祸人类到什么地步!"①这实际上也是向擅自跑到河内的汪精卫一伙发出警告。对汪精卫的出走,当时蒋介石的心情甚为复杂。当确知汪精卫于18日抵达昆明,19日午后"已离滇飞航河内"之后②,蒋介石曾在日记中这样写道:"闻汪先生潜飞到滇,殊所不料。当此国难空前未有之危局,不顾一切,藉口不愿与共党合作一话,拂袖私行,置党国于不顾,岂是吾革命党员之行动乎?痛惜之至!惟望其能自觉回头耳。"③蒋已经清楚汪精卫出走的真实原由,但在公开场合,蒋对汪精卫离渝只做了如下说明:"汪先生出国系养病,无政治意味,尤无如外间所传,代表军委会或政府与日人议和之使命。"④

汪精卫自重庆出走之后,便不再讳言其与日方谋和的立场。12月19日汪精卫临赴河内前,曾向龙云"道出真语,谓与日有约,须到港商洽中日和平事件"⑤。抵达河内后,次日便致电张群称:"弟拟对和平及防共问题以去就争,事前因种种困难,未及征兄同意,故请对弟之行止,

---

① 《蒋委员长对〈近卫声明〉发表严正声明》(1938年12月26日),《中华民国重要史料初编》第六编《傀儡组织》(三),第34-35页。

② 《龙云致蒋介石电》(1938年12月19日),《中华民国重要史料初编》第六编《傀儡组织》(三),第46页。

③ 蒋介石日记1938年12月21日,斯坦福大学胡佛研究所藏蒋介石日记手稿影印件。

④ 《王世杰日记》(手稿本)第一册,1938年12月26日,第459-460页。

⑤ 《龙云致蒋介石电》(1938年12月21日),《中华民国重要史料初编》第六编《傀儡组织》(三),第47页。

绝不必加以考虑云云。"①12月23日即近卫发表声明的第二天,汪精卫还电请龙云转致蒋介石一电:"邃密。在渝两次谒谈,如对方所提非亡国条件,宜及时谋和以救危亡而杜共祸,详容函陈。弟兆铭。梗。"②当时中国驻英大使郭泰祺根据蒋介石的指示,曾去电劝汪勿公开主和并赴欧休养,但汪精卫亦复电称:"日本所提非亡国条件,应据以交涉谋和平,拟向中央以去就力争云云。"③28日,汪精卫又致函国民党中央常务委员会和国防最高会议,建议接受近卫三原则,函中宣称:"今日方声明三项,实不能谓无觉悟,我方如声明,可以之为和平谈判之基础,而努力折冲,使具体方案,得到相当解决,则结束战事,以奠定东亚相安之局,诚为不可再失之机矣。"同时,他还别有用心地煽动说:"至于国内,除共产党及惟恐中国不亡、惟恐国民政府不倒之少数人外,想无不同情者。"④可见,汪精卫已经决心与仍主张对日抵抗的国民党中央当局决绝,在对日妥协投降的路上一意孤行。

与此同时,汪精卫对如何答复近卫声明也反复思考,几经研究,最终定稿,决定以致国民党总裁蒋介石及国民党中央执监委的意见书名义发表。12月29日,陈公博、陶希圣携稿子从河内赴抵香港,并在次日的《南华日报》上公开刊登。因汪精卫在电文末尾签署的时间是"艳(29日)",该电文于是被世人称为"艳电"。

汪精卫的"艳电"开头即别有用心地篡改中日战争的性质,将中国人民为维护国家主权和民族生存而顽强抗击日本侵略的正义立场,歪曲为"无非欲停止军事行动,采用和平方法,先谋北方各省之保全,再进

---

① 《张群致蒋介石电》(1938年12月21日),《中华民国重要史料初编》第六编《傀儡组织》(三),第46页。

② 引自《龙云致蒋介石电》(1938年12月24日),《中华民国重要史料初编》第六编傀儡组织》(三),第48页。

③ 《郭泰祺致蒋介石电》(1938年12月28日),《中华民国重要史料初编》第六编《傀儡组织》(三),第46页。

④ 《中华民国重要史料初编》第六编《傀儡组织》(三),第51—52页。

而谋东北四省问题之合理解决"①。经过铺垫,汪精卫笔锋一转,认为近卫第三次声明恰巧满足了中国的要求。为欺蒙国人,"艳电"依照近卫三原则的次序逐条加以分析。对于"善邻友好",宣称"日本对于中国无领土之要求,无赔偿军费之要求,日本不但尊重中国之主权,且将……交还租界,废除治外法权,俾中国能完成其独立。日本政府既有此郑重声明,则吾人依于和平方法,不但北方各省可以保全,即抗战以来沦陷各地,亦可收复,而主权及行政之独立完整,亦得以保持。"对于"共同防共",宣称"前此数年,日本政府屡曾提议,吾人顾虑以此之故,干涉及于吾国之军事及内政,今日本政府既已阐明,当以日德意防共协定之精神,缔结中日防共协定,则此种顾虑可以消除"。对于"经济提携",宣称"此亦数年来日本政府屡曾提议者……今者,日本政府既已郑重阐明,尊重中国之主权及行政之独立完整,并阐明非欲在中国实行经济上之独占,亦非欲要求中国限制第三国之利益,惟欲按照中日平等之原则,以谋经济提携之实现,则对此主张,应在原则上予以赞同,并应本此原则,以商订各种具体方案"②。

随后,"艳电"开始表达自己的观点,电文称:"以上三点,兆铭经熟虑之后,以为国民政府应即以此为根据,与日本政府交换诚意,以期恢复和平。""中国抗战之目的,在求国家之生存独立。抗战年余,创巨痛深,倘犹能以合于正义之和平而结束战事,则国家之生存独立可保,即抗战之目的已达。"将乞和说成是达到抗战目的之途径,对此汪精卫自己也感到心虚,尤其是当百万日本侵略军仍在中国大地上无恶不作之时。于是,他在"艳电"最后针对日本出兵等问题,装模作样地提出了一些要求:"其尤要者,日本军队全部由中国撤去,必须普遍而迅速,所谓

①　《汪兆铭手书主和之艳电》(1938年12月29日),《中华民国重要史料初编》第六编《傀儡组织》(三),第52页。

②　《汪兆铭手书主和之艳电》(1938年12月29日),《中华民国重要史料初编》第六编《傀儡组织》(三),第53页。

在防共协定期间内,在特定地点允许驻兵,至多以内蒙附近之地点为限,此为中国主权及行政之独立完整所关,必须如此,中国始能努力于战后之休养,努力于现代国家之建设。"①

汪精卫发表"艳电"后,林柏生等人毫无顾忌地紧随其后,他们利用手中控制的《南华日报》,连篇累牍地刊载文章,推销"和平"理论,说什么"历史上无不和之战,否则双方须有一方灭亡"。林柏生更以"理论权威"的身份,对"艳电"进行分析解释,强调要认识"艳电"的"重要意义",吹捧汪精卫此举是"对党对国""尽其责任之所当尽","决非徒唱高调所能为力",叫嚷"凡我同胞,当解此旨,求其贯彻"②。

汪精卫的"艳电"公开表明了响应日本近卫声明的立场。它的发表,使国人认清了汪精卫的真实立场和本来面目。汪精卫等人原打算首先尽力拉拢云南的龙云、广东的张发奎以及广西、四川等省的地方实力派,挖空蒋介石的墙脚,同时借此增强自身实力。他们的如意算盘是在侵华日军的配合下,当汪精卫公开打出"和平"旗号时,由龙云发表拥汪通电,再由张发奎起而响应,接着广西、四川的地方实力派纷纷行动起来,在这些尚未被日军侵占的地方造成汪精卫集团的天下,以便同日本交涉和平。因此,"艳电"发表之后,汪精卫即于12月30日向日本提出四点希望:一、"日华两国在完成新东亚建设的基础以前,尽量与英美列强避免磨擦是重要的,因此当前对这些列强不要引起纷繁的事端";二、"在军事发动以前的三至六个月期间,希望日本方面每月援助港币约三百万元";三、"对北海、长沙、南昌、潼关等地日本军作战的行动,以获得政治效果为目标";四、"彻底轰炸重庆"③。汪精卫显然希望借助日本的军事力量,摧毁中国军民的抗战信心,扩大自己的"和平"队伍,

① 《汪兆铭手书主和之艳电》(1938年12月29日),《中华民国重要史料初编》第六编《傀儡组织》(三),第53—54页。

② 转引汪伪宣传部编:《和平反共建国文献》第一辑,《中国之部》,第1页。

③ 《渡边工作现况》(四),转引《今井武夫回忆录》,第326页。

实现自己的政治野心。

叛国投敌毕竟不得人心。即便是汪精卫寄予厚望的龙云，也没有跟随而去。龙云之所以对汪表示效忠，主要因为汪是国民党副总裁，因此需要巴结，以稳固自身地位，而绝不是愿意随汪赴汤蹈火。汪精卫出逃之际，龙云表面上仍很客气，但随即就向蒋介石报告汪的行踪，以示自己与汪的行动没有关系。其他地方实力派也不愿轻易把自己绑在汪精卫叛国投敌的马车上。

"艳电"的出笼，不仅未能使汪精卫实现欺骗宣传之目的，反而暴露了其险恶用心，一场声势浩大的反汪讨逆运动迅速在全国掀起。"艳电"见报当日，正在香港的国民党元老何香凝即发表文章予以驳斥："其所提各点，措辞恍惚，均只从如何执行'日本政府所提议者'出发，将近卫声明响应一番，不特民族气味全无，连做人的良心都已丧尽。"她还呼吁国民"万不要被这些荒谬论调迷惑"，"万众一心，向着胜利的坦途迈进"①。在香港之国民参政员张一麔、胡景伊、陶行知等联名给国民政府主席林森和蒋介石发电报，请开除汪精卫所任各公职②。海外华侨也纷纷来电，痛斥汪精卫甘冒天下之大不韪，公然赞同日本提出的亡国条件，"不仅为总理之叛徒，抑且为中华民族之国贼！""此而不诛，何以励众，更何以根绝效尤！"他们坚决主张"宣布其罪，通缉归案，以定国法，而定人心"③。

国民革命军第一、三、四、五、九等战区的高级将领及所辖各省政府机关，以及广西、甘肃、广东、湖南、江西、山东、新疆、河南、浙江、湖北等省政府官员与民众团体，一致通电要求对汪"明令通缉究办"。西南地区原先为汪精卫集团看好的那些地方实力派也不甘落后，接连通电声

①　转引绍武：《汪精卫叛国秘记》，1939年初版，第28页。

②　转引张篷舟编：《中日关系五十年大事记（1932—1982）》第二卷，文化艺术出版社2006年版，第151页。

③　《陈嘉庚致蒋介石电》（1938年12月31日），《中华民国重要史料初编》第六编《傀儡组织》（三），第55页；陈嘉庚：《南侨回忆录》，1946年3月版，第72页。

讨。广东的张发奎、余汉谋等人指斥"艳电"是"谬论谬辞,为敌张目","挠阻抗战,淆乱是非",要求对其"明正典刑,以肃纪纲"①。

　　汪精卫的投降主义嘴脸遭到全国各界的声讨,国民党当局也作出了相应处置决定。1939 年元旦,国民政府发布《重申严惩民族叛逆令》,宣布对侧身傀儡,潜作汉奸,敢冒天下之大不韪,宁为国人所共弃者,责成军事委员会切实查明,按照《惩治汉奸条例》严缉惩办。当日,国民党中央执行委员会在举行谈话会之后,召开了中常会临时会议,讨论汪精卫的"艳电"及对汪的处置。与会者对汪的行为极端愤慨,一致通过"永远开除汪兆铭党籍的决议",撤除其一切职务。会议指出:"汪兆铭承本党付托之重,值抗战紧急之际,擅离职守,匿迹异地,散发违背国策之主张。艳日(二十九)来电,竟主张以敌相近卫根本灭亡我国之狂悍的声明为根据,而向敌求和;一面腾之报章,广为散发,以建议中央为名,逞摇惑人心之技。而其电文内容尤处处为敌人要求曲意文饰,不惜颠倒是非,为敌张目;更复变本加厉,助售其欺。就其行为而言,实为通敌求降;充其影响所及,直欲动摇国本。"②蒋介石的态度也很坚决,他在当晚的日记中写道:"去年十二月廿六日之演讲词与本日开除汪精卫党籍案发表,已奠定国基,克服国难矣。为汪电开谈话会,下午召集临时中央常会及驻渝各中委讨论汪电,决议开除其党籍,解除其一切职权。元旦决定此案,实足为党国之大幸也。"③国民党中央的上述决议,表明走上投降主义不归路的汪精卫集团,已经不可能再对国民政府坚持抗日立场起到阻碍作用了。

————————

　　①　《张发奎等以汪危害党国请通缉归案明正典型之微电》(1939 年 1 月 5 日),《中华民国重要史料初编》第六编《傀儡组织》(三),第 65 页。

　　②　《开除汪兆铭党籍决议文》(1939 年 1 月 1 日),《中华民国重要史料初编》第六编《傀儡组织》(三),第 124 页。

　　③　蒋介石日记 1939 年 1 月 1 日,斯坦福大学胡佛研究所藏蒋介石日记手稿影印件。

三　汪精卫公开投敌

发表"艳电"是汪精卫集团走上投敌道路的重要标志。此后,他们不顾重庆国民政府的劝阻和全国人民的声讨,以国家主权和民族利益为筹码,同日本侵略者不断进行政治交易。

全国抗战处于最困难之时,汪精卫等人突然叛离抗日阵营,影响巨大。汪精卫出走时,其身份仍是国民党副总裁。为减少负面效应,重庆当局曾一度采取规劝的办法,希望汪精卫不要进一步行动。国民党中央常务委员会在作出"永远开除汪兆铭党籍"决议时,由于蒋介石的劝阻,并没有立即下达通缉令。其后,蒋介石一再表示对汪"惋惜",希望其"翻然悔恨,重返抗战队伍"①。对于留在重庆的汪派人员,蒋介石也好言相抚,称:"这次对汪先生的处分,实在是迫不得已,平时和汪先生接近的朋友应安心工作,不要灰心,不要猜疑。"②

与此同时,重庆方面还直接派人对汪进行"劝阻"。"艳电"发表前,驻英大使郭泰祺奉蒋介石之命,一再电告汪精卫,"历述英政府对近卫宣言之反响,及英国舆论与最近国际情势","切劝其勿公开主和,表示与中央异致,免予敌人以可乘之机",并希望汪早日来欧洲休养,自己愿意辞职当他的随从③。1939年2月中旬,蒋介石又派国民党中央委员谷正鼎秘密赴越南河内,对汪进行劝说。谷曾是汪精卫的心腹部下,国民党改组派的老人马。他带了汪精卫等人的出国护照与大笔款项,并转达蒋介石的意见称:"如对国事发表主张,写写文章,发发电报,任何

①　《国民党中宣部为汪兆铭投敌致各级党部的内部指示》(1939年1月1日),转引绍武:《汪精卫叛国秘记》,第16页。

②　用五:《汪精卫脱离重庆始末记——抗战日记摘录》,香港《掌故》1972年7月号。

③　《郭泰祺致蒋介石电》(1938年12月28日),《中华民国重要史料初编》第六编《傀儡组织》(三),第48页。

时候都很欢迎；如果有病需要赴法国等地疗养，可先送旅费 50 万元，以后随时筹寄。但不要去上海、南京，不要另搞组织，免得为敌人所利用，造成严重后果。"①对此，汪断然予以拒绝。

对于蒋介石的劝阻，汪精卫极度反感。两人除政治立场不同外，个人恩怨亦是重要原因。他对谷正鼎说："以前我因蒋的凶、残、暴、虐、自私，我反对他，他用尽各种方式来危害我，枪伤我，下流至绑我及璧君的票。我被他苦迫出国，我亡命海外，船经星加坡，他致电该地政府，以共产党名义引渡我回国……事为同志、侨胞所闻，一面与该政府交涉，一面守卫码头，直至船离码头始散去。沿途尚设许多陷阱，阻我治病。我何尝要过他甚么护照？"同时，他仍以元老的口气说："谷同志你回去告诉我们的同志，叫他们好好工作，你及正纲，也要谨慎小心，他（指蒋）如把党国搞得好，我便终身不回国亦得；如搞得不好，我去了，还是要回来。"②

谷正鼎游说失败后，重庆方面继续通过其他渠道进行劝说。原先与汪精卫共过事的朋友及老部下，也以各种方式进行规劝。时任行政院秘书的陈某，在致汪的信函中委婉地提出一系列疑问，请汪考虑，比如："在现时情势之下，与敌言和，能否保存领土、主权之完整，而不致重蹈朝鲜、琉球之覆辙？ 此为最可虑之点"；"艳电主和乃在响应近卫廿二日之演说，是近卫演说之后，始有谈和之可能，而近卫演说之前，先生已先行离渝，离渝与主和是否两事？""如确认和谈有益国家，以先生之地位与责任言，应向中常委或国防最高会议正式提出，即使势有不许，亦可于离开国境之后，用函电向中央建议，何以艳电竟行在港发表？ 令人百思不得其解"；"民十六，先生反对清党与特别委员会，均以维护党纪

---

　　①　罗君强：《伪廷幽影录——对汪伪的回忆纪实》，见《伪廷幽影录》，中国文史出版社 1991 年 5 月版，第 17 页。

　　②　陈璧君：《与日本谋和平我是现在仅存的罪魁祸首》，见《汪精卫集团投敌》，第 446—447 页。

为理由，以后先生对党事主张亦多如此，至有'党纪先生'之雅号，何以此次发表艳电，对于党纪竟毫无顾及？先生何以自解？""广州、武汉方相继沦陷，此时突然发表艳电，影响士气与民心甚大，结果将予敌以更大之征服机会，先生何以竟未注意及此？"①这些疑点，与其说是"规劝"，还不如说是尖锐的责问。如果汪精卫还没有把国家和民族的利益抛尽，就应对这些责问进行深刻思考。然而，汪精卫却置若罔闻，继续我行我素。针对汪精卫的重要助手周佛海，国民政府的态度也是如此。蒋介石曾派中央通讯社社长萧同兹赶赴香港，准备约其会面，劝他回心转意。但周佛海已铁了心，对萧同兹的约见托辞拒绝。

　　汪精卫"和平运动"的如意算盘一开始就没有打准。"艳电"发表后，不但没有出现全国响应的局面，相反激起了一股反对汉奸卖国的怒涛。更令汪精卫等人感到彷徨的是，日本国内此时也发生政潮。1939年元旦刚过，与汪精卫达成默契的近卫文麿首相在内外交困中突然下台，继任的平沼内阁又未把对汪工作提上议事日程。在很长一段时间内，日本方面无人关注留在河内的汪精卫。他不得不哀叹："在河内的这孤独的正月，这在我的一生，是不能忘却的。"②

　　在此形势下，等待有可能就是失败。为尽早了解平沼内阁的对汪政策，汪精卫自2月1日起，与从香港专程赶来的高宗武紧急商讨对策。经过连续五天的研究，拟出三个方案：第一方案是日本直接与蒋介石妥协；第二方案是"以王克敏、梁鸿志、吴佩孚及其他实力派负责中国的统一"；第三方案才是由汪出面收拾时局③。制定这套方案，实在是用心良苦。汪精卫等人深知，根据当时形势，日、蒋之间直接达成妥协的可能性极小，而王克敏、梁鸿志等人因地位不高，影响力有限，难于担当统一日本占领区的大任，所以故意把这二个方案摆在前面。如果日

---

① 用五：《汪精卫脱离重庆始末记——抗战日记摘录》。

② 汪精卫：《河内的正月》，转引雷鸣：《汪精卫先生传》，第335页。

③ ［日］《渡边工作（第二期计划）》，日本外交档案缩微胶卷S493号。

本方面有相同看法,就要考虑启用汪精卫的方案。这时,就可以明了日本对汪的真实态度。

由于汪精卫对第三个方案寄予很大希望,其内容因而要比前两个方案详细得多。该方案共有八项内容,主要包括:"组织反共救国同盟会";日本"再次发表声明";与日方会谈,"发表共同宣言";建立中央政府;向日本借款二亿日元等。值得注意的是,他们把建立伪政权的地点作了修改。"重光堂"会谈决定"在非占领的云南和四川省建立独立政权",而这次却决定"在南京组织新国民政府"①。南京早在1937年底即已沦陷,梁鸿志为首的"维新政府"成立也将近一年,"维新政府"是全国公认的汉奸政权,这一点汪精卫心里非常清楚。此前之所以选择在"非占领"地区建立政权,就是想避免被人们称为汉奸。由于西南地方实力派中无人响应所谓"和平"倡议,在那里建立政权的设想已完全落空。

2月下旬,高宗武携上述方案再赴日本,会见平沼内阁要人,转达了汪精卫的意见:"(1)如果日本与蒋介石接触,他援助斡旋;(2)如果与蒋介石以外的人接触,他以在野资格斡旋;(3)如果要他来负责,他将出马。"②日本新内阁赞赏汪精卫的这种态度,并决定支持汪精卫出马。探明日本政府的态度之后,汪精卫对日本的疑虑一扫而光,开始着手组府的各种准备工作。

与此同时,汪精卫集团还四处活动,扩充力量。周佛海以财政委员会主任、政治委员会秘书长、军事委员会秘书长的三重身份,大力在香港网罗同党。他首先拉到香港金融界巨头、交通银行总经理唐寿民,通过他说动国民党留港诸银行的首脑,筹措到活动经费20万港币。接着又利用各种关系,把失意军人叶蓬、反共文人樊仲云等先后拉到麾下。

---

① 《渡边工作(第二期计划)》,转引《汪精卫集团投敌》,第417页。

② 杨凡译:《日本外务省就汪伪政权成立经过向内阁的报告》,见《文史资料选辑》第39卷,文史资料出版社1963年版,第179页。

新入伙者通常经政治委员会审查通过后,即由财政委员会发给生活津贴。除香港外,他们还派人去后方活动,物色对象。

身为抗日领袖的蒋介石,无法容忍汪精卫等人执意沿着卖国投敌的道路走下去。软的一手失效后,他即开始改用强硬手段。林柏生主持的香港《南华日报》,是汪精卫集团宣传卖国理论的主要阵地,国民党特工即把林柏生作为首选袭击目标。1939 年 1 月 17 日,林在香港皇后大道漫步时,被人在头上砍了二斧头,因伤口不深,才没有丧命①。这次袭击向汪精卫集团发出了警告信号。

对于国民党特务的手段,汪精卫当然不会陌生。谷正鼎无功而返后,他即告诫陈璧君和曾仲鸣:"我们今日以后,要小心点,他要消灭我们三个人了。"②重庆方面此时确实在部署对汪等人的暗杀工作。军统局副局长戴笠以"十万火急"电报调军统局天津站站长陈恭澍赴港待命。然后亲自带陈恭澍去河内,向他面授机宜。经过周密准备,戴笠于 3 月 19 日凌晨向陈恭澍下达"制裁令",陈立即向全体特工下达命令:"遵照上级指示,决定采取硬性行动,对叛国者汪精卫予以严厉制裁;在尚无更适当的行动场地之前,暂以汪的住所为攻击目标。"③3 月 21 日晚上,国民党特工人员向河内高朗街 27 号汪精卫住处发动袭击,结果汪精卫夫妇因临时改变居室而侥幸逃脱,由曾仲鸣当了替死鬼。

国民党特工连续在香港、河内对汪派人员发动袭击,将汪精卫集团逼向死角。他们带着对蒋介石集团的仇恨之情,决定实施反击。因手中没有武力,只能采用政治手段。3 月 27 日,河内袭击案发生还不到一周,汪精卫即在香港《南华日报》上发表名为《举一个例》的文章,声称:"我因发表艳电,被目为主和,主和是我对于国事的主张了。这是我

---

①　罗君强:《伪廷幽影录》,见《伪廷幽影录》,第 16 页。

②　陈璧君:《与日本谋和平我是现在仅存的罪魁祸首》,见《汪精卫集团投敌》,第 447 页。

③　陈恭澍:《河内汪案始末》,台北传记文学出版社 1983 年版,第 196 页。

一人的主张吗？不是！是最高机关经过讨论而共同决定的主张。这话有没有证据呢？证据何止千百，今且举一个例吧！"①接着，他将1937年12月6日在汉口召开的国防最高会议第五十四次常务会议的记录全文公诸于世。这次会议主要是研究对日和平问题。会上，外交部次长徐谟汇报了德国驻华大使陶德曼转达的日本所提的和平条件，蒋介石等国民党高层人士也在会上发表了意见。汪精卫举这个例子，是要证明蒋介石和国民党高级军政官员，在抗战初期就没有拒绝过日本提出的和平条件，这同自己现在的主张是一致的。

汪精卫随后笔锋一转，向蒋介石提出责问："德大使所说可以为和平谈判之基础，何以近卫声明不可以为谈判之基础？""南京尚未陷落，已经认为和平谈判可以进行，何以近卫声明时，南京、济南、徐州、开封、安庆、九江、广州、武汉均已相继陷落……和平谈判，反不可以进行？"②这些责问，使蒋介石的声誉受到严重影响。他因而愤恨地说："余见奸伪之人多矣，但未有如汪之卑劣者。"③

汪精卫揭露蒋介石的出发点，与抗日军民有着本质区别。他除了是为反击蒋介石集团对自己的暗杀外，更重要的是为自己的叛逃行为辩解。三天后，汪精卫发表另一篇文章《复华侨某君书》，其上述用意暴露得更为清楚。文章借答复"某某老兄"的疑问，大肆发挥，重弹"抗战必败"的老调，攻击"共产党所谓游击战，不过是流寇的别名"，扬言要举发"共产党之趁火打劫"。标榜自己从抗战以来"时时刻刻想着抗战怎样可以持久，怎样可以获得胜利，同时也想着怎样可以觅得和平"。指责"重庆诸人"，对自己的"艳电"，"除了谩骂之外，看不见一些理性的话

---

① 汪精卫：《举一个例》，《中华民国重要史料初编》第六编《傀儡组织》（三），第78页。

② 汪精卫：《举一个例》，《中华民国重要史料初编》第六编《傀儡组织》（三），第82页。

③ 陈恭澍：《河内汪案始末》，台北传记文学出版社1983年版，第263页。

头"，装腔作势地要他们"幡然觉悟"，"拿出抗战的决心与勇气来讲和"①。这些言论说明，汪精卫等人正步步走向抗日阵营的对立面。

《举一个例》等文章发表后，全国各地激起了规模更大的声讨浪潮。汪精卫等人陷于四面楚歌的孤立境地，他们的自身安全也难以得到保障。日本当局见此情景，决定立即派员把他们接到日本的势力范围加以保护，然后再磋商下一步合作问题。

根据日本五相会议决定，陆军、海军、外务、兴亚院等有关省部协商后，决定组织一个联合班子，由陆军参谋本部中国课长影佐祯昭负责，去河内把汪精卫转移到安全地区。在当地日本领馆的安排下，影佐于4月18日下午前往汪精卫住处拜访，双方正式接上了头。汪精卫对影佐等来访表示感谢，同时也认为河内不宜久留，准备离开此地，到上海发展。他认为："广东对孙先生和我自己来说都是关系很深的地区，但现在已在日军占领之下，因此，有可能给国民以一种印象，认为我是在日本军队保护下搞和平的。和这些地方相比，上海有租界，行政权还在外国人的手中，而且是世界上数得到的暗杀横行的地方，敢于进入这一危险地区的行动，反而会体谅我的爱国行动的诚意。"②4月29日，汪精卫一行登上影佐等前来接应的日本货轮"北光丸"，前往上海。5月8日，汪精卫入住上海虹口日租界的土肥原公馆，同早已等在那里的周佛海、梅思平等人会合。从此，汪精卫集团的活动中心转移到了上海，他们从宣传民族失败主义，转为直接与日本侵略者合作，在日军占领区筹建傀儡政权。

---

① 汪伪宣传部编：《和平反共建国文献》第1辑《中国之部》，第21—28页。
② ［日］犬养健：《扬子江还在流》，文艺春秋社1960年版，第135—136页。

第六章　相持阶段的正面战场

　　武汉会战结束后，日军虽占领中国华北、华中、华南主要交通线与重要城市，但并未达到其最初制定的"速战速决"之目标，也未能彻底摧毁中国战力，迫使中国屈服。相反，经过前期多场战役的消耗，日军基本已无力发动大规模的战略性进攻，而不得不动用重兵防守占领区域，一边在正面战场与中国军队展开对峙，同时在后方应付游击队的袭扰。中日双方进入战略相持阶段。

　　1938 年 11 月 3 日，日本政府发表声明，宣称要建立独霸中国的"东亚新秩序"。1939 年 9 月，日本大本营将其在中国的华北方面军、华中派遣军和华南第二十一军合并，成立中国派遣军总司令部，以西尾寿造为总司令官，统一指挥在华日军作战。进入相持阶段后，日军企图依靠局部有限攻势、战略轰炸和海上封锁，切断中国的国际补给线，打击中国军民的抗战意志。在继续军事行动的同时，日本还频频使用政治手段，扶植傀儡政权。在日本的诱降与扶植下，汪精卫于 1940 年 3 月 30 日"还都"南京，建立汪伪国民政府。

　　中国军队退出武汉后，一面整顿训练，一面在正面战场继续抗敌。从 1939 年初至 1941 年底太平洋战争爆发，正面战场历经南昌战役、随枣战役、枣宜战役、第一次长沙战役、桂南战役、豫南战役、中条山战役、鄂北战役及第二次长沙战役等战役，中国军队屡次击退日军进攻，给予日军沉重打击。

第一节　南岳军事会议和第二期
作战方针的制订

武汉撤守后,国民政府军事委员会随即对抗日军事行动作出调整。为总结前一阶段的作战经验与教训,部署相持阶段的抗日作战,蒋介石于1938年11月18日手令召集第三、第九战区已抽调到后方之各部队师长以上高级将领、各军师政训处长会议开会,预定会议目录共十九项,包括:甲、此次作战死伤官兵数;乙、各级官兵之有功与有过者之赏罚升降及其姓名;丙、武器现有数目与损失数目(损失原因),等等①。11月25日至28日,第三、第九战区各集团军总司令、军团长、军长、师长等100余人在湖南南岳举行军事会议,进行具体研讨。中共中央代表周恩来、叶剑英等也应邀与会。

11月25日,第一次会议召开,蒋介石作了开幕讲话。他结合自卢沟桥事变以来17个月的开战实践,阐述了对抗战过程的基本设想,修正了以往关于抗战的分期,第一次提出了中国抗战按照预定的战略政略划分,可分为两个时期,即从1937年7月开战到武汉撤退、岳州沦陷是抗战第一时期,此后则进入第二期抗战。在第一期抗战中,中国军队各方面均处于劣势,"不但各种技术装具和一切准备,都不如敌人,就是我们自己的学问能力与种种计划,我们自觉也都比敌人差次",从军事进退上看是失败了,但从整个长期的战局上说,"我们已经依照我们预定的战略陷敌军于困敝失败莫能自拔的地位",做到了以"劣势的军备"来"逐次消耗优势的敌军",并且"根据抗战的经验来培养我们自己的力量,以逐渐完成我们最后战胜的布置"。所以,第二期抗战就是中方"转守为攻、转败为胜"的时期。为此,南岳会议需要制订"一个以后作战可操必胜的具体方案,然后以万众一心协同一致的精神彻底实施,以完成

---

① 《中华民国重要史料初编》第二编《作战经过》(二),第356—357页。

我们第二期抗战的使命"①。蒋介石讲话之后,各师师长或参谋长分别作了军事报告。

在 11 月 26 日上午举行的第二次会议上,蒋介石在讲评中具体指出了中国军队以往在战略和战术的种种缺失即耻辱,要求与会各将领"加以研究,制成具体方案,以便确实施行"②。下午,蒋介石出席第三次会议,在讲话中强调应特别注意研究的事项,包括研究学习过去战争失败和不能扩张战果之原因,健全各级司令部之要件,改进通讯联络,部队接防手续与监督方法之规定与施行,部队衔接处与薄弱点应定补救办法,严格整饬军风纪,赶造战斗详报,部队教育,赏罚公布施行,清报公布经费,充实编制,还在会上提出抗战"四要"实施纲领,即军队要提高士气、收揽民心、爱惜物力、抚养伤病③。11 月 27 日,蒋介石出席第四次会议,重点分析日军的作战优点,以为借镜。28 日,蒋又出席第五次会议,说明南岳军事会议的最大目的,在于整军建军,即以军官为重心,由军官负起建军的责任。整军包含两个要点:一是全国部队拟分三期轮流至后方进行整训,每期整训暂定为 4 个月,全国军队的整训限在一年之内完成。整训的具体步骤是:将全国部队的三分之一配备在游击区域——敌军的后方担任游击,以三分之一的部队布置在前方对敌抗战,而抽调三分之一部队到后方整训。第一批部队整训完成,仍调回前方作战,或担任游击。此后调换第二批部队到后方继续整训,其他部队依次进行。二是补充点验事务应于军部或师部设补充点验处专司

---

　　　① 《蒋委员长对第一次南岳军事会议训词》(1937 年 11 月 25 日),《中华民国重要史料初编》第二编《作战经过》(一),第 127－130 页。
　　　② 《蒋委员长对第一次南岳军事会议训词》(1937 年 11 月 26 日),《中华民国重要史料初编》第二编《作战经过》(一),第 138－149 页。
　　　③ 《蒋委员长第一次南岳军事会议训词》(1937 年 11 月 26 日),《中华民国重要史料初编》第二编《作战经过》(一),第 158－162 页。

其事,以便核实补充,增进效能①。

第一次南岳军事会议对抗日战争进行了新的分期,相应提出第二期的抗日战略,强调整训军队、提高军队素质、增强作战能力,立足于依靠自己的力量争取反攻阶段的到来。通过这次会议,正面战场完成了从战略防御向战略相持的过渡。

南岳军事会议之后,蒋介石于1939年1月在陕西武功再次召集军事会议,对第一期作战之得失和第二期作战特点,作进一步的研讨和部署。

根据上述会议的判断与指示,军事委员会制订颁行《国军第二期作战指导方案》,将作战方针确定为:"国军应以一部增强被敌占领地区内力量,积极展开广大游击战,以牵制、消耗敌人。主力应配置于浙赣、湘赣、湘西、粤汉、平汉、陇海、豫西、鄂西各要线,极力保持现在态势。不得已时,亦应在现地线附近,尽量牵制敌人,获取时间之余裕,俟新战力培养完成,再行策动大规模攻势。"②第二期作战方针突出强调了敌后游击战的重要性,力图消耗日军战力。军事委员会的战略构想是:"国军连续发动有限度之攻势与反击,以牵制消耗敌人,策应敌后之游击战,加强敌后方之控制与袭扰,化敌后方为前方,迫敌局促于点线,阻止其全面统制与物资掠夺,粉碎其以华制华,以战养战之企图,同时抽调部队,轮流整训,强化战力,准备总反攻。"③此后中国军队在正面战场的继续作战,大体上就是按照上述作战方针与战略构想开展的。

为了适应第二期作战的需要,国民政府军事委员会还将全国重新划分为十个战区,增设苏鲁、冀察两个游击战区,以加强对敌后战场的

①　《蒋委员长第一次南岳军事会议训词》(1937年11月28日),《中华民国重要史料初编》第二编《作战经过》(一),第171—176页。

②　《国军第二期作战指导方案》(1939年1月7日),《中华民国史档案资料汇编》第五辑第二编《军事》(一),第659页。

③　《中华民国重要史料初编》第二编《作战经过》(一),第568页。

指挥,国军战斗序列也得到调整。军事委员会还取消了军事委员会委员长驻广州、西安、重庆各行营,改设桂林行营、天水行营,分别由白崇禧、程潜任主任,负责指挥南北两战场各地区之作战[①]。各战区划分情况概括如下:

第一战区司令长官卫立煌,下辖第二、三集团军,辖区为豫境及安徽之一部;

第二战区司令长官阎锡山,下辖第四、五、六、七、十四、十八集团军,辖区为山西及陕西之一部;

第三战区司令长官顾祝同,下辖第十、二十三、二十五、三十二集团军,辖区为苏南、皖南及浙、闽两省;

第四战区司令长官张发奎,下辖第九、十二、十六集团军,辖区为广东、广西两省;

第五战区司令长官李宗仁,下辖第十一、二十二、二十九、三十三集团军以及豫鄂边区游击总队,辖区为皖西、鄂北及豫南;

第八战区司令长官朱绍良,下辖第七、十七集团军,辖区为甘肃、宁夏、青海及绥远;

第九战区司令长官薛岳(代),下辖第一、十九、二十、二十七、三十、三十一集团军,以及湘鄂赣边区游击总队,辖区为赣北、鄂南及湖南省;

第十战区司令长官蒋鼎文,下辖第三十四集团军,辖区为陕西省;

苏鲁战区总司令于学忠,下辖第五十一、五十七、八十九军,辖区为山东省及苏北地区;

冀察战区总司令鹿钟麟,下辖第六十九、九十九、新编第五军,以及河北民军,辖区为河北、察哈尔省。

当时,中国的总兵力共计191个步兵师,29个步兵旅,12个骑兵师,10个骑兵旅,其他特种及游击部队尚不在此内。根据当时的敌我

---

①　《抗日战史》(第二册)《全面抗战经过》,第247页。

形势,国民政府军事委员会将重兵配置于第五、第九两战区方面迎敌①。

第二节　南昌战役、随枣战役与枣宜会战

进入相持阶段后,中日双方在正面战场的主要对峙区域转移至湘、鄂、赣地区。1939年起,驻武汉日军为巩固已占领地区,不断发动有限攻势,中国军队本着持久消耗的原则,对日军采取攻防并举的策略,双方在湘、鄂、赣及周边地区开展了多次重要战役。

一　南昌战役

南昌地处南浔、浙赣两条铁路的交会处,毗邻鄱阳湖,与长江相通,战略地位重要。武汉会战时期,南昌本是日本攻略的目标之一,但当时由于薛岳兵团的顽强阻击,日军被迫受阻于修水以北之线。尽管如此,南昌地区中国军队的存在,对日军利用长江交通线及控制武汉而言始终是一个威胁。

南昌战役,是日军为巩固武汉、切断浙赣路而发动的,也是自武汉会战后,中日军队之间的一次大规模的交战。南昌战役,中日双方投入兵力如下:国军方面为第一、第十九、第三十、第三十二等集团军,合计13个军,34个师,无海、空军支援。日军方面为第十一军第六、第一〇一、第一〇六师团及第一一六师团之一部,另有各型作战舰艇40余艘,战机约600架次②。

1939年1月底,日军第十一军即制订了《对南昌作战要领》,决定

---

① 《抗日战史》(第二册)《全面抗战经过》,第251—256页。

② 三军大学战史编纂委员会:《国民革命军战役史第四部——抗日》(第三册)《中期战役》,台北"国防部"史政编译局1995年版,第25—26页。

"军约以两个师团及强大的重炮及战车部队等,沿南浔路一线地区进攻南昌。另外,以有力的一部向箬溪－修水公路挺进,以利于上项作战"。2月6日,日本华中派遣军又向第十一军发出《对南昌作战要领》称,"攻占南昌的目的,在于割断浙赣铁路、切断江南的安徽省及浙江省方面敌之主要联络线"①。

中方最高统帅部于2月下旬即已判明日军的进攻企图,最初,中方考虑先发制敌。1939年3月7日,军事委员会令第九战区于3月15日向赣北日军出击,但第九战区因部队调整与补给尚未完成,请求展期,军事委员会遂改令赣北中国军队对日军采守势。此时,日军第一〇一、一〇六师团主力已在赣北德安以南地区完成集结,第六师团亦在箬溪一带完成攻击准备。随后不久,日方即向中国守军发动大规模的攻击。

1939年3月17日晨,日军第一〇一师团一部向赣北修水涂家埠北岸青山一带的中国军队进袭,并强渡南岸。东路日军第一〇六师团以及海军陆战队一部,则自鄱阳湖向吴城方向进犯,中国守军奋起应战,南昌会战由此拉开序幕。

3月19日,日军第一〇一师团于涂家埠、穗津间南渡修水,并向中方阵地炮击300余发混用毒气弹,中方部队旅长龚传文及另两名团长中毒②。不久,日军占据涂家埠以北六七里处之大路叶一带。中方守军第一四二师组织反攻,战事十分激烈,大路叶阵地三易其手,双方伤亡均重③。与此同时,双方还在涂家埠西北之陈村一带进行了数日交战。由于在涂家埠地区遇到中国军队的顽强抵抗,20日晚起,日军主力转向永修至虬津之间,分由狗子岭、刘庄、廖家渡和花园魏四处强渡

---

① 日本防卫厅防卫研究所战史室:《中国事变陆军作战史》(中译本)第二卷第二分册,中华书局1980年版,第114－116页。

② 《罗卓英密电》(1939年3月19日),《中华民国史档案资料汇编》第五辑第二编《军事》(三),第141页。

③ 《国民革命军战役史第四部——抗日》(第三册)《中期战役》,第32页。

修水。日军以战车、炮火和毒气弹为掩护，向中国军队发起猛攻。中方第四十九军和第七十九军与敌军血战四日，双方均有较大伤亡。此后，日军一路西进至狮子山与太子岭一带，迫使中国守军向南转移，另一路则向滩溪方面进攻。22日，日军在滩溪以北之大源桥受到中国军队的顽强抵抗，日军遂增加兵力，并且向中方阵地大量放射毒气，中国守军牺牲颇众，只得转退滩溪以南一带的高地续守。

东路在鄱阳湖西岸登陆进犯的日军第一〇六师团，在狮子山附近受到中方预五师和第一四一师的阻击，鄱阳湖内之日军舰艇亦被中国军队击毁数艘。在激战数日后，日军凭借优势兵力分路向吴城进攻，并出动飞机狂轰滥炸，兼以连续施放毒气，中方守军伤亡惨重，吴城于24日陷入敌手。基于万家埠阵地已受日军优势兵力之压力，中方第三十二军遂转退至乐化以北的第二线阵地。

为便于作战指挥，蒋介石于3月23日下令重新划分第三、第九两战区的作战地境，暂定为鄱阳湖南岸，沿抚河，经南丰，再沿闽赣边境之线，线上属第三战区。同时，蒋令第三战区速调第一〇二师开赴南昌增援，归罗卓英指挥①。同日，日军第一〇六师团一部沿公路向万家埠和安义进犯，另一路则向安义与靖安之间的乾州突袭。当日，日军占领了安义城，并进至奉新附近，中方第四十九、第七十、第七十九等军逐次南移，未能予日军有效阻击，不久奉新陷敌。

日军第一〇六师团攻占安义、奉新后，除以一部向高安突进外，其主力部队由安义左旋，径向南昌突进。为迟滞日军攻势，中方第一〇二师于25日奉命扼守奉新通往南昌之公路，但随着日军主力的抵达，第一〇二师很快被击破，不得不退至丰城一带。第三战区第十九集团军总司令罗卓英急调第三十二军自乐化赶赴南昌守备，但第三十二军尚未全部抵达，从西南方向之新洲、生米街迂回攻袭南昌的日军已经攻入

---

① 《蒋介石关于三九战区作战地境及南昌附近作战部署密电稿》(1939年3月23日)，《中华民国史档案资料汇编》第五辑第二编《军事》(三)，第149页。

城内。双方随即发生遭遇战,为争夺渡河,双方均伤亡重大。27日,日军第一○一、第一○六师团主力向南昌城发起猛攻,蒋介石致电中方守军第三十二军宋肯堂部,命其死守南昌待援①。然而在日军的强大攻势下,第三十二军大部被迫于当晚撤出南昌,向进贤一带转移,该军第一四一师师长唐永良率余部拼死抵抗,与日军血战至28日凌晨方才奋力突出重围②。

为策应南昌附近会战,第九战区曾调驻湖南长沙、浏阳一带的第七十四军和第一集团军之第三、六十、五十八军前往高安东北之祥符观、会埠街地区,牵制日军第一○六师团。由于南昌快速失陷,上述各军遂在该地区与敌军展开对峙。此时,中方第十九集团军所部主力,在靖安、安义、大城等地附近与日军激战后,向上高附近转移。4月9日,高安陷敌。与此同时,中方第七十军在清安一带侧击日军,以策应处于被敌包围的第七十九军奋力突围,第七十军复与第四十九军一并转移至高安以东的锦江南岸地区。

南昌陷敌当日,日军第六师团主力仍与中方第三十集团军对峙于武宁东北之津口一带,双方互无进展。28日,第六师团乘中方第三十集团军换防未竟之时突然发动攻击,中国军队被迫后撤,武宁遂于当日失守。

1939年3月30日,桂林行营发言人就中国军队弃守南昌发表谈话称:"敌人此次增兵赣北,拼其最后之死力,以四师团之众攻我南昌,经我猛烈之抵抗,旬日间,敌伤亡达一万五千余,并有高级指挥官多人,亦不能免,我当以消灭战之目的既达,乃于二十九日自动放弃,仅余空城之南昌,而向新阵地作有计划之转移,准备反攻,此仅就军事上言,南昌已失去死守之价值。再言南昌在政治上既已非我赣省省会之所在

---

① 《蒋介石令宋肯堂部死守南昌待援密电稿》(1939年3月27日),《中华民国史档案资料汇编》第五辑第二编《军事》(三),第151页。

② 《抗日战史》(第二册)《全面抗战经过》,第258页。

地,一切物资民众早已按照计划疏散,亦已失去政略之地位。故此次南昌之放弃,纯属循我既定之持久抗战一贯之方针,与全面战局毫无影响,而图增敌人之困难,益使其深陷于泥淖中而已。"①当时蒋介石虽然对"南昌失陷如此之速"感到不满,但仍然清醒地认识到,"南昌失守后之战略,仍以不决战为主也"②,"此时战略,仍以打击敌军消耗敌人为主旨,而不在城市之得失"③。

南昌失陷之后,日军继续在赣北攻击中国军队,中方亦十分重视赣北战场,不愿轻易退出这一地区,双方仍有若干战事。1939 年 3 月底至 4 月初,中日双方屡次交锋,赣北武宁、祥符观、高安等地也数度易手。即便是对于南昌,中方自最高军事当局以下,亦希望早日收复。4月上旬,国民政府军事委员会电令第九战区前敌总司令罗卓英,令其统一指挥第九、第三战区之部队。此后,军事委员会又制定《攻略南昌计划》,其方针是先以主力进攻南浔路沿线之敌,确实断敌联系,再以一部直取南昌。攻击开始之时机为 4 月 24 日顷④。赣北之中国军队基本完成整训后,蒋介石于 4 月 16 日电令第九战区代理司令长官薛岳,命其以第三十二集团军的第七十九、十六、预备第十师、预备第五师之一部攻击南昌,第十九、一、三十集团军则在赣北其他各处对日采取攻击行动⑤。

为争取时效,中方将攻击开始时间提前至 4 月 22 日。但 4 月 21 日起,中方第七十四军就首先由高安以西,及高邮市、石头岗间地区北

---

① 《中央日报》,1939 年 3 月 31 日。
② 蒋介石日记 1939 年 4 月 1 日,斯坦福大学胡佛研究所藏蒋介石日记手稿影印件。
③ 蒋介石日记 1939 年 4 月 2 日,斯坦福大学胡佛研究所藏蒋介石日记手稿影印件。
④ 《攻略南昌计划》(1939 年 4 月 17 日),《中华民国史档案资料汇编》第五辑第二编《军事》(三),第 157 页。
⑤ 《总统蒋公大事长编初稿》(卷四)上册,第 340 页。

渡锦江,向高安、大城、石头岗、万寿宫、生米街等地之日军发起攻击。至26日,中方部队先后攻克大城、高安、生米街等要点,并续向奉新东南之虬岭、赤土街前进,途中因遭遇日军顽强抵抗,进展困难。就在第七十四军发动攻击的同时,第一集团军亦开始向奉新反攻。武宁方面第三十集团军,除以主力部队牵制右翼武宁之敌外,另以一部驱逐张公渡之敌,并破坏敌后交通,协同庐山、岷山游击队,策应南昌方面之作战。

4月25日,中方部队迫抵南昌城郊,其一部潜入城内活动,予敌重创。次日,中方军队一部曾两度攻克南昌东侧老飞机场,27日又克复市郊之段冈及大佛塔等处,并逼近南昌市区南部的莲塘、向塘等处。日军为挽回颓势,随即增兵固守,进而出动大批兵力向中方部队猛烈反击。中方攻势一度受阻。4月29日,罗卓英下令,限上官云相所部于30日进占南昌①。5月1日,蒋介石下令,限5月5日攻下南昌。对此,白崇禧、薛岳等将领均提出:南昌之敌既已有备,我之攻击颇难摧毁克敌之坚固阵地,5月5日前攻克南昌恐难达成任务②。在此情势下,中方第二十九军之第二十六师仍于5月5日再度克复南昌飞机场和南昌车站,进而向南昌城防阵地实施突击。此后,日军紧急从上海调来海军陆战队5000余人,并凭借空中的优势狂轰滥炸,投掷大量毒气弹,致使中方之攻势受挫,在激战中,亲率第二十六师发起进攻的第二十九军军长陈安宝腹部中弹,壮烈殉国,第二十六师师长刘雨卿亦身负重伤,官兵伤亡尤重③。

---

① 《罗卓英限期攻克南昌命令》(1939年4月29日),《中华民国史档案资料汇编》第五辑第二编《军事》(三),第170页。

② 《白崇禧致蒋介石何应钦密电》、《陈诚致蒋介石密电》(1939年5月5日),《抗日战争正面战场》(中),第866—867页。

③ 《国民革命军战役史第四部——抗日》(第三册)《中期战役》,第35页;《罗卓英报告陈安宝军长督战阵亡等情密电》(1939年5月7日),《中华民国史档案资料汇编》第五辑第二编《军事》(三),第176页。

鉴于反攻南昌之举难以一举奏功,且第五战区日军行动渐趋积极,国民政府军事委员会遂于5月9日下令部队停止攻击南昌,转而恢复原有态势,与日军在南昌周边地区保持对峙。据第三战区司令长官顾祝同报告,自4月22日至5月9日,中方在反攻南昌的作战中死伤官兵共计6883人,生死不明官兵达1284名,另损失轻重武器若干[①]。而日军方面也受到重大损失,计战死约500名,负伤约1700名[②],也无力进一步反击中国军队,南昌会战由此结束。总体看来,南昌会战的结局表明,日军占领武汉之后,并没有能够歼灭中国军队的主力,更没有能够削弱中国军民的抗战意志;中国军队已经体现出了改单纯防御为攻势防御的战略意图,虽然这一战略指导方针尚需在实际作战中得以历练。

二　随枣战役

武汉会战结束后,日本华中派遣军第十一军以武汉、九江为基地,将部队配置于九江、岳阳、钟祥、信阳间地区,采取以攻为守的策略。是时,中方第五战区部队已退守鄂西北及豫鄂边区,于长江至汉江间、宜城至长寿店、桐柏山东南麓至随县一带、汉水上游襄樊地区及大别山区布防,对汉口、钟祥、信阳、麻城等地日军形成包围态势。为加强第五战区战力,国民政府军事委员会又从鄂南调汤恩伯第三十一集团军至随县、枣阳方面。随枣地区对中国军队巩固桐柏山、大洪山根据地而言关系重大,而且可直接牵制平汉铁路及汉宜公路之交通,威胁武汉地区之日军。日方认为,中国军队集结于襄阳以东枣阳附近的6个师,可能由

---

① 《顾祝同报告反攻南昌作战战斗结果密电》(1939年5月21日),《中华民国史档案资料汇编》第五辑第二编《军事》(三),第181页。另外,蒋介石在5月7日的日记中也写到:"反攻南昌失利,未知损失程度如何。"据斯坦福大学胡佛研究所藏蒋介石日记手稿影印件。

② 《中国事变陆军作战史》(中译本)第二卷第二分册,第125页。

随县附近采取攻势。日军第十一军遵照大本营之指导，于攻占南昌之后即策划发动"襄东会战"（日军对随枣战役的称呼），其作战指导方针是"一举在枣阳附近捕捉和歼灭敌军"①。

1939年初，蒋介石下令颁发《国军攻势转移部署方案》，决定"加强游击战区兵力，并相继转移攻势，以牵制消耗敌人援助"，并确定以3月和4月上旬为各战区开始攻击时机②。3月下旬，日本华中派遣军向第十一军通报敌情称，蒋介石决心自4月上旬转入反攻，以第一期整编部队为基干，调第三十一集团军2个军6个师从江南向江北移动，并自18日起向枣阳以南地区集结，可能从枣阳附近向随县附近采取攻势③。第十一军随即制定作战指导策略，决定予以中方部队快速打击。

1939年4月下旬起，侵据鄂北的日军第十一军第三、十三、十五、十六师团及第四骑兵旅团各部，开始分路向钟祥、安陆、应山西北等地集结。至4月28日、29日，日军以小股部队向汉水西岸沙洋、大洪山及随县东北的中方部队作试探性攻击。同时，日军出动战机连日轰炸荆门、沙洋等城镇④。

5月1日，日军第三师团在炮兵掩护下，自安陆、应山方面向中方第八十四军阵地猛攻，并在郝家店、徐家店一带遭遇第八十四军第一七三、一七四师的奋勇抵抗，日军官兵被歼灭者近千人⑤。经过一昼夜的血战，日军第三师团最终突破应山西北至徐家河东岸中方第八十四军守备阵地，中方部队被迫后撤至塔儿湾一带阵地。次日，第八十四军第一七三、一七四师在塔儿湾阵地与凭借飞机与炮兵炮火的日军进行了

① 《中国事变陆军作战史》（中译本）第二卷第二分册，第127页。
② 《抗日战争正面战场》（上），第82页。
③ 《中国事变陆军作战史》（中译本）第二卷第二分册，第125—126页。
④ 《李宗仁关于日军向鄂中鄂北大举集结企图蠢动密电》（1939年4月），《中华民国史档案资料汇编》第五辑第二编《军事》（三），第188—189页。
⑤ 《李宗仁密电》（1939年5月2日），《中华民国史档案资料汇编》第五辑第二编《军事》（三），第193页。

更为激烈的交锋,所守备之阵地失而复得达七次之多。由于日军疯狂施放毒气,中方守军牺牲殆尽,塔儿湾阵地被迫于 5 月 5 日弃守①。与此同时,日军第十三、十六师团各以一部,在优势地空火力的支援下,分由钟祥、三阳店向中方第三十九军阵地发起全线猛攻。双方激战至 4 日,第三十九军伤亡重大,遂与第八十四军第一七三、一七四师分别转移到漂水西岸。高城镇终告不守。5 日,大洪山、长寿店一带阵地也被日军突破。同日,日军又向天河口、白庙镇以及江家河、庐山一带进逼,遇到中国军队的顽强抵抗,双方一度相持不下。大洪山西部地区,中方第一二七师和一八〇师在长寿店及丰乐镇一带阵地阻击沿汉水东岸北犯之日军,但终被日军突破防线。至 5 月 6 日,襄阳对岸之张家湾已被日军攻占,襄、樊与随、枣间公路交通被切断,张家湾附近之公路浮桥亦被日军飞机炸毁。此后,日军后续部队沿汉水东岸向北急进。

中方为避免被日军分别围歼,决定将各部队脱离战区转移。第十三军退入桐柏山地区,以冀切断日军后方联络线,并待机攻击西进之敌;第三十九军据守大洪山阵地,直接牵制西进之日军;位于随枣地区的第十一集团军总部亦于 5 月 6 日撤离枣阳移至随阳店;第八十军撤出随县后经随阳店转至唐河一带。此后,枣阳、随县均很快被日军占领。5 月 7 日,日军令其主力第十三、十六两师团进至襄阳以东滚河之线后,即向东北行右旋突进,企图于枣阳东北山地歼灭中方第三十一集团军汤恩伯部。5 月 8 日,日军第三师团突破中方历山第二线阵地。嗣后,日军依仗优势兵力继续向北突进,先后突破丰乐、长寿店和于斗湾等处的中国军队阵地,于 9 日攻陷枣阳以北之胡家镇。10 日至 13 日,又相继攻陷继阳、湖阳、新野、唐河、南阳等地。情势危急之下,蒋介

———————
　　① 《李宗仁密电》(1939 年 5 月 5 日),《中华民国史档案资料汇编》第五辑第二编《军事》(三),第 195 页。《李宗仁致蒋介石密电》(1939 年 5 月 6 日),《抗日战争正面战场》(中),第 890 页。

石一边下令第六十八、第三十九军仍留置桐柏、大洪山区担任游击,第三十三集团军转移至汉水西岸布防,同时又急调孙连仲第二集团军增援南阳。孙连仲集团军先遣部队独立第四十四旅抵达唐河后,遂与日军第十六师团展开激战,最终顺利掩护汤恩伯第三十一集团军安全转移至镇平、内乡一带。由于中方部队在转移期间情况混乱,第五战区司令长官部与各集团军之间的通信联络于5月12日几已完全中断,有鉴于此,蒋介石遂命西安行营主任程潜暂时指挥第五战区各部队作战①。

由于日军过于轻装急进,使得接济后援问题逐渐突出,加之沿途又屡屡遭到中方游击部队乃至地方民团的突袭,已成强弩之末。此时,蒋介石电令西安行营主任程潜,命其出动部队实施反攻。5月中旬起,中方第十三军主力、第八十四军及孙连仲第二集团军,开始在鄂北转入反击。第十三军之另一部及在大洪山之第三十九军,分别从南北切断日军后方联络线,并在襄花公路截击后退之敌军,而原部署在汉水西部之第三十三集团军也向东岸出击。日军第十一军为避免被动作战,于5月13日起分由唐河、枣阳开始向钟祥、京山、安陆、应山撤退。次日,中方第二集团军由南阳一举击溃唐河之敌,第三十九军亦攻克大洪山西北诸要地。至5月16日,中国军队已先后收复桐柏、淮河店以及唐河、新野、湖阳等地,随即攻克枣阳并向随县逼近。5月23日,随县克复。尽管日军已经逐次撤退,蒋介石仍于27日电令孙连仲派有力之一师前往随枣,向平汉路南段日军不断袭扰,勿使其安全整补②。

随枣一役,中方在无空军支援的情况下作战,出动兵力约20万人,由于许多部队整补尚未完毕,战力有限。此次战役,中方虽然最终克复

① 《蒋介石密电稿》(1939年5月12日),《中华民国史档案资料汇编》第五辑第二编《军事》(三),第198页。

② 《蒋介石致孙连仲电》(1939年5月27日),《中华民国重要史料初编》第二编《作战经过》(二),第427页。

随县、枣阳，但损失极为惨重。据中国方面统计，中方部队伤亡人数达到 28037 人①。相比之下，日军兵力虽只有 12 万余人，却装备精良，且始终得到空军各型战机的作战配合②。但是，日军试图通过该战役打击中国的抗战力量和抗战意志、解除中国军队对武汉的威胁，从根本上来说这一目标是失败的。

三　枣宜会战

随枣战役结束后，日军第十一军为清除武汉外围大洪山、桐柏山及豫皖边区一带中方第五战区主力部队的威胁，企图发动一次大规模的反击作战。1940 年 2 月 25 日，日军制定《会战指导方针》，即"军在最短期间内作好准备，大概自 5 月上旬开始攻势。首先在白河以南捕捉汉水左岸之敌，接着在宜昌附近，彻底消灭该河右岸之敌核心部队"③。4 月 10 日，日本大本营发布第四二六号命令，勉强同意第十一军"超越既定作战地区"进行作战，但限制其作战结束后，必须返回原驻地，而不许固守新占据地区④。4 月中旬起，第十一军主动调整兵力配置，抽调第三、第十三、第三十九等约七个师团兵力，进至信阳、安陆、钟祥各附近地区部署，准备向荆门、沙市、宜昌地区发动进攻。早在 3 月下旬，中方最高统帅部就已探知日军进攻企图，蒋介石随即致电第五战区司令长官李宗仁，指示其积极策划、严密防范，并令第三十一集团军汤恩伯所部准备由鄂北出汉宜公路作战⑤。4 月 10 日，最高统帅部又饬令第

---

①　《抗日战史》(第五册)《华中地区作战》(上)，第 329 页。

②　《国民革命军战役史第四部——抗日》(第三册)《中期战役》，第 39—40 页。

③　日本防卫厅防卫研究所战史室：《中国事变陆军作战史》(中译本)第三卷第二分册，中华书局 1983 年版，第 3 页。

④　《中国事变陆军作战史》(中译本)第三卷第二分册，第 1 页。

⑤　《蒋介石致第五战区司令长官李宗仁指示敌情电》(1940 年 3 月 24 日)，《中华民国重要史料初编》第二编《作战经过》(二)，第 453 页。

五战区司令长官部：乘敌军进攻荆门、宜昌企图渐趋明显之际先发制敌①。

5月1日起，日军分由鄂北、鄂中、豫南三路向中国军队发起进攻，并以襄阳、樊城为目标，采取分进合击战术，试图在襄河以东的枣阳地区及南阳以南地区消灭中国军队。枣宜会战大幕由此拉开。

鄂北方面，日军第十三师团两个联队，加上伪军共七千余人，由钟祥和洋梓向襄河右岸的中国守军阵地发起猛攻。中方第三十三集团军所属之五十九军第三十八师推进至转斗湾、半乐河一带迎敌，第二十九集团军则抽调一个师的兵力至汪家店附近，协助第三十三集团军作战。

豫南方面，沿信南公路北进之日军，先是突破大石桥、小林店一线中方第三十军所部阵地，后又突破第六十八军在跑马岭的阵地，但在信阳以北的明港附近，遭到第六十八军独立第二十七旅的阻击。日军凭借兵力上的优势，攻陷明港。嗣后，中方第六十八军于邢集、蓝店、大营之线向日军展开反击，确实控制通往泌阳的各道路。

鄂中方面的日军第三十九师团，于5月4日晨以战车百辆为前驱，并在10架战机的掩护下，由随县附近地区向中方第十一集团军阵地进犯。中方部队极力抵抗，终因敌方火力过猛被迫向北转移。至5月6日，长春店、丰乐等地先后陷敌。至7日，日军又接连攻占泌阳、平氏、兴隆集、资山等地，此后又向枣阳、唐河猛攻。5月8日，防守枣阳的第八十四军第一七三师奉命从西面突围，后在豫省边境之苍台镇附近遇到大批日军围攻，师长钟毅及随行一个营的官兵激战竟日，全部牺牲②。为此，蒋介石特致电第五战区司令长官李宗仁，命其责令所部长

---

① 《抗日战史》（第二册）《全面抗战经过》，第291页。《军委会拟定第五战区襄东部队作战指导方案》（1940年4月），《中华民国史档案资料汇编》第五辑第二编《军事》（三），第285页。

② 《国民革命军战役史第四部——抗日》（第三册）《中期战役》，第111页。

官派专员寻觅钟毅遗体,以慰忠魂①。当日,日军第三十九师团占领枣阳,此后又与第三、第十三两师团会合,从而完成对枣阳以东地区的包围。

此时,中方第三十军、第三十一集团军及第六十八、第四十五、第八十四军已经转移至新野、泌阳、确山等地,并于5月10日对敌形成包围之势。第二十一集团军之第七军及鄂东游击队也已袭占平汉路之鸡公山、李家寨、柳林车站等据点,第九十二、第六十八军则相继克复泌阳、桐柏、明港。中日双方激战至5月11日,日军各部陆续向东南方面集中进击,中方部队一度克复的枣阳、信阳复陷敌手。

5月15日,日军集中其第十三师团主力围攻驰往南瓜店堵截之中方张自忠第三十三集团军第七十四师及特务营。日军在战机和地面炮火的助攻下,对张自忠所部展开三面环攻。至16日,双方展开白刃搏斗,罗家榨屋附近之山头得而复失者四次。第三十三集团军伤亡惨重,总司令部高级参谋多人先后殉职,总司令张自忠苦战至最后时分,终因身负七伤,腹部洞穿,壮烈殉国②。日军随即占领南瓜店,并乘机于19日全力北进,向中方部队发起反扑。由于日军地空炮火过于猛烈,中方守军不敌,被迫于21日向唐河、白河两岸及新野、唐河以南阵地转移。

此后,日军第三、第十三及第三十九师团分别集结襄阳正面与钟祥南北地区,积极整顿态势,准备发起对宜昌的攻势作战。5月31日,襄阳、宜城间之敌第三、第三十九师团强渡襄河,对中方部队发起猛攻。6月1日,襄阳失守。日军主力乘势西渡,向南漳、宜城之线推进,并于3日攻克宜城、南漳。此时,中方第七十五军由老河口南下,并在友军的协助下,于4日规复襄阳。

---

① 《蒋介石致李宗仁电》(1940年5月18日),《中华民国重要史料初编》第二编《作战经过》(二),第471页。

② 《抗日战史》(第五册)《华中地区作战》(上),第390—391页;《第三十三集团军枣宜地区战斗详报》(1940年5月16日),《中华民国史档案资料汇编》第五辑第二编《军事》(三),第297页。

6月4日晚,日军第十三师团突然由沙洋、泗港附近渡过汉水,与由襄阳南退之日军联合进犯宜昌。中方江防军以主力转守董市、当阳之间主阵地御敌。同时,蒋介石急调汤恩伯第三十一集团军南下予敌侧击。至6月10日,日军由正面大举进犯,沙洋、荆门、沙市、江陵、远安、当阳等地相继失陷,中国守军退守宜昌外围。双方激战至12日,中方第十八军伤亡甚重,被迫转移,宜昌于当日陷敌。16日,中方第二、第三十一集团军到达当阳、荆门以北地区,随即发起反攻,可惜均未奏效,至18日,双方战事渐呈胶着状态。对于宜昌之得失,中国最高当局亦十分关注。当时正值法属越南当局在日本的压力下宣布停运中国物资,蒋介石在6月21日的日记中写到:"鄂西战局与安南停运之二事,实自抗战以来未有如此苦痛艰危之事也。……安南停运固甚苦痛,然而宜昌得失之关键,甚于安南之交通也。"①此后不久,蒋介石又写到:"敌进攻宜昌南岸,军事甚觉可虑。"②与此相应,中方加强了沿江陵、宜昌与长江两岸间之当阳、荆门、钟祥、随县、信阳各地的兵力,与日方展开对峙。为拱卫战时首都重庆,国民政府军事委员会特别成立第六战区,由陈诚任司令长官,驻节湖北恩施。

第三节　第一次长沙会战和桂南战役

一　第一次长沙会战

长沙处于湖南省的北部,居湘江下游、洞庭湖以南,扼粤汉铁路与京滇国道之交,与赣、鄂、黔、川、桂、粤诸省相接壤。对中方而言,长沙

---

① 蒋介石日记1940年6月21日,斯坦福大学胡佛研究所藏蒋介石日记手稿影印件。

② 蒋介石日记1940年6月29日,斯坦福大学胡佛研究所藏蒋介石日记手稿影印件。

之得失，直接关系到湖南作为米谷、兵源和工业资源取给基地的存废。而日军占领武汉和岳阳之后，长沙也已成为其通往粤、桂、黔诸省之门户，战略地位不言而喻。长沙以北为洞庭湖冲积地区，地势平坦，但新墙河、汨罗江及汨水、浏阳河三条水道平行横亘，东西两侧又有幕阜、九岭、万洋山及雪峰山脉为屏障，对中国军队的抵抗防守和侧击截击行动而言，都有相当可倚藉之处。

整个抗战时期，中日双方在长沙地区进行了三次大的会战。第一次长沙会战前夕，适逢德国进攻波兰、英法对德宣战，欧洲大战爆发。中国国内方面，汪精卫投敌后，日军第十一军为配合汪伪政权出台，"决定乘加快在华中建立中央政权的势头，于9月下旬把敌第九战区军队消灭在赣湘北境地区，挫败敌军抗战企图"①。1939年8月15日，在武汉的日军第十一军司令部确定了《江南作战大纲》，其目的是："在第九战区，尤其是在粤汉铁路沿线，歼破敌方中央直系军主力，乘中国军衰退之局势，促进挫折其续战意志，同时加强确保作战地域内之安定。"②9月9日，日本大本营解除原华中派遣军之系列，在南京新设"中国派遣军总司令部"，以西尾寿造为总司令，板垣征四郎为总参谋长，下辖华北方面军、华中第十一、十三军及华南的第二十一军，统一指挥关东军之外的侵华陆军各部。

第一次长沙会战（日方称湘赣会战）引起了中日双方的极大关注。日军在战前拟定的作战指导方针曾设想："本作战之实施以奇袭为本旨，尽量在至短时间内结束作战，其后概恢复原态势。"③为此，日军投入大量作战部队，包括第十一军所属第三、六、三十三、一〇六师团全部、第一〇一师团主力及第十三师团的1个旅团，另有海军陆战队的2个独立大队、海军舰艇若干艘、3个航空中队（约30架飞机）、4个独立

① 《中国事变陆军作战史》（中译本）第二卷第二分册，第144页。

② 容鉴光：《长沙三次会战》，台北"国史馆"1990年印行，第28页。

③ 《长沙三次会战》，第29页。

炮兵联队及若干特种部队,总兵力约18万。中方第九战区参加会战的主力部队则有湘北方面的第十五、三十集团军,赣西和赣北方面的第一、十九、三十集团军,鄂南方面的第二十七集团军以及湘西洞庭湖方面的第二十集团军,另有作为总预备队的15个师,总兵力近40万。

战役开始前,中方最高统帅部一度主张放弃长沙,希望通过避战实现诱敌深入的目的。1939年4月15日,蒋介石致电第九战区代司令长官薛岳称:"如敌进取长沙之动态已经暴露,则我军与其在长沙前方作强硬之抵抗,则不如作先放弃长沙,待敌初入长沙,立足未定之时,即起而予其致命打击之反攻。"①然而,薛岳却坚持固守长沙。21日,军事委员会再次致电薛岳,指示:"湘北方面之作战应先立于不败之地,利用湘北有利地形及既设数线阵地,逐次消耗敌人,换取时间。敌如进入第二线阵地(平江汨罗县)时,我应以幕阜山为根据地,猛袭敌人之侧背。万一敌进逼长沙,我应乘其消耗既大、立足未稳之际,以预伏置于长沙附近及其以东地区之部队内外夹击,予敌以致命打击。"②

8月起,日本空军不断飞临湘、赣、鄂上空侦察,长江日军舰队也以炮舰20余艘,快艇百余艘及水上飞机多架进泊岳阳以西的洞庭湖面③。

9月上旬,第九战区获悉日军第十一军已集结于湘北、鄂南、赣北,长沙极有可能遭敌重兵进犯,即确定作战指导方针:诱敌深入于长沙附近地区,将其主力包围歼灭之。赣北、鄂南方面的中方部队则负责击破敌军策应作战的企图,保障主力在湘北方面的作战④。

①　《蒋介石致薛岳陈诚电稿》(1939年4月15日),《抗日战争正面战场》(中),第1079页。

②　吴相湘:《第二次中日战争史》(下册),台北综合月刊社1974年版,第577页。

③　《国民革命军战役史第四部——抗日》(第三册)《中期战役》,第71页。

④　《长沙三次会战》,第36页;《国民革命军战役史第四部——抗日》(第三册)《中期战役》,第69页。

1939 年 9 月 14 日拂晓,日军第一〇六师团主力及佐枝支队千余人,向江西高安以北奉新一带发起进攻,中方第一集团军第六十军第一八四师第六团、第五五〇团奋起抵抗,揭开了赣北方面作战乃至整个长沙会战的序幕。9 月 15 日起,日军增加了兵力,除了步兵外,还出动了炮兵和骑兵,向位于锦江北岸的高安城推进。日军动用飞机连番轰炸,并且不断使用了燃烧弹和毒气弹。中方第五十八军之第十师、第三十二军之一三九师、一四一师所部多次击退日军,数日内双方在高安以北互有进退。至 9 月 18 日傍晚,中国军队弃守高安。19 日起,中方将第三十二、四十九、七十四各军所部重新作了部署,与自高安西犯之日军激战。至 22 日,受重创之日军被迫退回高安城,中方第三十二军乘胜反击,于当晚一鼓作气收复高安,并进占祥符观,日军则往东北方面败退,回到 9 月 14 日前之态势。

在高安之战期间,北面同时进行着会埠之战。会埠城位于缭水以北,是阻遏日军自赣北沿缭水西侵湘北的战略要地。9 月 15 日,日军第一〇一、一〇六两个师团分别强渡上乐河与缭水,以重炮猛轰中方阵地,随后日军以步兵、骑兵和战车沿缭水南北两岸向西推进。经过数日激战,北线日军于 16 日攻占会埠城,然后其一路从会埠向西,沿缭水先后推进到罗坊、上富、横桥、甘坊、找桥,但在横街遭遇中方第七十二军第十五师、第七十四军第五十七师的有力阻击。另一路日军则经九仙汤、沙窝里、黄沙桥进犯至修水、武宁水一带。

与此同时,南线战事亦十分激烈,日军突破中国军队的数道防线,推进到高安西北部的天峰岭、萧庄和西部的斜桥、村前街一带。在此情况下,中方军队依令向后集结,准备反攻,进而重新调兵部署,将原第二十七集团军的第七十三军第十五师,向东开赴甘坊、找桥一带,纳入第一集团军;第七十三军第七十七师则西调纳入第十五集团军。从 9 月下旬起,中方开始围剿各路入犯之敌,第七十四军的第五十师先后歼逐村前街、斜桥之敌;第五十七师收复上富、横桥;第五十一师在九仙汤附近与日军激战,终于收复九仙汤;第六十军第一八

三、一八四师收复甘坊①。第四十九军第一〇五师收复罗坊,然后以其主力沿缭水南岸扫荡追歼日军,并于10月12日收复了会埠。另从9月底起,中方第七十二军新编第十四、十五师和第七十八军新编第十六师,向修水方面的日军发起进攻;10月上旬,第八军第三师也参加了会攻,终于在10月10日收复修水城,然后沿修水河南北两岸向武宁方向追击。第三十二军的第一三九、一四一师则在会埠以北一带追歼日军,至10月13日,日军败退至奉新、靖安、武宁原阵地,与中方部队展开对峙②。

　　10月上旬,当修水之战即将结束之际,由鄂南南下的日第三十三师团的2个联队约5000余人,却自三都北窜至时为中方粮仓和游击基地的九宫山一带。中方除调兵固守九宫山根据地之外,另部署第八军第一九七师各部,以较少兵力与来犯日军正面周旋,而以主力沿敌军所经之途实施阻击,并对敌后进行攻扰。日军在沿途受创、进退两难之时,分三路向九宫山西北之通山、正北之富有、东北之燕履等方向逃窜,中方则按计划对其伏击、侧击和尾击,予日军以重创,九宫山根据地完好无损。

　　在鄂南方面,进犯之日军为三十三师团的二一三、二一四、二一五等三个联队,以及骑兵、炮兵、工兵、辎重各一个联队,总兵力约2万余人。9月22日起,原集结通城、高冲附近日军南犯,以飞机和大炮的轰击开路,向麦市、王牙尖一线猛烈进攻,中方第七十九军第一四〇师在第一三四师一部的支持下予以还击,双方伤亡均惨重。23日晚和次日,日军分别攻陷王牙尖东西两侧的苦竹岭、南楼岭,然后南进至桃树港,受到中方第一三三师、一三四师的阻遏。26日夜,中方调动第七十九军第九十八师由官田向北、第八十二师自尖山向东,加上第一四〇师

---

①　《罗卓英报告所部在上富镇甘坊等地战况及作战部署密电》(1939年9月),《中华民国史档案资料汇编》第五辑第二编《军事》(三),第456—458页。

②　《抗日战史》(第二册)《全面抗战经过》,第264页。

自麦市南下,第一三四师自原有阵地向北,合击南窜之日军,予敌重创,并于 28 日一度收复苦竹岭、桃树港。10 月 3 日,中方第八军第三师开至桃树港东北前来增援,各部纷纷向日军发起攻击。南犯溃败之日军向南楼岭北撤,而在通城的日军一部又南下增援,双方军队在南楼岭展开了激烈的包围与反包围之战。10 月 7 日晨,中国军队规复南楼岭,残敌遂向通城逃遁。

当 9 月下旬中日双方在桃树港一带激战时,日军第三十三师团主力曾突破白沙岭、包家岭一带中国军队的防线,其一部东向渣津方面进犯,大部则继续南侵,自龙门厂经长寿街直达献钟市北部,企图沿汩水直至湖南平江,与自湘北东进至平江的日军奈良支队会合,进而实现与其他各部日军会攻长沙之目的。这样,在平江以东阻遏日军第三十三师团主力,一时成为中国军队在鄂南战场最大的战略目标。对此,第九战区司令部极为关注,急调第九十八师第二九四团向献钟以西之三眼桥推进,以迎阻自平江东下之日军奈良支队一部。第二九三团据守黄花潭、香田、马子岭、粉白岭一线,以切断献钟方面之日军三十三师团西进之路。10 月 2 日,东、西两路日军同时向黄花潭一粉白岭一线进犯,中国军队与日军激战竟日,香田、粉白岭一度失陷。嗣后,中方又实行反包围,迫使日军分别向平江和长寿街方向回窜。于是,中方分别由第九十八师向平江方向、第八十二师向长寿街方向日军发起追歼。10 月 6 日,第九十八师克复平江。另外,第一三三师之三九九团自长仑岭南下至沙铺里,阻遏企图由长寿街北退之敌,另由第三九七团予以夹击,予日军重创。至 10 月 7 日,日军在中方军队追击之下,狼狈退守通城、崇阳。

日军在赣北、鄂南的进袭,原想配合湘北正面的主攻,采取分进合击之战术。但是,无论从赣北的奉新、靖安取道甘坊、铜鼓,还是自鄂南的通城、麦市经过长寿街,通往湘北之浏阳、汩罗,都有 190 余公里的山路,使日军大部队的行军、通讯和补给均受到相当限制。反之,在赣北、鄂南的中国军队虽然在武器装备方面落后于敌军,但为支持湘北主战场而不期待增援、奋勇作战,且凭借有利地形,在阻击、伏击、侧击和运动作战中,较充分地发挥了战斗力,终于使日军分进合击战术彻底破灭。

湘北方面是长沙会战的主战场。

1939年9月18日起,原集结在岳阳以南的日军第六师团全部和第三十三师团主力,与新增加的骑炮兵3000余人,沿粤汉铁路向新墙河北岸的中方第五十二军第二师、第一九五师阵地发起进攻,这也是日军整个作战计划之中路突破的开始。中国军队英勇抵抗,第一九五师于9月21日在草鞋岭阵地三次击退日军攻击,该师一一三一团第三营在防守比家山的激战中,自营长史恩华以下,全营壮烈牺牲①。在给日军以沉重打击后,中方部队遂在新墙河南岸的乐家湾、王街坊、新墙、潼溪街、杨林街一带,进行防御作战,阻遏日军的进攻。此外,日军第三师团在十多架飞机的空中支持下,出动舰船20余艘、炮艇百余艘,在洞庭湖夹新墙河口南部的九马嘴、鹿角一带强行登陆,中方第五十二军第二师守军凭借着险要的湖岸,与敌军激烈交战。为了防止被从新墙河登岸的日军截断退路,第二师先是有计划地以部分兵力扼守八斗坡、白塘冲、背底冲一线,主力则部署于粤汉铁路黄沙街站附近,从而与长湖、洪桥一带的第五十二军第二十五师、藕塘附近的第三十七军第六十师一部(由第五十二军指挥)、藕塘以东的第一九五师,组成了新墙河以南的第二道防线,对南进之日军进行逐次抵抗作战。在给敌军重创后,第五十二军各部奉命撤退,日军则南侵至汨罗江、汨水一带。

在新墙河战役打响后不久,日军第三师团另一部凭借空中和水上之优势,迂回绕至汨罗江湖口登岸,但立足未稳,即受到中方第三十七军第九十五师守军的反击。双方在湖口的千秋坪、黄婆段、眼镜塘等处

---

① 《关麟徵致蒋介石密电》(1939年9月21日),《抗日战争正面战场》(中),第1114页;《第十五集团军长沙会战战斗要报》,《中华民国史档案资料汇编》第五辑第二编《军事》(三),第463页。

进行攻守战,不少阵地数度易手。同时,日军另自营田附近登岸,与中方守军激战。9月24日,第九十五师在汨罗车站、第十九师在黄甲桥和东塘一带的纵深阵地,继续抵抗日军,而第七十军的第一〇七师则沿汨水在浯口、长乐街、新市、坡子街等地,艰苦阻击南下的日军第十三师团一部。

至9月26日,中国军队已经在新墙河、汨罗江和汨水一带毙伤日军逾万人,达到了"正面逐次抵抗,消耗敌人以换取时间"的目的。为实现中方最高军事当局关于"俟敌突入长沙附近时,以有力部队相机予以打击"的命令,第九战区代司令长官薛岳于9月25日命令在汨罗江、汨水一带阻遏日军的中国军队转移,以便诱敌深入、加以围歼①。26日起,第五十二军第二、二十五师及所附第三十七军第六十师进入新田、泗汾、铁河口一线和醴陵附近阵地;第七十军的第十九、一〇七师及所附第三十七军第九十五师进入石亭、渌口一线和株洲附近阵地;第七十三军第七十七师及所附第五十二军第一九五师进入福临铺以西阵地;第四军第五十九师转移至易家湾和长沙市东南地区,第九十、一〇二师则进入渌口市、易俗河、姜余田和湘潭附近;第五十八军新编第十一师进入岳麓山阵地。随着中国军队的逐步转移,日军第三师团上村支队由营田一带南进至湘阴;第六师团一部自汨罗车站沿粤汉铁路线进至三姐桥附近,另一路由新市推进至栗桥附近;第十三师团则从长乐街进至福临铺附近。

日军的冒进,使中方"转进设伏"的部署得以实施。9月27日起,第七十七师第二三〇、二三一两团在盛家冲、玉池山北麓、石桥湾、三姐桥、沙河车站等设伏阵地出击,使沿铁路南犯之日军伤亡惨重;第二二九团则在栗桥、关圣庙一带侧击自新市南进之敌。随后,第七十七师奉令南撤至枫林港以北,继续出击南犯之敌。东线自长乐街南进的日军,在高桥附近遭遇第一九五师阻击,在上杉市则受到第一九五师和第六

---

①　《长沙三次会战》,第120页。

十师的腹背夹击,旋第二十五师也加入对上杉市附近的围攻,予敌沉重打击。

另外,从 9 月 23 日起,日军第三舰队海军陆战队在上村支队和多架飞机的配合下,以炮舰、汽艇向洞庭湖之上下青山发起进攻,被中方第五十四军新编第二十三师的守备部队击退。日军又利用水面兵力优势,强行进入夹港,并由湘江攻占营田。为掩护此一航运线,日军于 9 月 27 日凌晨出动 40 余艘汽艇,试图占领湘江西岸之六姓山。中方守军与登岸之敌激战竟日,后南撤至桓家山阵地,与占据六姓山之日军展开对峙。为配合地面部队作战,中国海军亦于 9 月在湘阴以北,芦林潭一带遍构雷区。日军为趋避雷区,分散登陆,最终导致阵地涣散,首尾不能兼顾,军火粮食之运输亦陷于绝境①。

10 月 1 日起,湘北方面作战态势开始转变,日军除留置部分兵力继续与中方对峙外,其主力开始北撤。中方迅速调整部署,以汨罗江南岸为目标,对北溃之敌实施追击。10 月 2 日起,中方第二十五师自上杉市经金井北追日军奈良支队至雍瓦江,然后一部往平江,另一部经浯口往长乐街方向推进。第一九五师则经福临铺向北追歼日军第六师团。自湘阴和沿粤汉铁路南犯之第三师团上川支队和第六师团一部,一度推进到三姐桥以南的桥头驿、霞凝港附近,亦即整个会战期间距长沙最近之处,此时也分沿湘江东岸和粤汉铁路向北溃退。至 10 月 5 日,中国军队已进抵长乐街、新市、归义、汨罗江之线,收复汨罗江、汨水以南地区,后又渡江向新墙河一线继续追击。另外,新编第二十三师一部也向六姓山的日军发起攻袭,并收复六姓山。

在追击作战中,中方起初仍防备日军的反攻,因而第九战区司令部要求各部在北进途中分兵占守各重要地点之阵地。至 10 月 7 日和 8 日,各线日军均败退至新墙河以北,分向靖安、崇阳、岳阳方面后撤,溃

---

① 《中国海军对日抗战经过概要》(1947 年 2 月),《抗日战争正面战场》(下),第 1842—1843 页。

退之势已定。撤退途中,日军"在蒲塘、金井、新市一带,奸淫掳掠,残杀我民众,暴尸盈野,惨不忍睹"①。10 月 10 日,中方开始全面追击,除向敌侧后挺进外,各线主力还时而绕过固守据点之敌,实施对日军主力的超越追击战。至 10 月 14 日,中方停止追击。至此,湘北作战宣告结束。

根据第九战区司令部统计,整个第一次长沙会战期间,日军伤11950 人、亡 21530 人,共计 33480 人。中方伤 16166 人、亡 14692 人、失踪 4883 人,共 35741 人②。薛岳曾指出:"长沙会战,我军不呆守阵地,不死守方案;只求歼灭敌人,取绝对攻势;实行反包围,以破敌之包围。坚忍沉着,快速机敏,将士忠勇用命,人民动作协同。"③

长沙会战是欧洲战争爆发后,日军发起的第一次重大军事行动。该战役历时月余,日方投入兵力 10 余万,中方投入兵力 30 余万。结果中方部队伤亡数倍于日军,但日军并未达成捕捉歼灭中方部队主力的目的,且因自身力量不足而不得已退回原防线④。就整个中日战争战局而言,日方没有因发动此次重大军事行动而取得任何优势。相比之下,中方则在作战中处于主动地位,守、退、攻,大体上均按事先之计划。通过逐次抵抗,迟滞敌军的攻势,并乘机反击,以时间换取空间,使得华中日军深陷难拔。中国军队和人民的抗战意志,因此次会战而大为增

---

① 《关麟徵致蒋介石密电》(1939 年 10 月 6 日),《抗日战争正面战场》(中),第1122 页。

② 《长沙三次会战》,第 158-160 页。据日方资料,称中方阵亡 4.4 万余人,被俘 4000 人;日方阵亡 850 人,伤 2700 人。冈村宁次:《第十一军作战经过之概要及所见》,《华中华南作战》第 612-613 页。

③ 《长沙三次会战》,第 143 页。

④ 关于第一次长沙战役日军主动撤兵的基本原因,有学者认为一方面是其在战略上遵奉大本营指令,准备利用欧战之机南进发动太平洋之役,故在中国战场收缩战线;而更为重要的一点则是日军战斗力已经大大下降,难有决胜的把握,不得不做出撤军的选择。见马振犊:《血染辉煌——抗战正面战场写实》,广西师范大学出版社1993 年版,第 222-223 页。

强。在当时世界法西斯势力猖獗、国内失败妥协情绪抬头的大背景下，第一次长沙会战增强了重庆国民政府坚持抗战的决心，提高了中国军民的抗日勇气，在鼓舞士气方面起到了良好作用。至第一次长沙会战后期，蒋介石便认识到："赣湘战事复起，武长路方面损失颇大，然能照意图部署，已与敌军之大打击，使之不敢再攻他处，则目的达矣。"①此后，在国内抗日战争正面战场上，中国军队更多地开展了积极的攻势防御，沉重地打击了日军。

二　桂南战役

第一次长沙会战后，日军在中国战场愈陷愈深。为切断中国通往安南（越南）的国际补给线，同时在中国军队防守薄弱的桂南和粤西江以南地区取得进展，日本大本营于 1939 年 10 月 14 日下令攻占桂南②。10 月 19 日，中国派遣军总司令官正式向第二十一军下达作战命令，作战方针定为攻占南宁及附近各要地，切断中方通向南宁的联络补给干线。日方参战兵力包括第五师团、台湾混成旅团、海军第五舰队（11 月 15 日改称第二派遣支队）、海军第三联合航空队及其他配合部队③。

中国方面，第一次长沙会战后，最高统帅部即考虑发动更大规模的"冬季攻势"。1939 年 10 月 10 日，国民政府军事委员会制订《国军冬季攻势作战计划》，准备将已经整训完毕的部队主力投入战斗，以第二、第三、第五、第九等战区实行主攻，同时以第一、第四、第八及鲁苏、冀察等战区担任助攻，各助攻战区于 11 月底开始攻击，主攻战区则于 12 月

---

①　蒋介石日记 1939 年 9 月 30 日，斯坦福大学胡佛研究所藏蒋介石日记手稿复制件。

②　日本防卫厅防卫研究所战史室：《中国事变陆军作战史》（中译本）第三卷第一分册，中华书局 1981 年版，第 41 页。

③　《中国事变陆军作战史》（中译本）第三卷第一分册，第 42 页。

上旬开始行动①。11 月 19 日,蒋介石下达"冬季攻势"命令②。与此同时,日军按照预定部署发动桂南战役(日方称南宁作战),中国军队随即反击。由于与"冬季攻势"同时展开,桂南战役于是成为"冬季攻势"的重要组成部分。

1939 年 11 月 15 日,在华南的日军第二十一军指挥第五师团及台湾混成旅团、佐世保海军陆战队,搭载 70 余艘运输船,在海空军协同下,兵分三路,在广东北海钦州湾企沙一带强行登陆。中方守军竭力抵抗,仍被迫逐次北撤。对于日方以大批兵力在钦州湾登陆并进犯桂南的企图,国民政府军事委员会和有关战区事先都确实缺乏相应准备,当时在桂南仅有第十六集团军第四十六军两个独立团与新编第十九师的守军进行了抵抗,但终因兵力对比悬殊,无法阻遏登陆之敌。为增加抵抗能力,蒋介石于 11 月下旬谕令空军准备参加南宁方面会战,空军方面遂调集主力于该方面。南宁会战空军使用之兵力,有驱逐机 5 个大队,飞机 86 架;轻重轰炸机 4 个大队,飞机 35 架③。

日军第五师团及川支队以约一个旅之兵力,自企沙和龙门附近登岸后,即向防城进袭,中方第五十六团守军抵抗竟日,阵地工事均为敌飞机和大炮所毁,不得不放弃防城,向西北方向山地转移。日军台湾旅团于 11 月 16 日在黎头嘴及沙井附近登陆,分两路进攻钦县,中方守备之第五十五团经激烈巷战后,突破日军之夹击而后撤。17 日上午,台湾旅团攻陷钦县,随即以一部向东及东北方向攻击中方新编第十九师野战补充团,主力则沿钦邕公路进犯,当日晚已达广西省境附近。另外,日军中村支队约一个旅团兵力,乘汽艇溯钦、防间之渔洪江直上,于 16 日晚抵黄屋屯登岸,即北进小董一带。

---

① 《抗日战史》(第二册)《全面抗战经过》,第 279 页。

② 《蒋介石下达冬季攻势命令》(1939 年 11 月 19 日),《中华民国史档案资料汇编》第五辑第二编《军事》(一),第 667 页。

③ 《桂南会战空军战史辑要初稿》(1939 年 11 月—1940 年 1 月),《抗日战争正面战场》(下),第 1191—1192 页。

　　鉴于日军兵力占优且推进颇速,中方第四十六军除电请龙州的教导总队速抵上思外,令第一七五师的三个团赶赴那香附近集结,意在小董、大塘间分两路夹击日军。然而自18日中午起,位于小董的新编第十九师师部和第五十五、五十七两个团,受到日军台湾旅团与中村支队的南北夹击,东向板城附近撤退,日军遂得以径向邕江右岸窜犯。19日,日军分三路续向狮子口、那马至那连一线进逼。

　　根据桂林行营的命令,第五、三十六、九十九三个军尚在向南宁、宜山、柳州一带挺进,由第一三五师负责南宁之防务,第一七〇师渡过邕江左岸,集结于剪刀墟和二塘附近,新编第十九师及一七五师在那楼一带正面迎击来犯之敌。但中方增援各部尚未集结完毕,日军即从11月22日下午起开始在罗菊村和青山塔附近强渡邕江,并在空中炮火支持下直逼南宁城。中方第一三五师一部被迫放弃前沿阵地,试图在南宁城郊与陆续到达之增援部队一起固守,以待主力到达后再行反击。22日,蒋介石致电桂林行营主任白崇禧,命其着第十六集团军总司令夏威、副总司令韦云淞“负责指定部队,固守南宁据点,待我部队集中后,断然予以打击,如无命令而使南宁不守,即以军法从事”①。次日,蒋介石再度致电白崇禧,命其令第十六集团军所部“固守南宁,无令不得撤退”②。从24日晨起,中方各部在南宁城外以及二塘、凤山等处曾数度击退日军的进攻。至当日下午,南宁城郊阵地多为日军攻陷,敌从东北、南、西北三面对南宁城形成围攻之势。同时,蒋介石急调第五军杜聿明部驰援南宁。由于受交通条件所限,援军进展迟缓。日军则继续猛攻南宁城。最后,中方守城之第四〇五、四〇四团冲出重围,南宁遂告失陷。

---

　　①　《蒋介石致白崇禧等密电稿》(1939年11月22日),《抗日战争正面战场》(中),第915页。

　　②　《蒋介石致白崇禧等密电稿》(1939年11月23日),《抗日战争正面战场》(中),第915页。

　　日军占领南宁后，一路攻占龙州及镇南关，切断由龙州经镇南关通往越南之路线。自25日起，日军分别向武鸣和宾阳方向北犯，中方军队进行了艰苦的阻击。在邕武路方面，日军于30日在地空炮火的支援下，向高峰隘发起猛攻，中方守军伤亡重大。12月1日，高峰隘阵地被日军突破，中方守军被迫退至武鸣以北之马安墟、陆幹墟、八塘之线，进行整训补充①。在邕宾路一线，中方第二〇〇师第六〇〇团奋勇迎敌。在二塘的战斗中，第六〇〇团团长邵一之壮烈殉国②。二塘阵地被日军攻下后，中方第一七〇师两个营经肉搏一度收复。11月28日至30日，中方接连失守六塘、七塘和八塘，但给予日军沉重打击。12月2日拂晓起，中方曾以第一八八师第五六四团协同第五军之战车部队反攻八塘，激战至次日下午，未得成功。

　　基于是时双方兵力相差悬殊，中方决定将下一步作战目标定为限制日军主力之北进，遂于12月3日晚将约5个师的主力向上林、宾阳和武鸣地区转移，邕宾路仅留第一八八师第五六四团防守昆仑关阵地，以掩护主力后撤。昆仑关位于南宁东北50余公里处，周围群山环抱，与高峰隘成犄角之势，邕宾路纵贯该关南北，是日军自南宁北进必经之地。12月4日晨起，日军出动地空优势兵力向昆仑关猛攻，并企图包抄中方守军。第五六四团激战至中午，遂向北撤往马岭附近，昆仑关失守。

　　至12月中旬，中国军队于昆仑关方面完成了第五、三十一、三十六、四十六、九十九等五个军的部署，从18日凌晨起，第五军各部开始反攻，该军荣誉第一师在战车和火炮的支援下，向昆仑关正面发起进攻；新编第二十二师由黄盛岭、茅岭之线向南推进，在五塘、六塘一带与日军激战，进而阻击日方向昆仑关之增援；第二〇〇师攻占昆仑关附近之高地后，也加入对昆仑关的进攻。至12月20日，中方一度收复了昆

————————

　　①　《第四战区关于南宁各役战斗经过概要》（1939年12月），《中华民国史档案资料汇编》第五辑第二编《军事》（三），第250页。
　　②　《国民革命军战役史第四部——抗日》（第三册）《中期战役》，第296-297页。

仑关。21日,蒋介石致电白崇禧称:"前方各部队与炮兵等特种兵如有不积极努力进攻,或不能如限达成任务者,应即以抗命畏敌论罪,就地处治可也。"①由于日方增援部队很快赶抵,中方各部受到重炮和多架飞机的火力攻击,旋退出昆仑关。在以后的一个星期里,双方均增加兵力,对昆仑关周围的战略高地进行了反复争夺,中方也出动了飞机助战。从28日起,中方开始全面反攻,先后攻占了昆仑关东西两侧各高地,新编第二十二师自同兴向昆仑关发起突击,于31日中午收复了昆仑关。日军则向九塘一线溃退,中方乘胜追击,于1940年1月4日克复九塘。另外,在西部的邕武路方面,中国军队也在1月1日收复了高峰隘。综计昆仑关方面,"计毙敌旅团长中村正雄、联队长三木以下四千余",中国军队伤亡约14000余。至1月16日,日军伤亡8100余人,中方军队伤亡亦达23000余人②。

1940年1月下旬,日方从广东抽调援军,使总兵力达三个师团以上,然后分两路:一部分兵力沿邕宾路向昆仑关一线发起进攻,同时另一部分兵力从邕宁—永淳路迂回突袭宾阳,试图围歼昆仑关及附近地区之中国军队。与此同时,日方出动大批飞机进行狂轰滥炸,一度使中方各部与第三十八集团军总司令部间的联络中断。在与日军苦战数日后,中国军队终因补给断绝,只得在2月2日、3日先后弃守宾阳和昆仑关。至2月8日,日军又接连占领了上林和武鸣等处。中方待增援部队到达后,立即进行反击,复于2月中旬收复宾阳、武鸣和上林。1940年2月下旬,中国军队发起大规模反击,24日收复昆仑关,宾阳日军也撤回南宁。

桂南会战初战失利,昆仑关一役,战事无比激烈,中方部队代价惨

---

① 《蒋介石严令各部努力进攻达成任务手令电稿》(1939年12月21日),《中华民国史档案资料汇编》第五辑第二编《军事》(三),第243页。

② 《白崇禧致何应钦密代电》(1940年1月24日),《抗日战争正面战场》(中),第944页。《白崇禧关于昆仑关龙州等役战斗经过概要代电》(1940年1月24日),《中华民国史档案资料汇编》第五辑第二编《军事》(三),第245—246页。

重。而宾阳一役,中国军队更是在数量占优的情况下败于日军。对于1940年1月底2月初桂南作战的失利,蒋介石极度不满,曾在2月3日所记"上星期反省录"中写到:"本周桂南失败,以主将疏忽大意,处置不当,乃至被围隔绝,纷乱无序,此为开战以来最可耻之丑事。"①1940年2月22日至25日,军事委员会在广西柳州召集第四战区军官开军事会议,检讨桂南战役的作战经过,吸取失败的教训,决定今后的改进办法。会上,蒋介石要求各将领认真总结,改过缺点,补过图功,奋发自强②。会后,军事委员会对相关将领作了赏罚。其中,桂林行营主任白崇禧和政治部长陈诚被降级,第四战区司令长官张发奎被记过,第三十七、三十八集团军被取消番号,两集团军总司令叶肇、徐庭瑶,以及第三十六军和九十九军的军长、第四十九师和一六○师的师长等,均被撤职查办③。

至1940年9月,法国同意日军派兵进驻越南北部,日军遂得以从越南直接截断中国的西南国际交通线,这样,继续直接占领南宁的意义减少。10月底11月初,日军陆续退出南宁,中国军队乘势收复了南宁以及龙州、凭祥、钦州、防城等地。至此,桂南地区全部收复。

第四节 豫南会战和中条山会战

一 豫南会战

豫南地区位于黄淮平原西部,南部紧邻大别山、桐柏山,西接关陕。

---

① 蒋介石日记1940年2月3日,斯坦福大学胡佛研究所藏蒋介石日记手稿影印件。

② 《蒋委员长对柳州军事会议开幕训词》(1940年2月22日),《中华民国重要史料初编》第二编《作战经过》(一),第205页。

③ 《通电公布处罚桂南作战不力将领》(1940年2月27日),《总统蒋公思想言论总集》卷37《别录》第212页;《中华民国史事纪要初稿(1940年1月—6月)》,第249—250页。

这一地区的中国军队,对于日本控制下的平汉铁路、江淮流域和荆湘地区,构成重大威胁。1941年1月初,日军第十一军发现中方第二、第三十一集团军正部署于信阳以北约150公里的遂平至项城一带后,随即于9日决定"击败进入信阳以北豫南平原之敌,摧毁其抗战企图"①。此后,日军向豫南地区集结兵力,不断自长江下游向信阳附近输送大量弹药、器材,并调集日空军第二飞行集团之第四十五战队,分向安阳、新乡、淮阳、信阳各地进驻②。当月,日军向河南南部集结的兵力计有7个半步兵师团、1个独立骑兵旅团、3个独立战车联队、1个独立野战炮兵联队,总计步兵约15万余人,骑兵约8000余人,另有各型大炮550余门,战车300余辆,装甲车200余辆,飞机约百余架。其中仅信阳地区就集结兵力3万余人,飞机四五十架,战车数百辆③。日军在如此有限的区域集中如此大的兵力,为武汉会战后所仅见,其向中国军队发动攻势之意图十分明确。

1月20日,日军第十八混成旅团、第三十九师团、第二三一联队、第四师团各一部,首先在鄂西襄河两岸对中方第二十九和三十三集团军开展佯攻,以冀牵制该地区中方军队;同时,皖北方面的日军第二十一师团的一个联队从宿州向西、骑兵第四旅团及一个战车联队由亳州向鹿邑、涡阳进犯;豫东日军第三十五师团的两个联队附一个工兵联队则从开封分别向通许、朱仙镇推进,另一联队沿黄河郑州北岸西犯。上述军事行动的目的均是要保证日军在豫南发动的大规模军事进攻。

1月24日,集中豫南的日军分三路发起全线总攻,豫南会战由此揭开序幕。左翼方面,由原集结于信阳的日军第三师团全部、第四师团第八联队(奥津支队)、独立山炮第二联队、独立山炮第五十三大队、迫

---

① 《中国事变陆军作战史》(中译本)第三卷第二分册,第122页。

② 《抗日战史》(第六册)《华中地区作战》(下),台北"国防部"史政编译局编印,1988年,第3页。

③ 《抗日战史》(第六册)《华中地区作战》(下),第5页。

击炮一中队和工兵一联队展开于小林店、古城、查山一线,向北进犯泌阳中方第六十八军阵地。其右翼则以第四十师团在槐角岭和正阳间强渡淮河,向北推进。中路是日军的主攻方向,包括第十七师团的4个步兵大队和第十三、三十九、三十四师团的另4个联队,两个战车联队,一个独立山炮大队,由明港附近沿平汉路向北出击①。在发动地面进攻的同时,日军还出动大批飞机对中方阵地进行轮番轰炸。

在豫南平原地带,日军步兵、骑兵、炮兵、战车和飞机得以联合行动。为避免与装备占优势的日军主力正面交战,蒋介石于1月25日急电第三十一集团军总司令汤恩伯,命其"避免与敌正面决战,而以少数兵力在正面节节抵抗,引其深入,以主力在敌各进路之两翼,做主动的侧击;另以有力一部埋伏敌后,待其前进以后,专事切断其交通"②。中方之主力"望转至敌后,向敌之侧背反攻"③。第三十一集团军遂在平汉路之西平、遂平附近以第八十五军预备十一师一个师的兵力对日军作正面之抵抗与周旋,以牵制、迟滞日军的行动,进而诱敌深入,而将原部署于南阳以东地区的主力转移至敌军进犯路线之两侧。第十三军部署于舞阳以南的象河关、尚店、土山镇、仪封镇,形成向东向西均可侧击之势,第八十五军部署于上蔡、汝南间,准备侧击沿平汉路北进之日军④。

1月26、27日,日军已推进至泌阳、高邑、邢店、确山以及春水、沙河店、驻马店一带。27日,第五战区长官李宗仁令饬各集团军全面转移攻势,捕歼深入豫南之日军。于是,中方各部队分别向相应地区行

①　《中国事变陆军作战史》(中译本)第三卷第二分册,第122—124页。

②　《蒋介石致第三十一集团军总司令汤恩伯指示制敌之法电》(1941年1月25日),《中华民国重要史料初编》第二编《作战经过》(二),第492—493页。

③　台北中研院近代史研究所:《石觉先生访问记录》,转引自《中华民国史事纪要(1941年1—6月)》,第120页。石觉,豫南会战时为第八十五军第四师师长。

④　《第三十一集团军总司令汤恩伯呈豫东敌情及部署电》(1941年1月26日),《中华民国重要史料初编》第二编《作战经过》(二),第493—494页。

动。29日起,第十三军初在象河关附近,嗣后又在舞阳以南之接官厅、尚店、小史店一带,向日军左翼第三师团实行攻击。第八十五军第二十三师在上蔡附近、第四师在仪封镇附近,从两面突袭日军右翼部队之侧背。日军开始后撤时,又由第六十八军向河关以南、第五十五军自唐河向泌阳、第五十九军向南阳进行追击。至1月31日,中路日军分向两侧,试图与其左翼、右翼兵力对中方进行南北夹击。但在日军完成合围之前,中方第十三军已向叶县以北地区转移,第八十五军另向郾城、商水间以及沙河以北转移,使得日军在舞阳和上蔡均扑空。与此同时,在豫西的中方第五十九、五十五、六十八各军开始从唐河、泌阳及以北地区,向舞阳敌后发起攻击;在皖西的第八十四军北上克复正阳,向日军尾击。

　　日军各部在后方联络线迭遭切断、疲于应战的情况下,于2月2日全线南退。第五十九军在南阳附近与日军第三师团激战两昼夜,双方均有重大伤亡,在其他部队尚未抵达的情况下,第五十九军于4日由南阳撤至镇平以东地区。中方第十三军在接连收复保安砦、舞阳后,于6日克复南阳,续向日军尾追。是时,日军由南阳南撤的第三师团主力,以及由舞阳向泌阳、唐河南进的第十七师团主力和第四十师团之一部,试图夹击中方第五十五、六十八和二十九军。待到进抵象河关附近时,中方第六十八军发起截击,予敌重创。日军退至泌阳附近时,遭到中方第二十九军的迎击,伤亡甚重。至2月7日晚,日军分别向泌阳东南以及信阳附近败退,中方第八十五军和第十三军、第二十九军以及第五十五、五十九军各一部,分别予以追击。至2月11日,豫南明港、跑马岭,以及皖北各要点,先后被中方收复,双方恢复战前之态势。

　　豫南会战前后历时20余日,中方共毙伤日军9000余名,并附近焚毁敌汽车300余辆①。日军进行多日的扫荡作战,除损兵折将外,毫无

---

①　《中华民国重要史料初编》第二编《作战经过》(二),第502页;《抗日战史》(第六册)《华中地区作战》(下),第34页。

所获,以失败告终。

二　中条山会战

　　1937年秋冬日军侵入山西之后,基本占领了该省各主要交通枢纽点和路段,只是各主要山岳地带一直为中方所控制,尤其是晋南黄河北岸的中条山地区。中条山位于晋南、豫北交界处,是中国军队在晋南坚持抗战的游击根据地,驻守此地区的是第一战区司令长官卫立煌所部的7个军,共16个师,近15万兵力。日军第三十五、三十六、三十七和四十一共4个师团,部署在中条山周围,守备着同蒲路南段和晋东南、豫北地区①。1940年百团大战之后,日军曾组织了数次针对八路军的讨伐。到该年秋,日军认为对华北“治安”造成主要威胁的仍然是中条山一带的卫立煌所部,决定集中兵力予以歼灭。日本华北方面军确定了发动中条山作战的目标:“当前的任务在于消灭和扫荡盘踞在晋豫边区的中央军主力,消灭其在黄河以北的势力”,要“扩大和利用这次会战的战果,借以确保华北安定,并加强对重庆政权的压力”②。为了达到这一目标,日军从华中地区抽调了两个师团三个独立旅团增加至该地区,以及从关东军抽调两个飞行团以增加原先在华北的第三飞行集团,投入中条山会战之准备③。在会战正式开始之前,日军第三十六师团和第三十五师团之一部,曾在陵川地区会攻中方第二十七军,防止会战正式开始时其左侧背的威胁;另以第三十七、四十一师团进攻翼城以南、绛县以东的中方第十五军,夺取若干战略点,为会战开始后日军的集聚扫清障碍。

---

　　①　郭如瑰、黄玉章主编:《中国抗日战争正面战场作战记》(下册),江苏人民出版社2005年7月版,第1020页。

　　②　《中国事变陆军作战史》(中译本)第三卷第二分册,第133页。

　　③　《中国近代史资料丛刊·抗日战争》第二卷《军事》(中),第1224页。

　　然而,中国方面却对即将开始的大规模会战准备不足。"中条山山地险要,各部与敌对阵将近三年,而并未积极加强阵地工事,构筑后方据点与彻底破坏或阻绝通敌道路"①,"黄河北岸只注意前线工事,而对于其各渡口生死攸关之桥头堡毫不注重,而且未闻有何工事,甚至掩护退却与收容阵地工事亦无之"。蒋介石将这一点视作晋南战役中"最大之错误","亦为抗战史中最大之耻辱"②。当日军基本完成战前准备之时,中国最高军事当局也作出了日军有进攻中条山企图的判断,决定"乘敌集中尚未完毕,制敌机先,以击破其攻势",并要求第一战区发起攻击,打破日军进犯企图,令第二战区、第五战区有关部队进行牵制性作战。1941年5月初,第一战区制订了作战计划,但相应的部署尚未完成,日军便发起了全面的进攻。

　　5月7日,日军从西、北、东三路同时向晋南豫北中条山地区发起进攻。其西路则沿张茅大道东犯王家河、台柴村;东路由沁阳出发,向西经孟县、济源进犯封门口;北路从翼城、张马以及绛县、横岭关等地向南进逼垣曲。

　　中条山西路方面是日军重点进攻所在,共投入了三个师团及两个独立旅团的兵力。5月7日下午起,日军第四十一师团及第九独立旅团,分别从西桑池及横岭关附近,向垣曲方向发动猛攻。中方第四十三、第十七军所部进行了顽强抵抗。日军凭借优势空中火力援助及大量使用毒气弹,至8日晨该两军阵地被突破。至8日黄昏,日军已攻陷垣曲、台柴村等地,中方守军遂被日军分隔为两段,即一部分固守于同善镇东北一带之山地,而绛垣大道以西部队则在田反涧河与敌军对峙。此后,日军继续发起攻击,于9日凌晨迫近中方第五集团军司令部所在

---

　　① 《军委会桂林办公厅对豫北晋南会战失败之检讨及陈述意见书》(1941年5月),《中华民国史档案资料汇编》第五辑第二编《军事》(三),第410页。

　　② 《蒋介石为检讨晋南作战经验教训电》(1941年5月28日),《中华民国史档案资料汇编》第五辑第二编《军事》(三),第405页。

地马村附近。由于与后方的联络线被日军截断,第五集团军司令部遂向东转移至简南沟。另外,日军第三十六、三十七师团及第十六独立旅团,由夏县方面攻击中方第八十军、第三军阵地。由于一线阵地很快被日军突破,中方被迫退守二线阵地。5月8日晨,日军出动战机30余架,向第八十军新编第二十七师猛烈轰炸,该师所部损失重大,第七十九、八十两团牺牲大半,剩余不足两营,师部与各团联络被迫中断①。战斗过程中,该师师长王竣、副师长梁希贤、参谋长陈文杞壮烈殉国②。日军在张店附近突破第八十军阵地之后,切断了第八十军和第三军的联系。这样,日军已经数路推进至黄河左岸,然后又返向北进剿,中方第三、第十七军均遭日军围攻,处境极为不利,不得不分散突围,其中大部向汾河以西转移,余部留在山区游击。

北路方面,5月7日下午起,日军第三十三师团及第四独立旅团一部,不断向第十四集团军第四十三军之贾家山、第十五军之杨家梁、第九十八军之北次营等阵地发起攻击。8日拂晓,日军突破第四十三军第十八盘阵地后继续南进,其先头部队到达歇马店、王茅镇。此后,第十五、第四十三军遂各以一部与敌保持接触,同时将主力东移至杨家梁—白鹅之线,阻敌东进。10日,矿铜岭、周北等地的日军,向第四十三军第一六九师大岭口阵地发起进攻,并在南岭附近与第四十二师发生争夺战,日军乘隙进占煤坪中方第二线阵地,此后又分向西庄、河口猛犯。次日,日军继续猛攻中方第四十三军第十、第一六九两师阵地,战斗异常激烈。由于第十四集团军补给线被敌切断,所属各部状况十分恶劣,该集团军仅有两个师突出日军包围到达沁水以北地区,其余被阻于山区之内,进行艰苦的游击作战。

东路方面,日军第二十一师团、三十五师团以及第四骑兵旅团,于

---

① 《国民革命军战役史第四部——抗日》(第三册)《中期战役》,第425页。
② 《卫立煌致蒋介石密代电》(1941年5月8日),《抗日战争正面战场》(中),第1069页。

5月7日下午起,分两路从济源、孟县两地向中方第九军阵地进攻,并以飞机进行猛烈轰炸。8日,沿黄河左岸进攻之日军攻陷孟县,并继续向西突进。与此同时,沁河两岸之日军亦先后突破中方防守阵地,企图将第九军围歼于济源以东地区。在日军的强大攻势下,第九军曾进行了顽强的抵抗,予日军重大打击,但终因伤亡甚重,主力被迫退守济源既设阵地,而以一部在孤山一带进行敌后游击。当晚,济源被日军攻占,第九军不得不退至封门口南北之线阵地设防。9日傍晚,日军猛攻封门口。双方经过激战,至10日封门口最终被日军占领。至11日,第九军直属部队、十四师和四十七师一部由关阳南渡,守备黄河南岸,第四十二师及第四十七师另一部留在山地进行游击。12日,日军一部控制了黄河北岸各口,其主力沿封门口西进,与由垣曲东犯之敌会合。

此后,邵源镇和封门口的东、西两部日军打通济(源)垣(曲)大道会合,随即向绛(县)垣(曲)大道北部之中国军队进逼,试图一举围歼。中方第五、第十四集团军各部独立苦战不已。根据第一战区司令长官卫立煌的命令,各部除留部分兵力留在中条山区内进行游击战之外,主力奋力突围,转移至外线,并伺机实施反包围。5月19日第三、十七两军各有4个团分别到达稷山、乡宁整休。另外,第九十八军一部突围转移至沁水以北地区;第十五军一部以及第一〇一、一〇九两师各一部,第十四集团军总部,转移到济垣以北地区,联络第四十三军一部,向敌后展开游击战。至5月下旬,日军封锁黄河北岸各渡口,并炮击南岸中方阵地;另汇集兵力,对于济垣大道以北及沁水以南地区的中国军队进行扫荡作战,双方军队展开了多日的激战。在济垣大道西侧和阳城附近,绛垣大道以西的闻喜、新绛之间,双方军队亦有殊死激战。至5月27日之后,日军的攻势渐趋休止,中国军队重新部署中条山地区的兵力,业已转移到太行山吕梁山的中国军队,也重新设立根据地,以待反攻。

整个中条山战役作战20余日,日军发动兵力达7个师团之多,最后除了占领中条山部分山隘和黄河北岸各主要渡口之外,未能根本阻止中国军队的活动,中国游击兵力仍可以在各主要渡口以外地区,进行黄河两岸的联络。而中国军队之所以遭到较大的损失①,固然由于敌我双方实力对比悬殊,但也与中国军队疏于防备、各部之间联络通讯失灵不无关系。

第五节　鄂北战役和第二次长沙会战

一　鄂北战役

鄂北地区东以平汉路为界,西临汉水,南有大洪山,北以桐柏山系与豫南接壤,水陆交通发达,东进可断平汉路,南下可威胁武汉,战略位置十分重要。武汉会战结束以来,中方第五战区部队一直控制着鄂北之桐柏与大洪山地区,对武汉日军构成严重威胁。日军曾多次向该地区发动攻击,但均无成效。1941 年 4 月 30 日,日军第十一军为打击驻武汉周边之第五战区部队,策应其华北方面军同期在晋南进行的中条山战役,遂下达江北作战(即鄂北作战)命令:"决定自 5 月 5 日以后逐次开始攻击,各兵团要击败各自当面之敌军。"②兵力投入方面,日方以第三师团为主力,另独立第十八旅团及第四、第三十九师团各一部,战车第七联队主力及第十三联队一部,炮兵第二联队另有空军第三飞行团一部。中方第五战区洞悉日军进犯企图之后,遂进行迎击部署,共计有 17 个步兵师,但无空军支援③。

日军先以第三师团一部,向信阳以北地区进行佯攻。随后,日军第

---

① 蒋介石在 1941 年 6 月 30 日之"本月反省录"中写有:"此次晋南损失与伤亡,虽不如南京失陷时之大,然而危险与壮烈则过之。此应由卫立煌不学无术处置疏忽之所致。"见于斯坦福大学胡佛研究所藏蒋介石日记手稿影印件。

② 《中国事变陆军作战史》(中译本)第三卷第二分册,第 129 页。

③ 《国民革命军战史史第四部——抗日》(第三册)《中期战役》,第 139－141 页。

三师团主力自 5 月 5 日起，开始在鄂北应山、马坪港、随县一带，向岩子河、高城等地发动攻击。中方第五战区第二十二集团军逐次抵抗，并向西北方向后撤。5 月 7 日，日军先头部队进抵天河口后，主力随即向西南突进，企图将中方部队围歼于漘潭镇地区。此时，退守高城及天河口之中方部队开始转移攻击，并于 10 日攻克资山、唐县镇。漘潭镇地区之中方部队亦迅速向枣阳转移。13 日，日军第三师团继续在枣阳方面追击中方部队，并于 14 日攻陷兴隆集，15 日攻陷枣阳。然而，中方部队于当日午夜发动反击，一举将枣阳夺回，日军则被迫转移。17 日，转移之日军在枣阳西南约 30 公里处的小板桥遭遇中方第二十二集团军之一部，双方发生激战，互有损伤。随后日军折返，中方部队展开追击，于 22 日恢复原有态势。

就在日军第三师团进攻的同时，日军第三十九师团、独立混成第十八旅团、第四旅团于 5 月 8 日分由荆门、当阳及钟祥附近，向北发动攻击，企图策应第三师团作战。日军各部一度攻抵仙居与远安附近，随即为中方部队击退。15 日，双方已恢复攻击发起前之态势。鄂北战役至此结束，日军在付出近 500 人伤亡的代价之后，对中条山会战没有起到直接的策应目标。

二　第二次长沙会战

1941 年 1 月，日本陆军部制订了《对华长期作战指导计划》，提出准备在 1941 年夏秋时期，发挥综合战力，给中国军队以重大的压力，力求解决"中国事变"①。而实施这一作战的重点，便是依靠日军第十一军的主力，进行长沙会战。

1941 年 9 月中旬，日本第十一军在司令官阿南惟畿（原陆军部次长）的指挥下，动用第三、四、六、四十等四个师团的陆军兵力，辅以兵舰

_____

①　《中国事变陆军作战史》（中译本）第三卷第二分册，第 101 页。

20余艘，汽船百余只，飞机百余架，总兵力约12余万，发动了代号为
"加号作战"的第二次长沙会战。日方预想集中兵力于湘北方面，强渡
新墙河，通过汨罗江（汨水）以北、汨罗江（汨水）以南至长沙之间、长沙
以南株洲－浏阳等三个阶段的作战，"摧毁敌人的抗战企图，给西部第
九战区军队一大打击"①。

对于此次作战，国民政府军事委员会早有部署，决定乘虚打击消耗
敌人，确保长沙这一军事、经济要地②。除了命令第三、六战区攻袭当
面之日军以辅助湘北作战之外，特命第九战区于新墙河以南至长沙之
间区域逐次抵抗，同时调集中国军队主力向敌侧背转移攻势，最后围歼
敌军。第九战区相应拟定的《反击作战计划》确定的战法为："诱敌于汨
罗江以南、捞刀河两岸地区，反击而歼灭之。"③中方参战的部队为第十
九、二十七两个集团军所辖的16个师，战区直辖2个军的6个师，6个
挺进纵队以及炮兵、工兵部队。为配合第九战区作战，军事委员会又配
拨6个师，加之第六战区配拨的2个军共5个师，兵力总计约30余
万人。

总体上看，第二次长沙会战可分为三个阶段：一、1941年9月7日
日军向新墙河上游大云山发起进攻，至9月26日浏渭河北岸战斗止，
为日方进攻阶段；二、从9月27日长沙附近保卫战，至10月1日日军
开始突围，为中方的反攻阶段；三、此后至10月9日，日军退至战前原
防线，为中方的追击作战阶段④。

---

① 《中国事变陆军作战史》（中译本）第三卷第二分册，第159页。
② 《军令部拟订第二次长沙会战之军事部署》（1941年9月19日），《中华民国
史档案资料汇编》第五辑第二编《军事》（三），第490—491页。
③ 《第九战区第二次长沙会战战斗详报》（1941年9月6日—10月11日），《抗
日战争正面战场》（中），第1130页。
④ 以下关于第二次长沙会战基本过程的叙述，系综合参考《中国事变陆军作战
史》（中译本）第三卷第二分册、《抗日战史》（第二册）《全面抗战经过》、《抗日战争正面
战场》（中）、《长沙三次会战》、《国民革命军战役史第四部——抗日》（第三册）《中期战
役》等著作的相关部分。

9月7日晨起,日军第六师团的第二十二、四十五联队向大云山北侧和东北侧发起进攻,第十三联队则从西侧进攻,其目的是夺取大云山,掩护日军向新墙河北岸地区的集中和展开。扼守大云山各阵地的中方第四军第一〇二师、第五十八军新编第十一师所属部队进行了顽强抵抗。第二天起,双方都向大云山地区增派兵力。日军第二十三联队主力由桃林沿大云山西侧南进,被中方第一〇二师堵截于百羊田、甘田和马嘶墩地区;日军第六师团主力突破大云山东侧的中方阵地,进犯至长安桥附近,后又分路包抄大云山南侧阵地;日军第四十师团则集结桃林后,向甘田方向推进。9月11日起,中方新编第十师和第五十九师,分别自长安桥北、南两侧,同时由东向西攻击;第六十师自杨林街由南往北进攻,对日军进行了围歼。日军伤亡颇众,一度固守待援。9月13日、14日,中方从各方面加紧包围圈,日方凭借优势火力进行顽抗,战斗极其惨烈。日方自岳阳方面继续调重兵南下,至17日,除已在大云山地区的第六、四十师团外,第三、四两个师团也先后抵达新墙河北岸,完成攻击准备;日军还通过舰船穿越洞庭湖向南逼近。中方根据敌方兵力集结的情报,判断日军将有更大规模的南犯行动,遂令昌水以北各部队陆续向昌水南岸转移。

9月18日晨,日军四个师团,并配以两翼的两个支队,同时多处强渡新墙河及昌水,从而挑起了第二次长沙会战的主力战。

日军凭借着占优势的火炮、战车和空中火力,甚至使用毒气弹,分别向杉木桥、潼溪街、四六方、缪家渡、港口、杨林街等阵地发动攻击,中方第五十九、六十、一〇二各师等第一线防守部队奋起应战,但伤亡较大。经数小时激战,日军突破数处中方阵地,大股日军从潼溪街南侵至长湖、百羊冲一线,受到中方第九十师守军的阻击。另外,中方第四军各师主力撤至长湖、王复泰、胡少保一线的预备阵地,阻敌南进;第五十八军向杨林街侧击日军;第五十九师则转移至石塘、朱公桥以南山地,向西侧击敌军。由于双方兵力差距较大,至18日傍晚,长湖、王复泰、百羊冲等阵地均被突破,新墙河以西更是被日军长驱直入,洞庭湖畔至长岳公路,已完全为日军所控制。至 19 日晚,日军第四十师团尚与中方第五十九、六十、九十各师对峙,被阻遏于刘家冲、杨家港一带;而日军第四、三、六各师团已分别进达汨水北岸之石头铺、兰市河、长乐街各处,其中第六师团一部已渡过汨水,进犯至颜家铺、浯口一带。

与此同时,根据第九战区司令长官部的命令,9 月 20 日拂晓起,第二十七集团军各部在汨水以北侧击敌军,以延缓其南进。第四军以及所附之第六十师,经王家坊、杨家港,向长乐街方向进击。至 26 日,第九十师收复了浯口,第五十九师攻抵汨水北岸,第一〇二师挺进到新屋内、菖蒲源;第六十师推进达东港。第五十八军经王复泰、大荆街向归义方向进击,于 26 日达河源坝、哲阳桥一线,控制长岳公路。第二十军(欠暂编第五十四师)经关王桥、渡头桥向新市方向进攻,26 日在长乐街附近与日军相持。在近一周内,第二十七集团军各部从各个方向对南进之敌进行攻击,且尽可能地破坏敌军必经之交通道路,成功地达到了迟滞日军之任务,毙伤日军千余名。遂即除第五十八军留置汨水以北之外,主力则渡汨水南下,加入对日军第四、三、六各师团的攻击作战。

汨水南岸的战事要比北岸更为激烈。9 月 20 日,日军第四、三、六师团及早渊支队,分别从洛公桥、新市、伍公市、磨刀滩、浯口等处南渡汨水。在多处突破中方前沿阵地后,于 22 日起向中方主阵地发起猛烈之攻击。日军第四师团从下武昌、神鼎山方向,突破第九十九师和第九十五师的结合部,第三师团则由浯口经双江口向第一四〇师右翼包抄。至 23 日,日军这两个师团的主力已分别南进到了麻峰嘴、新开市,对中方第三十七军形成钳形围攻之势。日军第六师团一部自浯口直接南下,抵达南阳庙、张家祠后,继续南侵,其主力则由浯口向雍瓦江北侧挺进,与经张家坡南渡汨水的日军第四十师团会合后,试图围歼中方第二十六军。第三十七军和二十六军分别进行了顽强抵抗。第九战区司令长官部命令自长沙北上的第十军迅速策应第三十七军。9 月 23 日起,第十军第一九〇师、第十预备师分别在黄泥冲、白杉桥、花门楼、金井一带，与日军第三、第六师团所部激战。第十军第三师则在栗桥、茅根坝、铜盆寺等处与敌第四师团一部及早渊支队苦战。在上述战斗中，第十军各部牺牲较大，其中第一九〇师师长朱岳负伤，副师长赖侍湘阵亡。正是在第十军的殊死应接下，第三十七军和第二十六军主力得以在9月25日夜突围，分别向麻林市以西和蒲塘东南转进。而第十军第三师和第十预备师转向日军侧后部进袭，在安沙、新桥等处与敌交战，然后奉命转移至敌后进行休整。

至9月26日，日军已南进至安沙、麻林市、路口余田、沙市街等地，并继续向捞刀河谷进逼。中方也向这一地区作了相应部署，包括第九十九军、从赣北赶赴前来的第七十二军和第七十四军；另外第六战区之第七十九军和第七战区的暂编第二军亦前来增援。其中第七十七军立即投入了阻击日军的激战。该军第五十八师于9月27日晨向麻林市、大坝桥一带日军出击，结果右翼和左翼分别遭到敌第三师团和第四师团一部的反攻，双方伤亡均重。此后第五十八师在春华山、东林寺、永安市一带同日军第六师团一部激战，并遭日军飞机的攻击，伤亡甚重。第五十一师则在大桥、易家冲之线与日第六师团交战。与此同时，第三十七军第五十七和九十五师同日军第四师团主力和早渊支队苦战，亦无法增援第七十七军。

正当双方在捞刀河谷激战之际，日军第四师团一部突破中方的阻击，沿白沙河两侧迅速推进。中方最高军事当局鉴于日军攻势已受到中方逐次阻遏，伤亡颇大，且供给愈益困难，认为是对敌进行反击和截击的时机，遂向第九战区下达攻击命令，粉碎日军占领长沙之企图。当时蒋介石非常重视战事进展："湘北战局关系较大，故朝夕与前方电话指示，实等于前线之指挥。"[①]第九战区司令长官部即令自常德、沣县赶抵的第七十九军加强捞刀河一线，以保卫长沙之外围，同时向其他各军

---

　　①　蒋介石日记1941年9月26日，斯坦福大学胡佛研究所藏蒋介石日记手稿影印件。

下达反击作战令。

9月26日傍晚，第七十九军第九十八师在长沙东北侧石子铺阵地的守军，与进犯的日军早渊支队先头部队遭遇，打响长沙郊区之战。27日晨起，第九十八师主力在三窑堂、白茅铺与早渊支队主力激战。当晚，日军借助空中火力支援，突破中方防线而南渡浏阳河，逼近长沙市东郊。第九十八师则奉令进至捞刀河以北霞凝港至罗汉庄一带，截断日军之退路。而由株洲赶抵长沙东郊左家塘附近的暂编第二军第八师第一旅，即迎击占优势的日军，战事颇为激烈。至28日凌晨，该旅与九十八师主力会合后，在跳马涧、新桥、石桥一带阻击日军。当日，日军早渊支队主力突破第九十八师第二九三团阵地，自东北部进入长沙市区。29日，第七十九军暂编第六师率先自岳麓山横渡湘江，向长沙市内日军发起进攻，当日傍晚占领长沙西、北门及南门一带的街市。10月1日，第九十八师在炮火支援下，向南正街及浏阳门一带日军进攻。在中方军队的内外夹击下，长沙市内的日军开始撤出长沙。在长沙市郊和城内之战斗中，中方部队歼灭日军约2000余名，击毙日军第一一六联队的第一大队长川崎进少佐和第二大队长横泽三郎大佐。中方部队伤亡亦达2400余人，其中官佐125员。

自10月1日傍晚起，处于不利态势的日军分三路向北撤退。国民政府军事委员会即颁令："第九战区应乘敌疲惫，果敢追击，乘机占领岳阳，并应积极破坏武岳铁路，分向各路退却敌人沿途袭击、伏击、猛烈打击，使其不能退守原防；并牵制迟滞其向武汉方面转移，以利第三、第五、第六战区之作战。"①第九战区除第七十九军固守长沙之外，其余各部如第七十四、十、三十七、九十九各军开始了对日军的追击作战。10月7日，中国军队主力已经北渡汨水，8日再越新墙河，沿途截击敌军。

第二十六军方面，在奉令清扫捞刀河两岸战场后，于3日起经高桥、金井及蒲塘东侧追击日军，6日追抵长乐街，并清扫战场。

---

① 《长沙三次会战》，第275页。

第七十二军则实行超越追击,4日抵达梅仙市,6日抵达杨林街西侧,在大松岭附近击退日军掩护部队,继续取道黄岸市北追。10日,该军又在忠防向日军占领之阵地发起进攻。

第四军及所附之第六十师于2日起截击向金井以北地区败退之日军第四十师团。4日,第四十师团又改往麻峰嘴以北退走,第四军遂向汨水以北追击,于10月6日收复长乐街、关王桥等处。

10月2日开始,第二十军开始截击自福临铺取道麻峰嘴北退之敌第六师团,6日从新市、伍公市附近北渡汨水,7日协同第四军击溃长湖附近的日军掩护部队,然后追至下高桥附近。

第五十八军亦于2日起从平江加入北进追击,于4日在关王桥附近截击败退之日军。次日,第五十八军向大荆街日军发起攻击,复于8日越方山洞追至桃林附近。

湘阴县城是日军北退途中之要冲,中方先由第九十九师第二九五团占守。10月1日至3日,该部连续击退日平野支队的进攻。4日,日军荒木支队加入对湘阴的夹击,并攻陷该城。中方第九十九师主力部队奋起反击,于6日收复湘阴。此后,平野支队会同自长沙北撤之早渊支队,从营田乘舟艇退逸。日军荒木支队则尾随第四师团,经归义向新墙方向溃退。7日,第九十九师主力追至归义,清扫汨水两岸之战场。

至10月9日,湘北方面的日军已全部北渡新墙河,退占其战前之阵地。中方局部攻击已无进展,双方恢复对峙态势。第二次长沙会战宣告结束。

除湘北主战场外,根据第九战区的统一部署,9月中旬起,第三十集团军第七十二军曾向原日军第四十师团据守的鄂南通山、南林桥等地发动进攻;湘鄂赣边区挺进军主力向鄂南咸宁第四十师团一部发起进攻,余部向崇阳日军第六师团一部发动进袭。在日军主力从长沙地区溃退之际,湘鄂赣边区挺进军对蒲圻、咸宁之间的交通通讯设施加以破坏,截击北退之日军。另外,中方第七十八军之新编第十三师和第十九集团军的新编第十二师等部队,也在赣北武宁和高安方面,与日军进行了作战。

就在湘北主战场激战之时,第六战区也遵令进行策应作战,集中兵力反攻宜昌,试图迫使日军从湘北撤兵回援,缓解第九战区的作战压力。10月1日,日军从长沙撤退后,即回援宜昌。次日,中方第六战区部队经过激战攻入宜昌城郊。至10日凌晨,中国部队突入宜昌城。日军守城部队在战机20余架的支援下,频频施放毒气,致使中方部队伤亡甚重,被迫撤出城外。此后,第六战区部队又开始对宜昌城发起最后攻击,然而由于日军负隅顽抗,加之城外回援之日军到达,中方部队被迫于11日晚冒雨撤出宜昌。中方攻势功败垂成。

为协助陆军作战,中国空军第一、第二大队于9月下旬曾先后出动SB-3型飞机共31架次,对洞庭湖之日军舰艇以及长沙以北的日军实行轰炸①。中国海军也出动布雷部队,在新墙河、汨罗江、湘江、沅江等水道布雷,阻遏日军之进退,对战局进展不无助益。

据第九战区统计,第二次长沙会战日军死20830名、伤31991名,共计52821名;中方参战官兵302640人,死23858名、伤35220名,共59078名,此外失踪11954名;中方第十、二十六、三十七等三个师被击破,四个师伤亡在30%以上②。日军瓦解中国军队抗战意图,摧毁第九战区战斗力的作战目的,最终没有得逞。日方以15万兵力,企图占领长沙,炫耀武力,配合侵华之政略目的和南进战略目标,结果不仅长沙、株洲等地占而旋失,而且损兵折将。诚如日本军事家冈泷雄所作的客观评论:"长沙之役,日本不仅将珍贵之兵力浪费在非常重要的战线上,而且进攻不成,反使华军有机炫耀胜利,这是一次最愚蠢的作战。"③

---

① 《长沙三次会战》,第283页。

② 《长沙三次会战》,第302—317页。据日第十一军司令部1941年11月15日发表的数字,日军死5670名,伤5180名,失踪14人;中方参战50万人,"遗弃尸体54000具,俘虏4300名"。

③ 《长沙三次会战》,第290页。

　　整体来看，从 1938 年底进入相持阶段到 1941 年秋近三年时间里，正面战场面临着极大的压力。由于日军的封锁和对后方的大肆轰炸，中国军事装备的先进性和必要补给，都有极大的困难。正面战场中国军队就是在极其有限的外来补给情况下，依照比战略防御阶段更为积极的指导方针，在华中与华北地区连续开展了一系列主要战役。这些战役基本上都是日军发起的，中国军队基本上属于防御的一方。其中某些战役中方还遭遇较大的挫折，如南昌战役最终日军攻占南昌而中方反攻收复失利，中条山战役中方主力最终被迫放弃原先的根据地而转入敌后游击。但是，中国军队已经能够在一定的时空范围里，从实际战况出发，不分前方后方，连续发动有限度之攻势与袭击，运用侧击、尾击、诱敌深入加以围歼等战法，使敌无时无地不在发生战斗，遭到重创。不仅粉碎了日军利用占领地域"以战养战"的企图，且牵制了大量日军兵力，无法自由运用。中国军队正在以持久抗战的努力与威力，迎接与盟军共同抗击日本帝国主义的新局面的到来。

第七章　相持阶段的敌后战场

战略相持阶段期间,国民政府留置敌后的部队与中国共产党领导的八路军、新四军等抗日武装相互协作,积极开展游击战,对日军占领区不断袭扰,有力牵制了日军的兵力,在战略上配合了正面战场的抗日作战。

1939 年 1 月国民党召开五届五中全会后,其政策逐步由"联共抗日"转向"排共反共",国民党军留在敌后的部队频频制造反共磨擦①。相比之下,中国共产党领导的八路军、新四军等抗日武装不断深入敌后,开展广泛的游击战争,先后开辟出十多块敌后抗日根据地与游击作战区。至 1938 年 10 月,八路军兵力已发展到 15 万至 16 万余人,新四军也已发展到 2.5 万人②,成为敌后战场的中流砥柱。

第一节　日军的"治安肃正"作战和
八路军的反扫荡

进入相持阶段后,日本的侵华方针开始发生转变。战争之初,日军

---

① 有学者认为,相持阶段国民党"排共反共"是不可否认的事实,但亦不可否认这一时期国民党在正面战场上积极的抗日态度,期间国军发动较大规模战役 9 次,占整个抗战时期 22 次大会战的 41%,另进行大小战斗约计 496 次,占全部抗战时期战斗次数的 44%,国军伤亡人数达 137.6 万,占整个战争时期中方伤亡总数的 43%。所以,相持阶段国民党当局实行的是既反共又抗日的政策。见马振犊:《血染辉煌——抗战正面战场写实》,广西师范大学出版社 1993 年版,第 227—229 页。

② 中共中央党史研究室:《中国共产党历史》(上),人民出版社 1991 年版,第506 页。

凭恃其强大武力,采取了军事进攻为主,政治诱降为辅的速决战方针。1937年12月13日占领南京后,日本当局更是宣称"今后不以国民政府为对手",妄图迫使国民政府屈服。然而武汉一战,日军的战略进攻能力达到极致,其速决战的企图也归于失败。战后,日本被迫改变其原有的侵略方针,采取以政略为主、军事为辅的新方针。1938年11月18日,日本大本营陆军部、陆军省与参谋部联合制定《促使抗日政权屈服直至崩溃的要领》,对所谓"政略"作了详细规定,其首要一条即是"促进占领区的治安和建设"①。与新"政略"相对应,日本的军事战略也很快做出调整。日本大本营决定停止正面战场的战略进攻,集中主要兵力对已占领地区实行"治安肃正"作战。1938年12月6日,陆军省和参谋本部在《1938年秋季以后对华处理方策》的文件中,对新军事战略各要点做了阐述。该文件特别指出,战地日军在范围上"如无重大必要不企图扩大占领地区",而要把恢复占领区的治安作为"当前第一位的基础性工作","固定配备充分的兵力",包括河北省北部、包头以东之蒙疆、山西省正太线以北地区、山东省胶济沿线地区、上海—南京—杭州三角地带。相比之下,正面战场的兵力配备则"限制在最少限度内"②。

　　武汉会战结束后,日军重新制订了《陆军作战指导纲要》,提出如下方针:"确保占据地区,促进其安定;以坚强的长期围攻态势,扑灭残余的抗日势力。"③为此,日军开始调整部署,实行对占领地的持久保守作战。日军不断进行大规模的交替换防,将久战疲惫的常设师团和特设师团遣返回国休整,同时新编了一批适合警备任务的三单位制师团及独立混成旅团替代归国部队。1939年底,日军在南京新设中国派遣军总司令部,统一指挥24个师团、20个独立混成旅团及1个骑兵旅

---

① 　[日]《现代史资料(9)·日中战争(二)》,みすず书房1964年版,第550页。

② 　[日]《现代史资料(9)·日中战争(二)》,第553页。

③ 　《陆军作战指导纲要》,日本防卫厅防卫研究所战史室:《中国事变陆军作战史》第二卷第二分册,中华书局1980年版,第68页。

团。以上部队分属 4 个战略集团，各自的兵力及任务如下：第十一军配置于武汉地区，下辖 7 个师团和 2 个独立混成旅团，以武汉三镇及九江为根据地，负责对中国军队主力进行以攻势防御为特点的作战；第十三军配置于长江下游的华中地区，下辖 4 个师团和 4 个独立混成旅团，负责确保庐州、芜湖、杭州一线以东占领地区的安定，迅速恢复上海、南京、杭州间地区的治安，并确保主要交通线；第二十一军配置于华南，下辖 4 个师团、2 个独立混成旅团，任务是以广州、虎门为根据地，切断中国的补给路线；华北方面军的兵力最为雄厚，辖 9 个师团、12 个独立混成旅团及 1 个骑兵旅团，负责确保已占据的华北地区的稳定，迅速恢复河北省北部、山东省、山西省北部及蒙疆等重要地区的治安，并确保主要交通线。

此后，其后方的作战活动也日趋频繁。

1939 年开始，日军一改战争初期奉行的重视国民党，轻视共产党的方针，日军军事打击的重点逐渐转向敌后战场，集中力量对付敌后抗日根据地。从 1938 年 11 月起，日军便已陆续增兵华北：11 月从华中、华南抽调 3 个师团；1939 年 1 月再调出 5 个旅团；4 月又从关外、国内调来 4 个师团，编入华北方面军战斗序列。至此，华北方面共拥有 15 个师团、9 个旅团、1 个骑兵旅团。从 1939 年 1 月至 1940 年 9 月，进行了五期"治安肃正讨伐"战，对华北敌后根据地发动了疯狂的"大扫荡"①。

针对华中、华北等地日益发展的抗日武装力量，日军进行了空前残酷的"扫荡"。日军的"治安肃正"作战由此成为侵华日军正面战场作战外的又一主要作战方式。1939 年 1 月至 1940 年 3 月，日本华北方面军根据大本营的意图，连续实施三期"治安肃正"计划，以武力为中心进行"讨伐肃正"，巩固点和线，更重要的是实现包括各个要地在内的面的

---

① 《中国近代史资料丛刊·抗日战争》第二卷《军事》(中)，第 1282 页。

占领,利用政治、经济、文化等各种手段确保所占领地区的安定①。第一期肃正作战从 1939 年 1 月至 5 月,此间日军在山西省南北、苏北等地连续发动大规模进攻,妄图消灭占领地区的中方部队;第二期肃正作战从 1939 年 6 月至当年 9 月,先后经历鲁西、鲁南和晋东三次作战;第三期肃正作战从 1939 年 10 月至 1940 年 3 月,日军针对中国军队在正面战场上发起的"冬季攻势",一面进行冬季反击作战,同时又对潞安周围和太行山地区进行了反复的"扫荡"。

　　1940 年 12 月 26 日,日本大本营又确定当前对华作战纲要,决定彻底肃正华北治安,进行航空进攻战,集中实施对华作战谋略,强化封锁及扶植作为治安警察力量的中国武装团体。1941 年 1 月,日军又制定《大东亚长期战争指导纲要》与《对华长期作战指导计划》,提出对华战争八条原则,决定在长期持久战争的前提下,"以维持治安及占据地区肃正为主要目的,不再进行大规模进攻作战。如果需要,可以进行短时间的以切断为目的的奇袭作战。但以不扩大占据地区和返回原驻地为原则"②。同时,华北方面军制定了 1941 年肃正建设计划,其中包括重点事项 12 条。该计划指出,"在 1941 年度要彻底进行正式的剿共治安战,已经成为空前未有的大事"。同时,计划还强调,"剿共一事,仅靠武力进行讨伐,不能取得成效。必须以积极顽强的努力和统一发挥军、政、民的力量,摧毁破坏敌的组织力量和争取群众为重点"③。兵力部署方面,日军一改以往分散部署的原则,实行集中部署。此外,该肃正计划还对占领区的傀儡政权建设、伪军任务及训练、农村自治自卫、示范占领区工作目标、新民会等问题作了详细

---

　　① 日本防卫厅战史室编,天津市政协编译组译:《华北治安战》(上册),天津人民出版社 1982 年版,第 108—110 页。《中国近代史资料丛刊·抗日战争》第二卷《军事》(中),第 1284—1285 页。

　　② 日本防卫厅防卫研究所战史室编:《中国事变陆军作战史》第三卷第二分册,中华书局 1983 年 3 月版,第 101 页。

　　③ 《华北治安战》(上册),第 362—363、364 页。

规定。

为以综合力量全面对抗占领区的抗日力量,日军自 1941 年春季至 1942 年底,连续对华北地区发动五次大规模的"治安强化运动",企图在华北巩固其殖民统治秩序。1941 年夏,华北方面军又制定《肃正建设三年计划》,对未来三年逐年应达到之治安指标作出明确规定。同时,日军在华北划分治安区(日伪占领区)、准治安区(抗日游击区)和未治安区(抗日根据地)三类地区,并采取不同的"治安肃正"手段。在治安区,日军利用伪行政机构代行管理,由伪警力量担任治安工作;在准治安区,日军部署固定兵力,在其指导和支援下建立并加强县警备队及保安团等,以图控制地方行政,同时加强搜索和"扫荡"抗日力量,扼制其活动;对于未治安区,日军则不断对其进行有计划的讨伐作战,拆毁其设施和军需品,实行"三光"政策,使中共的抗战力量不能建设,或不能重建。随后日军进驻、分散部署,设置伪行政机关,使之向准治安区转变。为保障治安区和重要交通线的安全,并对抗日根据地进行经济封锁,日军还在治安区和准治安区的交界处及重要交通线两侧,大量修筑隔离壕沟和碉堡据点。在华中地区,日本通过利用和操纵汪伪政权,推行"清乡"。日军通过与伪军、伪政权的力量结合,以及军事手段和政治、经济、文化等其他各种手段相结合,将占领区划分为若干片,以日军为主力并在伪军的配合协助之下,对各区域的抗日武装实施军事打击。

针对日军的残酷围攻与"扫荡",八路军各部积极开展反扫荡作战,在晋冀豫、晋察冀、冀鲁豫、晋西北等地区取得了英勇惊人的战绩。

1939 年 6 月起,日军调集十数万兵力对晋冀豫地区进行"扫荡",企图打通白晋公路及黎城至临汾的公路。八路军所部一二九师及一一五师一部坚决展开反击,将日军在作战初期占领的辽县、武乡、榆社、襄垣、晋城、高平等城全部夺回,并毙伤敌军万余人。同时,八路军将白晋路、武涉路、平昔路、昔和路、高赞路等公路及同蒲路、正太路、平汉路、道清路等铁路悉数加以袭击破坏,给日军造成极大的交通困难。5 月初,八路军大破白晋铁路之太谷－襄垣段,经与日军两日三夜的激战,击毙敌军 800 余人,缴获步枪 400 余支,炸毁车站 3 所、火车 3 列、大小桥梁 30 余座,焚毁西药一库、汽油一库、子弹百万余发,挖毁铁路总长 80 余里,运回铁轨千余条①。

在晋察冀边区,日军亦从 1939 年 9 月起连续不断地进行残酷"扫荡"。晋察冀边区部队和八路军一二〇师一部坚决予以还击。9 月 25 日至 30 日,日军 2000 余人猛犯陈庄,经过六天五夜苦战,八路军终将敌人全部击溃,毙敌千余之众,击毙日军旅团长水原,缴获枪炮、弹药及辎重甚多。10 月 25 日起,日军出动 2 万余人,兵分 12 路向边区大举进攻,发动所谓的"冬季扫荡"。八路军一二〇师师长贺龙亲率所部与敌激战 43 天,经历大小战斗 108 次,击毙日军官兵 4000 余人,俘虏日兵 13 名,伪军 2000 余人,缴获步枪 400 余支、各种炮 6 门,电台 4 架及其他弹药辎重无数②。在黄土岭战斗中,日军独立混成第二旅团旅团长阿部规秀中将被八路军击毙③。日军的"冬季扫荡"也最终为八路军粉碎。与此同时,八路军还针对日军"筑堡修路"的做法,展开大破路运动,给予日军运输以沉重打击。

山东方面的八路军一一五师主力一部及山东纵队所部,于 1938 年 7 月底粉碎了日军对鲁西地区的大举围攻,毙敌达 4000 余人。8 月 2 日,一一五师一个营即歼灭日军 300 余人,缴获全部枪炮弹药,取得梁山大捷。1939 年 1 月底,日军大举进攻晋西北抗日根据地。八路军一二〇师、一一五师及决死纵队奋起抵抗,经过战斗 30 余次,毙敌 1100 余人,俘虏日军 200 余名,日军企图宣告破产。当年 3 月,平西方面的八路军挺进军又一举粉碎日军 7000 余人的"春季扫荡",毙敌 2000 余人,并击落敌机一架。在冀中地区,八路军部队与当地抗日民众坚持冀中平原游击战争,自 1939 年春天至当年 5 月,先后与日军作战 200 余

---

① 《中国近代史资料丛刊·抗日战争》第二卷《军事》(中),第 1309 页。

② 《中国近代史资料丛刊·抗日战争》第二卷《军事》(中),第 1309－1310 页。

③ 岳思平主编:《八路军》,中共党史出版社 2005 年版,第 179 页。

次,毙敌五六千人。日军多次的疯狂"扫荡"不仅毫无所得,反而徒增消耗与损失。

1939年7月至1940年7月这一年时间中,八路军与日军进行大小战斗7000余次,伤毙敌军6万余人(其中包括阿部规秀中将在内的特级官长6名、联队长9名、大队长9名、旅团参谋长1名,中队长以下官长若干名)、伪军2万余人,俘虏日军百余人、伪军15000余人,缴获各种炮110余门、轻重机枪720余挺、步枪38000余支、步枪枪弹900余万发、手榴弹万余颗、瓦斯弹200余箱,毁敌汽车1200余辆、装甲坦克70余辆、各种炮50余门,收回电线20余万斤,破坏铁路5000余里、公路5万余里,缴获其他军用品及辎重无数[①]。八路军的反扫荡作战迫使日军的"治安肃正"计划归于破产,"筑堡修路"的企图亦未实现。八路军的行动巩固了华北各抗日根据地,有力牵制了侵华日军在正面战场的作战。

第二节 百团大战

1940年秋,八路军总部统一指挥晋察冀军区部队、第一二〇师、第一二九师所部共105个团,在华北地区发动了以破袭敌占正太铁路及沿线据点为重点的大规模战略性进攻,史称"百团大战"。

1939年9月1日,德国法西斯突袭波兰。3日,英、法被迫对德宣战,第二次世界大战在欧洲爆发。至1940年夏天,德军已相继攻占挪威、荷兰、比利时、卢森堡、法国,英国也被迫退出了欧洲大陆。在这一国际形势下,侵华日军一面继续对正面战场施加压力,在封锁中国滇缅国际交通线及闽浙沿海各港口的同时,发动随枣、枣宜战役,占领宜昌,并对国民政府的战时陪都重庆进行了猛烈轰炸,试图用持续的军事攻势迅速解决"中国事变"。另外,在华北占领区,日军加紧推行"治安肃

---

① 《中国近代史资料丛刊·抗日战争》第二卷《军事》(中),第1312页。

正"计划，封锁、隔断中共的敌后根据地，使得华北抗日游击战处境颇为困难。

　　鉴于国内外形势极为不利且华北敌后战场敌情严重，八路军总部决定发动一次大规模的交通破袭战。1940 年 7 月 22 日，八路军总部以朱德、彭德怀、左权的名义发出战役预备命令，该命令指出："由于国际形势的变动，我西南国际交通线被截断，国内困难增加，敌有于八月进攻西安截断西北交通之消息，似此一部分大地主大资产阶级之更加动摇，投降危险亦随之严重，我军应以积极的行动在华北战场上开展较大胜利的战斗，破坏敌人进攻西北计划，创立显著的战绩，影响全国的抗战局势，兴奋抗战的军民，争取时局好转，这是目前严重的政治任务。""为打击敌之囚笼政策，击破敌进犯西安之企图，争取华北战局更有利的发展，决定乘目前青纱帐与雨季时节敌对晋察冀、晋西北及晋东南扫荡较为缓和，正太沿线较为空虚的有利时机，大举击破正太路。""战役目的以彻底破坏正太线若干要隘，消灭部分敌人，收复若干重要名胜关隘要点，较长期截断该线交通，并乘胜扩大拔除该线南北地区若干据点，开展该路沿线两侧工作，基本是截断该线交通为目的。"参战的总兵力方面，预备命令要求晋察冀军区、一二九师、一二〇师直接参加这次战役的兵力为 22 至 24 个团，另有总部炮兵团大部、工兵一部。命令要求各参战部队须于 8 月 10 日前完成战役的准备工作①。

　　在各参战部队遵令完成相应准备的基础上，8 月 8 日，八路军总部下达战役部署及作战地域区分的命令，对参战兵力作出如下部署：(1)由晋察冀军区部队主力约 10 个团破坏平定东至石家庄段的正太线，破坏重点在娘子关平定段；对北宁线、德州以北之津浦线、德石路、沧石路、沧保路，特别是对元氏以北至卢沟桥段之平汉线，应同时分派足够部队宽正面的破袭之，阻击可能向正太线增援之敌，相机收复某些据点。(2)第一二九师以主力 8 个团附总部炮兵团 1 个营，破击平定至榆

---

　　①　《八路军文献》，解放军出版社 1994 年版，第 531—532 页。

次段的正太线,破坏重点在阳泉至张净镇段。(3)第一二〇师则派 4 至
6 个团破击平遥以北同蒲线及汾阳至离石公路,并以重兵至于阳曲南
北阻敌向正太线增援。限 8 月 20 日开始战斗①。当时,日本华北方面
军共 9 个师团、12 个步兵独立混成旅团及 1 个骑兵集团,共计 25 万
人。华北地区另有伪军约 15 万人。

　　八路军发动的百团大战分为三个阶段,第一阶段从 8 月 20 日至 9
月 10 日,重点在于摧毁正太铁路,进行交通总破袭战。8 月 20 日晚,
在八路军总部的统一指挥下,晋察冀军区部队、第一二九师、第一二〇
师等部同时发起进攻。

　　晋察冀军区主力部队组成左、中、右三个纵队,向正太路东段的车
站、据点及矿区等,展开全面攻袭。8 月 20 日深夜,中央纵队第三团攻
入井陉煤矿新矿,与守敌独立混成第八旅团之一部激战,至次日下午消
灭全部守敌,占领全矿,彻底破坏矿上机器设备。第三团另一部同时进
攻岗头、老矿,一度占领三个堡垒,与反扑之敌军激战一昼夜;21 日夜
第二团一部也加入了增援作战,予敌重创后方退出。第三团还攻克了
南正敌据点,破坏了南正至微水间铁路,收回电线 2000 余斤;破坏了井
陉、凤山间公路和电话线;还向庄旺、凤山矿敌军发动了进攻②。第二
团一部进攻蔡庄堡垒,击退拥有铁甲车之敌军,占领了蔡庄,并进击雪
花山敌军;第二团另一部攻占了乏驴岭铁桥之堡垒,炸毁铁桥一段,与
反攻之敌军竟夜激战后撤出;该团一部还破坏了井陉以西铁路一段。
第十六团 20 日晚攻入北峪,歼灭大部守敌,破坏了北峪石桥;21 日和
22 日第十六团和第二团一部,在北峪车站以北山地与敌军激战。第十
六团另一部 20 日夜进攻南峪和地都两据点,在南峪北高地与敌军展开
遭遇战,击败敌军后,一部占领地都,另一部向南峪守敌猛攻,歼敌大
部。上述战斗打响后,中央纵队之工兵部队将南峪、地都间的铁路、桥

---

① 《八路军文献》,第 536—537 页。
② 《百团大战史料》,人民出版社 1984 年版,第 95—96 页。

梁破坏多处①。右纵队第五团自 8 月 20 日午夜起向正太路要隘娘子关发动猛攻,消灭大部分守敌,破坏娘子关以东之桥梁,收回电线千余斤。次日又在磨河滩与敌援军激战并一度占领该处,至 22 日晚与优势敌军几度攻防激战,后撤出。第五团另一部向程家陇底发起进攻,一度攻入该车站,与日本援军反复争夺,重创日军后退出。第十九团一部于 8 月 20 日晚攻入巨城后,数次向守敌堡垒发起冲锋,激战至次日撤出。21 日晚第十九团另一部还曾攻入移穰车站,重创守敌后撤出②。左纵队也于 20 日晚起分别数度进攻岩峰、上安等据点,与守军及敌援军激战,破坏相关之铁路线和通讯电线③。

　　第一二九师主力发起破袭正太路西段的战斗之后,以左、右两翼向正太路阳泉至太谷段以及平定至辽县间公路,发起重点进攻。8 月 20 日晚,第十六团在攻克芦家庄车站的战斗中,仅 30 分钟便攻下车站南北共四座敌军堡垒,消灭大部守敌,炸毁了芦家庄至段廷间铁路;次日复与车站守敌及大量援敌激战。第三十八团向上湖日军发起猛攻,至 21 日晚先后消灭上湖车站全部守敌并占领了车站东南部的堡垒。第二十五团于 20 日夜向马首车站发起攻击,迅速占领车站左、右侧之碉堡,并于 21 日击溃顽强抵抗之敌军,最终占领该车站。第二十八团 20 日晚起同时进攻狼峪、张净、芹泉,与守敌展开激战,至 23 日终于攻下了狼峪、张净两车站,消灭大部分守敌,芹泉未能攻克。第三十团一部从 8 月 20 日夜开始进攻桑掌,经过一个半小时数度冲锋,终于攻占该处,消灭大部守敌,彻底破坏该处之大桥。第三十团另一部于 20 日夜进攻燕子沟,与守敌及自阳泉赶来之敌援军数度激战,直到次日终将敌军歼灭,占领该据点,炸毁该处两座铁桥。该团另一部于 21 日夜进攻坡头车站,经过约六小时的激战,全部消灭守敌并占领该车站。另外第

---

①　《百团大战史料》,第 96—97 页。

②　《百团大战史料》,第 97—98 页。

③　《百团大战史料》,第 412 页。

一二九师之总预备队为配合主力之破袭战,在大战打响时即强占阳泉以南之狮垴山,阳泉之敌军亦视该处为必争之地,因此至 22 日双方多次激战,我方始终未失阵地。到了 23 日和 24 日,日军大肆施放毒气弹,并出动飞机滥轰我方阵地,但未能攻下狮垴山。直到 25 日总预备队接到转为破路之任务,遂主动撤往龙门、上庄、曹庄北垴之线,这样敌军才得以在 26 日占领该阵地①。

第一二〇师承担的作战地区是同蒲路北段,虽然这是整个百团大战的一个侧面,但却和转为战役正面的正太路紧相联接,是敌军增援的要道。在 8 月 20 日即正太路破袭战打响的同时,第一二〇师向同蒲路北段全线出击,当夜便克复日军在忻县和静乐之间最大的据点康家会,全歼守敌和由静乐前来增援的敌军;同时破坏大同至太原之间的铁路和两侧之公路、电线,攻击敌军之碉堡、车站,特别是攻占了朔宁间要冲阳方口,攻入了五寨等县城②。

在八路军的攻势下,日军被迫由白晋铁路和同蒲铁路南段调援军参加正太路沿线的作战,反击晋察冀军区部队和第一二九师,同蒲路北段及两侧公路地区的日军也对八路军一二〇师展开反击。

根据百团大战展开后敌情的变化,8 月 27 日八路军总部决定扩大在正太线已经取得的战果,遂向有关作战部队发出指示:"百团大战对整个战局、改变敌我形势均有极大意义,我在正太沿线能坚持愈久、破坏愈是彻底,可能逼使敌人改变其某些部分之兵力部署,从其他点线上抽调兵力增援正太(线),这给我寻求新的机动的方便,或逼使敌人放弃正太线南北某些据点,回救正太线。这对整个太行山根据地之巩固更是有利,能达到此目的便使我军队作战容易取得主动权与操纵战争。否则,百团大战的结果只能断截正太线一时期内之交通,而不得能取得

---

① 《百团大战史料》,第 211—214 页。
② 贺龙:《百团大战的一个侧面——晋西北》,《百团大战史料》,第 273—274 页。

战局形势之改变。""估计各线敌人正向正太线增援,正太线南北各据点敌仍图坚守不放。因此,我各线配合作战兵团应继续积极破袭。"①八路军总部及时调整兵力部署和行动方针,一面坚持正太路沿线之游击战,同时抽出一部分兵力进行休整。晋察冀军区部队和八路军一二九、一二〇师按照调整后的部署,连续击退日军多次反击。第一二九师陈锡联旅与出犯阳泉的日军激战两小时,毙敌甚众。该旅亦伤亡官兵30余人,政治主任卢仁灿在奋战中壮烈殉国。与此同时,第一二九师陈赓旅一部攻击平定西南的日军据点,消灭守敌70余人。由于日军大量施放毒气,八路军方面亦有连长以下官兵40余人中毒②。

至9月10日,晋察冀军区共歼灭日伪军900余人,缴获火炮5门,破坏铁路30余公里、桥梁18座,攻克据点10余个;第一二〇师歼灭日伪军2700余人,俘虏25人;第一二九师摧毁正太铁路平定至太原段三分之二以上,使日军控制下的正太铁路一度陷于瘫痪③。至此,第一阶段战役胜利结束。

第一阶段战役结束后,八路军各部经过短暂休整和准备,立即投入第二阶段的作战。第二阶段作战从9月22日至10月10日,八路军针对交通线两侧及深入抗日根据地内的日军据点继续进行破袭作战,旨在摧毁日军的封锁线。经总部批准,晋察冀军区决定以主力破坏涞源、灵丘间公路,并夺取涞源、灵丘两城;第一二九师以收复榆社、辽县为目的,开展榆辽作战;第一二〇师则以截断同蒲路北段为目的,以主力击破同蒲路宁武至轩岗段。其他部队配合主力作战。

9月22日晚,晋察冀军区以8个团、3个游击支队组成左、右翼,向涞源城及灵丘地区的敌军据点发起攻击。经过一夜激战,第一团夺

① 《彭德怀、左权关于在正太线继续扩大战果的部署致聂荣臻等电》(1940年8月27日),《八路军文献》,第552页。

② 《叶剑英致徐永昌电呈》(1940年9月1日),《中华民国史档案资料汇编》第五辑第二编《军事》(五),江苏古籍出版社1998年版,第289页。

③ 岳思平主编:《八路军》,第226-227页。

取涞源城东、西、南关，迫使日军退入城内；第二、三团等袭击三甲村、中庄、东团堡、上庄等据点，歼灭日军一部。由于日军火力过猛且施放毒气，进展不大。23日晚，第一、第二两团在炮兵的掩护下，袭入东团堡和三甲村，全歼日伪军100余人。第三团在大部中毒气的情况下，与日军展开肉搏战，至25日下午，晋察冀军区部队歼灭日军独立混成第二旅团大队长以下100余人，俘虏1人，缴获轻重机枪4挺、步枪100支，攻克周围据点10余个。28日，由于张家口增援之敌3000余人进抵涞源城，八路军遂放弃攻取该城计划，转移兵力至灵丘、浑源方向，日军于10月1日夺回大部分据点。而八路军则攻占了南坡头、抢风岭、青磁窑等日军据点。这时，由大同增援之日军千余人进至浑源并向灵丘急进，10月8日，晋察冀军区部队再次向驻灵丘日军发起攻击，至10日，共毙伤日伪军1000余人，俘虏86人，缴获轻重机枪34挺、长短枪290余支、各种子弹4.5万余发。晋察冀军区伤亡1400余人，消耗子弹近9万发[①]。晋察冀军区部队于10月10日结束了涞源、灵丘地区的作战[②]。

　　八路军第一二九师于9月23日晚发动了榆（社）辽（县）公路线战役。该师以8个团的主力组成左右两个攻击集团，另以3个团向和（顺）辽（县）线破袭。其中左翼攻击集团先后发动四次强攻，对日军据点碉堡实施爆破，于25日最终攻占榆社，歼灭日军300余人，缴获大量武器弹药。右翼攻击集团进攻管头据点日军，进展不大。28日，该集团以一部兵力攻克石匣，歼敌数十人。至此，八路军一二九师已占领榆辽公路上除管头外的所有日军据点。随后，一二九师以主力部队准备攻击辽县。由于和顺、武乡之日军援兵到达辽县，一二九师随即停止进攻辽县城，改变作战计划，转而积极进攻管头，在开进途中与由武乡出援之敌军600余人遭遇，经过激烈战斗歼敌大部。29日，管头被八路

①　岳思平主编：《八路军》，第229页。
②　《八路军·综述大事记》，第92页。

军攻克。次日,鉴于辽县、和顺增援日军已经突破阻击部队阵地,迫近我方主力,第一二九师所部遂撤出战役。榆社城及其他几个据点复被日军占领①。

就在涞灵、榆辽战役进行的同时,第一二〇师第三五八旅及独立第一、第二旅在同蒲路忻口、宁武、朔县间开展破击战。至 9 月 27 日,一二〇师所部袭击宁武县西南之头马营、忻县北之忻口等据点多处,一度控制朔县至原平间数段铁路,阻断了日军交通。由于日军大量增援,一二〇师根据总部命令,结束了第二阶段战斗②。

此外,冀中军区对任丘、河间、大城、肃宁之敌发动进攻,攻克据点 20 余处,歼灭日伪军 1600 余人,破坏公路 150 余公里。冀南、太行、太岳军区部队对平汉路元氏至安阳段和德石路进行了大破坏,同时还破坏了白晋路、同蒲路南段及其他一些公路③。

经过 40 多天的连续战斗,八路军各部伤亡减员较大,亟须进行整补。

百团大战推展,使得日本华北方面军起初颇感"意外":"中共军对这次奇袭采取了同历来游击战术完全不同的战法,出动了大部队,打的是运动战,所以完全出乎日军预料。""中共军所到之处,铁路、桥梁被破坏;日军各地警备队陷于孤军作战,不能相互增援的境地,大部分据点好不容易才将敌击退。"④日军遭受八路军的沉重打击,决定实施报复。10 月 6 日起,日军开始向八路军及晋东南、晋察冀和晋西北各抗日根据地发动大规模的报复性"扫荡",八路军各部在总部的统一指挥下,依靠自卫队、民兵和广大群众,展开了反扫荡作战。百团大战由此进入第三阶段。

---

① 《八路军·综述大事记》,第 92—93 页。
② 《八路军·综述大事记》,第 93 页。
③ 《八路军·综述大事记》,第 92—93 页。
④ 《中国事变陆军作战史》(中译本)第三卷第二分册,第 57 页。

　　10月上旬,日军独立混成第四旅团由辽县附近出发,第三十六师团一部则从潞城附近出发,南北策应,向辽县、涉县、潞城、武乡地区实施"扫荡"①。日军目标直指中共中央北方局、八路军总部和一二九师师部所在地,企图消灭太行山抗日根据地。八路军一二九师第三八五、第三八六旅及决死第一纵队给予了顽强的阻击,日军被歼近100人,于17日分路撤退。10月20日,日军再次调集重兵"扫荡"太行山区,并实行野蛮的"三光"政策。10月27日起,八路军一二九师所部与日军在关家垴和凤垴顶两处同时展开激战。至31日拂晓,八路军歼灭日军400余人。由于日本援军赶到,一二九师遂撤出战斗。11月初,日军"扫荡"八路军总部驻地,一二九师三八六旅在大陌村南北一线进行防御作战,坚守阵地近一昼夜,待总部机关转移后才撤出。11月14日,第二次反扫荡作战结束。11月17日,日军又调集第三十七师团、独立混成第十六旅团各一部共7000余人对太岳山区进行"扫荡"。八路军一二九师第三八六旅兼太岳军区除以地方部队在内线袭击进犯日军外,同时以指挥机关和主力部队组成东、西两个支队,转至外线沁河东西岸地区寻机打击日军,在官滩、胡汉坪、光凹、龙佛寺等地,予敌以沉重打击。日军"扫荡"扑空以后,遂疯狂残害抗日军民。仅沁源一县,被害群众就达5000余人②。此后,八路军又屡次反击,重创日军。在八路军和太岳抗日根据地军民的共同打击下,日军被迫于12月5日撤退。

　　10月下旬至11月上旬,日军曾多次扫荡晋西北地区,但均为八路军部队击退。

　　日伪军1万余人分十路对平西区进行"扫荡",重点合击斋堂和三坡地区,并在根据地内建立了十余处据点。冀热察挺进军在人民群众

---

①　《日军第二期晋中作战》(1940年10月11日—12月3日),《百团大战史料》,第432页。

②　岳思平主编:《八路军》,第233页。

支援下,苦战半月,歼敌一部,又乘敌向北岳区转移时发动反击,攻占敌据点四处,但由于根据地缩小,斗争更为艰巨。11月9日,日军1.2万人对北岳区进行"扫荡"。21日,日军侵占阜平城,而后"分区清剿"。晋察冀军区部队在游击队、民兵的配合下,内外线相结合,予敌以沉重打击,迫使日军退出北岳区。

此后,日军抽调晋南、晋东南的第三十七、第四十一师团,配合晋西北的独立混成第三、第九、第十六旅团及第二十六师团各一部,共2万余人,于12月14日至1941年1月24日,对晋西北地区发动了更大规模的"扫荡"。日军此次"扫荡"空前残酷,给根据地造成了极大破坏。八路军积极开展反扫荡作战,毙伤敌军2500余人,日军在遭受打击后退回原据点。

在反"扫荡"中,冀中、冀南区军民对平汉路和一些公路进行了破击战,切断了敌人的交通,歼灭了部分敌人,有力地支援了山区反"扫荡"。由于各个抗日根据地军民共同努力,密切配合,终于粉碎了日军的报复性"扫荡"。

百团大战作战地区涵盖了冀、察两省全境,晋绥之大部分地区和热河南部;涉及的交通线包括临汾以北之同蒲正太线,彰德以北之平汉线,北宁、平古、沧石、德石全线,邯济线之邯聊段,以及相关区域里几乎所有的公路线;另外,在山东、皖东、豫东、苏北等地区还进行了配合性作战。日军方面的参战部队包括第一一〇及第二十五师团全部,第二十六、第三十六、第四十一师团各两个联队,第三十五、第三十七师团各一个联队,第一、二、三、四、五、七和第九混成旅团各全部,第十五、第六独立混成旅团各一部,此外还有伪治安军、伪蒙军、伪满洲军、伪警备队、伪警察、伪宪兵等。其中遭八路军打击最大的为第四、五、十独立混成旅团,基本被全歼;第二、三混成旅团被消灭过半,其余各部日军亦遭到很大伤亡。自8月20日至12月5日,八路军共进行大小战斗1824次,毙伤日军20645人(内含大队长以上之军官18人)、伪军5155人,俘虏日军281人(内有副大队长山西绥清、中队长田木石野、小队长木

岛等 8 人)、伪军 18407 人,消灭日伪军据点 2993 个,缴获各种炮 53
门、步马枪 5437 支,轻重机枪 224 挺及大量武器弹药,破坏铁路 948
里,公路 3004 里及桥梁、车站、隧道多处①。为此,八路军付出了沉重
的代价,部队牺牲伤亡巨大。仅前三个半月的作战,八路军伤亡人数就
达 1.7 万人。决死队第三纵队政委董天知在战斗中牺牲,另有 2 万余
人中毒②。百团大战作为抗战相持阶段敌后战场的一场大规模进攻性
战役,给予了华北日军沉重打击,军事和政治意义巨大。战斗不但消灭
了大量敌军,还在很大程度上破坏了日军的交通线。总的来看,百团大
战使中国共产党和八路军的声威大大提高,全国军民的抗战决心也因
此得以增强;在相当程度上缓解了正面战场遭受到的日本的压力,有助
于遏制国民党内部妥协投降的暗流。与此同时,百团大战也震惊了侵
华日军,促使其发动更大规模的报复性作战,这为华北地区的敌后抗战
增加了困难。

第三节　新四军在华中敌后的战略展开

抗战进入相持阶段后,中国共产党根据国内外形势的变化及时调
整方针政策。1938 年 9 月 29 日至 11 月 6 日,中国共产党在延安召开
扩大的六届六中全会。会议总结了过去 15 个月的抗战经验,在分析抗
战形势的基础上,向全党和全国人民指出了战胜日本帝国主义和建设
新中国的光明前途,认为中国共产党必须肩负起领导抗战的历史责任。
此次会议还制定了巩固华北、发展华中的战略方针。另一方面,1938
年 11 月日本大本营陆军部制订了《陆军作战指导纲要》,其中关于在华

---

① 第十八集团军总司令部野战政治部公布:《百团大战总结战绩》(1940 年 12
月 10 日),《百团大战史料》,第 243—245 页。

② 军事科学院军事历史研究部:《中国人民解放军战史》(第二卷)《抗日战争时
期》,军事科学出版社 1987 年版,第 215 页;军事科学院军事历史研究部:《中国抗日
战争史》(中卷),解放军出版社 2005 年版,第 626 页。

中的指导要领为:"要确保庐州、芜湖、杭州一线以东占据地区的安定,特别要首先迅速恢复上海、南京、杭州间地区的治安,并确保主要交通线。"①当年底,华中地区重新部署之后的日军计有 2 个军,11 个师团,6 个独立混成旅团,2 个混成旅团,1 个骑兵集团,1 个飞行集团。在新四军周围的南京、镇江、常州、芜湖、泰县、高邮等地驻有第十五师团和独立混成第十七旅团。另有大批的伪军②。

　　为贯彻中共六届六中全会确定的"发展华中"的方针,周恩来于1939 年 2 月亲自前往皖南新四军军部与项英商定新四军的战略方针,即向南巩固、向东作战、向北发展。3 月,周恩来在新四军军部干部大会上进一步指出:"哪个地方空虚,我们就向哪个地方发展;哪个地方危险,我们就到哪个地方去创造新的活动地区;哪个地方只要有敌人伪军,友党友军较不注意没有去活动,我们就向哪里发展。""根据全国在新阶段的任务,根据新四军所处地区的情况,游击战仍然是我们新四军主要的作战方针。"③为打开皖东地区的抗战局面,加强和统一江北地区部队的领导工作,新四军军长叶挺于 5 月初根据中共中央东南局的指示精神,亲赴庐江组织江北指挥部,由张云逸兼任指挥,徐海东任副指挥,赖传珠任参谋长,邓子恢兼政治部主任④。根据中共中央和毛泽东的指示,张云逸于 11 月率新四军军部特务营抵达江北无为地区,并将庐江和无为地区的中共游击队和人民自卫军统一整编为新四军江北游击纵队,担负开展皖中地区的抗战任务。不久,江北指挥部对江北的新四军部队进行了改编,第四支队由徐海东兼任司令员,下辖第七、第九、第十四团;同时,在原第四支队第八团的基础上成立第五支队,由罗炳辉任司令员,郭述申任政委,下辖第八、第十和第十五团。此外,指挥

---

①　《中国事变陆军作战史》(中译本)第二卷第二分册,第 69 页。

②　《新四军战史》,解放军出版社 2000 年版,第 93—94 页。

③　《中国近代史资料丛刊·抗日战争》第二卷《军事》(中),第 1365 页。

④　国防大学《战史简编》编写组:《中国人民解放军战史简编》,解放军出版社2001 年版,第 343 页。

部还充实和加强了江北游击纵队。经过整编后，新四军第四、第五支队分别开赴津浦路西、路东地区进行游击战争，创建皖东抗日根据地。经过两个多月的作战，第四支队开辟了以定远东南藕塘为中心的津浦路西根据地，第五支队开辟了以来安半塔集为中心的津浦路东根据地。江北游击纵队则以一部在皖中巢县无为地区坚持斗争，扩大武装力量，同时保持与皖南的交通联系；一部进至和县、含山地区开展游击战。

　　新四军在皖东地区的战略展开，引起了日军和国民党军的严重不安，日军的"扫荡"和国民党军的"摩擦"有所加剧。1940 年 5 月 13 日，日军独立混成第十三旅团附伪军一部共计 3000 余人，对津浦路西的抗日根据地发动"扫荡"，并于 14 日占领定远县城。新四军第四支队第七团与日军激战竟日，将敌击退，毙伤日伪军百余人。5 月 27 日，定远日伪军 400 余人袭击藕塘，29 日在老人仓遭到新四军第四支队第十四团的阻击，损失颇重，被迫回撤。6 月初，驻滁县的日伪军出动千余人侵占周家岗、全椒一线，进行疯狂的烧杀抢掠，新四军第四支队英勇出击，击退日伪军。另外，5 月下旬日伪军 2000 余人向津浦路以东抗日根据地进行扫荡，攻占了津里、来安等地，图谋进行抢粮。新四军第五支队第八、十团各一部于 5 月 29 日突袭来安城，重创守敌；第八团另一部设伏于来安至滁县公路，截击了从滁县出动的敌援军。另外，第五支队在津浦路南段连续展开破袭战，破日伪军据点多处，粉碎了敌人的抢粮计划。8 月，新四军第五支队开辟了淮（安）宝（应）抗日游击区。当月，新四军第四、第五两支队又联合击退国民党顽军及封建刀会组织的武装进犯，建立起抗日民主政权淮宝办事处。

　　由于 1940 年夏季的多次"扫荡"收效甚微，从当年 8 月下旬起，日军分别从苏南、苏中调集第十五师团第六十七联队和独立混成第十二旅团，加上在淮南的独立混成第十三旅团，共计 7000 余人，加上从扬州、蚌埠调集的伪军，共万余兵力，计划实施在运河、淮河和长江之间地区的"三河作战"，对新四军开辟的津浦路东根据地进行大规模"扫荡"，企图消灭新四军路东部队主力及指挥机关。9月初,来安、天长、六合、高邮、明光、五河、张八岭等据点的日伪军一起出动,采用分进合击战术,试图围歼新四军主力,摧毁路东根据地。根据中共中央中原局和新四军江北指挥部的统一部署,新四军第五支队主力和八路军第五纵队第五团在外线积极袭击敌人;新四军第四支队第七、十四团,第五支队第八团,加上路东的4个独立团,总共7个团的兵力,自9月5日起展开了反扫荡作战。9月7日,第四支队第十四团伏击开赴竹镇的日军,歼敌20余人,击毙敌指挥官1名①。11日,日伪军千余人分三路进犯涧溪,在白沙王被独立第三团击溃。由竹镇向张山集进犯之日伪军700余人亦被独立第一团击溃。进犯新集的敌军则被第八团击溃。第七团则在崔子岗阻击前来扫荡的日伪军,予敌以重创。新四军的反扫荡作战历时12天,进行大小战斗65次,共毙伤日伪军600余人,比新四军方面的伤亡多一倍以上②。日伪军各部均不断遭到打击,扫荡计划连连受挫,围歼新四军指挥机关和主力部队的企图破产,日军除在盱眙建立一个据点外,其余被迫撤返原防。这样,皖东抗日根据地进一步得到巩固。新四军伤亡200余人。

在创建、巩固皖东根据地的同时,新四军所部还在鄂豫边区积极开展工作,创立根据地。早在1938年3月,新四军第四支队东进后,即在河南省确山县竹沟镇和湖北省黄安县七里坪成立留守处。其中,竹沟镇成为中共河南省委和豫南特委开展抗日游击战争的战略支点。1938年秋冬,武汉及周边地区沦陷。11月,中共豫南特委将竹沟镇留守处的一个分队与信阳、泌阳等地的游击队合编为信阳挺进队,迅即投入四望山的游击作战。同时,中共鄂东特委也以七里坪留守处的警卫排为基础,成立新四军第六游击大队,开展游击战争。1939年1月,李先念

---

① 新四军战史编辑室:《新四军战史》,解放军出版社2000年版,第109页。

② 中国人民解放军历史资料丛书编审委员会编:《新四军》文献(一),解放军出版社1994年版,第449页。

受中共中央委派,率部分干部自延安抵达竹沟镇,领导鄂豫边区新四军
的敌后游击工作。是时,竹沟镇留守处的两个排已经改组成为新四军
豫鄂独立游击大队。该大队遂在李先念的指挥下开展敌后游击战。6
月中旬,豫鄂独立游击大队与信阳挺进队统一整编为新四军豫鄂独立
游击支队,由李先念任司令员、陈少敏任政委,下辖4个团。11月中
旬,根据中共中央中原局的指示,豫南、鄂东、鄂中等地区的游击部队统
一改编为新四军挺进支队,李先念任司令员,朱理治任政委。1940年1
月,挺进支队扩编为豫鄂挺进纵队。豫鄂挺进纵队成立后,立即配合国
民党军在正面战场上的冬季攻势作战。挺进纵队采用灵活机动的游击
战术,在鄂中动员群众破坏汉(口)宜(昌)、襄(阳)花(园)、宋(河)应
(山)等公路,并在安陆至花园间的公路上伏击日军第三十九师团车队
和骑兵,歼敌近百人。另在京山石板河以南截击日军第十三师团约
500人,在云梦以南的长江埠歼灭伪军一部[1]。在豫南地区,信阳罗山
边的国民党军队遭到日军第三师团一部进攻,鄂豫皖挺进纵队一部主
动前往接应增援,在灵山冲一带与日军进行激战,并将敌击退。在与日
军作战的同时,挺进纵队还在大、小悟山地区与国民党顽军展开坚决斗
争,并最终控制了该地区,逐步开展了根据地建设工作。同年5月,日
军进攻鄂西北,一度攻占襄阳、宜昌,枣宜会战爆发。为配合正面战场
国民党友军作战,牵制日军西进,新四军豫鄂挺进纵队对黄陂、随县、孝
感、安陆、应山、应城、京山、礼山等20多处的日军据点展开了袭击,破
坏花园至东阳岗、花园至应山、安陆至巡店间的公路五六十公里,收割
电线5000余公斤[2]。总之,自1939年春到1940年7月,豫鄂挺进纵
队(包括其前身)共进行大小战斗281次,毙伤日军2490名,毙伤伪军
7100余名;缴获大小炮11门,重机枪34挺,轻机枪106挺,步马枪
5774支,手枪驳壳枪170支,掷弹筒32个,手榴620个,子弹813900

---

①　《新四军战史》,第120页。

②　《新四军战史》,第123页。

余发;破坏公路 1870 里、大小桥梁 192 座,砍电线杆 3000 根,收电线 17000 斤,破坏铁路 120 段,大小铁桥 5 座①。7 月至 10 月,新四军所部进行三次保卫战,积极发展鄂豫边区根据地。襄河以西、长江以北的荆门、当阳、远安、南漳、保康等县,以及宜城、江陵、宜昌、枝江、宜都、钟祥等县的部分先后被纳入边区的范围。至 1940 年底,鄂豫边区的范围已扩大至十几个县,部队规模也不断壮大,共有游击兵团 1.5 万余人,民兵约 10 万人②。

　　1939 年春,成立不久的新四军游击支队不断东进,继续开辟豫皖苏抗日根据地。5 月初,游击支队以主力进军淮上地区,同时以一部坚持永城、夏邑、萧县、宿县等地的斗争。9 月初,支队主力回师新兴集地区进行整训,另一部则分散游击,同时掩护地方工作。1939 年年底,新四军游击支队发展壮大到 9 个团共 1.2 万余人,同时改称新四军第六支队。1940 年 2 月,中共中央与中央军委发出指示,要求全军"粉碎敌人扫荡,坚持游击战争的总任务"。新四军第六支队随即抽调大批干部至永城、夏邑、肖县、宿县、亳县等地充实抗日民主政权,同时派出 4 个主力团向北展开,开辟商丘、亳县、宁陵、夏邑和砀南游击区。3 月中旬与 4 月初,第六支队连续粉碎日军的两次"扫荡",保卫了豫皖苏抗日根据地。此后,第六支队各部仍不断出击作战。4 月 17 日,第六支队火烧宿县临涣集外围据点炮楼三座。28 日又破击铁路,在黄口车站以西颠覆敌火车一列③。5 月 11 日至 13 日,第六支队夜袭睢县平岗,追歼睢县日军警备司令以下 150 余人。5 月下旬,八路军第二纵队(含第三四四旅,新编第二旅主力)根据总部指示,在黄克诚的率领下由冀鲁豫南下,于 6 月 20 日到达安徽新兴集与彭雪枫率领的新四军第六支队会

---

　　①　中国人民解放军历史资料丛书编审委员会编:《新四军》文献(一),解放军出版社 1994 年版,第 584—585 页。

　　②　《中国人民解放军战史简编》,第 345 页。

　　③　《新四军战史》,第 115 页。

合。6月底，八路军第三四四旅与新四军第六支队（除第四总队）合编为八路军第四纵队，下辖3个旅9个团共1.7万余人，由彭雪枫任司令员，黄克诚任政治委员，继续在豫皖苏地区执行防御任务。8月，八路军新编第二旅、第六八七团、苏鲁豫支队、陇海南进支队与新四军第六支队第四总队合编为八路军第五纵队，下辖3个支队9个团近2万人，由黄克诚任司令员兼政委，执行东进苏北的任务①。

苏皖边区方面，新四军第一、第二支队的斗争形势十分复杂。国民党第三战区部队屡次制造反共摩擦，同时，日伪军也频繁进行"扫荡"。为打破日军的分割与封锁，粉碎其"扫荡"，新四军采取敌进我进的方针，先后在水阳、横山、官陡门、东湾、延陵、云台山等地发动攻击，予敌重创。与此同时，新四军第一支队第二团在丹阳县游击纵队的配合下，冲破国民党军的限制，向扬中和长江北岸发展，于1939年4月控制了扬中和大桥一带的沿江地区。5月，第一支队以第六团向无锡、江阴、常熟、苏州、太仓地区挺进，并与当地的抗日游击队合编为江南人民抗日义勇军。5月下旬，义勇军部队在无锡东北的黄土塘与数百日军遭遇，经过激战，日军被歼近100人。6月24日，义勇军又夜袭浒墅关车站，全歼日军55人与伪军1个中队。随后该军又挺进上海近郊，夜袭虹桥机场，击毁敌机4架②。此时，由国民党特务组成的"忠义救国军"5000余人发起挑衅，义勇军被迫予以反击，歼灭其大部。

1939年11月，鉴于日军和国民党顽固势力的活动日趋紧密，新四军第一、第二支队的领导机关合并成立新四军江南指挥部，由陈毅、粟裕分任正、副指挥，统一领导江南各抗日武装的作战。江南指挥部成立后，将江南人民抗日义勇军主力与丹阳游击纵队合编为新四军挺进纵队，负责担任扬州、泰州地区的游击战任务，同时成立新四军苏皖支队，

---

① 《中国抗日战争史》（中），第470页。
② 《中国人民解放军战史简编》，第349页。

向扬州、仪征、天长、六合地区发展。1940年3月以后,国民党方面在华中地区的反共活动加剧。5月4日,中共中央指示陈毅等向北转移。陈毅接到指示后,迅速率部渡江北上,发展苏北。江南指挥部携主力部队渡江后,改称苏北指挥部,仍由陈毅、粟裕任正、副指挥,下辖第一、第二、第三纵队(由挺进纵队、苏南第二团、新六团及苏皖支队改编),共9个团7000余人。7月下旬,苏北新四军继续东进,于29日占领泰兴的黄桥、古溪、加力等地,歼灭国民党顽军及地方武装2000余人。此后,新四军部队又转兵南进,连克靖江东北之孤山、西来镇的日伪据点,粉碎日伪军两次报复性"扫荡",最终创建了以黄桥为中心的抗日根据地。江南新四军主力北上后,留在苏南的新四军部队继续坚持斗争。1940年7月,苏南新四军在茅山地区重新组织江南指挥部,以留置的第四团两个营及各县地方武装编成4个团,共3000人,坚持抗日。为加强无锡江阴与苏太常地区的党政军领导,新四军第三支队副司令员谭震林于1940年5月进入该地区,并于6月成立江南人民抗日救国军东路指挥部,由谭震林兼任司令员。此后,东路军又与西路游击队统一会合,共同坚持抗日游击战争,有力打击了日伪统治和国民党顽军势力,配合了苏北抗日根据地的建设。

1939年新四军在华中战略展开后,其作战区域不断向东向北移动扩大。至1940年夏秋,新四军在八路军部队的协同配合下,已先后开辟了皖中、皖东、鄂豫边、豫皖苏、苏皖边、苏北等抗日根据地。长江南北新四军部队的抗日游击战争,有力打击了日伪统治,同时也挫败了国民党顽军的反复进攻,使得各抗日根据地得以保存和巩固。

第四节　华南的抗日游击战

1937年7月抗战爆发后,中共中央为在华南地区开展抗日斗争,先派张文彬赴广东整顿、加强党组织,后又派廖承志至香港建立八路军驻港办事处。1938年4月,中共广东省委成立,决定把建立民众抗日武装作为当前的中心任务,共产党员必须积极参加民众抗日武装①。同年10月广州失陷以后,中共广东省委根据党的六届六中全会制定的"巩固华北,发展华中、华南"的战略方针,决定积极组织群众,建立民众抗日武装,开展敌后游击战争,同时加强统战工作,发展壮大自身力量,准备在抗战最后阶段起决定作用。为此,中共广东省委将工作重点放在东江、琼崖地区,将其作为坚持长期抗战的重要根据地。

一　东江、珠江三角洲地区抗日游击战争的开展

东江地区包括东莞、惠阳、宝安、增城、博罗等县,广州至九龙的铁路纵贯其中。在中共广东省委的直接领导下,东江地区人民抗日武装斗争日益兴起。1938年7月东莞县国民党社训总队常备壮丁队,中共东莞中心县委派干部充实加强常备壮丁队,使之成为一支在中共控制下的抗日组织。与此同时,成立中共东莞宝安边工作委员会,领导宝安县及广九铁路沿线各地人民的抗日斗争。9月,中共增城党组织建立了增城县抗日民众自卫团仙村大队和雅瑶大队,各有200人枪。10月,又成立了广东民众抗日自卫队增城县第三区常备队。此外,惠阳县、博罗县也成立了抗日自卫队等民众抗日武装②。

1938年10月12日凌晨,日军第十八师团、第一〇四师团和及川支队,分三路在广东惠阳县大亚湾登陆,然后在飞机、坦克和大炮的猛烈攻击之下,向广州进犯。承担广州和惠宝沿海地区防御的中方第十二集团军的5个师和2个独立旅,未能对来犯之日军组织起有效的阻遏抵抗。10月21日广州失陷,中方军队大部分撤往粤北英德至河源一线。这样,广州周围各县和东江下游地区落入日军铁蹄之下。

---

① 张宪文主编:《中国抗日战争史1931—1945》,南京大学出版社2001年版,第711页。

② 《东江纵队史》,广东人民出版社1995年10月版,第12—15页。

　　自从日军在大亚湾登陆的那一刻起,便受到东江人民奋起抵抗,如10月12日常柏田乡的抗日自卫队在淡水和霞涌一带袭击行进中的日军,14日坝光抗日自卫队袭击了向西乡围进犯的日军。而沿东江向广州开进的日军,也不时遭到广东民众自卫团增城第三区常备队、雅瑶常备队和仙村、雅瑶两个自卫大队的截击。与此同时,中共加快组织民众抗日组织的步伐并加强了领导。10月15日,中共东莞中心县委组建起了东莞县抗日模范壮丁队,进入大岭山整训并建立抗日游击基地,队伍人数也由150余人很快发展到200余人。10月下旬,东莞常备队第二中队扼守京山高地,连续9天击退日军的进犯。11月,东莞模范队还与常备队第一中队一起,在峡口痛击企图渡江南侵的日军①。在东莞模范队、常备队防守东江南岸阵地一个月,英勇抗敌,狠狠打击了来犯日军的气焰,极大地振奋了惠东宝地区民众的抗日士气。

　　广州沦陷后,中共广东省委决定成立东南特委,以梁广为书记,加强对广州与香港间地区抗日游击战争的领导。中共广东省东南特委成立后,立即派曾生、周伯明、谢鹤等三人组成惠阳工作团,至惠阳整理党的工作,建立起中共惠(阳)宝(安)工作委员会。惠宝工作委员一面发动、组织民众抗日力量,另一方面对当地未及北撤的国民党军队进行统战工作,于12月2日正式建立起惠宝人民抗日游击队,由曾生任队长,周伯明任政委。12月7日,游击总队在淡水地区发动群众,打击伪政权,惩处汉奸,击毙当地的伪警长罗贤和汉奸吴带,伪维持会长曾庚亦在黑夜潜逃时跌死于深山涧中。次日,惠宝人民抗日游击总队进入淡水维持治安。12月10日,东江第一个抗日民主政权——惠阳县第二区行政委员会在淡水成立②。1939年1月,东宝惠边人民抗日游击大队在原东莞县壮丁模范队的基础上组建成立,由王作尧任大队长。2月,中共广东省委决定成立东江特委,由林平任书记。5月,东江军事

① 《东江纵队史》,第18—19页。
② 《中国近代史资料丛刊·抗日战争》第二卷《军事》(中),第1517页。

委员会在坪山成立,由梁广、梁鸿钧负责领导惠宝人民抗日游击总队和东宝惠边人民抗日游击大队,进而动员组织起东江人民奋勇抗日,从事敌后抗日游击作战。

1939 年春,日军撤出广东惠州及东江部分占领区,旨在收缩兵力,确保广州和珠江、西江交通线。日军撤退后,中国军队进占惠州,设立第四战区游击纵队指挥所。根据抗日民族统一战线的政策,在保持独立性的原则下,由曾生领导的惠宝人民抗日游击队收编为第四战区第三游击纵队新编大队(简称新编大队),主要活动于惠阳之坪山、龙岗、淡水及惠宝沿海一带;王作尧领导的东宝惠边人民抗日游击大队收编为第四游击纵队直辖第二大队(简称第二大队),主要活动于东宝前线及广九路沿线①。

1939 年夏天起,新编大队在大小梅沙、葵涌、沙头角、横岗一带频繁出击,积极打击日军。9 月初,日军再次在广东大亚湾登陆,占领葵涌和沙鱼涌,切断了东江地区和香港、南洋间的国际交通线。9 月 12 日,新编大队夜袭日军,战至天明,一举克服葵涌和沙鱼涌,迫使日军从海上撤退。12 月,新编大队又在横岗伏击由东莞渡河返回深圳的日军,毙敌 30 余人。第二大队则活动于东莞、宝安地区,于 8 月间破坏宝太线上的大涌桥,袭击敌军车辆,割断电话线,使得日军难以离开南头据点侵扰四周乡民。11 月,新编第二大队对宝安县城南头镇进行包围封锁,迫使守城日军从海上逃离,南头遂被第二大队收复。该大队由于打击敌伪战绩辉煌,受到第四战区司令长官张发奎的嘉奖②。东江民众给予新编大队和第二游击大队很大的支持,并纷纷报名参加这两支队伍。至 1939 年底,新编大队已发展到 500 余人,第二大队则发展到 200 余人,两部分别在坪山圩与乌石岩建立了游击根据地。

进入 1940 年,国民党在各地的反共活动逐渐加剧。当年 3 月,新

---

① 《东江纵队史料》,广东人民出版社 1984 年版,第 8 页。
② 《东江纵队史料》,第 8 页。

编大队和第二大队在驻地遭到国民党重兵围歼。为了避免内战，保存抗日力量，这两支抗日武装力量不得不退出惠、东、宝地区，向海、陆、惠边地区突围转移，但仍遭到国民党顽军两个师兵力的追击，损失惨重，仅存 100 余人①。1940 年 6 月，曾、王两部接到了中共中央 5 月 8 日的指示：必须大胆坚持敌后抗日游击战，仍应回到东、宝、惠地区，在日本与国民党之间，在政治与人民优良条件下，大胆坚持抗日与不怕打摩擦仗；决不可在我后方停留，不向敌人进攻；向我后方行动的政策，在政治上是绝对错误的，军事上也必归失败。中央还具体指示了如何做好回防前的工作②。以后，处于逆境中的两支抗日武装努力贯彻中共中央的上述指示，为重新返回东、宝、惠敌后做准备。

1940 年秋，日军又发动攻势，企图封锁港韶线，扩大东江占领区，国民党军队撤出，宝安、惠阳沿海及南头、深圳等处复告沦陷。原先被迫转退海、陆、惠边之曾生、王作尧部队，在地方党组织和民众的大力帮助下，克服种种困难，重新回到东宝惠前线，发动人民进行抗日武装斗争。不久，曾生、王作尧两部放弃国民党军队的番号，改为广东人民抗日游击队，新编大队改成第三大队，由曾生任队长，第二大队则改称第五大队，由王作尧任队长③。此后，第三大队挺进东莞敌后，积极开展游击战，在黄潭村、厚街、桥头、赤岭、篁村等地袭击敌伪军，破坏敌通信联络，缴获武器装备。至 1941 年，已建立了包括连平、大沙等八个抗日民主政权在内的大岭山抗日根据地。与此同时，第五大队在宝安敌后展开抗日游击战，击退日军对上下坪的进犯，在惠阳、大坑等地多次打击日伪军。到 1941 年 5 月，第五大队建立起包括龙华、布吉、望天湖等抗日民主政权在内的阳台山抗日根据地。另外，第三、五大队还共同组成小分队，深入增城敌后，在抗日游击战中逐步壮大，至 1941 年 4 月正

① 《东江纵队史料》，第 8—9 页；《中国人民解放军战史简编》，第 355 页。
② 《东江纵队史》，第 57 页。
③ 《中国近代史资料丛刊·抗日战争》第二卷《军事》(中)，第 1502 页。

式改为广东人民抗日游击队增从番独立大队,卢伟良任大队长兼政委。这样,东江敌后抗日根据地得到巩固和扩大,并为日后广州市郊增从番敌后抗日根据地的建立打下了基础。

1941年6月,日伪军600余人再次进攻大岭山抗日根据地,妄图一举消灭广东抗日游击队第三大队主力。虽然在兵力对比上处于劣势,第三大队依靠群众的大力支持和熟悉的地形,与来犯敌军激战两昼夜,击毙日军长濑大队长,毙伤日伪军50余名。同年6月至8月,第五大队所在的阳台山抗日根据地遭到1000余日军的扫荡。第五大队与优势之敌展开游击战,毙伤70余敌,粉碎日军的扫荡。至1941年8月底,第三、第五大队发展到了1500人,成为东江地区抗日武装斗争的中坚。

珠江三角洲位于广州南面,包含南海、番禺、顺德、中山等四县。继广州遭日军占领后,南海、顺德、番禺等地也相继失陷。该地区纷纷成立民众抗日武装,开展敌后游击战。其中,前南海县农民运动领导人吴勤组建的抗日义勇队最为活跃。在中共广东省委的指导和帮助下,义勇队得到整编和加强。1938年冬,抗日义勇队在广州市郊河面伏击敌运输船,毙伤日军十多名;另袭击广州、三水铁路线上的小塘车站,打击了企图西进的日军。抗日义勇队还与南海、番禺、顺德等县民众武装取得联系,共同打击日军。后来,抗日义勇队得到当时正推动组织广州市区游击队的广州市长兼西江八属总指挥曾养甫的认可与嘉许,并且给予广州市郊游击第二支队(简称"广游二支")的番号,吴勤被任命为二支队司令①。1939年6月,广游二支在禺南建立了抗日俊杰同志社,吴勤任社长,另有分社十余处,共有千余人。该社在抗日锄奸工作上发挥很大的作用。先后发动两次对广州市郊的盐步、东塑敌据点的大规模出击,动员人数在六七百人。接着又消灭伪地税征收队,出击市桥、吴岗,破坏敌人交通,俘获敌人汽船,毙伤及俘虏敌官兵数十名。1940年4月汪精卫伪政权在南京登场后,各沦陷区曾出现投敌的浊流,俊杰

———————

① 《中国近代史资料丛刊·抗日战争》第二卷《军事》(中),第1524—1525页。

社更以极坚决的态度从事锄奸活动,大小汉奸被锄达 30 余人,给敌伪以严重打击,得到广东省府主席李汉魂的嘉奖①。1940 年冬,日军对禺南进行水陆两路的大"扫荡",俊杰社被迫局部停止公开活动。

针对日军加紧在珠江三角洲地区成立伪政权和伪军,中共党组织迅速组织抗日武装,扩大开展游击战争。1939 年 2 月,中共南海、顺德工委利用国民党第七战区第三挺进纵队部署的名义,成立了顺德游击队,由中共南海番禺顺德工委书记林锵云为该队领导人。同年 5 月至 7 月,顺德游击队在县城附近的大良多次袭击日军,破获日军汽车,加上该地区其他抗日武装的斗争,迫使日军退出了大良。该游击队还潜入顺德县城,袭击日军。1939 年冬,广游二支队与顺德游击队还合力击退日军对大良地区的再度进犯,这一仗极大鼓舞了顺德、南海、番禺等县的抗日民众,一些国民党杂牌军和伪军官兵也参加了广游二支。

1940 年夏,中共广东省委抽调中央派赴广东的部分干部进入珠三角地区,加强对游击队的领导。同时,广东省委决定将南海、番禺、顺德、中山四县从东南特委的领导下划出,成立南顺中心县委,直属省委领导,由罗范群任书记。中心县委成立后,决定以西海村为中心建立抗日根据地,并将林锵云领导的游击队并入广游二支队,为广游二支队独立第一中队,林锵云为中队长,开赴西海。同年 9 月,广游二支队粉碎了敌伪军对西海的进攻。1940 年冬,日伪军数百人进犯禺南,广游第二支队在各乡民众抗日武装的配合下,连续进行了里仁洞、汀根、横江、韦涌等战斗,毙伤日伪军多人,击退来犯之敌。保卫了西海抗日根据地。1941 年春,日军以四个联队配合多艘装甲汽船和战舰,对南番中顺作了将近 1 个月的反复"扫荡",所有的国民党地方部队都撤退到鹤山、新会去了,但广游二支队依然坚持在该地区,以游击战的方式抵抗来犯日军,保卫当地民众②。

---

① 《中国近代史资料丛刊·抗日战争》第二卷《军事》(中),第 1526 页。
② 《中国近代史资料丛刊·抗日战争》第二卷《军事》(中),第 1527 页。

在抗战爆发后的中山县,当时国民党县政府尚同情救亡工作,民众抗敌情绪高涨,在各乡区成立了人民抗日先锋队等武装,抗先队的组织扩大到 3000 余人,为广东全省之冠①。中共中山县委致力培训了数百名武装干部,充实加强抗日先锋队。中山的抗先队不只在抗敌宣传上展开积极的工作,他们还参加了区乡政权的改造,参加了别动队的改造,在敌人两次登陆进攻时,他们直接参加抗敌守土斗争。1939 年底日军首次进犯中山县城,中山县第四区工委书记谭桂明率领武装打击来犯日军。中共领导的青年抗日先锋队及其他抗日团体,也纷纷支援当地国民党军队阻击日军。经过三昼夜的激战,终于击退千余名进犯的日军,保卫了中山县城。1940 年 3 月,日军组织重兵分三路再度进犯中山,中山全面沦陷。各地抗日先锋队英勇阻击日军,终因兵力悬殊过大,在重创敌军后撤出,转移至敌后开展游击战。以后,陈中坚、梁伯雄、欧初、谭桂明等人都率领过以抗先队员为骨干的抗日武装,发动和依靠农民群众,在各地坚持游击作战。

二 海南岛地区抗日游击战争的开展

抗战爆发以后,中共琼崖特委便在党中央抗日民族统一战线政策的指导下,与国民党地方当局多次展开谈判,要求合作抗日,但颇多曲折。至 1938 年 10 月,广州失守,琼崖局势空前紧张,两党谈判出现转机,于 1938 年 10 月底双方达成协议。12 月 5 日,原琼崖红军游击队正式改编为琼崖保安司令王毅编制下的广东省第十四区人民自卫独立大队,由冯白驹任队长。独立大队起初仅 100 余人,很快扩大到 300人,分为三个中队②。

1939 年 2 月 10 日,日军饭田旅团在海军的配合下进攻海南岛,先

---

① 《中国近代史资料丛刊·抗日战争》第二卷《军事》(中),第 1532 页。
② 《中国近代史资料丛刊·抗日战争》第二卷《军事》(中),第 1545－1547 页。

后占领海口、琼山、定安、文昌等地，14 日又占领三亚、榆林，企图控制整个海南岛。日军在海南岛登陆时，冯白驹部第一中队赶往南渡江的重要渡口潭口，协同国民党军阻敌东进。然而当第一中队赶到潭口时，国民党军已经撤退，第一中队遂发起潭口阻击战，这是日军自登陆以来首次遭到的打击，大大振奋了全岛民众抗日的信心，纷纷要求加入独立大队。经过与日军的多次游击战，冯白驹领导的独立大队迅速发展。1939 年 4 月，独立大队扩编为独立总队，仍由冯白驹任总队长，共 1300余人。独立总队坚持在琼崖北部的琼山、文昌、澄迈等县的游击战争，多次成功袭击日军，伏击日军运输车队，一度有效地阻碍了日军深入内地。

　　1939 年秋季，琼崖沿海 13 个县城已经被日军占领，而国民党军队大都退至中部山区。独立总队却继续深入敌后，甚至把游击战扩大到临高、儋州、琼东等县，给日军带来极大的震撼。在此情况下，日军调集千余人分四路"扫荡"琼文地区。独立总队加强反扫荡斗争，以主力一部西渡南渡江，插入敌后琼山、海口郊区活动，在琼山敌后建立游击区并向琼山西部发展。10 月下旬，独立总队在国民党儋州县、乡两级行政人员的配合下，组织军民 4000 余人对日军的重要据点展开攻势。围攻一直持续到 11 月 5 日，日军由于孤立无援、粮食断绝，被迫突围逃向新州。6 日晨，日军的那大据点被独立总队攻克，伪军中队 80 余人被俘房。独立总队进而推进至昌江、感恩、崖县、乐会、万宁等地，抗日游击战争扩展到了各沿海县市。自 1939 年 2 月日军登陆琼崖至 1940 年 1 月，独立总队主动采用伏击战术，总计与日军战斗 60 多次，毙伤敌军500 人以上，其中击毙敌少将 1 人，军官 10 余人，缴获长短枪支 60余支①。

　　就在日军进行"扫荡"进攻的同时，新任国民党行政督查专员吴道

　　① 《黎民关于琼崖部队情形的报告》（1940 年 4 月 10 日），《中国近代史资料丛刊·抗日战争》第二卷《军事》（中），第 1563 页。

南加紧制造反共摩擦,限制独立总队的发展。为避免日军和国民党顽军的夹击,中共琼崖特委和独立总队决定将领导机关转移至琼崖西部,创建山区抗日根据地。1940年1月,中共中央曾对冯白驹部乃至整个海南的抗日力量的发展,作出如下指示:冯白驹部应作长期坚持计划,因在任何条件下,日本必占琼崖不退;冯白驹与琼崖特委应以全岛为对象广泛发展党组织,发展武装,发展民运,设法争取各县政权,不顾国民党的任何阻碍,坚决组织全岛人民的抗日战争;冯白驹部应在一年内至少扩大至1万人枪,丝毫也不要依靠国民党发饷,要依靠人民筹给,一切自力更生①。根据中央的指示,独立总队在各处加强对日军的袭击,打退敌人数次扫荡,整个琼崖地区党员发展到8000人,并有群众武装八九千人②。

1940年1月25日,中共琼崖特委和独立总队领导机关,在新编成的特务大队的掩护下,由文昌地区向西转移。第一、第二两个大队的主力则继续留在琼文地区活动,此后又成立独立总队东路指挥办事处,由符振中任指挥、陈乃石任政委。2月中旬,琼崖特委和独立总队领导机关到达琼山、澄迈、临高交界的美合地区。此时,那大及周边地区已重新被日军占领,琼崖特委及纵队遂决定不再西移,即在美合地区创建根据地。特委和总队积极发动群众,在各地组织成立了抗日民众团体。7月,美合地区还建立了一支70余人的美合自卫队。同时,独立总队第三大队分别以第八、第九两中队为基础扩编为第四、第五大队。当月,独立总队西路指挥办事处成立,马白山任指挥,符荣鼎任政委,统一指挥第三、第五大队。

1940年7月和9月,中共中央为加强对琼崖抗日斗争的领导,先

①　《中共中央书记处对琼崖工作的指示》(1940年1月26日),《中国近代史资料丛刊·抗日战争》第二卷《军事》(中),第1549页。

②　《胡服、古大存为海南岛工作致中央书记处电》(1940年6月28日),《中国近代史资料丛刊·抗日战争》第二卷《军事》(中),第1550页。

后派出庄田、李振亚、覃威等干部至琼崖指导工作,并使琼崖与延安一度沟通了电台联系。根据中共中央指示,中共琼崖特委和独立总队领导机关作了调整,由冯白驹任特委书记,李明任副书记,独立总队则由冯白驹任总队长兼政委,庄田任副总队长。同时,独立总队进行整编,撤销东、西路指挥办事处,改设支队。整编后的独立总队下辖2个支队、1个特务大队和直属于总队的1个独立大队(第四大队)。至1940年底,独立总队的部队规模已发展至3000余人,活动遍及琼山、文昌、澄迈、临高、儋县、昌江、感恩、万宁、琼东等11个县的广大地区①,先后建立琼文平原根据地、美合山区根据地、六连岭根据地及其他小块根据地,成为海南岛地区敌后抗战的主要力量。

第五节　东北抗日联军的艰苦作战

1936年2月起,东北地区原东北人民革命军第一、二、三军,反日联合军第四、五、六军,以及各反日游击队,抗日武装统一建制,陆续改编组成东北抗日联军(简称"抗联")②。东北抗日联军在中国共产党的领导下,积极动员群众,部队不断发展壮大。然而此时,中共驻共产国际的代表团撤销了中共满洲省委,将抗联各军分属于新成立的中共北满临时省委、南满省委和吉东省委领导。在此背景下,东北抗日联军相继改编成第一、第二、第三路军,同时划分各自的活动区域。

1937年"七七"事变爆发后,东北抗日联军的任务,由原来的区域性单独对日作战,转变为对于全国抗日主战场的配合性作战。抗日战争进入相持阶段后,中共中央也明确要求抗联:"在敌人后方响应与敌

---

① 《黎民关于琼崖部队情形的报告》(1940年4月10日),《中国近代史资料丛刊·抗日战争》第二卷《军事》(中),第1563页。

② 《东北抗日联军统一军队建制宣言(1936年2月20日)》,《东北抗日联军史料》(上),中共党史资料出版社1987年版,第168页。

进行更加长久的持久的艰难的游击战争,更加巩固和扩大各党派各阶级各军队的抗日民族统一战线,以准备我国军队在将来反攻,而达到收复东北的目的。"①日伪军方面则加紧推行三年"治安肃正计划",企图彻底摧毁抗联的游击根据地。1937年12月,日本关东军第四师团与伪满军一部共2.5万余人,以松花江下游地区为重点,开始实施囊括军事、政治、经济各方面的"三江省大讨伐",企图一举消灭该地区的抗日联军。

东北抗日联军第一路军于1936年7月正式成立,共6000人,由杨靖宇任总司令兼政委,下辖第一军、第二军,杨靖宇、王德泰分任军长②。第一路军主要活跃于吉林省南部和辽宁省东部地区。全面抗战爆发后,第一路军各部不断伏击和袭击敌军,使其不敢轻易出犯。依兰、勃利、宝清、富锦、桦川、集贤、汤原等许多县城,十里之外就是游击区,日伪军无力进行袭扰。对此,日军极为恐慌,他们在大力巩固后方基地的方针下,加紧了对抗日联军的军事讨伐和经济封锁,大肆烧杀掠夺,实行归村并屯,建立"集团部落"、"保甲连坐"等措施,妄图切断群众与抗日联军间的联系,断绝抗联的兵员与粮食来源,以配合其实施军事打击。同时,日军还对抗联将士实施诱降、劝降的手段,想方设法从内部瓦解分化抗日队伍。

1938年初,杨靖宇亲自率领抗联第一路军总部和第一军一部在老岭山开辟游击区,破袭老岭铁路隧道工程,并于通化七道沟伏击伪满军,连续袭击太平沟、双叉河伪警察所。第一路军第二军一部和独立旅,在第二军政委魏拯民率领下,袭击了辉南回头沟等伪军据点,另攻占了长白县六道沟镇。同年8月起,第一路军实行新的建制,取消军的

---

①　《中国共产党扩大的六中全会给东北义勇军及全体同胞电(1938年11月5日)》,《东北抗日联军史料》(上),第181—182页。

②　《东北抗日联军史料》(上),第364页。

番号,所部编成三个方面军和警卫旅①。整编后第一路军决定在集安地区的部队向东部山区转移。由第一路军副总司令魏拯民率领之一部,在北移途中于七道沟袭击了日军武装勘探队。第一路军总部和第一方面军于集安长冈地区的埋才沟围歼伪满军,击溃第四十二团及骑兵一部,缴获步枪 140 余支,手枪 30 余支,机枪 8 挺。另袭击伪警察署和日伪据点多处。1938 年 10 月,杨靖宇还率部在临江东北岔沟地区突破伪满军的重重包围,歼敌百余人后转移。当年冬季,第一路军总部和第一方面军相继转战于集安、通化、临江、辉南、濛江、桦甸等地的东部森林,打击日伪军。

1939 年,抗联各部与前来"讨伐"的日伪军周旋,并择机出击,取得不俗战果。该年 4 月,杨靖宇、魏拯民率部突袭桦甸日军仓库,歼灭伪警察 200 余人,烧毁了库房。五六月间,杨靖宇率部攻克了辉南县城。6 月,第二、三方面军各一部协同袭击延吉天宝山铜矿,第三方面军还在敦化以南大蒲柴河歼灭了日军助川讨伐队。8 月下旬,第三方面军一部攻下安图县警察署,缴枪 70 余支;同时伏击来援之敌,歼敌 170 余人,烧毁汽车 7 辆,缴获步枪百余支,机枪 2 挺。9 月下旬,该方面军在敦化南部山地设伏,袭击敌军车 12 辆,歼敌 140 余人,缴获步枪 90 余支,机枪 4 挺。以后,鉴于敌伪军"讨伐"的压力越来越大,第三方面军除了留小部在敦化地区坚持斗争之外,大部向延吉、汪清、额穆等地转移,并在途中伺机袭击敌军②。另外,杨靖宇直接指挥的警卫旅和第一路军一部,在 1939 年下半年从事较大规模作战 23 次,歼灭日伪 676人,俘虏 341 人③。同年冬,关东军调集日伪军七万余人,对抗联第一路军进行"讨伐"。第一路军为保存实力,决定各部队缩小目标,采取分散活动的方式,坚持游击战。此后,第一路军各部虽然奋起迎敌,终因

---

① 《东北抗日联军史料》(上),第 364 页。

② 李惠:《东北抗日联军斗争史简编》,解放军出版社 1987 年版,第 119—121 页。

③ 《东北抗日联军史料》(上),第 19 页。

寡不敌众,损失巨大。1940年2月23日,第一路军总指挥兼政委杨靖宇率部在反围攻作战中,弹尽粮绝,英勇牺牲①。第一路军剩余部队继续在长白山区各地坚持抗日斗争。

东北抗日联军第二路军于1937年10月正式成立,由周保中任总指挥,下辖第四、第五、第七、第八、第十军。此外抗联救世军(王荫武部)和义勇军(姚振山部)也归第二路军指挥②。嗣后,第二路军各部便不断与前来讨伐的日伪军作战,予敌沉重打击。该年3月,第五军第三师之八团一连16人,于炭窑沟的头道卡子阻击来犯的日伪骑兵400余人,共歼敌100余人,毙战马90余匹,一连长以下12人牺牲。经过数月的反围攻作战,第二路军各部在取得部分战斗胜利的同时,自身损失也很大。为摆脱日军围攻,从根本上改变形势,第二路军决定第四军、第五军主力突围西征,计划与在哈尔滨东南五常地区活动的第十军会合,开辟新的游击区域。同时总指挥周保中率总部以及第四、第五军各一部和第七军等部,坚持在饶河、密山、虎林一带活动,伺机打击敌军,掩护西征部队。1938年5月中旬,西征部队一部开始自佳木斯移动,沿途遭到日伪军的围追堵截,历经苦战,于6月下旬到达依兰、方正和牡丹江东岸,与在该地区的西征军另一部会合。6月底,西征军决定向五常、舒兰方向西征。在西进途中,第四、五军所部都与敌军数度作战。如7月初袭击牡丹江畔的江东和三通道;7月上旬攻占苇河县志楼山镇;7月末袭击珠河以东元宝镇;8月初在苇河南沟的反击战。此后,日军调集大批部队专门围追堵截抗联西征部队,西征军处境日益困难。10月上旬,西征军妇女团在牡丹江支流乌斯浑河岸边遭遇日伪军,指导员冷云率领七名女战士掩护大队突围,在弹尽援绝之下宁死不屈,一起跳河。这就是抗联史上英勇悲壮的"八女投江"③。进入五常地区的

① 《中国人民解放军战史简编》,第367页。
② 《东北抗日联军史料》(上),第365页。
③ 李惠:《东北抗日联军斗争史简编》,第122—125页。

第四军部队在敌伪重兵不断的追堵讨伐下损失严重,1938年10月第四军军长李延平、副军长王光宇相继牺牲,第五军亦被迫转回原地坚持游击战争①。第四军主力损失三分之二,第五军主力也损失了三分之一。西征的失利,对于吉东地区的抗日游击战造成不利的局面。

1938年5、6月间,中共北满临时省委决定,为了突破日伪军对于下江地区的包围,1939年5月,所属第三军进行整编,并与第六、九、十一军所属向西北远征。同年7月起,西征部队分三批出发:首批西征部队由第六军军部和第一、二师各一部共200余人组成,由第六军参谋长冯治刚率领,7月自萝北以北麻花林子出发,8月份达到海伦八道林子。第二批西征部队由第六军第二、三师一部,加上会合第三军第四师等部,共400余人,于9月上旬从萝北麻花林子出发,上旬到达海伦白马石。11月,由李兆麟率领的第六军教导团、第十一军第一师等部共300余人,自绥滨出发,于12月中旬到达海伦八道林子。三批部队的先后西征,为抗联保存下来部分有生力量。1939年5月,东北抗日联军第三路军正式成立,由张寿篯任总指挥、冯仲云任政委,下辖第三、第六、第九、第十一军②。此后,第三路军所属各部在黑龙江省的十多个县境内展开游击战,主动出击日伪军。其中第三、六军联合攻袭德都县警察署,歼敌百余人,缴获步枪100多支。11月,第六军一部在德都凤凰山区阻击日伪讨伐队,击毙日军官数人,缴获枪支百余支。另外,龙北指挥部所属各部在半年多的时间里作战40余次,攻袭多个敌伪据点,歼敌250余人,缴获枪支500余支③。

1940年关东军大肆增兵至十一个师团,从1月至5月发动对抗联各部的讨伐作战便达360余次。与此同时,鉴于抗联各路军相继遭受

---

① 《中国人民解放军战史简编》,第367页。

② 《东北抗联第三路军成立宣言》(1939年5月30日),《东北抗日联军史料》(上),第183—184页。

③ 李惠:《东北抗日联军斗争史简编》,第131页。

重大损失，中共吉东省委代表周保中（第二路军总指挥）、赵尚志（第二路军副总指挥），北满省委代表冯仲云（第三路军政治委员），在苏联伯力（哈巴罗夫斯克）举行会议，确定采取"逐渐收缩、保存实力"的八字方针，同时决定将第一、第二、第三路军共 11 个军缩编为 10 个支队分散活动。由于分散活动受敌军阻隔，加之战争残酷，伯力会议精神只是传达到部分的抗联部队，实施缩编。其中，第七军缩编为第二路军第二支队，第五军缩编为第二路军第五支队，第十军没有进行缩编；活动于龙北地区的第三路军各部缩编为第三、第九支队；活动于绥棱地区的第三军、第十一军各一部缩编为第六支队；活动于庆城、铁力等地的第三军所部缩编为第十二支队；第一路军方面未能及时获知伯力会议的精神，其一部于 1941 年 3 月缩编为第一路军第一支队。缩编后的抗联各游击支队积极利用夏秋两季对敌实施攻势作战，颇有斩获。然而一到冬季，日军乘大雪封山，联军弹药无补，部队也无安身之机，跟踪追击。因此，中方部队伤亡不断增加，减员情况极为严重。至 1940 年底，东北抗日联军仅剩 1000 人左右。为保存实力，培养干部，根据与苏联有关当局达成的协议，抗日联军主力大部于 1940 年冬撤至苏联境内，并在苏联有关人员的协助下进行整训。1942 年 8 月，抗联整训部队组建为东北抗日联军教导旅（亦称为苏联远东方面军步兵第八十八旅），周保中为旅长，张寿篯为副旅长①。与此同时，留在国内的联军各游击支队化整为零，以小分队的方式，在北满和吉林之延吉、敦化、桦甸、蛟河等地活动，他们积极开展群众工作，得到民众的大力支持，甚至分化伪满军和警察，继续坚持抗日斗争。

---

① 《东北抗日联军史料》（上），第 366 页。

第八章 抗日民族统一战线的局部危机 国统区的民主宪政与民众救亡 运动

第一节 国共之间的摩擦与矛盾

一 国共之间局部军事冲突日趋增多

抗战爆发后,面对空前严重的民族危机,国、共两党在抗日民族统一战线的旗帜下,实现了第二次合作。但是由于两党所处地位和所持基本方针政策的不同,其相互间的矛盾与冲突始终存在着。这些矛盾与冲突不时地在政治、经济、文化、思想等领域中表现出来。特别是随着中国抗战的持久化、时局日趋复杂化,国、共两党间的矛盾冲突也在不断地升级,最终发展到了局部军事冲突的阶段。

对于中共所领导的敌后抗日武装的发展壮大,国民党内的反共顽固派极为恐惧。正如国民党当局在一份文件中所说:"目前共党势力,虽以华北陕北为根据,然其活动范围,则普及各地,而尤以华中游击区为甚。故对第八路军在华北陕北自由活动之处置问题,实即对整个中国共产党活动之处置问题。如处置得当,则共党自由活动之范围,或仅及于华北陕北,其他区域则无发展余地;如处置不当,则第八路军将利用沦陷地方中央统治力量鞭长莫及之情势,扩大其自由行动之范围。结果中国抗战形成国民党失地日本与共产党分地之局面,日本与共党相反相成,本党统治之土地,将一失而不易复得。"①

1939年1月召开的国民党五届五中全会期间,国民党中央执行委员会秘书处起草并拟定了《限制异党活动办法》,并于会后迅速下发执行。该《办法》提出,为限制异党活动,惟有采取像共产党一样"坚强组织之办法,方能奏效","以组织对付组织",并从积极方面和消极方面提出了23条限制异党办法②。虽然五届五中全会前后,就整体而言国民党当局应对的重点仍然是日本的军事压力和政治谋略,密切关注着汪精卫集团脱离抗日营垒之后的动向,但是蒋介石已经把"共党到处发展"列为"目前急患"之首③。当时蒋介石考虑的是"融化共党政策"而非军事剿共④,不过已经非常明确地限制中共武装抗日区域,规定八路军、新四军的活动范围,故国共军事摩擦事件频起,并有愈演愈烈之势。

河北、山东是国民党顽固派较早向中共领导的抗日地方政权和八路军发难的地区。虽然早在1938年夏冀中和冀南地区就已经建立起多个抗日民主政权,但该年秋冀察战区总司令兼河北省主席鹿钟麟却不顾八路军方面的反对,强行接收抗日政权和团体,纵容乃至指使民团甚至土匪袭击八路军,杀害八路军政工人员。12月,河北的国民党顽军甚至向抗日根据地发动军事进攻。而国民党当局颁令,敌后抗战部队不得擅自移驻、不得兼管行政,甚至取消冀中冀南行政主任公署⑤,更助长了地方顽固势力的气焰。而在山东,省主席沈鸿烈提出的口号是:"宁匪化,勿赤化,宁亡于日,勿亡于共,日可以不抗,共不可不打。"

① 《中国近代史资料丛刊·抗日战争》第三卷《政治》(下),第840—841页。
② 《中华民国史档案资料汇编》第五辑第二编《政治》(二),第22—24页。
③ 蒋介石日记1939年1月6日,斯坦福大学胡佛研究所藏蒋介石日记手稿影印件。
④ 蒋介石日记1939年3月10日,斯坦福大学胡佛研究所藏蒋介石日记手稿影印件。
⑤ 天水行营主任程潜致蒋介石电(1939年4月7日),《中华民国重要史料初编》第五编《中共活动真相》(二),第254—255页。

1939 年 4 月,顽军秦启荣部袭击八路军山东纵队第三支队,杀害指战员 400 余人,即"博山惨案"。同月,河北张荫梧部袭击冀中深县八路军后方机关,杀害 400 多人,并袭击八路军第三纵队吕正操部。

除了华北之外,在华中地区发生了多起针对新四军摩擦事件。1939 年 6 月,湖南平江的新四军通讯处机关遭袭击,职员及家属多人被杀、被抓。11 月,河南确山县竹沟镇的新四军第四支队留守处遭到国民党军队围攻两天,新四军伤残人员、家属和群众 200 余人被杀害。正如 1939 年初中共中央便指出的,反共摩擦的不时发生,"说明蒋及国民党之政策,在于加紧限制八路军发展,同时使八路军与各地方系统部队关系恶化,以孤立八路军"。中共中央明确指出:"我们对摩擦如逆来顺受,则将来摩擦逆流必更大,顽固气焰必更高";"已建立之政权未到万不得已时,决不应轻易放弃。"①到 1939 年 12 月,中共中央更是认为,国民党"已发展到军事限共为主,政治限共为辅了。在这个军事限共政策下,国民党发布了处置共党问题的新办法,发布了剿办冒称抗日军的命令,并用中央军直接对付八路军与新四军"。中央明确要求:"八路军新四军必须极力发展与巩固自己的力量";"凡遇军事进攻,准备在有理又有利的条件下坚决反抗之,极大地发挥自己的顽强性,决不轻言退让。"②这样,双方的摩擦甚至冲突进一步扩大了。

1939 年 12 月,山西的阎锡山所部首先向中共领导的部队发起进攻,挑起了"晋西十二月事变"。抗战爆发后,按照蒋介石命令,八路军进入山西,加入阎锡山的第二战区作战。中共在山西实行与阎锡山合作抗战的政策,帮助阎锡山建立新的武装力量——抗日决死队,亦称山西新军。但是,在阎锡山看来,新军建成却渐渐"八路军化",为防新军

---

①　《中央关于我党对国民党防共限共对策的指示》(1939 年 1 月 23 日),《中共中央抗日民族统一战线文件选编》(下),档案出版社 1986 年版,第 194—195 页。

②　《中央对时局指示》(1939 年 12 月 23 日),《中共中央抗日民族统一战线文件选编》(下),第 341—342 页。

变为异己力量,自然早有夺回新军的想法。1939 年 3 月,阎锡山在山西宜川县秋林镇召开高级军政干部会(秋林会议),逼迫共产党人退出新军,解除新军中共产党员的军权,并秘密制定"讨伐"新军的作战计划。阎锡山声称"迩来晋省政治,大部陷于牺盟份子之手,新旧两军,形成对立,真象渐明,深恐尾大不掉",乃于 1939 年 10 月间召开所谓革命同志代表大会,"拟藉整顿决死队之名,消灭牺盟中共份子之势"①。11月 29 日,阎锡山密令陈长捷为"讨叛军总司令",分三路向新军进攻②。12 月初,阎军首先在永和附近袭击决死队第二纵队之第一九六旅旅部,同时破坏永和、石楼、洪洞、蒲县等 6 个县的抗日民主政权及"牺盟会"等抗日团体,杀害政府人员、牺盟会干部及八路军晋西支队后方医院伤病员、工作人员数十人,制造了晋西事变,亦称"十二月事变"。

面对阎锡山部的进攻,中共方面积极应对。在晋西北的一二〇师一部奉令接应晋西南部队北上,在冀中和晋察冀的一二〇师主力也奉令回师。1940 年 1 月,晋西北新军集中主力,重创来犯之阎军,并顺势巩固了晋西北根据地。同时,在晋西南地区,八路军三八六旅、"集总"特务团及决死一纵队在陈赓指挥下,成功地阻止了国民党军队的进逼。至 1940 年 4 月,山西省的中共军队和阎锡山部划定了各自活动范围,二者间的冲突暂告结束③。

在陕甘宁边区周围,从 1939 年至 1940 年,国共双方发生了大小几十起摩擦事件。其中较为突出的有:1939 年四五月间,发生了在陇东分区的国民党军队袭击镇原县的镇原事件和袭击宁县的宁县事件。9月至 12 月,又发生了第二次陇东事件,国民党侵占了原共产党控制的

---

① 《中华民国史档案资料汇编》第五辑第二编《政治》(二),第 216 页。

② 《中国近代史资料丛刊·抗日战争》第三卷《政治》(下),第 928 页。

③ 张宪文等:《中华民国史》第三卷,南京大学出版社 2006 年版,第 370—371 页。

镇原、宁县、正宁三个县；八路军则歼灭了庆阳、合水两县的国民党保安部队 300 余人。在关中分区，因该地区地理位置重要，因而国共双方摩擦不断。据不完全统计，从 1939 年 11 月至 1940 年 6 月，国民党胡宗南部发动的武装进攻高达 64 起，其中较为突出的是旬邑事件和淳化事件，国民党军占领了旬邑和淳化两县。

在这期间，陕甘宁边区的八路军被迫进行了一系列反摩擦斗争，并取得了一系列重大胜利。1940 年春夏，关中分区保安独立三营和警备八团一部，进行了点头镇突围战和井村、转角镇等多次战斗，收复了马栏镇，拔掉了国民党军十多处据点，消灭了国民党旬阳县保安团团长、土匪头子郭相堂和淳化县保安大队长李养之共计 1000 多人，粉碎了顽固派妄图打通淳旬线、马（栏）旬线，建立碉堡封锁线，紧缩边区活动范围的阴谋①。

1940 年初，在华北、华中等区域也不断发生国民党军队袭击中共军队的情况。如 1940 年 2 月，国民党军朱怀冰部袭击在邢台西路罗川的中共独立营，结果该营营长阵亡，士兵 230 余人伤亡过半，100 余人被俘②。又如 1940 年 4 月，国民党军第一一七师刘漫天部偷袭天长、六合等地的新四军，10 月至 12 月，国民党军第一二八师莫德宏部在皖东袭击新四军等。

对于国民党军的进犯，中共坚决予以反击。1940 年 2 月，八路军对石友三、孙良诚、高树勋等部开始发动进攻，结果重创各部。3 月，八路军又发动磁武涉林战役，重创朱怀冰部③。1940 年，新四军陈毅支队渡江北上，进入苏北。而苏北敌后属于国民党江苏省主席韩德勤的防区，他当然不允许新四军前来发展根据地，而决心要将陈毅部赶走。

①　《中国近代史资料丛刊·抗日战争》第三卷《政治》（下），第 937—941 页。

②　第二历史档案馆编：《中华民国史档案资料汇编》第五辑第二编《政治》（二），第 242 页。

③　张宪文等：《中华民国史》第三卷，第 372 页。

为了消灭苏北地区的新四军，1940年10月，韩德勤所部对初到苏北的陈毅、粟裕等部发起突然进攻，结果惨败，该事件被称为"苏北事件"①。之后，苏北的海安、东台、盐城等地皆为新四军所占，以致国民党认为其在苏北的军政机关分散于兴化、泰州、沙沟附近，"四面受敌，进退失据，情势至为危急"②。1940年12月24日，蒋介石就苏、鲁局势致电鲁苏战区司令于学忠，电文中称："中央已有处置，一个月后便可实现。希按照前令，尽全力巩固鲁省，至对苏北，可无须再抽兵增援也。"③结果，1941年1月，皖南事变便发生了。

应当指出，在抗日战争进入相持阶段之时，随着双方摩擦的增加，国、共双方高层都曾意识到需要通过谈判的方式予以解决。只是国民党方面旨在限制八路军、新四军发展和扩大对日作战区域，压缩陕甘宁边区的范围，控制甚至取消中共领导下的敌后各抗日游击队和抗日根据地。中共方面则针锋相对，提出自己的主张。1939年11月起，国、共双方在会谈中已经较具体地涉及八路军扩编和边区划界等问题，但未能达成协议④。1940年4月，在中共中央的指示下，新四军与第三战区进行了会谈，曾就新四军的驻地和作战地、区域，达成过初步协议⑤。1940年6月，周恩来代表中共中央向国民党方面正式提出了全面解决双方关系的具体方案，在第一部分"请实行《抗战建国纲领》所规定之人民集合、结社、言论、出版之自由"之下，提出了如下要求：保障各抗日党派之合法存在；释放一切在狱之共产党员，不因党籍信仰之不同而横遭扣留、拘禁、非刑与歧视；保障《新华日报》之出版发行；保护十八集团军及新四军之家属，禁止非法骚扰和残害。第二部分为"请在游击区及敌占区内，实行《抗战建国纲领》所规定之指导及援助人民武装抗

---

① 《中国近代史资料丛刊·抗日战争》第三卷《政治》(下)，第910页。
② 《中华民国史档案资料汇编》第五辑第二编《政治》(二)，第393页。
③ 《中华民国史档案资料汇编》第五辑第二编《政治》(二)，第424页。
④ 《中国近代史资料丛刊·抗日战争》第三卷《政治》(下)，第954—959页。
⑤ 《中国近代史资料丛刊·抗日战争》第三卷《政治》(下)，第961—962页。

日,并发动普遍的游击战"。第三部分"关于陕甘宁边区、第十八集团军及新四军问题",是这份提案的重点部分,包括:甲、命令划定延安、延长等23县为陕甘宁边区,组织边区政府,隶属行政院,委任林祖涵为边区政府主席;乙、扩编第十八集团军为三军九师,其所属游击队按各地战区所属游击部队同等待遇;丙、增编新四军至7个支队;丁、规定第十八集团军新四军与友队作战分界线;戊、以同等待遇按时补充第十八集团新四军械弹粮饷等①。

7月16日,国民党方面拿出提示案,以"中央最后决定"的口吻答复几点:一、关于党的问题,"依照《抗战建国纲领》第二十六条之规定",即根据日后通过之《宪法》的有关规定办理;二、关于陕甘宁边区问题,区域为陕西15县、甘肃3县,名称改为陕北行政区,行政区公署暂隶属行政院,但归陕西省府指挥;三、关于第十八集团军及新四军作战地境问题,划定八路军、新四军作战范围为冀、察两省鲁北及晋北之一部,要求八路军、新四军于一个月内全部开到上述规定地区;四、规定八路军编制为3军6师6个补充团,新四军为2个师(每师2旅4团);另要求八路军新四军"绝对服从军令"、"所有纵队支队及其他一切游击队,一律限期收束",称"军事委员会随时派员点验"②。该提示案的实质,就是要压缩边区的空间,限制八路军新四军的发展,让出在华北江南经过浴血苦战建立起来的大片抗日游击根据地,并为日后的武力解决中共问题留下伏笔。

同年8月,周恩来在重庆与蒋介石、何应钦等人的会谈中,强调中共50万军队要抗战、无法生活,难以全部开入冀、察,且新四军南调部队不多,南方游击队却很多,表示国民党之方案不可行。对于国民党方

---

① 《中国共产党六月提案》(1940年6月),《中国近代史资料丛刊·抗日战争》第三卷《政治》(下),第964—965页。

② 《国民政府提示案》(1940年7月16日),《中华民国重要史料初编》第五编《中共活动真相》(二),第506—507页。

面的打压企图,9 月 5 日,周恩来曾代表中共方面提出三条新的解决方法:一、扩大第二战区至山东全省及绥远一部;二、按照第十八集团军新四军及各地游击部队全数发饷;三、各游击部队留在各战区划定作战界线分头击敌①。但是,这并没有获得国民党方面的认可。无论是蒋介石还是军政高层人士看来,抗战以来中共兵力的发展、影响的扩大,必须加以最大限度的限制,甚至不惜以采取重大军事行动为代价。

二 皖南事变

皖南事变的发生,决非偶然,它是国民党顽固派坚持反共独裁政策的必然结果。继在华北、苏北制造一系列摩擦之后,1940 年 3 月以后,国民党顽固派又将反共摩擦中心移向华中,把矛头指向新四军,制定《防止皖南新四军具体意见》,加紧了对新四军的限制封锁。先是下令新四军在长江以北的第四、第五支队开赴到江南的南京、芜湖一带,以隔断新四军与八路军、华中与华北根据地,新四军苏北与江南、苏南与皖南部队的联系,陷新四军各部于孤境。同时,制定三路进攻新四军计划,命令第三战区司令长官顾祝同、第二游击区副总指挥冷欣、鲁苏战区副总司令韩德勤、第五战区副司令长官李品仙,向新四军皖南、苏南、苏北、皖东及皖中部队大举进攻,企图各个击破。

1940 年 9 月底,德、意、日三国在柏林签订了军事同盟条约。10 月上旬,英国政府宣布将按时重新开放关闭三个月的滇缅路。在国民党高层看来,这意味着英、美当继续支持国民政府牵制在华日军。10 月中旬,蒋介石等人研究了解决中共问题的方针、态度、行动、兵力、地区等部署②。10 月 19 日,何应钦、白崇禧在蒋介石的指使下,以国民政

---

① 《中华民国重要史料初编》第五编《中共活动真相》(二),第 508—509 页。

② 蒋介石日记 1940 年 10 月 12 日,斯坦福大学胡佛研究所藏蒋介石日记手稿影印件。

府军事委员会正、副参谋总长的名义,向八路军总司令朱德、副总司令彭德怀、新四军军长叶挺发出"皓电",诬蔑八路军、新四军"不守战区范围自由行动;不遵编制数量自由扩充;不服从中央命令破坏行政系统;不打敌人专事吞并友军",宣布将《中央提示案》"正式抄达",限令黄河以南的八路军、新四军于一个月内全部开到黄河以北①。这实际上表明皖南事变拉开了序幕。

继发出"皓电"之后,国民党顽固派加紧策划围歼皖南新四军各部。他们在严令催逼新四军北移的同时,命令顾祝同在皖南部署包围新四军,命令李品仙、冷欣分别在江北、江南部署堵击。国民党顽固派的如意算盘是:如皖南新四军移动,就在新四军行军途中乘机围歼之;或借日伪军之手,消灭新四军于渡江之际;如新四军仍不遵令北动,则以不服从命令为借口就地解决。局势日趋紧张,尤其是新四军方面,情况十分紧急。

1940 年 11 月 14 日,国民政府军事委员会军令部拟定了《剿灭黄河以南匪军作战计划》。

在此情况下,11 月 9 日,中共方面以朱德、彭德怀、叶挺、项英的名义发出了致何应钦、白崇禧的"佳电",从行动、防地、编制、补给、边区和团结抗战六个方面,对何、白"皓电"作了公开答复。"佳电"驳斥了国民党顽固派的造谣污蔑,揭露了亲日派妄图"以内战代抗战,以投降代独立,以分裂代团结,以黑暗代光明"的险毒用心;历陈了八路军、新四军数年来团结抗战,御敌保国,收复失地的事实。对于"皓电"要八路军、新四军限期全部开到黄河以北的命令,"佳电"要求对于江南新四军"宽其限期,以便解释深入,不致激生他变";对于在江北的新四军各部,"则

---

① 《中国近代史资料丛刊·抗日战争》第三卷《政治》(下),第 978—979 页。之所以称何、白"皓电"为蒋介石所指使,可以蒋 10 月 21 日的日记为证:"本日令共党部队撤退至黄河北岸,限十一月底为期,试观其能否遵令,即可断俄国对华最近期间之政策矣。"见于斯坦福大学胡佛研究所藏蒋介石日记手稿影印件。

暂时拟请免调",同时责成"整饬军纪,和协友军,加紧对敌之反攻,配合正面作战,以免操之过急,转费周章"①。

在得悉朱德等"佳电"之后,国民党方面该如何处置? 是"置之不理",还是"严词驳斥",抑或"由中正式命令限其如期集中河北"? 蒋介石没有马上作出进一步的决断②。稍后,蒋还同意把八路军、新四军的移驻日期推迟到12月底。国民党方面之所以没有立即催逼新四军按照规定日期北移,一是认为当时尚在"国际局势未定之时","如过于硬性反于我不利,而且彼于此时决不肯轻易调防河北,如此则徒失威信,或引起纠纷,故不如此弹性留有旋转操纵在我之余地为宜也";另一重要因素是日本尚未正式承认汪精卫政权,蒋介石等人"决待倭敌承认汪伪以后,或待敌是否承认汪伪之真相判明以后,再发此令,比较妥当"③。

11月30日,日本方面与汪精卫签订《基本关系条约》之后,蒋介石立即逼迫八路军、新四军北移。他催促有关僚属准备对于朱、彭"佳电"的复电稿,并且亲自修改定稿④。12月8日,何应钦、白崇禧向朱德、彭德怀、叶挺、项英发出了"齐代电",再度指责八路军、新四军不服从命令,对国民党军队"侵袭"和实行"割据",是导致各地摩擦迭起的直接原因,要求迅即遵令将八路军、新四军部队"悉数调赴河北"⑤。次日即

---

① 《中华民国重要史料初编——对日抗战时期》第五编《中共活动真相》(二),第509—512页。

② 蒋介石日记1940年11月19日,斯坦福大学胡佛研究所藏蒋介石日记手稿影印件。

③ 蒋介石日记1940年11月27日、28日,斯坦福大学胡佛研究所藏蒋介石日记手稿影印件。

④ 蒋介石日记1940年12月2日:"催发复朱彭电稿。"1940年12月3日:"修正复朱彭电稿。"1940年12月7日:"今日修正何白复朱彭电稿,颇费心力,卒无错误。"均见于斯坦福大学胡佛研究所藏蒋介石日记手稿影印件。

⑤ 《何应钦白崇禧复朱德彭德怀叶挺项英齐代电》(1940年12月8日),《中华民国重要史料初编——对日抗战时期》第五编《中共活动真相》(二),第511—519页。

12月9日,蒋介石又发出如下电令:"令朱彭叶项(即发)。前令第十八集团军及新四军各部,限期开到黄河以北作战,兹再分别地区宽展时期,凡在长江以南之新四军全部,限本年十二月三十一日开到长江以北地区,明年一月三十日以前,开到黄河以北地区作战。现在黄河以南各地之第十八集团军所有部队,限本年十二月三十一日止,开到黄河以北地区,希即遵照何白参谋正副总长十月皓电所示之作战地境内,共同作战,克尽职守,毋得再误。此令。蒋中正。十二月九日。"①与此同时,国民党调集重兵,进行围歼皖南新四军的部署。到1940年12月底,除了李品仙、冷欣各部在江北、苏南进行堵击布防外,皖南方面,第五十二师、一〇八师、七十九师、一四四师、四十师和六十二师一个团、新七师一个旅,在宣城、泾县、宁国、旌德、太平、青阳、南陵、铜陵地区,构成对新四军的重重包围②。至此,皖南新四军已经成为陷入险境的孤军,情况万分紧急。

自从11月9日朱彭等发出"佳电"之后,中共中央便明确指示:对皖南取让步政策(即北移),对华中取自卫政策。同时,多次指示在皖南的新四军必须在12月31日之前全部北移,北移中要提高警惕,做好充分的自卫准备③。但是,新四军主要领导人对于皖南新四军主力部队如何移动犹豫不决。12月26日,中共中央致电批评了项英等人,要求对于如何北移、如何克服移动中的困难,"要你们自己想办法,有决心"。12月25日蒋介石面告周恩来"渡河不得再缓"④之后,12月31日毛泽东、朱德还就如何渡江北移致电叶挺、项英。但是,这一切努力实际上为时已晚。

---

①　《中华民国重要史料初编——对日抗战时期》第五编《中共活动真相》(二),第463—465页。

②　《中国近代史资料丛刊·抗日战争》第三卷《政治》(下),第981页。

③　《中国近代史资料丛刊·抗日战争》第三卷《政治》(下),第982页。

④　蒋介石日记1940年12月25日,斯坦福大学胡佛研究所藏蒋介石日记手稿影印件。

1941年1月4日至13日，新四军军部及直属部队9000余人在奉命转移途中，由于判断错误，加之内部意见分歧，对外联络中断等，结果误入国民党军队在泾县茂林地区事先设好的包围圈。经过数日的恶战，新四军除2000余人突围外，其余或牺牲、或被俘。新四军军长叶挺被俘，副军长项英、政治部主任袁国平、参谋长周子昆等高级军官和干部牺牲。1月17日，蒋介石以国民政府军事委员会的名义，发出通令："据第三战区司令长官顾祝同删（十五）亥电称：国民革命军新编第四军违抗命令，不遵调遣，自上月以来，在江南地区，集中全军，蓄意扰乱战局，破坏抗日阵线，阴谋不轨，已非一日。本月初，自泾县潜向南移，竟于四日胆敢明白进攻我前方抗日军队阵地，危害民族，为敌作伥，丧心病狂，莫此为甚。我前方被袭各部队，对此不测之叛变，若不忍痛反击，不仅前线各军之将士无以自卫，而且整个抗战之国策，亦必被其破坏无余。"通令接着诬蔑新四军为"抗命叛变"，宣布撤销其番号，将新四军军长叶挺"着即革职，交军法审判，依法惩治"①。这样，国共关系处于抗战爆发以来最为紧张的阶段，抗日民族统一战线面临着严峻的考验。

中国共产党对国民党顽固派制造皖南事变，进行了坚决的反击，认为只有猛烈坚决的全面反攻，才能打退蒋介石的挑衅与进攻，否则不但不能团结全国人民，不能团结本党本军，而且正中蒋介石的诡计。中共中央决定，"佳电"的温和态度立即终结，在政治上发动全面反攻，军事上准备一切必要力量粉碎其进攻②。中共中央认为：皖南事变后，国民党还不敢与共产党分裂，共产党也不宜与国民党分裂；故决定"政治上取全面攻势，军事上取守势"的方针，首先在政治上发起反攻，在全国通过各种宣传媒介，宣传事变真相，动员全国爱国军民与国际友人、海外

---

① 《中华民国重要史料初编——对日抗战时期》第五编《中共活动真相》（二），第523页。

② 《中国近代史资料丛刊·抗日战争》第三卷《政治》（下），四川大学出版社1997年版，第986页。

侨胞,共同反对反攻顽固派的阴谋①。

　　1月18日,中共中央发言人就皖南事变发表谈话,指出:"此次惨案,并非偶然,实系亲日派阴谋家与反共顽固派有计划之作品。"谈话历数国民党顽固派发起的反共摩擦事件之后,揭露了国民党顽固派蓄谋围歼皖南新四军的真相,进而提出如下要求:1.严惩罪魁祸首;2.释放被俘将士,保障叶挺等人生命安全;3.抚恤死难将士及其家属;4.停止华中剿共战争;5.平毁西北之反共封锁线;6.停止各地残害共产党员及爱国人士,释放政治犯;7.肃清亲日分子;8.反对破坏抗战、破坏团结;9.严整抗日阵容,坚持抗日到底②。同时,中共中央发出《关于皖南事变的指示》,指出:皖南事变是国民党有预谋有计划的反共行径。"这是抗战以来国共两党间,也是抗日民族统一战线内部空前的严重事变,应该引起全党及全国人民的注意"。"国民党这一政治步骤,表示他自己已在准备着与我党破裂,这是七七抗战以来国民党第一次重大政治变化的表现"。为了反对国民党的进攻,并维护民族抗战的大局,中共中央决定:在各抗日根据地,通过刊物、报纸、会议等各种途径,对国民党的反动行径提出严重抗议;在宣传鼓动工作中,应无情揭露国民党自抗战以来一切倒行逆施的黑暗的反动的方面,指出只有实行民主政治,才能抗战胜利;八路军新四军在政治上、军事上应充分提高警觉性和作战准备;在大后方,应运用各种不使党的组织遭受破坏的、侧面的、间接的方式,动员舆论和群众,特别抓住物价高涨去提高人民的不满情绪到要求驱逐亲日派,改组国民政府,实行民主抗日的水平③。1月22日,中共中央革命军事委员会发言人就解决皖南事变问题发表谈话,提出十二条要求:悬崖勒马,停止挑衅;取消1月17日的反动命令;惩办

---

　　①　《中国近代史资料丛刊·抗日战争》第三卷《政治》(下),第1041页。

　　②　《中共中央发言人对皖南事变的谈话(1941年1月18日)》,《中共中央文件选集》第13册,第11—15页。

　　③　《中共中央抗日民族统一战线文件选编》(下),第522—524页。

事变的祸首何应钦、顾祝同及上官云相三人；恢复叶挺自由，继续充当新四军军长；交还皖南新四军全部人枪；抚恤皖南新四军全部伤亡将士；撤退华中的"剿共"军；平毁西北的封锁线；释放全国一切被捕的爱国政治犯；废止一党专政，实行民主政治；实行三民主义；逮捕各亲日派首领，交付国法审判①。这就把中共关于解决事变的原则主张，更为全面地展现在世人面前。

在重庆，周恩来等代表中共同国民党顽固派进行了针锋相对、有理有节的斗争。1月17日晚上，周恩来得知国民政府军事委员会发布反动命令和谈话后，立即向何应钦和国民党谈判代表张冲提出严重抗议，在电话里愤怒斥责何应钦："你们的行动，使亲者痛，仇者快。你们作了日寇想作而作不到的事。你何应钦是中华民族的千古罪人！"当天深夜，周恩来亲笔题词："为江南死国难者致哀！""千古奇冤，江南一叶，同室操戈，相煎何急？！"这一题词冲破国民党新闻检查机关的封锁，得以刊登在1月18日的《新华日报》上，在重庆广为散发，有力地控诉了国民党顽固派的血腥罪行。18日下午，叶剑英主持起草了《新四军皖南部队惨被围歼真象》文章，经周恩来审阅后，19日即用秘密传单散发。文章就"所谓新四军违反命令不受调遣的问题"，"新四军渡江路线问题"，"新四军移动时间问题"，"所谓借端要索问题"，"究竟谁打谁的问题"，痛斥了国民党顽固派对新四军的污蔑，揭露了皖南事变的真相②。同时，国民参政会的中共参政员董必武、邓颖超等还以拒不出席国民参政会，以对国民党顽固派迫害新四军、破坏抗日民族统一战线的罪行表示抗议③。

对于皖南事变给新四军造成的巨大损害，中共中央针锋相对地采

---

①　《中华民国重要史料初编——对日抗战时期》第五编《中共活动真相》（二），第544、547页。

②　《中国近代史资料丛刊·抗日战争》第三卷《政治》（下），第987—988页。

③　《中华民国重要史料初编——对日抗战时期》第五编《中共活动真相》（二），第548、550—551页。

取了措施。1月20日,中共中央革命军事委员会发布重建新四军的命令,鉴于叶挺陷身图圄,决定任命陈毅为国民革命军新编第四军代理军长,张云逸为副军长,刘少奇为政治委员,赖传珠为参谋长,邓子恢为政治部主任。命令要求陈毅等"悉心整饬该军,团结内部,协和军民,实行三民主义,遵循"总理遗嘱",巩固并扩大抗日民族统一战线,为保卫民族国家,坚持抗战到底,防止亲日派袭击而奋斗"①。1月23日,陈毅等新四军将领发出就职通电,旋即在苏北盐城成立新四军军部,并扩大整编为七个正规师,分派粟裕、张云逸(旋改罗炳辉)、黄克诚、彭雪枫、李先念、谭震林、张鼎丞等七人为师长②。这是对国民党围歼迫害新四军、取消新四军番号的最有力的回击。另外,根据中共中央的指示,八路军、新四军在军事上进行了自卫作战的全面准备。

皖南事变发生前后,国内外各方人士纷纷呼吁停止内战,团结抗日。1941年1月14日,宋庆龄、柳亚子、何香凝、彭泽民发表致国民党中央宣言,指出:"最近则有讨伐共军之声竟甚嚣尘上,中外视听为之一变。国人既惶惶深忧兄弟阋墙之重见今日,友邦亦窃窃私议中国(抗日)之势难保持。"宣言指出,一旦发动剿共战争,则过去之悲剧又将重演,抗战之基础将毁于一旦。认为国民党应"慎守总理遗训,力行我党国策,撤消剿共部署,解决联共方案,发展各抗日实力,保障各种抗日党派",以奠定抗日基础③。1月12日,旅港人士400余人联名发出文电,吁请停止内战,恳请蒋介石"明令凡属抗战部队,俱应加以优容保护,以示大度,表以至诚,使友邦无疑虑之揣,而幸灾乐祸之流无间可入"④。此外,如上海各界民众团体、全美洲洪门总干部监督司徒美堂、南侨总会主席陈嘉庚、菲律宾侨胞团体等众多中外组织和个人,也纷纷致电或

---

① 《中国近代史资料丛刊·抗日战争》第三卷《政治》(下),第1048页。

② 《中华民国重要史料初编——对日抗战时期》第五编《中共活动真相》(二),第543—544页。

③ 《中国近代史资料丛刊·抗日战争》第三卷《政治》(下),第1056—1058页。

④ 《中国近代史资料丛刊·抗日战争》第三卷《政治》(下),第1058页。

发布宣言,谴责国民党顽固派发动皖南事变,呼吁国共两党团结抗战。

皖南事变发生后,当时主要新闻报刊基于不同的立场,发表了各自的评论。1941年1月18日,重庆《中央日报》刊登社论《军队的纪律和民主》。该社论诬称:"新四军擅自行动,是反抗军令,破坏军纪的重大问题,万万不能忽视的。当局为贯彻军令,维持军纪起见,不得不采取断然的措置。这不但与政治问题无关,而且与其他部队也风马牛不相及,责任完全在叶挺、项英几个人身上。"1月22日,《大公报》发表了题为《拥护统一反对分裂》的社论。社论指出:"拥护统一,反对分裂,是全体国民的良心,是我们抗战建国的所必不可缺的条件! 尤其在这大敌当前,强敌日削,胜利接近之时,我们全体国民必然唾弃一切蔽于党见而贻害国家的行为!"社论认为:"在信守国家至上民族至上的原则之下,任何党派的政治主张,容或因求治之急而近于激,非但可谅,亦且可敬。"关于皖南事变的处理,该社论建议:"我们恳切希望叶挺氏个人能邀得宽大的处分,更恳切希望中央小心翼翼的处理此问题,勿使有节外的牵连与蔓延!"1月29日,针对一些敌对势力借口皖南事变散布谣言,以蛊惑国内外视听的恶劣行径,《大公报》又刊载《整饬军纪准备反攻》的社论。社论指出:"敌人对我们原是幸灾乐祸的,它希望中国自溃自裂,它也希望中国失掉国际友邦的同情与援助。在平时,它还在无中生有的造谣,寤寐以求的幻想,现在遇到这个新四军问题,它自然要藉此造谣与挑拨。问题的关键,完全握在我们自己的手上。敌人希望我们分裂,我们必坚持团结与统一;敌人希望我们内乱,我们必严明法纪,显示出一个秩序井然有条不紊的国家。在这种情形之下,我们相信国际各友邦也必然认识中国,而更同情中国。"①总的来看,国民党顽固派的倒行逆施日益不得人心。

---

① 《中华民国重要史料初编——对日抗战时期》第五编《中共活动真相》(二),第567、569—570、572页。

皖南事变后,中共坚决贯彻了抗日民族统一战线策略的总方针,进行了"有理、有利、有节"的斗争,及时揭露事变的真相,表明了正确的立场,从而广泛地争取了诸多中间力量、民主人士,得到国内外舆论正面的支持。这些既有助于八路军、新四军的发展和对日作战,还有力地推动了国民党统治区坚持抗日反对投降、坚持团结反对分裂、坚持民主反对独裁的运动,使之走向新的阶段。

第二节　国统区的民主宪政运动

1939 至 1940 年前后中国一度兴起的民主宪政运动,是抗日战争时期中国民主政治建设的一件大事。这次运动在抗日民族统一战线的旗帜下开展,对中国抗日战争乃至战后政治格局影响深远。

抗战爆发之前,国民政府曾有宪政的筹议,并付诸一定的行动。但是自 1937 年 7 月卢沟桥事变发生之后,"战事既起,第五次全国代表大会所议决关于国民大会之召集,宪法之制定颁布,不得已而延期,政府此时惟有依据国民会议所制定颁布之约法以行使治权"[①]。由于日本侵华战争发生,原定宪政实施计划被迫推延,这是客观形势所致,也容易为国人所谅解。

随着抗战进入相持阶段,正面战场作战不利,加上汪精卫集团公开叛离抗日营垒,国民党当局急需得到国内各政治力量的谅解和支持。与此同时,国民党统治区要求实行战时民主、推进宪政建设的呼声日益高涨。1939 年 2 月,国民参政会一届三次会议召开,会议通过董必武等所提《加强民权主义的实施发扬民气以利抗战案》。该案认为:"抗战以来,我国政治上的进步,赶不及军事上的进步,更远远地落后于抗战的需要。民众是我国能够战胜日寇的基本条件之一,却没有全部动员

---

① 《中国国民党临时全国代表大会宣言》,《中国国民党历次代表大会及中央全会资料》(下),光明日报出版社 1985 年版,第 469 页。

起来,政治和民众息息相关,民众是否发动起来,一依政治的良窳以为断。"又认为:"政治千头万绪。目前最与民众有关的,是民主自由,民众没有参与政治的机会,没有抗战的言论出版集会结社的自由,永不能提高其积极性。"针对各党派间摩擦不断的缘由,该案指出:"各党派之团结,既已承认其存在,但还没有予以法律上之保障,以至摩擦时生莫由解决。"为此建议:"政府应给各党派以法律上之保障。"①在这次参政会上,不少知名人士还提出了多项要求加强民主建设的提案。张澜等提出"抗战建国之后方政治必须选任人才案",希望政府"选任贤能,俾以绝大之实心与努力,以改进后方之政治,必后方之政治确臻良好,方能兴起人力,发展财力,增加物力,以达到抗战必胜,建国必成"②。周览、黄炎培等提出"请确立民主法治制度以奠定建国基础案",提出以下建议:政府行动应法律化,政府设施应制度化,政府体制应民主化③。此外,罗隆基等提出"调整政治机关职权与工作以增强行政效能案",罗文幹等提出"请政府实行选贤与能以澄清党治案"等。

　　1939 年 9 月在重庆召开的国民参政会一届四次会议,成为战时国统区民主宪政运动的起点。会前,毛泽东等七位中共参政员于 9 月 8日发表了《我们对于过去参政会工作和目前时局的意见》,分别在政治、军事、经济、财政、外交及党派合作等方面提出了一系列主张。在政治方面,提出"容纳各党各派人才,提高战时行政机构效能","实行战时民主,严惩对民众和青年的非法压迫行为,切实保障人民有言论出版集会结社及武装抗敌之权利"。在党派合作方面,要求"明令保障各抗日党派之合法权力,认真取消各种所谓防制异党活动办法","严令禁止对共产党及其他抗战党派之歧视压迫行为"④。这一意见的公开发表产生

① 《国民参政会纪实》(上卷),重庆出版社 1985 年版,第 467—469 页。
② 《国民参政会纪实》(续编),重庆出版社 1987 年版,第 112 页。
③ 《中国近代史资料丛刊·抗日战争》第三卷《政治》(下),第 1159—1161 页。
④ 中央档案馆:《中共中央文件选集》第 12 卷,中共中央党校出版社 1991 年版,第 159—169 页。

了很大影响,为这次会议的民主诉求拉开了序幕①。

　　会议期间,中间党派和无党派参政员"均提案要求结束党治"②。陈绍禹(中共)参政员等 26 人提出《请政府明令保障各抗日党派合法地位案》,其中要求:(一)由国民政府明令保障各抗战党派之合法权利;(二)由国民政府明令取消各种所谓防制异党活动办法,严令禁止借口所谓"异党"党籍或思想问题,而对人民和青年,施行非法压迫之行为;(三)在各种抗战工作中,各抗日党派之党员,一律有服务之权利,严禁因党派私见,而摒弃国家有用之人才③。另外,中国青年党参政员左舜生、国家社会党参政员张君劢、第三党参政员章伯钧等 36 人提出《请结束党治立施宪政以安定人心发扬民力而利抗战案》。会议还收到了其他有关实施宪政的提案:孔庚等提《请政府遵照中国国民党第五次全国代表大会决议案定期召集国民大会制定宪法开始宪政案》,江恒源等参政员 40 人提《为决定立国大计解除根本纠纷谨提具五项意见建议政府请求采纳施行案》,张申府等参政员 21 人提《建议集中人才办法案》,王造时等参政员 37 人提《为加紧精诚团结以增强抗战力量而保证最后胜利案》,以及张君劢等参政员 55 人提《改革政治以应付非常局面案》。会议对上述七份有关开放民主、改革政治的提案,合并进行了讨论。最后,由于中共和各民主党派的共同努力,会议通过了《请政府明令定期召开国民大会制定宪法实施宪政案》。议案提出治本、治标办法各两项。治本部分包括:1.请政府明令定期召集国民大会,制定宪法,实行宪政;2.由议长指定参政员若干人,组织国民参政会宪政期成会协助政府促成宪政。治标部分包括:1.请政府明令宣布,全国人民,除汉奸外,在法律上其政治地位,一律平等;2.为因应战时需要,政府行政机构,应加

充实并改进,借以集中全国各方人才,从事抗战建国工作,争取最后胜利①。据邹韬奋回忆说:当时审查会议上,各派间"你起我立,火并似的舌战,没有一分一秒的停止,一直开到深夜三点钟模样,那热烈的情况虽不敢说是绝后,恐怕总可算是空前的"②。虽然部分参政员提出的"结束党治"、"取消一党专政"的主张未能列入最后通过的决议案,但这些主张得以在国民参政会的议案讨论期间被提出,已属不易。而决议案无论"治本"还是"治标"部分,虽然没有确切的实施日期的规定,但毕竟成为战时各党派乃至广大民众衡量国民党当局是否致力开放民主实施宪政的标杆。

正因为如此,这一议案通过后,中共和中间党派都曾予以积极的响应。1939 年 9 月 26 日,延安《新中华报》发表社论《拥护第四届国民参政会的正确决议》,认为国民参政会通过此项决议案"是完全正确的","我们号召全国人民积极的起来拥护国民参政会这一正确的决议,开展实施民主政治的全国运动"。社论最后指出:"实行良好决议,是今天政府当局及全国人民第一等的共同任务!"③救国会也发表文章指出:"国民参政会第四次会议所通过之召集国民大会实行宪政案,是我国之政治民主运动之一新阶段","全国的人民,应用巨大的力量去支持国民参政会,协助政府,实现这一重要决议。"④

在国民参政会决议案的感召下,各党派以及各界人士逐渐掀起了民主宪政运动的高潮。依据国民参政会的决议案设立了宪政期成会,委员 25 人:张君劢、张澜、周炳琳、杭立武、史良、陶孟和、周览、李中襄、

①　秦孝仪主编:《中华民国重要史料初编——对日抗战时期》第四编《战时建设》(一),第 755—756 页。

②　邹韬奋:《关于宪政提案的一场舌战》,《国民参政会纪实》(上卷),第 594 页。

③　《国民参政会纪实》(上卷),第 618—619 页。

④　张军民:《中国民主党派史》(新民主主义时期),华夏出版社 1989 年版,第 307 页。

章士钊、黄炎培、左舜生、李璜、董必武、许孝炎、罗隆基、傅斯年、罗文幹、钱端升、褚辅成、梁上栋、胡兆祥、章伯钧、马亮、王家桢、李永新。宪政期成会召集人为黄炎培、张君劢、周览。1939年9月20日，宪政期成会举行第一次会议，根据国民参政会一届四次大会授予的"协助政府促成宪政之使命"，宪政期成会议决请政府早日颁布召集国民大会公布宪法实施宪政之明令，并开始搜集有关宪法草案的各项资料①。这样，国民党当局的态度成为各界关注所在。

　　1939年11月17日，国民党五届六中全会通过《定期召集国民大会并限期办竣选举案》，其中指出：国民大会的举行"虽因事实上之障碍而一再延期，而本党企求宪政之早日实施，实始终无间。今抗战已历两载有余，赖全国人民于本党领导之下，同心一德，艰苦奋斗，最后胜利之期已不在远。揆之抗战建国同时并进之义，召集国民大会，制定宪法，以确立建国基础，实有积极进行之必要。最近国民参政会曾有定期召集国民大会，制定宪法之建议，亦足征国人对此期望殷切"。会议通过三项决议：1. 国民大会会期为1940年11月12日；2. 大会代表之选举尚未办竣者，应即由选举总事务所督饬赶办，限于1940年6月底以前结束一切选举手续，确定全部代表名单；3. 其因地方情势变迁，或事实上之窒碍致选举发生困难者，由中央常务委员会妥筹补救办法②。这也是抗日战争爆发以来，国民党中央首次宣布国民大会的召集日期。对此，宪政期成会于11月12日召集第二次会议，决议征集各方对于宪法草案等件之意见，并推左舜生、董必武、褚辅成、罗隆基、许孝炎等五名参政员先拟具待研究之问题。

　　为了进一步致力促进宪政的实施，1939年10月1日，由救国会、

　　① 秦孝仪主编：《中华民国重要史料初编——对日抗战时期》第四编《战时建设》(二)，第1658页。
　　② 《中国国民党历次代表大会及中央全会资料》(下)，光明日报出版社1985年版，第609—610页。

第三党、青年党、国社党、职教社及无党派参政员张澜、褚辅成、沈钧儒、莫德惠、张申府、王造时、章伯钧、李璜、左舜生、胡石青、江恒源、张君劢等12人发起的宪政座谈会，在重庆举行第一次会议，除12位发起人外，还有王志莘、邹韬奋、张友渔、章乃器、董必武、吴玉章等80多人参加。这次座谈会的主题是"怎样推进宪政运动"。沈钧儒以主持人身份，首先表示，宪政的实施，"这不能单赖政府、国民参政会之努力，这尤赖全国人士、社会各方面的负责者，共同负责，共同努力，这需要有广大的运动，全国人民的运动，以推进之"。他强调，当前首先要讨论的是如何"形成社会的宪政运动，并将这运动普及到全国去"。吴玉章指出，这次宪政运动第一是为了加强抗战，是一种救国运动；第二，这次宪政运动不分在朝党与在野党，我们是共同努力。董必武谈到："今日我们需要的宪法是真正反映了中国现代人民的生活，中国人民的要求的新宪法，过去的宪法草案已不能适用；制宪机关要真正包含全国各方面人民的代表，过去国民大会召集法、选举法都已不能适用，这是两项原则。"①10月18日，宪政问题座谈会举行第二次讨论，召集人由12人增加到19人，参加者也增加了数十人。该座谈会从1939年10月到1940年3月一共举行八次集会，主要讨论了宪政运动与民众运动的关系，实施宪政与抗战建国的关系，实施宪政的条件，以及宪政与宪法等问题。这些座谈会以灵活的方式宣传讨论宪政问题，虽然期间不无干扰，但总体看来扩大了战时陪都的民主气象，受到各界的关注，推动了国民参政会作出相应的决议。

　　1940年3月20日，国民参政会宪政期成会举行第三次会议，收到参政员罗隆基、罗文幹、陶孟和、周炳琳、傅斯年、钱端升、张奚若、杨振声、任鸿隽等提出之"五五宪草"修正草案等意见多项议案或意见。以后，宪政期成会进行了认真的讨论，尤其是以参政员罗隆基等九人的草案为蓝本，对于"五五宪草"，"就原案或存或改或补或删"，提出了《中华

---

① 《中国近代史资料丛刊·抗日战争》第三卷《政治》(下)，第1205—1207页。

民国宪法草案（五五宪草）修正草案》，将原 8 章 147 条改为 8 章 138
条。宪政期成会这个草案对"五五宪草"最重要的修改，是增加了"国民
大会议政会"一章。这是鉴于"五五宪草"中规定的国民大会成员过多，
每六年才开会一次，而且会期又短，这便使治权属于行政院、政权属于
国民大会的原则难以实现。据此，该提案提出在国民大会闭会期间成
立一个常设机构，其名称叫做"国民大会议政会"，在国民大会闭会期间
执行国民大会的职权，其某些权力甚至超出了政权范围，属于治权范
围，它的形式类似于西方民主国家的议会①。"国民大会议政会"的提
议有相当的基础，当时大后方朝野都对行政当局的低效无能非常不满。
据王世杰记载，该提议旨在监督政府，"各方面赞成其议者颇众"②。宪
政期成会同时还提出了《中华民国宪法草案修正草案说明书》和《对于
实施宪政之建议》，后者共两条：1. 请政府对于未完成之选举及附逆分
子剔除后之补充，切实注意于选举方法之改善。2. 请政府促成宪法及
宪政之早日实施③。

　　为了进一步推进宪政运动，1939 年 11 月 19 日，在沈钧儒的主持
下，决定成立重庆各界宪政促进会，推举沈钧儒、董必武、孔庚、黄炎培、
章伯钧、左舜生、史良等 85 人组成筹备委员会。后又推选孔庚、董必
武、沈钧儒、黄炎培、章伯钧、左舜生、张申府等 25 人为常委。12 月 5
日，宪政促进会常委会举行首次会议，决定由张申府担任常委会秘书处
主任，沈钧儒任宣传委员会主任，章伯钧任联络委员会主任，左舜生任
研究委员会主任等。之后，各委员纷纷通过演讲报告、发表文章等方式
进行宪政宣传活动。如沈钧儒曾亲往广西桂林进行宪政宣传，作了《关
于宪政的几件事》的演讲，还发表论文《实行宪政对我们政治前途发展
之重要性》。邹韬奋、张申府等人也经常应邀到各地作关于宪政问题的

---

① 《中国近代史资料丛刊·抗日战争》第三卷《政治》（下），第 1194—1196 页。
② 《王世杰日记》（手稿本）第二册，1940 年 3 月 29 日，第 249 页。
③ 《中华民国重要史料初编》第四编《战时建设》（二），第 1682 页。

报告。邹韬奋主持的生活书店则将各种报刊发表的有关文章编辑成《宪政运动论文选集》、《宪政运动参考资料》向全国发行,等等。

在各民主党派及无党派人士的推动下,重庆及其他地区类似的宪政团体纷纷成立。如以重庆妇女为主体发起组织宪政座谈会、宪政促进会、宪政研究会等,着重讨论宪政问题与妇女解放问题;以重庆青年为主体发起组织青年宪政座谈会、青年宪政促进会等。此外,在成都、昆明、广西、安徽等地区,一系列宪政组织与团体也不断成立,并积极地开展活动①。成都的宪政运动主要以大学教授为主体,他们多次讨论了宪草修改问题。云南的地方人士和大学教授对"五五宪草"也进行了深入的研究。在广西,不仅成立了以李宗仁为主席的宪政协进会,而且还由"广西建设研究会"出面组织若干小组,对宪法草案的各个部分进行了分别的具体研究,并通过电台发表意见。安徽、浙江、广东等地,也纷纷成立各种研究宪政的团体。

在共产党领导下的延安和各抗日根据地,也掀起了民主宪政运动的热潮。1940年2月20日,延安各界宪政促进会举行成立大会。会议发表宣言指出:今日实施宪政的意义,在于发扬民意,彻底战胜日本帝国主义;国民代表大会选举法必须彻底修正,代表必须重新选举;国民大会组织法必须修正,应使国民大会成为国家最高权力机关;全国应该发起普遍深入的宪政运动,人民有讨论宪法选举国大代表的自由,各抗日党派有合法存在的权利和参加国大代表竞选的自由。大会还推举吴玉章为理事长,毛泽东、陈云、张闻天、王稼祥等45人为理事②。此次大会上,毛泽东作了《新民主主义宪政》的重要讲话。毛泽东在讲话中指出:"宪政是什么?就是民主的政治。""我们现在要的是民主政治,是什么民主政治呢?是新民主主义的政治,是新民主主义的宪政。"关

---

① 《中国民主党派史》(新民主主义时期),华夏出版社1989年版,第307—311页。

② 《国共关系70年纪实》,重庆出版社1994年版,第570页。

于新民主主义的宪政,毛泽东解释说:"就是几个革命阶级联合起来对于汉奸反动派的专政。"但是,"真正的宪政不是容易到手的,是要经过艰苦斗争才能取得的。"毛泽东最后说:"我们一定要把事情办好,一定要争取民主和自由,一定要实行新民主主义的宪政。"①随后,延安地区还相继成立了"妇女界宪政促进会"、"新闻界宪政促进会"、"青年宪政促进会"、"工人宪政促进会"等组织。此外,晋察冀根据地新闻界宪政期成会、皖南宪政运动期成会、晋西北宪政促进会等也先后发起成立。

　　面对日趋高涨的宪政运动,国民党内一些人开始恐惧、担忧起来。他们不断地通过各种途径,对宪政运动进行抵制、打击。首先,限制封锁关于宪政运动的消息与言论。国民党利用新闻检查机关对各地报刊和书籍等进行严加控制,在国民党控制的报刊上刊登诬陷宪政运动的"理论",甚至在参政员25人所召集的宪政座谈会中进行捣乱,在各地方则严禁宪政运动的出现,以致许多地方报纸连"宪政"二字都不许出现②。同时他们又利用所控制的报刊大肆刊载诬蔑宪政运动的文章。国民党中央宣传部副部长潘公展曾公然宣称:"宪政时期的党治,自然是以国民党治国。"国民党中央党部秘书长叶楚伧也说:"研究可以,最好由少数学者在房间里研究研究,不要发表文章,来什么运动!"③国民党当局把限制宪政活动的举措法律化,还甚至派出特务四处进行破坏宪政团体的活动。

　　1940年2月,鉴于宪政运动超出了他们划定的范围,国民党中央制定了对于实施宪政的四项指示,对于实施宪政与训政的关系,强调:"我们一方面要求实施宪政,一方面要求宪政实施后继续进行训政未完

---

　　①　《毛泽东选集》(第二卷),人民出版社1991年版,第731—739页。

　　②　《中国近代史资料丛刊·抗日战争》第三卷《政治》(下),第1202页。

　　③　《中国民主党派史》(新民主主义时期),华夏出版社1989年版,第313—314页。

成的工作。"对于国民大会之选举与职权,强调在过去由他们一手包办选举的国民大会代表仍然"一律有效"。对于宪法草案问题,强调"五五草宪"的合法性"自无疑问"。对于宪政问题之讨论,强调:"在此战事未结束前,政府对于为研究宪政而组织团体之举,自亦不能不设定必要之限制,以防流弊,在重庆方面国民参政会之宪政期成会为研究宪政向政府贡献意见之合法机关,为集中意志起见,不必另有其他组织;其他各省市如有组织之必要,亦只须由各省市党部政府会同参议会组织宪政研究团体,领导各该地关于宪政问题之研讨。"①一言以蔽之,就是要把业已获得广泛群众认同甚至参与的宪政运动,完全纳入国民党当局可以接受、可以掌控的范围与程度。

　　对于宪政期成会提出的宪草修正案,蒋介石甚为不满。1940 年 4 月 5 日,在参政会第五次大会第五次会议上,蒋介石发表了对宪草与实施宪政的意见。他说:"我们看世界各国宪政历史,凡是一个国家的宪法,当其施行之始,规定得愈详细,愈繁密,尤其对于政府职权限制的愈严格,就愈不容易实现,而且流弊愈多,乃致毁灭越快,其结果只有宪法之害而无宪法之利。这就是因为制宪的人不明了在开国的时候,必须要有一个有能的政府,宪法规定,必适合这个开国时期的需要,才能够推行尽利,以措国家于磐石之安。"因此,他以中国民众教育落后,知识低下,政治素养缺乏为由,反对将外国宪法成规不加抉择地仿行于中国,并提出:"我们一定要使宪法能够实施有效,至少要在 10 年或 20 年之中一定要求条条作到,否则如果有了宪法而再遭破坏,则国家永无挽救的希望。"②王世杰认为,蒋介石的这番谈话是"对于宪草中牵制政府权力之规定,表示不满",使得诸参政员"颇懊丧"③。这并不奇怪。宪政运动的迅速兴起,确实出乎国民党当局的意料之外,他们带着有色眼

---

① 《中国近代史资料丛刊·抗日战争》第三卷《政治》(下),第 1242－1244 页。
② 《中国近代史资料丛刊·抗日战争》第三卷《政治》(下),第 1244－1245 页。
③ 《王世杰日记》(手稿本)第二册,1940 年 4 月 6 日,第 253 页。

镜看待各界对于实施宪政的迫切性,甚至将其等同于中共的主张。1939年11月,即宪政座谈会和宪政促进会刚刚问世,蒋介石便在日记中写到:"共党态势,似在宪政方面求活动";"共党叛乱,非到其实力充足后不敢公开发难,宪法与国民大会问题不过藉此掩护其活动而已。"[①]在对中共和宪政运动的双重偏见之下,当时的宪政运动势必遇到挫折。

　　1940年4月18日,国民党第五届中常会第一百四十五次会议通过《宪政问题集会结社言论暂行办法》。根据《办法》规定:凡关于宪政问题的集会,除由中央直接派人分赴各地办理外,得由各省市党部政府会同所在地参议会召集;凡关于研究宪政问题的团体,由各省市党部政府会同所在地参议会组织之;凡关于宪政问题的言论,应以三民主义、五权宪法、建国大纲、训政纲领、训政约法、抗战建国纲领、总理总裁有关宪政的指示,暨国民政府公布有关宪政法令为依据,宪政言论如有反对宪政及违反三民主义而曲解宪政者,应该一律取缔之等[②]。至1940年9月18日,国民党中常会决定延期召集国民大会[③]。到了1941年3月,国民参政会第二届一次大会通过决议,接受了国民政府关于延期举行国民大会的决定:"军事倥偬,交通不便,国民大会筹备未及,不克如期召集,此系限于事实,诚非得已。"[④]至此,这场宪政运动实际上已经中止了。

　　这次发生于抗战前半期的民主宪政运动,是大后方进步民主力量共同推动政治民主化的一次可贵尝试。它宣传了民主宪政的思想理论,促进了各民主党派以及无党派人士、社会各界的团结与合作。特别是中共在运动中的积极表现,提高了其在抗日民族统一战线中的地位和影响。这次民主宪政运动对中国战时以及战后民主政治发展影响深远。

---

　　①　蒋介石日记1939年11月9日、11月14日,斯坦福大学胡佛研究所藏蒋介石日记手稿影印件。

　　②　《中国国民党第五届中央执行委员会常务委员会会议记录汇编》,中央委员会秘书处编印,第567—568页。

　　③　《王世杰日记》(手稿本)第二册,1940年9月18日,第345页。

　　④　《中华民国重要史料初稿》第四编《战时建设》(一),第983页。

第三节　中国民主政团同盟的成立

　　抗战爆发之初,为了集聚力量抵御日本的武装入侵,国民党一度放松了对中间政治派别活动的限制,使得中间力量获得了至少是表面上的合法地位。待到抗战进入相持阶段,在国民党统治下的大后方,国民党当局"极力统制言论、出版、集会、结社等一切活动,几乎使国民党外的人都不得自由。……这样使得广大社会,特别是知识界,特别是青年,都失去了抗战初起时那兴奋活跃,而陷于抑郁消沉"。一些"历来奔走国是,为社会不断出面"的中间知识分子精英,"势不能瞠目而视,袖手不动了"①。他们逐渐意识到单个党派力量的薄弱,难以推进政治民主化的进程,意识到应采取联合行动以加强力量,于是他们开始酝酿成立联合政治组织,在国、共两党之外扮演重要角色。

　　有鉴于此,1939 年 10 月,梁漱溟、晏阳初、黄炎培等人数度聚会,就时政问题交换看法,进而提出了在国共两党之外建立联合组织的问题。其主要原因有二:一是担心"国共两党关系恶化,影响抗战前途甚大",两党之外各小党派如果零零散散,就没有力量说话,没有力量调解,"只有各小党派先团结起来构成一个力量,才能牵制国共两党,不许他们打内战,而要团结合作,一致对敌"。二是看到抗战初期各抗日党派所争取到的一些民族权利受到限制或取消,国民党不仅反共,也打击各小党派,"甚至使手无寸铁的各党派的生存都受到了威胁",因此,各小党派应联合起来,"对付来自国民党方面的威胁"②。于是,与会者决定成立联合组织——统一建国同志会。

　　1939 年 11 月制定的《统一建国同志会章程》规定,"本会以巩固统

---

①　梁漱溟:《谈统一建国会之一》,《中国近代史资料丛刊·抗日战争》第三卷《政治》(下),第 1254 页。

②　张军民:《中国民主党派史》,华夏出版社 1989 年版,第 316—317 页。

一积极建国为帜志"①。"统一建国同志会"在形式上未表明是党派联合体,但实则国共两党以外的那些党派人物,差不多全在内。例如救国会的沈钧儒、邹韬奋、张申府、章乃器等,青年党的左舜生、李璜、余家菊等,国社党的罗文幹、罗隆基、胡石青等,第三党的章伯钧等,职业教育社的黄炎培、冷遹、江恒源等,乡村建设派的晏阳初、梁漱溟等皆是。还有一些个人参加,如张澜等。当时订有《统一同志会信约》十二条,揭示他们的信念和主张,主要内容有:该会"以诚意接受三民主义为抗战建国最高原则,以全力赞助其彻底实行,并强调'国家至上,民族至上'";拥护蒋介石为中华民国领袖,并力促其领袖地位之法律化;反对国内暴力斗争及破坏行为;对外抗战,对内建设,要求更进一步之统一;主张宪法颁布后,立即实行宪政,成立宪政政府;凡遵守宪法之各党派,一律以平等地位公开存在;一切军队属于国家,统一指挥,统一编制;反对一切内战,等等②。

　　统一建国同志会的组织确定后,为免致当局误会,托王世杰、张群将信约十二条转呈最高当局。1939 年 11 月 29 日,梁漱溟受同人委托面见蒋介石,着重说明了统一建国同志会的第三者立场,要求蒋许可这一组织的成立。蒋介石以不组织正式的政党为条件,同意统一建国同志会的成立。该会获得了合法活动的权利③。

　　此后,统一建国同志会进行了一些活动,为调解国共关系作出了一些努力。但总的来说,活动成效不大。各中间党派感到,目前尽管有统一建国同志会,但各党派仍然是各自一摊,缺乏力量,因此有必要进一步加强联合,成立一个统一的、更加有力的组织。1940年12月,国民政府公布的第二届国民参政会参政员名单中,把原来便很少的国民党外人

---

① 中国民主同盟中央文史资料委员会编:《中国民主同盟历史文献》,文史资料出版社 1983 年版,第 1 页。

② 中国民主同盟中央文史资料委员会编:《中国民主同盟历史文献》,第 2－3 页。

③ 王建朗、曾景忠著:《中国近代通史》第九卷,第 479 页。

士更减少了几个，而增加了国民党人员。这引起了民主派人士对国民党的悲观和不满。梁漱溟、黄炎培、左舜生、张君劢等人认为："统一建国同志会不中用，必须另行组织。"并提出要秘密进行组织并布置一切，必须在国民党所控制不到而又极接近内地的香港成立机关，然后以独立姿态出现，不必向政府当局取得同意①。嗣后皖南事变发生，中共的遭遇和国共之间的尖锐对峙，使得中间派别感到自身生存与发展的危机。他们认为有必要团结起来建立自己的政治组织，以便拓展生存空间和扩大社会影响。正是在这种背景下，中国民主政团同盟开始酝酿成立。

1941 年 3 月 19 日，中国民主政团同盟（以下简称"民盟"）在重庆上清寺特园秘密召开成立大会。出席大会的有青年党、国社党、第三党、中华职业教育社、乡村建设派的领导人黄炎培、张澜、梁漱溟、罗隆基、章伯钧等 13 人。会议通过《中国民主政团同盟政纲》、《中国民主政团同盟简章》等，并建立了中央领导机构。会议选举黄炎培、张澜、左舜生、张君劢、梁漱溟等 13 人为中央执行委员，其中黄炎培、左舜生、张君劢、梁漱溟、章伯钧为中央常务委员。推举黄炎培为中央常务委员会主席，左舜生为总书记，章伯钧为组织部长，罗隆基为宣传部长②。后来救国会也正式加入到政团同盟中，形成了一个被称为"三党三派"（即青年党、国社党、第三党、救国会、职教派、乡建派）的具有政党性质的政治团体。无党派人士也可入盟。10 月，张澜出任中央常务委员会主席③。

鉴于国民党反对成立新的政党，民盟是秘密成立的。为了实现由秘密组织向公开组织的转变，中国民主政团同盟采取了几个重要的步骤：首先，在香港创办机关报，向海外公开自己的组织以及纲领主张。由于国民党不允许民主人士以第三者面目出现，"故同盟势不能不于海

---

①　《中国近代史资料丛刊·抗日战争》第三卷《政治》（下），第1260页。

②　《中国民主党派史》（新民主主义时期），华夏出版社 1989 年版，第325—326 页。

③　王建朗、曾景忠著：《中国近代通史》第九卷，第 480 页。

外建其言论机关"①。1941年9月18日,经过一番周折与努力,特别是在中共帮助下,《光明报》在香港正式出版。该报创刊号上刊载了《出版公约五项》,提出:"民主精神为团结之本,其意甚近,并不在远,吾人以政治上实现民主为基本,而先以言论之民主精神自勉。"10月10日,《光明报》同时刊登了《中国民主政团同盟成立宣言》和《中国民主政团同盟对时局主张纲领》。其《宣言》中指出:"中国民主政团同盟今次成立,为国内在政治上一向抱民主思想各党派一初步结合。"关于成立之原由,《宣言》指出:"国事好转诚在最近之四五年,而其间前后又有不同,大抵国际情势后胜于前,而国内情势则入后转不如初,此其事亦皆在人耳目,无烦缕指。要而言之,国际阵线方明朗有利,外援渐增,而在我则反不得协力制敌,甚而至于内力相销,本末相衡,可忧实大。""同人于此,曾本严正之态度,为宛转之尽力,而卒未有补。瞻望徘徊,深惧国不亡于暴敌,功不败于寡助,而顾由吾人自丧其前途,是真民族之不肖子孙,上无以对先民,下无以对后世。""爰自为结合,以作团结全国之始,将以奉勉国人者,先互勉于彼此之间。以言结合动机,端要如是。"关于对时局的主张《纲领》包括十项,分别涉及贯彻抗日主张,实践民主精神,加强国内团结,督促并协助执行抗战建国纲领,确立国家统一,军队属于国家,厉行法治,尊重思想学术自由,以及党治、政务应注意各点等②。

其次,主持中外记者招待会,向各国记者说明自身组织与活动。如陈友仁、陈翰笙曾主持记者招待会,向外国记者就民主政团同盟成立问题做出说明与保证。还向欧美等记者散发宣传民盟文件的英文本。招待会结束后,各国记者纷纷向海外各地发布有关中国民主政团同盟的

①　《中国近代史资料丛刊·抗日战争》第三卷《政治》(下),四川大学出版社1997年,第1263页。

②　中国民主同盟中央文史资料委员会编:《中国民主同盟历史文献》,文史资料出版社1983年版,第4—6页。

消息。再次,借助国民参政会这个平台公开自己的组织。如 1941 年
10 月 9 日,蒋介石设宴招待参政员张君劢、左舜生、黄炎培等,就国际
国内时局交换意见。张等人则证实民盟确实存在。10 月 11 日,国民
参政会驻会委员举行谈话会,张君劢、左舜生、张澜、李璜、罗隆基等都
公开表示对民主同盟负责。民主政团同盟各党派还组织联合办事处,
并驻处办公等①。

　　最后,召开茶话会正式公开组织,并向国民参政会提呈议案。1941
年 11 月 16 日,民盟主要负责人在重庆召开了正式公开组织的茶话会。
茶话会由张澜、左舜生、罗隆基、章伯钧、张君劢和黄炎培召集,与会的
其他党派有中共的周恩来、董必武、邓颖超,救国会的沈钧儒、陶行知、
张申府,以及国民党的王世杰、邵力子、张群等。11 月 17 日,国民参政
会召开第二届二次会议,民盟参政员张澜、张君劢、左舜生、罗隆基等向
会议提呈了根据民盟纲领拟定的《实现民主以加强抗战力量树立建国
基础案》。该提案再次提出宪政要求,并拟具办法十条,要求"政府明令
于最短时期间结束训政,实施宪政";"成立战时正式中央民意机关,其
职权必具备现代民主国家民意机关最基本之实质";"为节省抗战时财
政支出,减轻民众负担,并预防青年依赖心理,增加其对国体之主义或
主张之纯洁信仰,任何党派不得以国库供给党费";"政府一切机关,应
发挥天下为公之精神,实行选贤与能之原则",不得歧视无党、异党之分
子,及利用政权吸收党员并强迫公务人员入党;"政府明令禁止任何党
派利用政权在学校及其他文化机关推行党务";"政府明令保障人民身
体、信仰、思想、言论、集会、结社、入党、看报、旅行等等之自由";"明令
停止特务机关对内之一切活动",实行经济民主化和军队国家化②。由

----

　　① 《中国民主党派史》(新民主主义时期),华夏出版社 1989 年版,第
328—334 页。
　　② 《中国近代史资料丛刊·抗日战争》第三卷《政治》(下),四川大学出版社
1997 年,第 1280—1281 页。

于蒋介石的抵制,该案"未付讨论"。但这却是中国民主政团同盟第一次以政党的面貌在公开场合出现,实现了其由秘密组织向公开组织的转变。

对于中国民主政团同盟的成立,《解放日报》1941年10月28日发表社论指出:"这是抗战期间我国民主运动中的一个新的推动。民主运动得此推动,将有更大的发展,开辟更好的前途。"①

中国民主政团同盟,是"国内在政治上一向抱民主思想各党派一初步结合",除少数为无党派的个人盟员外,它主要的是由三党三派组成。即民主政团同盟有两种盟员,一种是有其他党派关系的盟员,一种是没有党派关系的盟员。凡是入盟的党派的成员都有两重党籍。既是民主政团同盟的盟员,又是另外一个独立政党的党员,他们不受盟的组织纪律的约束。因此它是一个松懈的政治团体。

中国民主政团同盟的成立,是中间势力政治力量发展的一件大事,在中国的政治舞台上从此出现了一个介于国共两党之间的,影响和力量超过以往任何中间政党的新的政党,它是"民主运动的生力军",它有利于民主势力,而不利于国民党顽固派。因此,民主政团同盟的成立,得到了中国共产党的积极支持②。

第四节　各地民众抗日救亡运动

"七七"事变爆发后,日军不断扩大对中国的侵略,中国领土大面积沦丧,中华民族到了亡国灭种的危机边缘。为了拯救民族的危亡,也为了配合政府的抗战,全国社会各界民众,世界各地中华

---

①　中国民主同盟中央文史资料委员会编:《中国民主同盟历史文献》,文史资料出版社1983年版,第12页。

②　朱建华、宋春主编:《中国近现代政党史》,黑龙江人民出版社1984年版,第460—461页。

儿女,无论工农学商,还是少数民族和海外华侨等,迅速掀起了波澜壮阔的抗日救亡运动,谱写了中华民族救亡史上最为雄伟悲壮的篇章。

工人在抗战中一直充当着先锋作用。如上海地区,在中共的领导、影响和推动下,按地区、产业系统或以工厂企业为单位,先后组织起来的工人抗日救亡团体有40多个。其中在按地区组织的救亡团体中,比较活跃的有沪南青年救亡团、沪西国民战时服务团、沪西青年救亡团、上海纺织工人救亡协会等①。又如1937年9月,在中共党员薄一波等人的推动下,以太原毛织厂、晋生纺织厂、太原兵工厂、炼钢厂、育才机器厂、印刷厂、晋华卷烟厂、火柴厂、窑厂、皮革厂、造纸厂以及被服厂等工人为主,成立了山西工人武装自卫队,后又发展成5000余人的工卫旅,辖3个团,在汾阳、文水、交城、清徐一带活动,积极配合八路军打击日军。又如石家庄失守后,正太铁路工人冒险将一批火车头、车厢、部分器材等,从正太路运往同蒲铁路。工人们的英勇事迹受到交通部表扬,国民政府也发给10万元奖金②。此外,在战时工厂内迁过程中,工人们更是起到了重要的作用。

抗战爆发后,具有光荣革命传统的中国工人阶级立即投入到拯救民族的神圣抗战中去,表现出工人阶级坚定不移的抗日决心和强大力量。"七七"事变发生后,上海、武汉、广州等地的中国工人在中国共产党的领导和影响下,连续不断地举行反日游行和罢工。1937年7月中下旬,上海日商中山钢厂的工人举行反日罢工,日商亚细亚丝业厂工人全体离厂。7月31日,日洋行及住家的华人雇员实行告退,"日人大起恐慌,多允增加工资,而各职员及雇工,毅然不受金钱诱惑,断然告

---

① 上海社会科学院历史研究所编:《"八一三"抗战史料选编》,上海人民出版社1986年版,第282—283页。

② 罗焕章、支绍曾:《中华民族的抗日战争》,军事科学出版社1987年版,第144页。

退"①。香港日船华工自动离职,使 40 多艘日船不能开航。武汉铁路流亡员工抗敌服务团发表《告全国铁路流亡同志书》,表示坚决拒绝替敌人做工,尽自己的力量参加抗日工作。日舰向"太古"、"怡和"两轮船公司借调长江中段领江员各五名,尽管当时失业海员很多,但武汉海员深明大义,拒绝为日舰引水。广州沦陷后,广九铁路千余员工中,除十人为敌工作外,其余都宁可失业不为敌用,表现出高尚的爱国情操。在炮火纷飞的战场上,许多工人冒着生命危险,同军队并肩作战,挖战壕、救伤员、运送军用物资。为支撑起战时的经济,广大工人群众自觉加班加点,增加工时,努力生产②。

　　抗战爆发后,各地工人纷纷成立工会组织和救亡团体。1937 年 9 月,山西总工会成立,太原 27 个工厂的 7 万多工人加入了工会。1938 年 2 月,同蒲铁路工人召开同蒲铁路总工会第一届代表大会,号召成立全国铁总。4 月 17 日,延安召开陕北边区工人第一次代表大会,邀请各地工会及工人救亡团体派代表参加,目的在于加强联络。各地工人救亡团体风起云涌。为了统一工人组织,团结全国工人积极参加抗战,1938 年 2 月,上海市总工会负责人朱学范等人先后到广州、长沙、武汉等地,同当地劳工界人士举行谈话,召开座谈会,交换关于劳工界当前救亡问题的意见,一致主张成立一个全国性的工界抗敌组织。在中共长江局工委与朱学范等"劳协"领导层的努力下,经过反复工作,决定共同酝酿发起组织全国工人抗敌总会。3 月 5 日,中国工人抗敌总会筹备会在武汉宣告成立,推举朱学范为筹备会总负责人。

　　3 月 24 日,中国工人抗敌总会筹备会举行第二次会议,会议通过了欢迎陕甘宁边区总工会参加工人抗敌总会筹备会的决议。4 月 17 日,陕甘宁边区总工会召开第一次工人代表大会,邀请中国工人抗敌总

---

① 延安时事问题研究会编:《抗战中的中国政治》,第 209 页。

② 欧阳植梁、陈芳国主编:《武汉抗战史》,湖北人民出版社 1995 年版,第 276 页。

会筹备会派人参加,并推选朱学范为大会名誉主席团成员,标志着抗战时期工人阶级统一战线和国共两党工会的统一战线的形成①。

农民占中国人口绝大多数,更是抗日救亡运动的主要参与者。如在平津、淞沪抗战中,战地附近的农民踊跃出粮、出力,参加构筑工事、修筑道路,为部队送水、送饭、送弹药物资、送情报,抬担架,救护伤员等。如1938年2月,皖北地区农民数千人组织起来,以游击战击退日军千余人向蚌埠南山地区的进犯。据统计,至1939年,山西省有121个县建立了县区等各级农民救国会,会员人数达到120万人②。

在“七七”抗战、“八一三”淞沪抗战、山西抗战、徐州会战等多次战斗中,广大农民积极配合中国军队,供应粮米柴草,抢运军用物资,铺路架桥,修筑工事。日军进攻山西时,农民坚壁清野。平型关战役中,农民封锁消息,保证了八路军伏击成功。台儿庄战役中,民众也给予了大力支持。

为了迅速把农民组织起来,在中共的领导下,华北各抗日根据地建立了多种抗日团体。在山西,广大乡村普遍建立了农民救国会,农民积极投身抗日,保家卫国。在冀中、冀南、冀东、山东、陕甘宁边区也普遍建立了农会等群众组织。在农会的组织下,边区农民积极开展生产建设,踊跃交爱国公粮,破坏日军运输线,开展锄奸工作,积极购买救国公债,募捐慰劳八路军将士,参加边区民主政权建设。大批青年农民踊跃报名参加人民武装,很多地方出现了父母送儿子,妻子送丈夫,兄弟甚至父子争相参军的动人景象,给抗日武装以源源不断的新兵补充。1938年到1939年,晋察冀农会组织共动员了2万多农民参加八路军。广大农民群众还组织游击队、义勇军、自卫军等抗

---

①　欧阳植梁、陈芳国主编:《武汉抗战史》,湖北人民出版社1995年版,第278—280页。

②　《中华民族的抗日战争》,军事科学出版社1987年版,第145页。

日武装,开展广泛的游击战中。中国农民在抗战初期就已显示出其主力军的伟大作用①。

　　学生作为民族解放运动的号手,起着先声的作用。如上海地区,自卢沟桥事变发生后,各校学生积极组织各类救亡团体,如抗敌后援会等,人数多则一二百人,少则二三十人。"八一三"淞沪抗战开始后,学生们有的参加游击队、别动队、战地服务团、救护队,有的组织各种青年救亡团体。1937年10月28日,上海学生界举行上海市学生界救亡协会成立大会。大会发表成立宣言,并通过提案20余条②。又如沦陷区和大后方成千上万的爱国青年,纷纷奔赴延安,参加敌后抗日斗争。从延安迁至泾阳地区的由胡乔木、冯文彬等负责的安吴青年训练班,就团结了海内外大批青年学生③。

　　1936年5月在上海成立的中国学生救国联合会(简称"中国学联"),成立后立即联络各地学生组织,进行抗日救亡工作。上海沦陷后,部分学联领导人来到武汉,商议恢复学联工作,决定在武汉召开第二次全国代表大会。

　　1938年3月24日,全国学联筹委会在汉口举行预备会议,讨论通过了大会议程、会章,审查了代表条例和本届代表大会选举法,决定聘请蒋介石等国民党要人为大会名誉主席,推举香港学生代表团、广东青年抗日先锋队等九个单位的代表组成大会主席团,推举蒋南翔等人为大会秘书,负责大会的宣传与组织工作。25日,中国学生救国联合会在汉口商会大礼堂召开,陕西、河南、四川等十六省主要学生团体共73个单位123人出席了会议。国共两党负责人陈诚、周恩来、邵力子等及各界领袖也到会表示祝贺。

---

　　①　欧阳植梁、陈芳国主编:《武汉抗战史》,湖北人民出版社1995年版,第300—310页。
　　②　《"八一三"抗战史料选编》,上海人民出版社1986年版,第244、246、258页。
　　③　《中华民族的抗日战争》,第147页。

全国学联恢复活动,使中国共产党争取和团结了一批抗日青年,引导他们走上了抗日救亡的正确道路,并使"学联"争得了合法地位。《新华日报》发表社论指出,"中国学生是中国救亡运动一支极有力量的队伍",希望通过这次会议"定下全国学生大团结的基础",结成"全国学生精诚团结的统一战线",克服"摩擦",使中国学生救国联合会成为动员组织全国学生参加救亡工作的一个强有力的组织①。

在"一二九"运动中建立起来的中华民族解放先锋队(简称"民先")在抗战中迅速发展。到1938年4月,其成员已有3万余人,其中西北地区有一万多人,在大西北掀起了轰轰烈烈的抗日救亡高潮。在华北,一批批"民先"队员走向敌后战场,当时华北流传着这样一句话,"哪里有游击队,哪里就有'民先'"。"民先"还在武汉成立办事处,由共产党员于光远任主任,有力地推动着华南各省"民先"组织的发展和抗日救亡运动的发展。

为了尽快把沦陷区流亡到武汉的青年及武汉地区的青年组织统一起来,根据中共中央和长江局的有关指示精神,中共湖北工委在"华北流亡同学会"、"武汉秘密学联"、"武汉民先队"的基础上,于1937年12月28日,在武昌成立了一个公开的、具有广泛群众性的青年抗日团体,即青年救国团(简称"青救团")。截至1938年7月,"青救团"成员达4万多人,仅武汉就有一万多人。"青救团"的建立,加强了中共与在汉各青年进步团体的联系,为开展湖北地区及全国青年抗日救亡运动作出了贡献。与此同时,各地的青年也迅速动员起来,纷纷组建青年抗日团体。在武汉还有中国青年救亡协会、汉口蚁社,广东有青年抗日先锋队,江西有青年抗战服务团,河南有青年救亡协会,甘肃有青年抗战团。在陕甘宁边区,从乡、区、县到边区均建立了青年救国会;在晋察冀边区,青年救国联合会成员达8万余人;鲁西北有青年救国团,晋东南有

---

① 《新华日报》,1938年3月25日;欧阳植梁、陈芳国主编:《武汉抗战史》,湖北人民出版社1995年版,第281－282页。

青年救国团,至 1939 年 3 月,会员达 25 万人①。

　　商人、资本家作为有产者,也以高度的爱国热情投入到民族救亡运动中。如 1937 年 8 月 12 日晚,上海市商会主席王晓籁发表播音演讲,号召全沪市民奋起抗争,以全力保卫上海。他说:"诸位同胞,现在真到了最后关头了。每个人只该埋头工作,有力的出力,有钱的出钱,我觉得为了国家,流血、流汗、捐钱、捐物,都是最光荣、最有价值的行动。"他又满怀信心地说:"现在各银行,各钱庄,各报馆,都在代收救国捐,我预料明天清晨,一定有许多爱国同胞,一早就等候在银行、钱庄、报馆门口,踊跃输捐。"1937 年 9 月 2 日,上海市商会通电各省、市商会,就国民政府发行的 5 亿元救国公债的劝募事宜进行宣传鼓动,通电认为:"此次对日抗战关系全国存亡,政府发行救国公债伍万万元,实为厚集财力,持久制胜之准备,意义重大。""何况三十年还本,年息四厘……,但使敌人驱出国外,则投资仍旧收回,与完全捐助者不同。"通电还宣称:救国公债上海市商界劝募总队业已成立,其募集办法是商店以其资本额承购 5％,公积款项承购 10％为标准,店员月薪满 50 元者承购 10％,不及 50 元者,自由认购。并建议其他各省、市商界参酌仿行沪市办法。同时,上海商会及银钱业宣布对日经济绝交②。商业界还广泛开展了抗日义卖捐献活动,"从成都、重庆等大城市到中小城镇,从卖日用百货到蔬菜水果,从大商行到小商贩,普遍掀起义卖日和义卖竞赛的热潮"③。

　　各中间党派、文化、宗教、妇女各界,各少数民族、海外华侨等也纷纷投入到抗日救亡的运动中来。如"七七"事变发生后,全国各界救国联合会发表《为保卫北方紧急宣言》,呼吁全国同胞保卫北方,要求推行

---

①　欧阳植梁、陈芳国主编:《武汉抗战史》,湖北人民出版社 1995 年版,第282—283 页。

②　《"八一三"抗战史料选编》,第 313—316 页。

③　《中华民族的抗日战争》,第 147—148 页。

抗战国策,并进行抗日宣传活动。1937年8月,邹韬奋在上海创办《抗战》三日刊。12月,沈钧儒、李公朴等人在武汉创办《全民周刊》。1938年7月,两刊合并为《全民抗战》①。1937年7月28日,上海文化界救亡协会成立,到会者有诸青来、胡愈之、潘公展等500余人②。上海文化界救亡协会建立后,上海戏剧工作者也于8月17日成立了上海话剧界救亡协会的统一组织,并将所有的人加以战时的编配,而成为后来支持抗战戏剧的主流的13队救亡演剧队③。上海文艺界同人还于8月16日组成了战时服务团。1938年3月27日,中华全国文艺界抗敌协会在汉口成立,宣告文艺界的抗日民族统一战线形成④。"文协"以联合全国文艺作家共同反对日本帝国主义的侵略,完成中国民族自由解放,建设中国民族革命的文艺,并保障作家权益为宗旨⑤。"文协"是抗战时期中国共产党领导的文艺界统一战线组织,它聚集了全国一大批知名作家,使得文艺界达到空前的团结。"文协"提出"文章下乡、文章入伍"的口号,对"抗战文艺"的组织与指导,起了极大的推动作用。

"八一三"沪战爆发后,上海宗教界组织僧侣救护队,进行抗日救亡活动。其他地区的宗教团体也纷纷以召开反侵略大会或从事募捐等进行抗日救亡运动。

1937年7月,何香凝等人便在上海发起组织中国妇女抗敌后援会。为了动员广大妇女参加抗战,1937年9月,中共中央发布《妇女工作大纲》,规定以动员妇女力量参加抗战,争取抗战胜利为基本任务;确定将经过统一战线的活动与组织,团结各阶层广大妇女群众在党的周围,并特别注意发动与组织劳动妇女,作为党的妇女工作的路线。在中

---

①　《中华民族的抗日战争》,第152—153页。

②　《"八一三"抗战史料选编》,第158页。

③　《中国近代史资料丛刊·抗日战争》第三卷《政治》(上),第210页。

④　《中华民族的抗日战争》,第154页。

⑤　《中国近代史资料丛刊·抗日战争》第三卷《政治》(上),第229页。

国共产党的领导和影响下,妇女抗日救亡运动在各地相继兴起。动员起来的中国妇女首先建立起自己的团体组织。广东建立了广东省妇女抗敌后援会、广州市妇女抗战同志会、女界联合会等30多个妇女团体,香港有妇女慰劳会,江西有妇声社、妇改会,上海有妇女界救国会,河南有妇女抗敌协会,武汉有湖北省妇女工作团。各地还建立了各种妇女战地服务团,如西北妇女战地服务团,上海劳动妇女战地服务团等①。

　　1938年5月,宋美龄在庐山召开妇女界谈话会,邀请各党派、无党派和社会知名妇女参加。宋美龄提出以新生活运动妇女指导委员会作为动员领导妇女参加抗战建国工作的全国性总机构。经过讨论,到会人士表示同意,但建议对"新运妇指会"加以改组扩大,以适应战时妇女工作的需要。会议决定以"妇指会"为基础,加以扩充,使之成为全国性的包括各党各派各界的统一的妇女团体总机构,组织动员广大妇女从事抗战建国工作。会议通过了《动员妇女参加抗战建国工作大纲》,这是一个动员全国妇女团结抗战建国的共同纲领。《大纲》指出,占国民半数的妇女,应该有计划地组织起来,参加神圣的抗战建国工作。《大纲》提出了妇女在抗战建国中的任务,即是宣传、救护、征募、慰劳、救济、儿童保育、战地服务、侦察除奸,以及从事工、农业生产与合作事业等。这个《大纲》基本符合中国共产党提出的"为争取千百万群众进入抗日统一战线而斗争"的方针政策,奠定了妇女界联合抗日的思想政治基础。座谈会于5月25日结束,发表了《告全国妇女同胞书》,号召全国妇女各界领袖,不分党派信仰,在抗日救国的总目标下,团结起来,奋起抗日②。

　　各少数民族也踊跃投入到抗日救亡的潮流中来,如1937年10月,

---

　　①　欧阳植梁、陈芳国主编:《武汉抗战史》,湖北人民出版社1995年版,第284页。
　　②　欧阳植梁、陈芳国主编:《武汉抗战史》,湖北人民出版社1995年版,第286页。

在中共领导下,蒙汉抗日游击队成立,活动于大青山一带,在大青山抗日根据地建立方面发挥了特殊作用。又如回民马本斋带领的冀中回民支队,发展迅速,在先后六年中,一共作战870余次,歼灭日伪军3.6万余人①。

1937年7月29日,居住在抗战前线的北平回民同胞组成北平回民守土后援会,通电全国:"国家兴亡,匹夫有责,誓本牺牲到底的精神为我政府及二十九军后盾。"日军侵占华北后,利用回族汉奸马良建立所谓中华回教总联合会、中国回教青年团等伪组织,各地回胞闻讯后无不义愤填膺,纷纷通电反对,将马良开除教籍,并组织中国回民救国协会,号召广大回民"团结奋进,保持爱国荣誉",同马良之流进行针锋相对的斗争。冀中回民组织了抗战建国会及各级分会,将该地区30万回胞团结在自己周围。包头地区组织西北回民救国会,西安、四川、云南、广西等地回民也纷纷组织抗日团体,开展救亡运动。

在归绥,1937年10月,中共成立三边工委,次年4月又成立绥蒙工委,积极开展伊盟、河套地区的抗日救亡运动,先后在乌审、郡王、扎萨克、杭锦、鄂托克等旗建立党的组织,成立了抗敌委员会、战地动委会、牺盟会、妇女会等群众组织。在中国共产党的帮助和影响下,蒙古族一些上层人士参加并领导了对日作战。

地处祖国西部边陲的西藏同胞积极拥护抗战。班禅九世和热振活佛多次向僧俗大众宣讲抗日救国的道理。1938年5月,热振命三大寺上下二密院及古刹一律设坛修法,祈祷抗战胜利,20万喇嘛参加了这次祈祷活动,这在西藏历史上是少见的。同年9月,热振致电在武汉的国民政府领导人,表示拥护祖国统一,祝愿抗战胜利。著名的喜饶嘉措大师利用一切机会宣传抗战,所到之处,或聚众演讲,宣传抗日;或诵经读典,为国祈祷,听众深受教育和鼓舞。1938年9月,他在重庆发表

---

① 《中华民族的抗日战争》,第148—150页。

《告蒙藏人士书》,号召努力抗战,挽救国家厄运。

为了回击日帝挑拨中华民族的团结,1938年4月7日,在武汉隆重举行了"蒙回藏联合慰劳抗敌将士代表团"的献旗大会,周恩来、陈诚等国共两党负责人派代表出席了大会。大会主席、藏族代表格桑泽仁说,我们组织少数民族代表团进行慰劳活动的目的是为了粉碎敌人挑拨民族关系的阴谋,团结各民族共同抗日,改进中央与地方的关系。与会各族代表一致表示要加强民族团结,把抗战进行到底。

在新疆,由于中国共产党同盛世才建立了统战关系,大批党员进入新疆,新疆地区各族人民的抗日救亡运动波澜壮阔地开展起来,相继粉碎了日帝的走狗马木提、马虎发动的叛乱,维护了祖国的统一,并迅速组织了后援会、反帝会、学生会等群众组织,开展各项抗日救亡活动①。

中国的抗日战争也得到了海外华侨的大力援助。这些身居海外的中华儿女面对祖国的遭遇,纷纷通过各种方式和途径来表达自己的爱国情怀。抗战一爆发,各地侨胞就云涌地组织起来了,他们怀着"国家兴亡,匹夫有责"的赤子之心,立即行动起来,"有钱出钱,有力出力",投入到抗战的洪流之中。在欧洲的,成立了欧战华侨救国联合会;在美洲的,成立美洲华侨抗日统一阵线。美国十万华侨在司徒美堂等人的影响下,组织纽约华侨救济总委员会、全美华侨统一义捐救国总会,开展捐献活动。纽约市区每月参加救国捐款活动的华侨达3万人次,1937年下半年捐资已达100万美元。旧金山华侨商会主席邝炳舜,仅劳军一项就捐资10万美元②。

在南洋的华侨也积极投身抗日救亡活动。1937年8月14日,南洋地区统一的华侨救亡团体——马来亚新加坡华侨筹赈祖国伤兵难

---

① 欧阳植梁、陈芳国主编:《武汉抗战史》,湖北人民出版社1995年版,第293—294页。

② 欧阳植梁、陈芳国主编:《武汉抗战史》,湖北人民出版社1995年版,第290页。

民大会委员会在新加坡成立,陈嘉庚被推为主席。此后,南洋地区各种华侨救亡组织先后成立。1938 年 10 月 10 日,南洋华侨筹赈祖国难民总会成立,该会下设分会 68 个,所属团体遍布南洋各地区①。另据统计,自 1937 年 7 月 22 日至 8 月 13 日,总计收到南洋侨胞捐款 18 宗,数额达 8 万余元;"八一三"以后的捐款,亦颇多为"八一三"以前所汇寄,其中温哥华华侨捐寄 35200 元,西雅图侨胞捐寄 71186 元②。

抗战爆发至 1940 年 6 月,海外华侨献给祖国的捐款已达 6 万万元以上,单是南洋华侨已由战前的每年 3 万万汇款,增加到了 11 万万(1939 年)③。除了募捐、侨汇外,华侨还通过购债、投资以及把大量战需物资输送回国,如飞机、战车、汽车、药品、服装、帐篷、胶鞋等。华侨对抗战物力上的供给,最重要的是医药,据陈嘉庚先生报告,单是奎宁丸一种,南洋侨胞献给祖国的,其价值达 250 万元。其他如救伤袋,妇慰会菲岛分会一处便捐送了 10 万个;寒衣募集,南侨总会负担了 50 万件④。此外,抗战爆发后,大量华侨中的技术工人和青年,放弃国外安全优裕的生活,回国参加抗战。据《华侨战线》统计,从"七七"事变到 1938 年 2 月,仅经广州回国抗战的就有 30 批,近 2000 人,他们或参加救护运输工作,或直接上前线杀敌⑤。

此外,抗战开始后,海外华侨,尤其是南洋华侨,掀起了抵制日货运动,侨商不卖日货,侨民不买日货。各地抗日救国团体制定具体办法,认真执行。1937 年日本对东南亚贸易总额为 7.6 亿元,1938 年降至 4.666 亿元,由历年的贸易出超变成入超。华侨的罢工和禁运禁载运

---

① 《中华民族的抗日战争》,第 157 页。
② 《"八一三"抗战史料选编》,上海人民出版社 1986 年版,第 319 页。
③ 《中国近代史资料丛刊·抗日战争》第三卷《政治》(上),第 375 页。
④ 《中国近代史资料丛刊·抗日战争》第三卷《政治》(上),第 375 页。
⑤ 欧阳植梁、陈芳国主编:《武汉抗战史》,第 290 页。

动也有效地削弱了日本侵华的军事实力①。

海外华侨全力支持和直接参加祖国的抗战事业,为夺取抗日战争的胜利,作出了巨大贡献。

---

① 欧阳植梁、陈芳国主编:《武汉抗战史》,第 291 页。